移民与文化

MIGRATIONS AND CULTURES

A WORLD VIEW

[美] 托马斯·索威尔(Thomas Sowell) — 著
刘学军 — 译

中信出版集团 | 北京

图书在版编目（CIP）数据

移民与文化 / (美) 托马斯 · 索威尔著 ; 刘学军译
. -- 北京 : 中信出版社, 2020.12
书名原文: Migrations and Cultures: A World
View
ISBN 978-7-5217-2068-6

Ⅰ. ①移… Ⅱ. ①托… ②刘… Ⅲ. ①移民—历史—
研究—世界 Ⅳ. ①D523.8

中国版本图书馆CIP数据核字(2020)第145578号

移民与文化

著　　者：[美] 托马斯 · 索威尔
译　　者：刘学军
出版发行：中信出版集团股份有限公司
（北京市朝阳区惠新东街甲4号富盛大厦2座　邮编　100029）
承 印 者：北京诚信伟业印刷有限公司

开　　本：787mm × 1092mm　1/16　　印　　张：27　　字　　数：490千字
版　　次：2020年12月第1版　　印　　次：2020年12月第1次印刷
京权图字：01-2020-5888
书　　号：ISBN 978-7-5217-2068-6
定　　价：79.00元

纪念卡特·古德里奇

他让经济学和社会历史学在一个年轻的研究生面前变得栩栩如生

目录

前言

本书讲述的是不同人群的冒险旅程，这些旅程本身也是一场冒险。本书的写作历经十几年的时间。现在你正在阅读的版本和作者在 1982 年首次设想本书的时候所想的样子非常不同，与写作过程各个阶段所展现出的样子也不相同。比如，最初作者只想写一本书，但是变成了目前为止的三本。《种族与文化》于 1994 年出版，该书最初是同一书名的鸿篇巨制的最后一个章节。这个鸿篇巨制也包括本书涉及的每一段历史。另一个衍生物是 1991 年出版的关于全世界范围内的平权运动的研究，书名为《优待政策：国际概况》（*Preferential Policies: An International Perspective*）。

本书对于作者来说也是一场冒险的旅程，它不仅是作者头脑的冒险，也包含一系列旅程。这些旅程将我带到 4 个大陆的 15 个国家，其中一些国家我在这些年里拜访过两到三次。这些国家的很多数据、文学和专业技能对我来说都是无价之宝。如果我一直坐在家里，是绝对不可能获得这些资料的。这些旅程让我能够亲眼看到不同的人群，看到他们不同的工作方式和工作节奏。在这种情况下，群体之间经济上的不同其实并不需要什么神秘而诡异的理论进行解释。

历史对于理论来说非常重要，就像历史对于人类来说非常重要一样。能够证明这两点的例子将会出现在后面的章节里。但是历史讲述的是真实发生的事情，而不是我们希望发生的事情，更不是理论上应该发生的事情。历史不能被美化来体现不同群体和不同文化之间的“接纳”和“相互尊重”。每一个民族的历史都有不那么值得尊重的部分。不论对于个体还是群体来说，尊重都是赢得的，而不是发给入场的每个人的纪念奖。相互尊重不可能是由第三方开具的处方，因为到底什么值得尊重取决于个人的价值观，或者为个人所接受的社会价值观。而“同等的尊重”本身就是一个自相矛盾的说法。因为如果每个事物都受到同等的尊重，那么尊重这个词将失去其原始的含义。

诚实地说，我们根本无法预计对历史的研究会怎样收场，不论是从群体间相互尊重的角度还是从其他角度看都是如此。本书的创作过程也没有按照预期的情形发展，而是从一本书变成了三本非常不同的书，而且每一本书在内容和结论上都随着时间发生了变化。与此同时，我的一些早期的关于多民族社会的手稿就这样消失于无形了，因为我认识到，对于多民族社会的研究是一个比我预想的要大得多的项目，这个项目更适合一个比我年轻得多的人去做。

本书的目的非常简单，那就是当我们在谈论群体和群体文化时，我们需要知道我们在谈论什么。这个目标本身就是一个大任务。

——托马斯·索威尔

写于胡佛研究所

第 1 章

移民的文化

特定种族文化对群体经济和社会命运的影响

全世界有 1 亿左右的移民——其中 1 900 万是难民，移民是一种重要的社会现象，几千年来一直如此。尽管受制于现代造船和航海技术的发展，数百万人越洋迁徙这种戏剧性事件直到过去的几个世纪才发生，但在之前的很多个世纪里，发生在大陆内部或者横跨较小水域的个体性迁徙和民族整体迁徙时有发生。正因如此，今天的英国裔不仅仅生活在英国，马来裔不仅仅生活在马来西亚，土耳其裔亦如此。移民和征战将人们带到他们当前所居之处。

征战只是人类迁徙的方式之一。在征战发生之前，或者在其萌芽时期，大量的难民会迁移以逃避通常伴随着征战而来的大屠杀或者其他暴行。其他一些人的迁徙并非源自他们的个人意愿，而是因为被迫奴役。不论是通过陆路还是海路，这些人都被当作商品输送到需要他们的地方。跨越欧洲的斯拉夫人和跨越大西洋的非洲人都在此列，当然还有很多其他人也因此被迫迁徙。自由民族也曾经被迫进行大规模迁徙，可能是因为遭受驱逐或者强制迁移，例如奥斯曼帝国曾经用政治上可靠的人群来填充被征服地区，抑或进行“种族清洗”，20 世纪最后 10 年发生在巴尔干地区的一系列事件就是一个很好的案例。这类大规模迁移还包括 20 世纪 70 年代印度人和巴基斯坦人被驱逐出东非，20 世纪 80 年代尼日利亚将其他非洲人驱逐出境。这类规律同样能够在中欧的历史中被找到。“驱逐、疏散、流放和强制遣送、强制迁移和惊慌失措的流窜都是中欧历史的重要部分。”我们想象中的迁徙是和平的、自愿的，然而这只是数个世纪以来人类在世界上改变分布格局的一种方式。

种族和区域之间的差别是迁移的核心。迁移人群通常要付出很多很沉重的代价。这些代价超出单纯的交通费用，也超出寻找新的工作和新的居住地的费用。最沉重的代价之一就是切断熟悉环境里的个人牵绊，人们需要面对陌生土地上新的经济不确定性和社会不确定性。而旅途本身经常伴随着巨大的危险。这些危险可能是大西洋那让无数木质船只沉没的风暴和海浪，也可能是在20世纪晚期东南亚大规模逃逸中乘船外逃的难民所遭遇的风险。这些难民在绝望中出逃并在公海遭遇悲惨的命运。海盗和不适于远距离航海的船只造成了大批难民的死亡。这类风险与人们所处的位置和他们想去的地方息息相关。

迁徙的故事不仅对迁徙的人来说非常重要，对他们所到达的土地和他们对这些土地造成的影响也至关重要。为了理解迁徙的影响，首要的任务就是理解这些移民带来的他们原来国家的文化。有时候，这些文化是一些非常具体的重要技能，比如胡格诺派在16世纪迁往日内瓦和17世纪迁往伦敦的时候带去了制作钟表的技术，这些技术让这两座城市在历史上第一次成为钟表制作的中心。同样，德国人在光学、钢琴制作和啤酒酿造方面的技能使得德国裔成了世界上很多国家一个或多个工业的主导力量，在美国更是几乎垄断了这三个行业。

有的时候，起作用的并不是特定的技能，而是一些对工作和冒险的态度。这些态度会让一些移民在他们迁徙前本没有接触过的领域里大放异彩。比如华人和日本人在很多国家都有这样的经历。他们最开始是种植园的劳工，进而开始经营一些自己的小生意，而后，通常是几代人之后，他们往往崛起成为工程、医药或者其他相关行业的杰出人才。文化转移不总是牵扯技术和成就的简单转移，更不局限于财富的转移。一贫如洗的移民在新的国家里发展壮大起来，并让这个新的国家变得更加繁荣富强。这类故事可以说司空见惯，华人在东南亚各国做到了这些，黎巴嫩人在西非做到了这些，而无数其他群体在世界的很多地方都做到了这些。

接下来的几章，我们会讨论特定移民群体的历史。但是在此之前，让我们以这些移民的经历为背景，寻找一些移民的大概规律。我们同样将看到这些规律会怎么随着时间的推移而发生变化。这些规律包括移民群体本身的差异，比如他们来自什么环境和他们的生活是怎样演变的。

移民群体的不同

移民群体的不同不仅仅表现为其发源地的不同和移居地的不同，也表现在其携带技术的不同。这些移民群体有着不同的移民原因和人口统计学特点，比如年龄分布和性别比例的差异。一些群体能够快速融入新世界的文化，而另一些群体在很多代甚至很多个世纪里，都会保持他们古老的处世方式。这些不同我们并不总是能够按照“民族特点”来追踪，因为在很多群体里，这些特征会比“民族特点”的差异范围小。虽然偶尔也会有特殊情况。打个比方，来自印度不同区域的群体在海外的文化相似点不可能比他们在印度时的文化相似点多。甚至在不列颠群岛这些小的范围内，苏格兰移民和威尔士移民也不会从事相同的职业。他们在海外的经历的相似之处，也不会比他们在不列颠群岛的时候多。另一方面，一些文化规律超越了国界。我们可以从德国境内和境外的日耳曼民族的历史中发现这个特点。拿 19 世纪来说，德国境内的文盲率不仅比同时代的斯拉夫国家低，在俄罗斯帝国里生活的德国人的识字率也比生活在俄罗斯帝国的斯拉夫人高。在 1900 年的奥地利帝国，德国裔的文盲率是 6%，而塞尔维亚-克罗地亚裔的文盲率是 75%。反过来讲，生活在普鲁士的普鲁士人的文盲率也比同时代生活在那里的德国人高。另外，一些文化规律不仅仅局限于一个种族或民族，而是属于所有生活在类似地理环境中的人。换言之，可能全世界范围内生活在类似地理环境中的人都有一些类似的文化规律。

人类的迁移既包括季节性迁移，也包括永久性迁移。早在现代的跨海迁移之前的很长一段时间里，牧羊人的季节性迁移和游牧民族的永久性迁徙就已存在。移民之间的差异首先体现在停留的时间上，从暂时寄居到永久定居。这种差异同样体现在移民在新的社会所从事的行业上。而且暂时旅居者扮演的经济角色也各有不同，一些旅居者是农业劳工，负责为其他国家收割庄稼；而另外一些旅居者是技术人员和工程师，负责在另外一个国家创造一些新的行业。旅居者所能扮演的最重要的角色就是世界各国的少数中间人。我们在本章和本书接下来的章节中将讨论这些不同。其中包括移民的起源与移居地的不同、移民输出地及其文化起源发展的地理环境的不同，以及一些旅居者或者少数中间人所扮演的角色的不同。

起源与移居地

不论是从技术和理想的角度讲，还是从起源与移居地的角度讲，移民都是有选择性的而不是随机的。从一个国家迁徙到另外一个国家的人群往往在自己原本居住的国家也是非典型性人群。这种非典型性可能体现在地域方面，也可能体现在社会起源方面。以 19 世纪晚期瑞典人大规模向外迁移为例，这些移民很少来自适宜居住的平原或森林区域。而大部分迁移出国的瑞典人原本在瑞典的生活区域都缺乏优良的生存条件。同样，意大利南部向外迁移的人群也开始于农业最落后的偏远山区。二战前迁徙到澳大利亚的意大利人多数来自一些特定的地区，这些地区的总人口只占意大利总人口的 10%。在 1979 年，从印度迁移到中东国家的人口一半以上来自同一个州——喀拉拉邦，这个州的人口只占印度总人口的不到 3%。

移民通常和他们起始国的主要人群存在着不同。不仅如此，这种选择性迁移在每个国家的选择性上也存在差异。以 19 世纪末希腊和西班牙到美国的移民与同时期意大利到美国的移民为例，前者的文盲率比后者低很多，但是从国家的角度讲，当时希腊和西班牙普通人群的文盲率要比意大利普通人群的文盲率高。同样，移居地也不是随机的，特定的移居地通常会关联特定的起源地。

来自黎巴嫩一些特定城镇的移民通常聚居于哥伦比亚一些特定的城镇。黎巴嫩人迁移到非洲西海岸国家塞拉利昂和科特迪瓦的过程也存在同样的规律。来自黎巴嫩特定地区的人会集中在新国家的特定区域里。然而这个规律不仅仅存在于黎巴嫩人之中。来自意大利卡拉布里亚区的移民定居在澳大利亚的卡拉布里亚农场社区。澳大利亚的弗里曼特尔港的渔民大部分都是来自墨西拿北部和莫尔费塔的意大利渔民。来自斯特龙博利的意大利移民在新西兰创造了一个他们占多数的意大利村庄。来自达尔马提亚南部一个区域的巴尔干移民在加利福尼亚州的圣克鲁斯的一个区域聚居在一起。同样的聚居规律也发生在北达科他州的瑞典移民、多伦多的马其顿移民以及菲律宾的日本移民中。伴随着移民在某个地区的聚集通常也会存在行业的聚集，比如移居澳大利亚的希腊人，来自锡米岛的佐泽卡尼斯的移民半数以上都成了渔民，而来自伊萨卡岛的移民大多成了酒席承办人。同样的情况发生在20世纪晚期印度尼西亚的中国移民身上，闽南人大多倒卖橡胶、咖啡、胡椒和烟草这些产品，但是广东人和客家人大多经营碾米作坊、木材加工作坊、设备工厂和工厂。

输出国特定区域的移民聚居在移居地国家特定区域的现象有时会延伸到邻里层面。以纽约的犹太人为例，来自波兰的犹太移民聚居在下东区，离俄国、匈牙利和罗马尼亚犹太移民聚居街区不远，但是德国的犹太移民就住得离下东区的东欧犹太移民很远。来自意大利不同地区的意大利移民分布在布宜诺斯艾利斯、多伦多、纽约和其他城市的不同街区。和前代的爱尔兰移民不同，最近移居澳大利亚悉尼的爱尔兰移民通常居住在都市比较贫困的区域。在孟买，一些街区完全被来自印度特定区域甚至特定村庄的移民占领了。直到20世纪80年代晚期，来自东欧和南欧的移民及其后代在美国的地理分布特点仍旧和整个人口的分布特点不同。同样，亚裔美国人也存在特有的区域分布特点。

这种移民分布特点，体现了最早的个人、家庭或者家庭团体在决定到海外碰运气的时候在新的土地上形成新社区的方式。新的社区一旦成立，这些移民就成了他们所在村庄、城市和地区的信息来源。这些先驱为他们的村庄、城市和地区提供了关于这个新的国家非常局部化的信息，并且为其他人的迁移和定居提供了有形的帮助，尤其是当其他要迁移的人是他们的家人时。在 19 世纪 40 年代的爱尔兰大饥荒中，多数从爱尔兰移居美国的人的船票，都是先前移民美国的家庭成员为他们买的。多数在此期间移居阿根廷的人的旅费，都是以前的移民或者他们未来的雇主为他们提供的。西非的黎巴嫩商人和东非的印度商人曾经普遍地为想要追随他们到新国家定居的年轻家庭成员提供工作。中国商人在东南亚也做过类似的事情。

一波接一波来自一个特定家庭或社区的移民潮曾经被称作“连锁性迁移”。在半个多世纪里，澳大利亚 90% 以上的移民都是通过这种方式迁移的。在澳大利亚和美国，送回家乡的信件成了追随者决定要不要跟随前代移民的脚步的关键因素。虽然多数南欧移民都按照种族群体的方式聚居在澳大利亚，但是这些种族群体的多数也并非完全封闭，只容纳来自一个特定城镇或村庄的移民。在 20 世纪末期，纽约的印度人群体也存在同样的现象。一大群印度移民居住在几栋大楼里，但是这几栋大楼分布在包含其他群体的社区里。在这些例子和其他例子里，并不是说一个特定的群体可以排除来自其他国家的移民，或者排除原本就居住在这个国家的公民。恰恰相反，他们只是在可能的情况下聚居在一起。然而，移民还是会在不同程度上被同化。移民首先会被来自输出国不同地区的同胞同化，之后会被现在所生活的国家的社会成员同化。

有时候，这种规律会更加复杂。波兰人和来自历史上早就被德国占领的波兰地区的斯拉夫人往往追随德国移民的脚步，因为他们习惯于德国移民的语言和生活习惯。所以有大量德国移民的美国城市后来吸引了很多来自普鲁士的波兰移民，如密尔沃基、芝加哥、克利夫兰和底特律。而这些波兰移民往往定居在城市中德国人聚居的区域。同样，来自东欧的犹太人往往聚居在波兰犹太人中间或者相邻的区域。来自加利西亚的犹太人挨着来自加利西亚的波兰人，来自卢布林的犹太人挨着来自卢布林的波兰人，来自其他地区的移民同样如此。这种聚居方式并不一定代表犹太人和波兰人之间的友谊。恰恰相反，芝加哥的犹太人和波兰人的不友好广为人知。但是他们又在商业上离不开彼此，常常互为商人和客户，因为他们熟悉彼此的经营方式和语言。

有时候，这种规律在另一个层面上会变得很复杂。一个家庭的一些成员在一块新的土地上稳定下来以后，他们就会召唤散落各地的亲属来此聚居。比如，居住在悉尼和墨尔本的希腊家庭会鼓励他们居住在希腊、土耳其和埃及的亲属来澳大利亚与他们会合。虽然这些追随者的移民路径并不集中，但是从人类相互关系的角度讲，这些迁移又不是随机的。

随着时间的推移，移民的起源与移居地也发生了巨大的变化。从 17 世纪到 19 世纪中期，多数黎巴嫩移民的移居地都是埃及和欧洲的城市，如里窝那、马赛和曼彻斯特。因为这些城市和中东存在贸易关系。但是从 19 世纪下半叶到 20 世纪初，黎巴嫩移民的移居地变成了西半球。之后，他们开始移民西非。这种变化是受多重因素影响的，但是并不是随机的。即便移民都来自同一个国家，也不代表他们在文化上是相同的。到 19 世纪中期，迁移到埃及的叙利亚－黎巴嫩人通常是来自大马士革和贝鲁特等大城市的天主教徒或犹太人，而接下来迁移到西半球的通常都是来自山村的天主教徒，迁移到西非的主要是来自黎巴嫩南部的什叶派穆斯林。虽然他们移居地国家的人通常将所有这些人统称为“黎巴嫩人”或“叙利亚人”，但是这并不意味着他们也是这么看待自己的。当然，当这些人以奥斯曼帝国的身份移民阿根廷的时候，他们也会被统称为“土耳其人”。将人们按照输出国划分的敌对主义者，在移民定居海外新的国家之后还是会进行这样的划分，悉尼、巴黎、伦敦、纽约、达喀尔或圣保罗都存在这样的人。

很容易理解为什么来自冰冷的斯堪的纳维亚的具有农业背景的移民会定居于冰冷的明尼苏达州或威斯康星州的农业社区，或者为什么印度的齐智种姓放贷人会变成缅甸或马来半岛的放贷人。比较让人难以理解的是，为什么来自中国南部没有特定技术的工人最终会变成遍布东南亚、加勒比海地区和北美的私营店主，而且他们的后代会在这些国家变成工程师、数学家和物理学家。

如果不承认存在宿命论，我们就可以在移民自身文化发源的地理环境以及历史的影响方面找到线索。

地理环境

地中海世界的地理环境和东南亚的地理环境有很大的不同。这不仅仅体现在土壤、矿产等显而易见的层面上，也体现在河流、山川、气候、疾病等其他方面，这些因素通过不同的方式影响着不同的人群。泰国谚语说，“就像鱼儿生活在水中，大米生长在土地上”。这种可依赖的充足感在地中海世界并不常见。地中海世界荒芜的山岭、匮乏的雨水和贫瘠的土壤让人们的生活变得非常艰辛，这个地区的人们也因此以节俭著称。更重要的是，地理环境并不像我们在地图或地球仪上看到的那样是二维的。某个特定的文化往往在一个地区占据主导地位，就像伊斯兰文化在中东和北非占据的地位一样。尽管如此，生活在这个地区的山区的人们还是会保留一种与低海拔地区非常不同的宗教和文化，如亚美尼亚人和阿比西尼亚人。

在平原的摩洛哥人成为穆斯林的几个世纪之后，伊斯兰教才成为摩洛哥里夫山区的宗教。同样，在英语成了苏格兰平原的主要语言之后，盖尔语仍旧在高地被几代人使用。与此相同，在希腊语成为低海拔地区的主要语言之后，瓦拉几语仍旧在希腊品都斯山脉地区存在了很长时间。山区和高地确实让人们从文化和经济上产生了隔绝，如苏格兰高地和锡兰（斯里兰卡）殖民地的高地。这两个地区还有一个相同点，就是在低海拔地区被另一种文化占领融合了很多年之后，它们还保持着自己的独立性。即便山区被纳入一个更大的国家或者受一个帝国的管控，这种管控也往往无法一直有效，如奥斯曼帝国管辖下的黑山山区、摩洛哥苏丹管辖下的里夫山区和莫卧儿王朝统治者管辖下的印度高地。与世隔绝是政治自制和文化隔离的关键，在很多贫穷的山地都是如此。1860 年，意大利南部亚平宁山脉的 123 个路加尼亚村庄有 91 个完全没有任何道路。即使到了 20 世纪，希腊的品都斯山脉地区也有些地方完全不通车，当地人只能靠骡子和步行进出，其中一个村庄直到 1956 年才通电。在 20 世纪晚期的摩洛哥里夫山区，冬天积雪会完全堵塞道路。

山地社区的文化隔绝因暂时性的迁徙而稍稍得到缓解。男人会到低海拔地区寻找工作，当他们回来的时候或多或少会带回一些对另一种生活方式的看法，而留在家里的女人甚至连这些看法都没有。而且，外面的人偶尔也会来这些山村生活，从而为山村带来一些新的看问题的视角。通常，大部分婚姻里的男性和女性不但来自同一座山，而且来自同一个村子。最终，很多生活在大山里的人会因为贫穷而让他们的孩子在很小的时候就开始工作。其代价就是这些孩子的教育，由此也切断了另一个与外面的世界接触的源泉。

世界不同地方的山区还存在着另外一种规律，那就是那里的人会利用冬季漫长的时间制作丰富多彩的家用手工艺品，至少在最近的几个世纪里是这样的。比如，瑞士木雕不但在家门口的挪威找到了对手，而且在世界另一边的克什米尔找到了对手。从编织品到金属器具，各种各样数不胜数的家庭手工艺品从山区被运送到全世界的市场上。物品虽然很小但是价值往往很高，足以支付从山区运出来所花费的高额费用。

在贫瘠落后的山区生活的艰辛培养出了举世闻名的斗士，这些斗士可能来自世界的各个地方，包括苏格兰高地人、印度廓尔喀人、阿尔巴尼亚人、摩洛哥瑞非人、越南山地居民、瑞士人。这些人不但在自己的祖国令人畏惧，作为其他国家的雇佣军也如此。英国军队著名的苏格兰高地军团和廓尔喀部队曾经和为奥斯曼军队服务的阿尔巴尼亚人和瑞非人并称。与他们齐名的还有 20 世纪 30 年代西班牙内战期间为佛朗哥作战的 5 万到 6

万名瑞非战士。据估计，在 15 世纪到 18 世纪，大概有 100 万瑞士士兵作为雇佣军死于对外战争。

山地人的战斗能力也常常体现在发生在自己国家的抢劫和血仇上。在几个世纪里，高地的掠夺者靠劫掠低海拔地区更加富饶的地区为生。库尔德人袭击亚美尼亚村庄，苏格兰高地的人袭击苏格兰平原的人，在意大利、西班牙、巴尔干、印度和中国西藏都存在类似的事件。世仇也是山地人锻炼战斗技能的出口。美国塔格佛克河地区声名狼藉的“哈特菲尔德与麦考伊宿怨”作为一个案例，反映了这些南方移民来源的英国地区的民风。而这样的部落世仇和家族世仇在其他山区同样存在，如摩洛哥的里夫山区、黑山的巴尔干山区、高加索山区和中国台湾的山区。

一些山区发现的矿藏为矿业和与矿业相关的技能提供了契机。因此，哈茨山的德国人成了著名的矿工。波希米亚、挪威、西班牙、巴尔干和墨西哥等国的矿藏都产生了对德国工人的需求。德国人通过这种方式迁徙到上述各个国家的事实也说明，虽然地理环境为居住其间的人提供了机会，但是并不能保证这些人会抓住这些机会。否则，这些国家的所有有矿藏的山区和平原地区都应该培养出土生土长的矿工，也就不会有进口德国矿工的需求了。

从地理的角度讲，山脉和高地的重要性不仅仅因为它们是重要的地理障碍，而且这些地形会对环境的其他部分产生积极和消极的影响。河流和小溪能够稳定地流淌是因为山川上积雪的融化，在热带非洲这样没有山脉的地区，河流水量会变化非常大且极不规律，因为支持这些水流的只有雨水。西班牙的内华达山脉和土耳其的托罗斯山脉都能提供充足的雪水，供山下的平原发展灌溉农业，而单靠雨水是做不到这一点的。当溪流发源于高海拔的高原、山脉或山麓丘陵时，高地对河流有一个消极的影响。因为河流必须通过湍流或瀑布的方式急流而下，坡度大的河流通常很难或者根本就不可能被引导。山脉同样对于降雨模式有重大的影响。当潮湿的空气飘向山脉时，潮湿空气形成的一侧的降雨量通常是被称为“雨影”的山脉另一侧的好几倍。因为潮湿空气在翻越山顶的时候会丢失大部分水汽，结果就是居住在同一个山脉或者山麓丘陵两侧的人拥有不同的农业机会。意大利南部亚平宁山脉西侧的一些地方年降水量达到 2 000 毫米，而东侧只有 300~500 毫米。同样，美国太平洋西北部喀斯喀特山西侧的平均降水量是东侧哥伦比亚高原的 10 倍。

通常，山脉的两侧不但雨量不同，坡度也不相同。这个事实曾经有重要的军事意义，因为在坡度较缓一侧的人可以轻松地爬上缓坡，然后从天而降袭击他们的邻居。山口的位置和形状同样具有重要的军事和文化意义。罗马士兵很轻易地就能通过山谷到达高卢，但是需要花费很长的时间才能通过通往德国的山口，因此罗马文化首先到达高卢，其后才以二手的形式到达德国殖民地。

沿海居民同样具有鲜明的文化特色。与内陆地区的居民相比，他们和外面的世界接触得更多，因此往往更加有文化，更加懂技术，也更加会社交。与其他和地理相关的文化特征类似，这些特点并不是种族性的而是地域性的。有时候，沿海居民在种族和民族上是不同的，如历史上德国人曾经处于俄国的沿海边缘地带。但是内陆人和沿海人的不同仍然存在，哪怕他们属于同一个种族。因此，中世纪身处亚得里亚海港口城市杜布罗夫尼克的斯拉夫人，在文学、建筑、绘画等文化领域和现代商业领域比内陆地区的斯拉夫人要进步得多。同样，热带非洲的沿海居民与外界的接触更多，在科技和社会组织能力上进步更多，从而成了奴隶主奴役内陆地区的非洲人。沿海地区作为文化十字路口一个重要的表现形式，就是世界上的很多通用语言都起源于这些地区，不论是在黎凡特、非洲的斯瓦希里海岸，还是在中国和东南亚的港口。

当然，土壤对可能进行的农业类型具有重要的影响，对可能的社会类型也有重要的影响。在土地富饶的地区，同一个家族世代以耕作为生是可能的，但是在土壤贫瘠的地区就不太可能了。因为在这些地区，一块土地几年之后地力就会枯竭，人们不得不放弃这块土地，寻找新的耕地，同时让原来的土地自我恢复。一块土地如果不能长时间供养一个社会，这个社会就必须不停地迁移，这就意味着这个社会不会存在城市以及与城市相关的文化。在热带非洲和亚洲的一些地区，移动的刀耕火种的农业形式很常见。这些文化没有建立起自己的伟大城市，而其土生土长的居民长期以来常常被其他更加城市化的社会或国家征服和奴役。中世纪早期的欧洲同样如此，中东欧的斯拉夫人长期实践刀耕火种的农业形式，从而出现了很多不同的社会组织形式。犁具出现之后，人类才形成定居的社会。就像农业的自然属性影响城市生活的可能性一样，与城市相关的经济和技术的进步程度反过来也会影响农业。因此，16 世纪威尼斯、米兰和热那亚这些繁华城市的内陆地区引入了很多重要的农业方法。

北非、中东和亚洲中部的沙漠和草原往往会出现游牧社会。这些游牧民族出现了很多有史以来最伟大的征服者。一波又一波来自中亚和高加索的征服者在几个世纪里将其他民族驱逐到东欧和南欧，在乌克兰、波兰、匈牙利平原和巴尔干地区形成了征服的连锁反应。那些被驱逐的民族转而驱逐其他民族。另外一种不那么戏剧性也不那么极端的迁徙方式，是发生在一些地区的季节性迁徙。一年不同的时间，羊群和其他动物需要在不同的地方放养以免造成地力枯竭。有一些民族妇女和孩子会留在一个固定的定居点，而男人和羊群会季节性地迁徙，巴尔干地区就是如此。

当我们把山脉、河流、气候、土壤等地理因素放在一起考虑的时候，它们的重要性比单独考虑的时候更大。比如，降水对农业的影响不仅仅取决于降雨量的多少，还取决于土壤保存水分的能力。中国北部的黄土保水能力非常好，中等程度的降水量就足以保证农业的繁荣了。而在巴尔干地区石灰岩土壤的条件下，雨水一降到地面就会流入地下。同样，河道可调整性的经济价值也和附近的土地密切相关。如果河流流经的土地工业或农业并不需要其资源，就算河道可以通航，那么它的经济价值也微乎其微，亚马孙河流域就是这种情况。在其他资源丰富的地区，河道的可通航性对经济和文化的发展至关重要。俄罗斯也是如此，河流和国家的其他自然资源相隔甚远，且河流彼此不连通，与流经主要的农业和工业生产区域且彼此连通最终流向大海的河流相比，这种河流的经济作用非常小。与此相反，有些港口虽然不及其他港口深，不及其他港口宽广，也不及其他港口遮蔽性好，但是如果这些港口是附近生产区域内唯一的出口，那么它们还是能够成为繁忙的港口的。意大利西北部的热那亚和东非的蒙巴萨岛就是这样的例子。达尔马提亚海岸上的杜布罗夫尼克港口也是如此，这个港口战略性地处于中世纪的国际贸易路线上，因此得以发展繁荣，虽然港口本身并不是特别引人注目。

有时候，某些地区存在着最优的地理环境，比如欧洲的西北部。另外一些地方几乎所有的有利要素都不具备，比如热带非洲的一些地区。还有一些地区具备某些有利要素而不具备另外一些有利要素。这种分布情况造成的结果一方面是经济发展的差别，另一方面是人口或人力资源在技能和经验上的差别，而后者往往是更基本的。鉴于地理要素的组合方式千差万别，地球上不同区域的人发展特定技术和经验的机会也各不相同，而全球化的移民将这些具有不同技能、天分和外观的人聚集在一起，让他们在另外一片土地上相互竞争，因而这些人很少有相同的经济和社会命运。

地理影响能够将一种文化与另外一种文化区分开来，哪怕这两种文化的地理位置非常接近。而类似的地理影响和类似的社会规则可能存在于世界上相隔遥远的两个地方，山地人的劫掠和世仇就是这样的例子。也就是说，这种规律并非“民族特征”或“种族特性”，而是世界范围内的地理起源。这些规律也不是种族特征，哪怕我们只将种族特征定义为一个民族与另一个民族的非基因的不同。特定的文化体系可能在很大程度上和特定的种族是协同扩展的，日本文化就是这样的例子。但是事实并不总是如此，或者并非天然如此。简而言之，地理影响穿过国家的边界和种族的界限，在不同国家产生类似的效应，在同一个国家的不同地区产生不同的效应，或者在同一个种族具有不同文化的成员中产生不同的效应。这并不是说民族文化影响是不存在的，显然，这些影响是存在的。语言、宗教和政治传统是将一个民族不同人群统一在一起的文化价值，但是这些不同的人群还会受到不同的其他因素的影响。我在这里想说的是，由地理、历史或其他因素造成的不同的文化规律与单纯的“民族特征”或“种族特征”并不一样。这些因素可能相互重叠，甚至在某些情况下是完全一致的，但是它们也会变得非常不同。

地球上的大陆和地区从地理上讲并非都是独一无二的，其内部也不是均质的。一个地区地理影响的总和可能和另外一个地区地理影响的总和大不相同。这些不同不仅影响了原本的这个区域，也影响了从这个区域出发迁徙到世界各地的人群所固有的文化。

从地理的角度讲，世界上最幸福的区域之一就是北欧和西欧，那里有发展现代工业经济所需的所有资源。铁矿石和煤炭储备是钢铁工业和基于钢铁工业的重工业所需的关键要素，而这些资源都集中在鲁尔谷、威尔士、瑞典和阿尔萨斯－洛林地区。而法国和德国曾经在阿尔萨斯－洛林地区进行过艰苦的战斗。北欧广袤的沿海平原为生活在那里的人提供了优良的农业资源。其间交错着很多可以被疏导的河流，它们将大片的土地从经济和文化上交织起来。欧洲有很多半岛、岛屿和数不胜数的港口，这帮助欧洲很轻易就获得了航海的途径。墨西哥湾暖流温暖了西欧国家，给了它们相对西半球或亚洲同纬度地区更加温暖的冬季。伦敦就是一个很好的例子，它比美国大陆 48 个州都要靠北，但是它的冬季要比纽约温暖得多，更不用说与明尼苏达州和威斯康星州的城市相比了。

东欧、中欧和地中海地区并没有相同的优势。墨西哥湾暖流对大西洋沿岸欧洲国家气候的影响随着距离的增加而减弱，它对欧洲大陆东部和中部国家的影响已经非常小了。在这些地方，河流冻住的时间更长，冬天更长，而且冷得让人难以忍受。现代社会所需的自然资源也不那么充沛，比如在中欧和东欧的一些地区就没有这些资源。在巴尔干地区找不到北欧那些广阔的沿海平原，那里的山川直接伸展到海边，而岸边的港口也不能通过河流和内陆连接起来。西班牙地区也缺乏能够导引的河流，而西西里既缺乏河流也缺乏降水。

这些地理优势方面的巨大差距不仅体现在欧洲不同国家的财富差距上，也体现在生活其间的人民的技能、工业经验和生活方式上。比如，当地中海人移居美国或澳大利亚时，他们没有像德国或英国移民那样带去工业化所需的技能以及现代化的生活方式。他们带去的只有在贫瘠的土地上和地中海的海水中艰难挣扎了几个世纪所积累的节俭，以及同样的生存环境所铸就的顽强和耐受力。意大利移民往往能够忍受贫穷和窘困的生活环境，并且会从他们微薄的工资里节省出钱来。这些品质在欧洲国家、西半球和澳大利亚都广受认可。而意大利人能够拥有这些品质的根源就是他们的地理条件和历史传承。同样的特点也烙印在很多其他地中海民族身上。但是意大利人是一个特别有趣的研究对象，因为他们不仅包括南部地中海人，也包括北部波河河谷的工业社会人群。波河河谷在地理、经济和文化特点方面和北欧及西欧非常相似。

欧洲不同地区的人拥有的不同技术和经验造成的结果可以通过一个事实加以验证。在 20 世纪初期的美国，南欧和东欧移民的平均收入和英国、苏格兰、荷兰以及挪威移民最低收入的 15% 相当。在学校里，他们的孩子往往被本土生的美国孩子以及北欧和西欧移民的孩子落在后面。他们孩子的智商往往和美国黑人孩子相当，甚至更低。这些特点不仅仅体现在美国。在二战前的澳大利亚，来自意大利南部、达尔马提亚、马其顿和希腊乡下的移民通常都是文盲，而且他们的第一语言往往是本地方言而不是原本所在国家的官方语言。

这些来自南欧国家的澳大利亚移民 3/4 都来自崎岖的丘陵和山区，或者是这些地区陡峭的海岸和岛屿，很少来自城市或平原。虽然这些偏远地区最终进入了现代社会，但是这些人具有的技能还是远远落后于来自其他有着更发达的工业社会的欧洲国家的人所具有的技能。这种差异也体现在这些移民在澳大利亚和美国的收入上。直到 20 世纪 70 年代，来自希腊、意大利或南斯拉夫的澳大利亚移民收入的中位数仍低于来自联邦德国或英语国家移民收入的中位数。在专业和技术职业中，来自南欧的澳大利亚移民的占比仍旧非常低。几乎一半的意大利移民、绝大多数希腊移民和绝大多数南斯拉夫移民都是没有技术的劳工。

同样，亚洲也存在这样显著的地域文化差异，而这些差异很大程度上来自地理环境。世界上最高的山脉——喜马拉雅山，将亚洲的两大古文明分隔开。一个是中国文明，另外一个是印度文明。这两大文明分别发展起来，其差异远远大于任何两个欧洲或中东的文明。特别是中国，其文明自成体系，而且在几个世纪里一直处于世界领先地位。中国文明领先的一个例子就是，在很长一段时间里欧洲对中国产品有着很大的需求，但是欧洲除了金银就没有能够用以交换的货物了。在阿拉伯人将指南针介绍到欧洲之前的几十年里，中国人就在船舶贸易中使用指南针了。在欧洲第一次用印刷术印刷谷登堡《圣经》的几个世纪之前，中国就已经开始印刷书籍了。中国的丝绸和瓷器在亚洲、欧洲和非洲都有很大的需求量。中国文化对韩国和日本文化产生了重大影响，也对波斯和俄罗斯这些遥远的国家产生了人们可以感受到的影响。从 8 世纪到 13 世纪，外部因素对中国产生的影响很小。但是中国文化的影响很少是通过移民传播的，至少不能和欧洲文化向西半球的大规模扩散相比。欧洲文化的传播方式不仅仅是通过上百万欧洲人的迁徙实现的，也是通过西半球世居民族的欧洲化和被带到新世界的上百万非洲人的后裔实现的。

日本作为一个例子时刻提醒着我们，自然资源匮乏本身并不足以阻碍工业的发展，虽然自然资源的匮乏会阻碍这种发展在特定社会结构下自然地产生。日本的工业化是对欧洲——尤其是英格兰和苏格兰——以及美国经验的移植。这来自日本政府的刻意选择，其目的是举全国之力追上西方国家。为什么这件事发生在日本，却没有发生在印度、阿比西尼亚或巴尔干？这是一个非常重要的问题，但是它几乎没有答案。甚至没有得到系统化的研究。许多个世纪以前，日本也曾经非常热衷于来自中国的文化和技术。那时中国的文化和技术代表着世界的最高水平。简言之，地理是一个重要的影响因素，但是并非决定性因素。否则，日本和瑞士这样的国家早就成了世界上最穷困的国家。但是事实上，它们位列世界最发达国家的行列。

虽然大量的中国人、日本人和印度人移民世界的其他国家，但是他们带去的文化只影响了他们自己所代表的小圈子，对于外面的世界影响甚微。或多或少，这些亚洲移民会吸收新环境中西方社会的生活方式，同时保留那些能让他们在这些新国家发展起来的固有的工作方式和规则。

亚洲的西南部也被称为中东。中东同样有很多到其他国家生活的移民，这些移民的文化特点也反映了他们的社会发展其间的地理环境。他们所生存的环境既缺乏热带环境常有的充沛的食物资源，也缺乏北欧具备的现代工业社会发展所需的自然资源。中东人自古以来就需要艰难地维持生计，不论是在沙漠中过着游牧生活的贝都因人，还是过着灌溉农业生活的其他人。也许从这个地区发源然后扩散到全世界的作为异乡的少数中间人的贸易生活才是最艰难的。中东作为经济重地，在几个世纪里一直是欧洲和亚洲的贸易中转地，因而产生了很多贸易港口和很多擅长贸易的民族，其中犹太人、亚美尼亚人和黎巴嫩人最为知名，不但在中东，在有人居住的每个大陆上的其他国家都是如此。从这个地区走出来的少数中间人的技能和天赋与从中国南部同样环境中走出来的中国移民有着惊人的相似性。中国的这些地区没有发展工业所需的地理条件，但是有重要的商业港口。因此，经商成了生活在那里的人们的生存技能。

迁移本身并不总是永久性的。其长度从几个月、几年到几代人不等。从古至今，牧羊人一直和他们的羊群一起迁徙，从夏季的牧场到秋季的归家收割，再到冬季的避寒之所。农业劳工同样随着季节迁徙。这种迁徙可能发生在自己国家内部或邻国，也可能发生在北半球到南半球之间。他们利用两个半球的季节逆转，在一年中寻找两次种植周期。来自法国阿尔卑斯山和中央山脉，以及瑞士和奥地利山区的山地人冬天常常离开家乡到城市里工作，借以补贴微薄的家庭收入。在法国奥弗涅的高地有一种说法，

“一半人的生计依赖于另外一半人的季节性迁移”。

同样，意大利北部的人常常在春天出发到其他国家工作，然后在秋天返乡。伦巴第人会去瑞士，威尼斯人会去奥地利，皮耶迪蒙特人会去法国。这些欧洲内部的区域性迁徙并不是偶然的。直到19世纪末，在欧洲内部迁徙的意大利人仍旧多于渡过大西洋迁移到美国的意大利人。在中欧和东欧也存在这种长久以来的季节性迁徙，比如波兰的女人和孩子会迁移到德国东部的糖用甜菜农场工作。很多穷人因为巴尔干地区地形和技术上的落后而无法加入国际化移民浪潮。直到19世纪晚期，铁路才通到这些地区。到达塞尔维亚的第一条铁路建成于1878年，然而东欧和中欧的季节性移民比铁路的建成要久远得多，因为人们可以通过马车或步行穿过那里的平原，这与巴尔干人面临的崎岖地形不同。

旅居者并不仅限于这种季节性迁徙。从事商业和工业的人没有理由将他们留在外面的时间和季节联系起来，因此他们往往留在国外很多年直到完成自己的任务。移民中的旅居者与定居者不同，他们包括技术工人、工程师和商人。正是这些人在19世纪将现代工业知识和技术从英国带到日本，又在沙皇俄国和苏联时期将这些知识和技术从西欧和美国带到俄国，并从英国、法国和德国带到阿根廷。其他的旅居者包括来自中国和黎巴嫩的商人和其他少数中间人，他们已经习惯了一种生活规律，就是在国外工作一生，等到年纪大了归国养老。这种状况持续到他们的祖国因为压迫或暴力变成越来越少人愿意回去的地方。

从理论上讲，永久迁移者和旅居者无论存在多么大的差别，实际上使用这种归类方式都存在很大的困难。因为外部条件和移民者自己的观念变化总是会影响他们选择寄居还是定居的决定。当黎巴嫩人发现自己的祖国变成了他们不愿意回去的地方之后，他们往往滞留海外，不情愿地变成定居者。他们定居的地点可能是他们最初迁移的地点，也可能是之后搬到的另外一个国家。比如，塞拉利昂的黎巴嫩移民中的马龙派基督徒往往会在退休后到爱尔兰养老，因为他们与在塞拉利昂做传教士的爱尔兰牧师联系非常紧密。反过来讲也一样，很多原本准备定居的移民，一旦发现这个国家让他们失望了，他们就可能回到自己的祖国，或者迁居另外一个国家。然而，也有一些人在迁移之初就很明显是会回去的，比如那些将妻子和孩子留在国内的男性，和像西西里人那样将很大比例的收入都存起来的人。

旅居者和归家者往往会对他们的祖国产生重大的经济影响。巴基斯坦1981 年的国民生产总值的 9% 来自海外劳工的汇款，而这些汇款填补了该国 86% 的贸易赤字。1980 年在中东工作的亚洲移民一共向他们的祖国汇回 70 亿美元。这些移民多数人都是留妻子和孩子在国内的年轻男性。很显然，这些人都是旅居者。在这种情况下，这些旅居者同样对他们寄居的国家产生了重大影响，他们构成了科威特、卡塔尔和阿联酋 80%~90% 的劳动力。在很多其他国家也是如此，国外汇款构成了它们财务表上的重要科目。以 1979 年为例，葡萄牙的海外汇款相当于出口总额的 70%，土耳其的海外汇款相当于出口总额的 80%，埃及的海外汇款相当于出口总额的93%，而约旦的海外汇款比出口总额多出 26%。一项关于这种现象的调查指出，“很难想象能有一种机制将这么大规模的资金转移到这么多（这么穷）的国家让这么多的国民受益”。更重要的是，这些汇款者多数都是没有技术或技术水平不高的工人，所以他们汇回去的钱帮助的通常都是工薪阶层的家庭而不是精英阶层。外国援助通常也是这种形式，20 世纪 80 年代晚期，全球范围内的海外汇款总额超过了全球所有政府机构提供的跨国援助的总和。

返回的人带回去的不仅仅是金钱，还有新的技术和改变了的观念。意大利移居者回到家以后总是“像大人物一样”。这样的故事在各国的移民中都有流传，比如，回到印度古吉拉特邦的耆那教徒过上了让很多其他耆那教徒看不惯的高高在上的富足生活，就像意大利返乡者被其他意大利人看不惯一样。有时候返乡者会和其他返乡者一起生活在一个世外桃源般的小圈子里，不论是在意大利还是在印度，都是如此。这在某种程度上说明，除了观念上的转变，他们的生活也得到相应的改善。比如，虽然意大利南部人对正规教育并不十分看重，但是很多意大利移民返乡之后很乐于让他们的子女接受正规教育。一项在20世纪下半叶进行的意大利移民研究给出这样的描述：

在今天的意大利南部，几乎每个村庄都有很大一部分土地所有者甚至大部分土地所有者都是从美国归来的。

更让人震惊的是，成千上万的意大利移民做的事情之一，就是寻找一切机会把他们的孩子送到意大利的高等学府接受教育。我在意大利南部村庄的研究表明，移民带来的最令人吃惊的结果之一就是创造出成群结队的教师、律师、医生和其他行业的从业者。这些人的培训费用都是由他们移民美国的父亲通过长期劳作攒下来的。这些移民为意大利社会贡献了越来越多的中产阶层。

不论是对意大利人还是其他民族来说，不是每个人都能获得这样的进步。有些人经历了很多失败之后返回家乡，也有一些人返回家乡之后就恢复了原来的生活方式。鉴于往往是更加穷困和没有技能的人才会移民，显而易见他们中的许多人会在国外从事低技术水平的工作，而且回国时他们也没有获得更高的技能。更重要的是，无论是作为永久定居者还是作为旅居者生活在国外，那些出门时就已经决定返乡的人基本上都没有什么理由主动适应外面的社会，虽然他们有足够的动机和雄心努力工作存下钱来改善家庭生活。移居工业发达的西北欧的希腊人的处境就是一个活生生的例子：

移民们愿意从事任何报酬不错的工作，并不考虑晋升的空间或职业培训。何况多数移民的教育水平都很低，因而无法充分利用所在国家的教育和职业培训机会。而且这些移民都乐于长时间加班加点，因此无法剩下更多的时间和精力提升自我。有些移民在专业化程度高的

> 工业流程中学习了一些技术，但是这些技术在希腊本土的需求量非常低，因为希腊的大部分工业还是低技术水平的工业。很多返乡者不愿意在希腊的手工业行业工作，因为他们在这里挣的工资只有在国外挣的工资的一半左右……返乡者通常愿意从事个体经营，或者他们能够稍稍用上自己在外学到的技能的职业。同样，还有一个非常值得注意的现象，那就是这些返乡者常常很轻易就恢复本土劳动力所习惯的轻松的工作方式。

这些返乡图景之间的差异并不矛盾，也没必要拿来证明意大利人和希腊人之间的差异。毫无疑问，你在很多国家能同时看到这两种场景。但是很少发生返乡者比离开之前过得更差的情况。那些除了积蓄什么也没有带回来的返乡者，即便一回来就恢复了以往的生活方式，至少现在他们也能够负担得起之前负担不起的消费品。而且通过浮光掠影地观察外面的生活方式，他们多多少少会有一些自己的见解。在希腊的旅居者中，大多数人具有希腊的农业背景，但是很少有人在返乡之后仍旧从事农业。在国外的生活除了让这些返乡者更加城市化，希腊返乡者往往还表现出改变了的对家庭生活、宗教和政治观点的态度。对于想要摆脱贫困的人来说，更好的房子和更高的生活标准这种轻微的改变并不是小事。一项研究发现，巴基斯坦返乡移民存款的 22% 用在了购买或建造房子上，而在泰国返乡移民中这个比例是 60%。孟加拉国移民将 6% 的存款用于启动一个小生意。斯里兰卡移民花在这件事上的钱占到了他们总存款的 23%。

我们必须把诚挚的返乡者和那些因某种情况只是从形式上返回他们的祖先一度生活的地方的人区分开来。在几个世纪里，很多德国人移居欧洲东部和东南部。二战以后，出于对纳粹军队战争期间占领暴行的反抗，这些地方对上百万德国人进行了驱逐。因此，数量巨大的德国人“回到”了他们从来没有生活过的国家。同样，东非在战后初期的民族独立运动中曾经大规模驱逐印度人和巴基斯坦人。从政治上讲，这是把这些人送“回”

他们的祖国，而事实上，很多人就生在他们所处的国家，他们从来没有回过他们祖先的祖国。很多人并没有回到印度次大陆而是定居在英国。19世纪早期，美国曾经计划将奴隶们“送回非洲”。这种尝试一样是把人们“送回”他们没有见过甚至他们的父母祖父母也没有见过的地方。虽然这项回到非洲的计划从来没有像计划的那样大规模实施过，但是确实有一些来自美国的自由黑人定居在了利比里亚。利比里亚用一种惨痛的方式证明他们确实是外国人，因为他们对非洲的疾病没有生物抵抗力，所以他们的死亡率非常高。

移民并不是一件一劳永逸的事情，甚至对于那些永远离开自己的家乡没有计划返回的人也是如此。他们可能会从一个国家迁徙到另外一个国家，直到定居下来。举个例子，大部分迁移到美国的波兰人在到达美国之前都在波兰之外居住过。很多南欧人也在自己的祖国之外居住了很长时间才定居在澳大利亚。移民的故事经常包含再次移民的经历。这些重复迁居的故事也通过不同的场景测试着一种文化的顽强性。比如，犹太人在几个世纪的大规模迁徙中并没有损坏他们文化的传承性，也没有损坏他们的凝聚性，虽然这两个特征在整个迁徙过程中都发生了变化。

征服者、难民、奴隶和旅居者这类迁移模式，超越了决定定居国外的迁移模式。即便在150年前的跨海大迁移时代，也有大量的人会返乡。据估计，19世纪30年代中期到20世纪30年代晚期，大约有3 000万人离开了印度次大陆，其中2 400万人回到原来的国家。虽然这些印度移民散落在从南太平洋到加勒比海地区到东非上千英里①的海岸线上。在这个图谱的另一端，难民很少返乡。不论他们躲避的是饥饿还是暴力迫害。前者如19世纪40年代的爱尔兰难民，后者如从19世纪80年代开始的来自东欧的犹太难民。19世纪20年代初期，美国不到10%的爱尔兰移民和犹太移

① 1英里≈1.61千米。——编者注

民回到原来的国家。相比之下，同一时期大约 60% 的意大利南部移民、克罗地亚移民和斯洛文尼亚移民回到了自己的祖国。

移民各种各样的迁徙原因也体现在不同的移民规律上。难民对他们原本的社会群体来说更有代表性，不论是从年龄、性别还是从其他人口统计学特征上来说都是如此。而旅居者通常都是男性，而且通常都是年轻人。中国人、日本人和意大利人大规模迁出的时候，男性移民的数量往往是女性的好几倍。不论这些移民的移居地是美国、拉丁美洲、亚洲，还是澳大利亚。

当移民从寄居变为定居的时候，性别比例通常就会发生变化，变得男女比例更加均衡。有的时候这种变化很急剧。前面的男性为主的移民群体常常跟随着一个女性为主的移民群体，当然出生在新世界的移民后代通常性别比例是均衡的。有时性别比例均衡的方式是，一些男性仍旧遵循寄居的模式返回故乡，而女性会留下来。通常女性都是决定留下的男性的妻子。不论这些男性是不是一开始就决定定居，一旦做出这种决定，他们就会捎信让家人来和他们会合。在那些父母安排婚姻仍旧很盛行的地区，女性移民通常是去投奔他们的未婚夫的，她们常常会一到达就结婚。这在加拿大和美国的日本移民中曾经非常常见，在澳大利亚的意大利移民中也不少见，特别是那些无法负担一趟回家选新娘的旅费的意大利人。

从原则上讲，难民虽然与旅居者或其他类型的移民不同，但是这种差异常常很难被区分，在 20 世纪晚期尤其如此。那个时候为难民设计的到别国避难的国家政策和国际政策常常会被一些人利用，这些人宣称自己是受迫害的难民以规避移民法。一些专业的非法移民中介在其服务中包含了帮助移民编造故事的项目，以帮助这些移民博取庇护。而且非法移民者也了解到将自己伪装成难民能够增加被允许停留的可能性。申请失败的人也包括真正的合法移民和难民，这些人的移民路径因那些滥用输入国的慷慨和信任的非法移民活动而受到限制。

少数中间人

一类特殊的移民就是少数中间人，这些人包括商贩和放贷人。前者既包括推车小贩，也包括国际商贸人士，而当铺老板、小额贷款大亨、国际金融家则属于后者。通常，在这些职业中，处于上层职位的人很少，多数从业者处在收入、技术、经验水平都不足的初级阶段。然而，即便是中等富足的少数中间人，也会比真正富足的贵族或匠人等其他群体受到更多的仇视。只不过，那些获得巨大财富的极少数少数中间人往往被视作这个群体的代表人物，而不是特例。

从某种程度上讲，少数中间人加速了产品从生产者到消费者的转移。但是他们自己并不会生产任何产品。不论是在一个民族小圈子里还是在一个国家里，少数中间人在从事这些活动的时候面对的都是人口中的大多数。为了让这些活动成为一种可行且持久的工作，这些少数中间人和他们的客户必定存在一些文化上的差异。除此之外，每个社区或国家都会有自己的少数中间人。但是不论少数中间人在历史上和其他社会角色的种族和文化差异有多大，少数中间人都不代表一种特定的种族和文化。

一些少数中间人是非洲人，比如尼日利亚的伊博人；一些是中东人，比如黎巴嫩人和亚美尼亚人；一些是不同种族的亚洲人，比如海外华人和海外印度人；最广为人知的少数中间人是犹太人，包括欧洲人和中东人。从文化角度讲，这些人在语言、饮食、音乐和社会习俗方面各不相同。仅仅在文化被狭义地定义为工作技能、工作习惯，以及从事少数中间人这个行业所需的坚毅的时候，这些不同的人群才会显示出共同点。他们共同拥有的是一种特定的“人工成本”，这种特性被经济学家称为经济活动中的经验和知识。

在群体关系中常常出现的摩擦如果发生在少数中间人身上，就会变成极端的敌意。“大屠杀”这个词常常被用来指代在历史的不同阶段针对欧洲的犹太人进行的群众暴动和暴行。然而，同样的报复性恐怖事件也发生在世界其他国家的少数中间人身上。尼日利亚的伊博人、奥斯曼帝国的亚美尼亚人、斯里兰卡的泰米尔人和东南亚的华人都曾经遭受这样非人的折磨。举一个令人震惊的当代例子，在斯里兰卡大街上一个被随意选中的泰米尔人被从公交车上拖拽下来，浇上汽油，被一个僧伽罗暴徒点着。当她痛苦地死去时，人们却围着现场跳舞拍手。在 1966 年尼日利亚的种族冲突中，数以万计的伊博人被暴徒不分良莠地杀害。回到 1895 年，土耳其暴徒屠杀了大量亚美尼亚人。其间 3 000 多男人、女人和儿童逃到一个大教堂里避难，而暴徒用 30 桶汽油点燃了教堂，将所有人活活烧死在教堂里。

所有这些无辜受难者的共同点就是，他们代表了这些国家的少数中间人。这些人并不都亲自从事少数中间人的职业，只是周围的人群通常会遇见他们民族的人从事这个职业。哪怕多数的泰米尔人、伊博人或亚美尼亚人都在其他行业从事不那么引人注目的工作。

少数中间人到底有什么特别的地方引起了这样恶毒的敌意？其他的少数种族和少数民族也曾面临不同程度的敌意，比如移民、奴隶的后代或本政府地区的世居居民。但是并没有哪个少数群体曾经那么多次面临那样大规模的致命的暴力行为。数以万计的伊博人被他们的尼日利亚同胞屠杀。而在奥斯曼帝国，被屠杀的亚美尼亚人超过 100 万。在几个世纪里，欧洲的犹太人一次又一次遭受丧心病狂的暴徒的屠杀。而这些都发生在政府控制的有 600 万受害者的纳粹大屠杀之前。而且，少数中间人自己很少是掀起仇恨的暴力之徒。

虽然造成仇恨甚至被暴力对待，但是各种各样的少数中间人还是遍布世界各地，并且在历史进程中扮演着重要角色。这些并不能解释为什么这些少数中间人会受到这样特殊而严重的仇恨和暴力。也许让人们对他们产生强烈情绪的事实是，他们所发挥的经济作用在历史上一直被误解和谴责，而谁在发挥这些职能反而不那么重要了。更重要的是，少数中间人的社会孤立性让人们很容易想象他们最坏的一面。“抱团排外”是一个经常用来形容他们这种孤立性的词。在这种情况下，熟练的煽动者就能利用这种形象，煽动公众对他们产生疯狂的仇恨。

虽然中间人是按照他们的经济职能定义的，但是少数中间人经常存在于本地人不能提供自己的中间人的地方。这些地方不能产生本地中间人的原因千差万别，可能仅仅是这种职业不能吸引本地人，然而更多是因为本地人无法长期和从事这种职业的人进行竞争。以阿根廷为例，本地阿根廷店主发现，自己的生意在与犹太移民的竞争中每况愈下。因为这些犹太移民提供更低的价格，而且让原来只能付现金的客人使用信用赊账。照搬这些犹太人的做法说起来简单做起来难。在微薄的利润空间下，这种经营需要精打细算，还需要忍受在艰难的生活水平下生存，直到有足够的客户资源能用数量来弥补单价上的损失。允许信用赊账同样需要精明的判断，比如赊给谁、什么时候赊、赊多少、赊账的条件是什么。在这里，经验是不可替代的。同样不可替代的还有根据观察和交往得来的对当地每个人的了解。在这个对技术要求非常高的领域里，有着几代人甚至几个世纪经验的少数中间人很明显有很多优势。在这个行业里，精明的理解、辛勤的工作、加班加点和不可避免的风险都是常态。对于那些漫不经心的人来说，破产并不遥远。

犹太人是最著名的少数中间人，他们甚至成为这种职业的代名词。比如，海外华人被称作“东南亚的犹太人”，黎巴嫩人被称作“西非的犹太人”，帕西人被称作“印度的犹太人”，等等。事实上，犹太人并非世界上规模最大的少数中间人，而且少数中间人也不是现在各国犹太人最主要的职业。从历史上讲，犹太人确实不成比例地集中在中间人这个行业里。他们从事这个行业的历史可以追溯到罗马军团时代，一些犹太小商贩跟随罗马军团的脚步将商品兜售给被占领地区的人。在最近几个世纪更加开放的社会里，犹太人和其他少数中间人在通过商业经营保证自己的家庭生活的同时，往往会将自己的子女送去接受职业教育。但是甚至在那个阶段之前，少数中间人就已经同时掌握很多其他技能了，比如鞋业、纺织和服装制造业、宝石雕琢、金匠银匠等技能。

这些职业并不是中间人的职能，虽然它们是一些中间人分化出来的职能。在这里犹太人是最典型的例子，但是并不是唯一的或规模最大的例子。印度的帕西人和马尔瓦尔人作为少数中间人也在本国的纺织行业历史上占据着重要地位。而黎巴嫩人曾经以英国的曼彻斯特为中心，建立了一个世界性的纺织品经销商网络。在 18 世纪的俄国，阿斯特拉罕地区的 250 家服装制造厂有 209 家是属于亚美尼亚人的。

同样的规律能够在生活在马来西亚、印度尼西亚、泰国和其他东南亚国家的海外华人身上被观察到。这些海外华人和远在加勒比海地区的人们遵循着同样的职业路径。他们不但从事零售商和当铺老板等传统的中间人行当，还经销工厂主生产的产品，小到服装大到电脑。海外华人是最大的少数中间人群体，散落在世界各地的海外华人有 3 600 万，是犹太人总人口的两倍还多。在本书的第 5 章中我们将会看到，海外华人在东南亚和其他地区的商业起步上发挥了很重要的作用。可以说，他们在那些地区发挥的经济作用比犹太人在欧洲和西半球的经济中发挥的作用要大得多。

海外华人在泰国、马来西亚、越南、印度尼西亚等东南亚地区的人口中所占的比例只有 10% 左右，但是在历史上，这些占少数的海外华人拥有和经营这些国家大部分商业的情况并不少见。这些企业的多数都是中等规模，而且是家庭经营的。海外华人垄断大企业的情况也不少见，甚至有些跨国巨头也是家族经营的。

其他的少数中间人也曾经垄断世界上一个特定地区的商业，比如东非的印度人和巴基斯坦人、奥斯曼帝国的希腊人和亚美尼亚人、尼日利亚的伊博人、美国黑人区的韩国人和很多国家的黎巴嫩人。在某些情况下，这种垄断性一直持续到今天。在另外一些情况下，这些历史规律随着时间的推移逐渐消失了，而且很多人被集体驱逐了。在欧洲、亚洲和非洲的很多国家，少数中间人都会遇上这种命运，因为他们遭遇的仇恨往往和他们的成功一样广泛而令人诧异。这些少数中间人往往从谦卑的起点开始，有些人至少实现了中等的富足，另外一些人会变得真正富有。

在20世纪晚期，泰国和印度尼西亚一共有5个亿万富翁，这5个人都是海外华人。但是很少有少数中间人是带着自己的财富来到另外一个社区或国家开始自己的职业生涯的。他们几乎无一例外都为自己和自己身处的社会创造了财富。通常他们创造的不仅仅是特定的生意，还有之前并不存在的一个行业或职能。这些白手起家的少数中间人在历史上往往都是从沿街叫卖者或小商贩开始的。比如，19世纪美国和阿根廷的犹太人还有南澳大利亚、西非和西半球很多地方的黎巴嫩人都是如此。布鲁明戴尔、哈革尔宽松长裤和李维斯这些企业都是从这样谦逊的开端发展起来的。当然，大部分商贩都没能达到这样的商业高度，但是还是有很多人最终拥有了自己的店铺甚至连锁店铺。

少数中间人通常都是城里人，即便在农业社会里也是如此。有时，一个国家的少数中间人的绝大多数会聚集在同一座城市里。所以20世纪80年代的一些研究表明，法国的黎巴嫩人大多生活在巴黎，象牙海岸的大部分黎巴嫩人生活在阿比让，而澳大利亚的黎巴嫩人3/4生活在悉尼。印度的帕西人绝大多数生活在孟买。19世纪移居美国的犹太人大多定居在纽约。在19世纪初期的澳大利亚，移民南威尔士殖民地的犹太人2/3生活在悉尼。在阿根廷，他们大部分生活在布宜诺斯艾利斯。生活在秘鲁的华人大多居住在利马，而生活在阿根廷的华人大多居住在布宜诺斯艾利斯。

少数中间人的职业可以解释为什么他们如此城市化，但是他们高度集中在一个国家的少数几座城市的事实说明，至少在最初的几代人里，他们需要与自己的同胞生活在一起。随着时间的流逝，随后的几代人会越来越快地融入所在社会的文化，这种集中度就会慢慢降低。同样，随着后几代人越来越多地转移到其他的技术职业上，他们在中间人职业上的集中度也会降低。

在农业为主的社会里，少数中间人往往会出钱资助农民种植庄稼。就像印度的齐智种姓曾经在缅甸采用的做法那样，海外华人也曾经在泰国和马来西亚采用同样的做法。东非的肯尼亚、乌干达和坦桑尼亚等地土生土长的农民被来自印度次大陆的人带入世界市场。这些人借给他们钱并收购和售卖他们种出来的庄稼。现代交通也是通过这些拥有和驾驶小货车的印度人进入这些东非地区的。

虽然少数中间人为他们所在的社会做出了这样或那样的贡献，但是他们通常还是会被当作对经济没有作用的寄生虫。亚洲和非洲的欧洲殖民者、知识分子和愚昧无知的人，以及宗教和世俗都把中间人的无用性当作一个主题。根据哈耶克的说法，仅仅将物理上不变的产品从生产者那里转移到消费者那里并且获得利润的做法是“肮脏的巫术”。发源于中东的基督教、犹太教和伊斯兰教全都谴责放贷人通过收取利息获利的行为。然而，即便在中间人和消费者之间并不存在种族和宗教差异的情况下，针对非正式中间人的仇恨也在二战战俘营出现过。这让战俘中的经济学家非常沮丧。

很明显，如果中间人做的仅仅是将自己简单地插在生产方和最终的消费者之间，那么这些中间人能够很容易被规避。生产者可以自己开零售店，或者消费者可以直接从工厂购物。中间人存在的原因就是这些做法带来的成本和风险超过了使用中间人的成本。中间人的成本和风险更低，就在于他们在管理库存、处理客户和其他技能上拥有专业性和经验。中间人还能很好地管理低收入顾客的信用赊欠，因为他们了解每个客户，并且能够比生产者或政府更近距离地和这些客户接触。简而言之，中间人减少了相关的经济交易成本。否则，顾客或生产者将不得不采取其他的方式进行交易。

在世界不同地区不同历史时期，人们曾经经验性地想要验证中间人是没有用的寄生虫。政府曾经大规模驱逐一些少数中间人，这些举动带来的往往是价格和利息率的升高。有的时候，该国的经济甚至会完全崩溃。这些事实明显地证明了少数中间人的作用。然而，这些惨痛的经济教训并不总是能引起人们在政治上的反思，更别说在政策上的改变了。虽然有时这些被驱逐的少数中间人确实会被邀请回来，但是政策逆转带来的政治尴尬常常会阻碍这种政治逆转的发生。俄国的叶卡捷琳娜二世曾经禁止犹太人进入俄国，为了规避她自己发布的禁令，她秘密地告诉自己在里加的官员，为了引进“一些商人”，可以在不提及这些人的民族或宗教的情况下给予这些人通行证。为了避免里加的官员错误领会她的暗示，她还用德语加上一条附言，“你如果没看懂我的意思，就不怪我了”。在这次秘密交流之后，犹太人开始被招募到俄国。

少数中间人通常并不仅仅是纯经济领域的中间人，他们还是社会和政治领域的中间人。有的时候，统治阶层或统治种族想要从贫穷阶层征集钱财，但是又不愿意直接和这些贫穷阶层接触，这时少数中间人就会协助土地所有者收集租金或协助政府征税。所有这些角色都会让他们更加不受欢迎。即便在现代资本主义经济条件下，帝国主义国家往往也希望有一个第三方帮助其处理其他民族的事宜。其原因可能是它们不熟悉其他民族的语言和习惯，也可能是它们觉得其他民族没有品位，或者它们觉得不值得花费时间和精力来了解其他民族。所以英国的东印度公司以帕西人为中介，和孟买人打交道、收税和营销。大的欧洲商务公司在西非经常雇用黎巴嫩人作为中介和当地人接触，而它们在东非经常雇用印度人作为中介。从更世俗的角度讲，少数中间人还发挥了文化中介的作用。他们协助来自不同文化背景的人完成经济交易，而这些人往往由于文化障碍无法独立安排这些交易。一个发生在19世纪东欧的例子很有代表性，有人问一个鲁塞尼亚人让他铺一个屋顶需要多少钱，但是他不知道该怎么回答。

> 他为接受这样一个合同感到沮丧，拒绝做出估算。然后一个犹太人接受了这个任务，他走到这个鲁塞尼亚人面前报了一个材料和工时的总价，鲁塞尼亚人接受了。当然，这个犹太人也获得了自己的利润。

在这里，这个犹太中间人做的事情和全世界少数中间人做的事非常类似。他作为中介把对双方都有利的事情办成。而原本双方因为文化障碍没有办法独立完成同样的交易。这种中间人通常被斥责为“剥削者”，但是更根本的问题在于，交易的双方处于两种完全不同的文化宇宙里，根本无法交流。

少数中间人的故事不仅仅是一个经济学故事，也是一个社会学和政治学故事。世界各地的少数中间人存在种族、宗教、语言和其他方面的差异。这些差异让他们在与周围人的关系的总的社会和政治规律中显得格外突出。少数中间人遭受的仇恨有着超越种族和文化的令人毛骨悚然的意味。推动一个社区或社会的经济发展的人被那些被动的受益者愤恨的事实，在某种程度上说明了人类总体非理性的一面。更重要的是，这也说明人们容易受到技艺高超的煽动者的蛊惑。

不论对少数中间人的攻击多么恶毒，这些攻击都很少是自发的。这些少数中间人往往在好几代甚至好几个世纪里都能和他们周围的社会和平相处，直到发生一些事件或一些运动使他们成为靶子。这些非常态的煽动者往往是生意竞争对手，虽然有时煽动者仅仅是希望获得政治前景的挑拨者。这些政治挑拨者可能是微观上的“社区领袖”，他们在黑人社区煽动黑人对抗韩国或越南店主。当然，他们也可能是国家层面的独裁者，比如乌干达的伊迪・阿明或纳粹德国的希特勒。

规律的变化

移民不论是跨越陆地还是穿越水域进行的，由于输出国与输入国不同，移民开始的国家往往都不同。后一种差异往往体现在另外一种移民规律上。只有非常少的法国人进行了移民，即便在世界范围内的大规模移民时期也是如此。相比之下，1891 年出生在爱尔兰的人 2/5 生活在爱尔兰之外。移民者内部的差异非常大，这种差异的存在非常重要。

虽然有时不同的移民群体在到达不同的移居地时经济窘迫情况相当，但是他们往往有不同的生存技能、工作习惯、存储习惯和变成酗酒者、暴力者或犯罪者的可能性。因此在几个世纪里，人们对有些国家的移民需求往往比对另外一些国家的移民需求大，甚至有的时候比对本土人的需求还大。

在中世纪的欧洲，西欧的土地变得非常拥挤。但是那里的农民往往能够在大陆东部或爱尔兰找到价格更便宜、数量更多的土地，他们面临的领地限制和责任也非常少。东欧的土地所有者非常欢迎这些农民，因为这些农民拥有一些本地农民不具备的技能，比如弗莱明人的排水技术和德国人的不同耕种技术。东欧的土地所有者和统治者给予这些西欧农民很多优惠政策，包括更有利的经济条款，更多的人身自由，甚至允许他们遵守自己原本所在区域的法律而不是新的移居地区不熟悉的法律。不仅是现有的统治者会尽力吸引这些农业移民，可能的征服者也会通过这种方式招募支持者，他们在向东欧或爱尔兰采取军事行动之前会给出类似的承诺。

通过移民进行的技术转移在城市社区中表现得更加显著。在中世纪，东欧和巴尔干的城市基本上都是由具有不同城市技术的外国人建立的，而本地人大多生活在乡村。阿尔巴尼亚的城市大多由希腊人建立，而东欧和东南欧很多地方的城市都是由德国人建立的。马来西亚发生过类似的情形，新加坡的华人数量超过了马来人。后来新加坡变成一个独立的城邦，因为马来西亚独立之后如果继续将新加坡纳入自己的领土，就会威胁马来人试图建立的国家霸权。

有时候，移民来自更发达但是更拥挤的国家，比如西欧国家。但是有时候人们也会从更加贫穷的国家迁移到更加繁荣的国家。即便在后一种情况下，移民也往往不是穷人中最穷的那些。不论在爱尔兰、意大利还是其他国家，都是如此。稍稍富裕一点儿的人更容易积攒起足够的路费，在某种程度上这是因为他们有更多的动机、技术或经验。真正富裕的贵族往往没有理由忍受旅途的艰辛和搬家的麻烦。但是也很少有特别穷困的人愿意付出昂贵的旅行费用，到海外谋求更好的生活。

20 世纪晚期移民更发达国家的人，通常比原来国家的普通人群具有更高的教育水平、更高的技能和较好的工作经验，不论他们原来的国家在欧洲、亚洲、非洲还是大洋洲。在 1989 财务年从这四个地区移民美国的人 1/5 从事专业或技术工作，另外 10% 以上从事执行管理工作。从印度移民美国的人绝大多数都从事这种高水平职业。从 20 世纪 70 年代早期到 80 年代中期，有超过 1.5 万名工程师和超过 1.5 万名医生从印度移民美国。然而，在拉丁美洲人中，往往是那些具有较低技术水平的才会移民美国。来自不同地区的移民在技术水平上的差异可能和这些地区与北美的距离以及旅行费用有关。亚洲人也有很多是低技术水平的移民，但是他们的移居地往往非常不同。比如来自印度次大陆的合同劳工往往都去了中东。

然而大体上说，移民都是从更贫穷的国家到更繁荣的国家。美国的工程师和医生不会大规模地移民印度。在欧洲国家里，移民的规律同样是从贫穷的国家到富有的国家。以 1990 年为例，出生在西班牙而居住在法国的人大约是出生在法国而居住在西班牙的人的两倍。联邦德国作为这块大陆上的工业巨头，在民主德国和联邦德国统一之前，其境内的移民数量是最多的，超过 500 万。换个说法，居住在欧洲的外国人 1/3 在联邦德国。反过来讲，欧洲最大规模的移民来自贫穷国家，超过 100 万来自摩洛哥，大约 150 万来自伊朗，超过 150 万来自意大利，超过 200 万来自土耳其。就像全世界的其他移民一样，这些移民并没有随机地分布在这块大陆上，也没有平均分布在不同的输入国里。意大利人占到生活在比利时的外国人的 1/4 以上，占到生活在瑞士的外国人的 1/3，但是只占到生活在联邦德国的外国人的 1/10。土耳其人则占到生活在联邦德国但出生在德国之外的人群的 1/3。虽然在欧洲意大利移民的数量远远超过摩洛哥移民，但是生活在荷兰的摩洛哥移民与意大利移民的比例几乎是 10∶1。

移民不仅和他们输出国的普罗大众存在不同，和移居地国家的普通人群也存在差别，而且他们和来自其他国家的移民也不同。移民的选择性本性决定了一个事实，那就是移民刚刚在一个新地方安顿下来的时候，他们的收入往往低于和他们具有相同国籍、民族和种族背景但是出生在这个地方的人。但是在10年或15年之后，他们的收入水平往往超过这些同胞。在美国的黑人、白人和华人移民中，我们都能发现这种规律，而且同样的规律也出现在加拿大和英国。

最后，随着时间的推移，移民的条件、移民的规模、输出国和输入国也会发生非常大的变化。我们将会在本书的剩余部分依次讨论这些时代和人群的变化。我们的目的不仅是评估这些移民者的命运，还要论述他们的移民行为对世界历史产生了怎样的影响。因为移民不仅仅意味着移民者身体的物理转移，还从根本上意味着技能、经验和其他“人力成本”在地球上的重新分配。正是这种文化的变迁影响了民族和大陆的变化。

交通的变化

今天的人们对于横跨大洋的旅行已经司空见惯，但事实上，这种旅行方式在人类历史上存在的时间并不长，而且在出现之后很长一段时间里，它都是一种非常冒险的行为。哥伦布和比他早80多年出生的郑和都是无畏的冒险家，他们在海洋上航行了几千英里。在利夫·埃里克逊的带领下到达格陵兰岛的维京人也是如此。但是这些都只是少数人的伟业，而不是大规模的移民。在哥伦布之前，大规模的移民行为往往是横跨陆路进行的，而且通常和战争有关。也有横跨平静的地中海或其他内海的情况，但是这些水域都不能和大西洋或太平洋相提并论。甚至在导航系统和造船工艺让横跨大洋的大规模移民成为可能之后的几个世纪里，这些行为仍旧是非常危险的。

帆船时代横跨大西洋的航行就是将移民装在卫生极差的船舱里，这些移民往往会感染水痘、红斑等疾病，且常常被虱子困扰。这些移民所待的船舱在夜里或在海上的风暴中往往都会充斥着恐怖的哭声。有的时候，天花、黄热病、斑疹伤寒或痢疾会暴发，并在拥挤的船舱里蔓延。1738 年到达费城的 15 艘船里，只有 2 艘船的大部分乘客下船的时候身体保持着健康状态。据估计，1749 年大约 2 000 名德国移民死在海上。1745 年在一艘船上，400 名乘客只有 50 名活着到达。1752 年的数据是 200 人有 19 人活着到达。1847 年到 1851 年，40 艘英国移民船在大西洋上沉没，死亡人数超过 1 000。更多的时候，虽然船只安全抵达，但是船上的很多人都没有在艰辛的航行中生存下来。19 世纪中期，在通往美洲的拥挤的移民船上，17%的人死在途中或者死在刚刚到达的时候，这些都是典型的灾难性后果。零散的数据显示，18 世纪旅途中移民的平均死亡率是 4%~6%。19 世纪 60 年代这个数字降到了小于 1%，因为蒸汽船替代帆船明显降低了船只沉没的概率和疾病带来的死亡率。

蒸汽船的意义非常重大，它不但让航行变得更快更便宜，而且让旅程到达时间变得更加准确。在船只还依赖于不稳定的风的时候，离开和到达的时间从来都不能被准确安排。移民必须聚集在港口城市等待帆船的到达。这些人不但要将微薄的积蓄耗费在等待期间的食宿上，而且冒着感染疾病的风险。在此期间，他们身边都是本地的陌生人和来自不同国家不同地区的移民，这些人来自不同的疾病环境，对于彼此携带的疾病的抵抗力是不相同的，因此疾病的发生概率要比一般情况下更高。这不仅限于他们在港口期间，在拥挤不堪、卫生条件极差的船上进行长时间航行的时候，食物和水的缺乏还会造成航行者抵抗力低下。一项 18 世纪针对德国移民的研究显示，2 800 个移民在港口等待多时之后，进行了长时间的航行到达美洲，整个航程死亡率高达 16%。

蒸汽船改变了一切。帆船横跨大西洋所需时间从一个月到三个月不等，但是蒸汽船完成这个旅程可以预测就是 10 天左右。现在移民能够按照预定出发时间到达港口，省下了在码头长时间等待所花费的金钱，也避免了这期间的健康损害和相关的犯罪行为。旅行时间的缩短和船体的增大同样节省了成本，并且降低了海上的风险。这些风险既包括食物和水缺乏的情况下造成的抵抗力低下，也包括旅行带来的疲乏。19 世纪 60 年代，旅行工具从帆船变成了蒸汽船。随之而来的是移民群体数量的增大，移民的输出国也变得各不相同。现在跨海旅行在世界上更多的地方成为可能，旅费也低了很多。

在蒸汽船出现之后，东欧和南欧的穷人逐渐成了跨越大西洋移民的主体，而跨越太平洋的移民也越来越多。在蒸汽船出现之前，越洋移民通常指的是从欧洲尤其是北欧和西欧出发跨越大西洋向美国移民。如果说乘坐帆船跨越大西洋是一个严峻考验，那么乘坐这样的船只穿越更大的太平洋则是一个更加严峻的考验。从中国或日本到达夏威夷比从伦敦到达纽约更远，而到达北美大陆还要再走 2 000 英里。蒸汽船的出现让更多的中国移民和日本移民能够加入蒸汽移民的行列到达西半球，而且蒸汽船让更多的移民从亚洲大陆到达南太平洋岛屿斐济和广阔的东非海岸。来自印度次大陆的人往往作为旅居者或定居者到达这些地区。虽然斐济离印度有 7 000 英里，但是印度血统的人群最终占到这个国家人口的半数。

蒸汽船还在另一个方面改变了移民的规律。在帆船时代，贫穷的移民往往搭乘货船。那个时候，美国通常会运送大量的农作物到欧洲以交换产成品，这些产成品占用的空间比同等价值的农作物占用的空间要小得多，因此从欧洲出发向西往美国走的船只往往有余下来的空间。如果不顺带运送一些移民，这些多出来的空间就要空着，或者装上压舱物。运送这些人的成本非常低，所以船费往往非常低，很多相对穷困的人也能付得起，只要这些人能够到达有去往美国的贸易船只的港口。这就意味着，生活在和美国有着频繁贸易往来的北欧和西欧等地区的人更具优势，他们更易获得跨越大西洋的可负担的旅行机会。在蒸汽时代到来之前，移居地局限在现有的贸易航线上，因为移民只能在货船到达的地方登陆。蒸汽船的普及让航行变得更加经济，因此有的船只可以专门从事客运。这让地中海的人们和大西洋沿岸的人们都能够使用这种交通方式，而他们的移居地也可以是西半球新世界的很多地方。

简而言之，蒸汽船使得新的国际移民模式成为可能。在美国历史的第一个百年里，来自北欧和西欧的移民占人口的大多数。但是 19 世纪 80 年代之后，事情就不是如此了。19 世纪 90 年代，来自南欧和东欧的移民占到移民总数的一半。在 20 世纪的第一个 10 年里，这个比例达到 2/3。随着蒸汽革命的发生，移民输出国逐渐增多，移民总数逐渐增加。19 世纪 50 年代，从世界各地到达美国的移民总数是 260 万。19 世纪 80 年代，这个数字涨到 520 万。20 世纪的第一个 10 年，从世界各地到美国的移民达到顶峰，人数是 880 万。蒸汽船同样让从欧洲到西半球的季节性移民成为可能，因而出现了意大利农业工人季节性到阿根廷工作的现象。这些人也得到一个外号，即“候鸟”。后来航空交通的革命再一次改变了国际移民的模式。

即便在大规模且越来越大规模的越洋移民的时代里，更多的欧洲移民也是通过陆路进行的。一些移民是从乡下迁徙到城市，或者在同一国家的不同区域迁徙。而另外一些移民是从欧洲的一个国家到达另外一个国家。就像跨越大陆板块的移民一样，这些欧洲内部的移民也不是随机的。通常，这些移民从比较穷困的地区迁移到较为繁荣的地区，不论后者是一个新的城市、地区还是国家。荒芜的山地、土地贫瘠的农业地区或大陆上技术落后的区域，这些地理上处于劣势的地区通常是移民的输出地区，这些地方的人会到其他地方寻找更好的生活。所以波西米亚的山区、喀尔巴阡山脉、比利牛斯山脉、法国的中央高原地区和阿尔卑斯山脉地区的人会大量地向外流动。

有的移民是永久性迁移，有的移民是男性季节性地离开山里的村庄。在 19 世纪的德国，东部不太发达的省份被称作这个国家西部工业地区的“劳动力大本营”。不是所有人都属于德意志民族，一些人是来自普鲁士的波兰人。据估计，有 25 万波兰人在德国西部的鲁尔谷工作。法国也接收了大量来自其他欧洲国家的移民，上千外国人在法国的煤矿工作，其中大多数是意大利人。1900 年，在法国境内工作的外国人数量大约是 40 万。

在那个时代的欧洲，并非所有的移民都是从更贫穷的国家到更富有的国家。接下来世界的其他地方也会发生同样的情形。那个时代的基本模式是，某人从个人生产力比较低的地方迁移到个人生产力比较高的地方。因此很多具有高级技能的人会迁移到缺乏这些技能的地区，从而获得比较高的收入。德国和弗莱明的农民迁移到东欧和中欧并不是孤例。中世纪很多阿尔巴尼亚城镇的主要人口都是希腊人，而内陆地区更多的是斯拉夫人。中欧、东欧和东南欧的很多采矿城镇的主要人口都是德国人，这反映了德国人在采矿方面的高超技能。

与蒸汽船在海运方面带来的变革一样，火车在陆路运输方面也起到革命性的作用。事实上，铁路也极大地推进了越洋贸易与越洋移民。比如，很多国家通过铁路将农产品更容易且更便宜地运送到港口，或者从港口运送到各地，因而创造出一个国际化市场，将美国的稻谷运送到欧洲。这种市场格局的形成取代了欧洲农民的作用，因此这些农民中的很多人移民美国。同样，铁路将阿根廷的农业内陆地区和港口连接起来，相当于这些地区和世界的港口城市都有了联系，阿根廷的潘帕斯平原因而成为世界上小麦的供应中心。巴西的铁路将大量咖啡作物运送到港口，进而运送到北美和欧洲的港口。不仅如此，铁路将原本锁定在土地上的人解放出来，他们能够到达港口进行越洋移民。

陆路移民具有历史重要性，也发生在西半球内部。大量美国人从原本的东海岸定居地越过广阔的平原来到太平洋海岸，这一举动不但扩大了国家的疆域，而且塑造了一个民族。20 世纪，很多黑人从南部来到东北部和中西部广大的城市区域。这个事件的历史意义能够与前一个世纪处于高峰期的跨越大西洋从爱尔兰或德国移民美国的事件相提并论。即便在 20 世纪晚期，美国国内从一个地区到另一个地区的移民也比从其他国家到美国的移民数量多。

二战后，航空旅行的价格相对降了下来，这创造出新的国际移民模式。对于中等富裕程度的加勒比海地区的移民来说，他们不但能够到达美国，而且能够选择在美国境内的移居地。在二战后最初的一些年里，他们的移居地通常是纽约或周边地区。换言之，航空旅行让他们避开了美国南部地区。这些地区在民权运动开展之前曾有很多种族歧视的法律和行为，对于移民来说不是那么吸引人。更重要的是，航空旅行让西半球进入很多亚洲移民的可及范围。虽然在美国的移民史上亚洲人所占的比例几乎可以忽略不计，但是 20 世纪 80 年代亚洲人成为到美国的最主要的移民群体，越南移民和菲律宾移民加起来超过了欧洲移民的总数。在这个历史性的变革中，产生影响的不仅仅是交通这一件事，法律和政策的变化也将这个国家的大门向非欧洲国家的移民敞开了。

移民政策

很少有哪个国家会长期保持一贯的移民政策，在历史上，只有日本从未改变过其拒收移民的政策。1991 年，日本本土有 1.24 亿人口，另外有 120 万合法居住的外国人，这个数字不足其本国人口的 1%。更重要的是，在这些外国人中，很大一部分人都是来自巴西或其他国家的日本裔移民。另外，还有大概 10 万非法移民在日本工作和生活。很少或者几乎没有哪个现代化工业国家会像日本那样拒绝移民，并保持自己民族的一贯性。即便澳大利亚的历史上出现过“白澳政策”，但是在这个政策之前和之后，澳大利亚都引入很多非白人移民，并且在这个政策实施期间也引入各种各样的非英国欧洲移民。20 世纪晚期，澳大利亚是世界上为数不多的仍保持相对开放的移民政策的国家。相对于现有人口来说，澳大利亚接收移民的比例是欧洲接收移民的比例的两到三倍。

多数国家都有不同的政策来定义它们想要接收什么样的移民，一些国家还有不同的政策来定义它们在什么情况下允许什么样的人离开。中国和日本都曾经在几个世纪里以死亡为代价禁止任何移民行为。英国曾经试图阻止携带工业革命技术的移民到可能成为对手的国家去。在中世纪的欧洲，那些试图离开自己在法律规定的土地上的农奴将会受到惩罚。有时这种惩罚可能会是残忍的折磨或肉刑。准备开战的国家禁止服役年龄的男性移民其他国家。然而，更多的禁令还是针对试图入境的移民的。有一些禁令简直令人揪心，比如刚刚逃离死亡风险的难民在国界或码头被另一个国家拒绝，承载着从纳粹残害中逃离出来的欧洲犹太难民的船只在一个又一个港口被拒绝。

我们这里并不想在政治或道德上评价这些移民政策，我们只想看看这些政策在历史上是怎样变化的，而这些变化的起因和结果又是什么。19 世纪很多国家曾经积极招募移民，甚至对移民的旅行和定居进行补贴。而在 20 世纪，很多历史上曾经这样做的国家开始收紧移民政策，有的国家收紧的幅度还非常大，这就是 19 世纪到 20 世纪的重要变化之一。而西半球的一些新兴国家曾经补贴移民的定居，借此促进其国内广阔的未使用土地和自然资源的开发，比如加拿大、阿根廷和巴西。美国作为世界上最大的移民输入国并不需要做这些，但是美国的宅地法鼓励所有要在土地上定居的人，不论是移民还是本地人。

然而，欢迎移民的政策不仅限于边缘国家。东欧中世纪的统治者通常都很欢迎德国农民，因为这些农民的生产力能够为他们带来益处。一方面他们可以通过直接征税得益，另一方面他们也希望这些农民的农业生产技能扩散到其他区域的其他农民那里。18 世纪中期，俄国的叶卡捷琳娜二世基于同样的目的将德国农民引入俄罗斯。奥斯曼帝国为 1492 年被西班牙驱逐的犹太人提供避难所并不是出于人道主义精神，而是希望这些犹太人能够从经济上为帝国做出贡献，并且在军事上为帝国带来先进的技术。事实证明，这两个预期都是正确的。

并不是所有的移民政策都基于这种对国家利益的理性计算，有些政策仅仅是应对当前公共情绪的政治上的权宜之计。很多对有生产力的群体的驱逐都是这种满足公共情绪但是损害经济利益的行为。比如，中世纪的欧洲对犹太人的驱逐，缅甸对印度齐智种姓的驱逐，西班牙对摩里斯科人的驱逐，以及乌干达对印度人和巴基斯坦人的驱逐。

20 世纪，西半球国家对于移民的管控越来越严格，这体现了几个因素的影响。沿海已经完全得到开发，新的土地已经住满人，继续没有限制地移民就会带来一些问题和危险。因此美国和加拿大开始限定移民的数量和输出国，拉丁美洲的其他国家也渐渐加入这个阵营。20 世纪 30 年代大萧条时期的广泛失业让大家不再欢迎更多的来寻找工作的人。

二战后，对移民的输出国或民族进行限定的做法陷入了广泛的争议。反对者将这些政策与希特勒和纳粹德国的种族主义教条相提并论。白澳政策和美国对亚洲移民的严格限定都遭到这种批评。澳大利亚在二战中意识到人口少的劣势会让它无法抵御侵略，所以在战后积极鼓励来自世界各地的移民，并且对一些移民进行资助。1965 年美国通过一个新的移民法，取消了对亚洲移民的限制。所以亚洲成了美国移民的主要输出地，而拉丁美洲紧随其后。20 世纪 80 年代，亚洲移民和拉丁美洲移民构成了这个 10 年里到达美国的移民总数的 3/4。

移民的同化

除了要了解各种移民原来的文化演化背景，我们也有必要了解这些文化在其中发挥作用的新环境，两者以不同的方式相互作用。特定种族和民族的历史以及特定国家和文明的历史，都会影响移民的文化表现。比如，他们在多大程度上坚持原来的文化模式，现在生活在他们周围的人又对他们产生了多大的影响。换言之，他们的命运在多大程度上被这个社会的其他人决定。这类问题的答案意义重大，不仅对于文化研究意义重大，对于世界各国的政策制定同样意义重大。统计学上的不同往往和精神上的不平等相一致，因此，以一个人群在不同国家里对自己文化的坚持作为一个经验性的证据，不仅能够回答经验性的问题，而且能够回答精神上和政治上的问题。当我们研究在俄罗斯、巴拉圭、澳大利亚和其他国家生活的德国人的历史时，我们在这些不同的社会里是不是发现了类似的职业规律、生活方式规律或其他规律？这些规律在不同的政治区域内得以保存，它们也能在不同的代际得到保存吗？如果存在这种情况，我们怎么解释这个事实与我们通常的假设的矛盾呢？这个假设就是一个特定国家内部的统计学上的差异反映了这个国家的影响。

虽然我们不应过于极端，将移民的命运归咎于他们在“社会”上受到的对待，但是我们也不应该完全忽略两者的关系。我们如果想了解在一个特定的历史时期和历史环境里，到底是内在的文化模式起作用还是外部的社会和自然环境起作用，就必须对这个历史时期和历史环境进行研究。不论是移民文化还是社会甚至自然环境，都不是一成不变的。来自不同国家的移民会在不同程度上被新的社会文化同化。德国文化相比之下非常顽强，但是苏格兰文化很快就会融入美国和澳大利亚的英语文化。而且，即便是一个给定的移民群体，它们要用多长时间才能融入新的群体也取决于它们被周围文化吸引的程度。

比如 19 世纪美国的爱尔兰天主教堂，它们一方面努力同化新的爱尔兰移民，另一方面努力与来自阿根廷的爱尔兰移民区分开。移民自有文化模式的顽强性既取决于移民群体自身，也取决于他们所生活的社会。在德国移民迁居俄国、阿根廷或澳大利亚一个世纪之后，德语仍旧是这些移民和他们的子孙的主要沟通语言和教育语言，这种案例并不少见。而德国人在美国的同化程度远远大于他们在其他国家的同化程度，原因就是他们认为其他文化不那么有吸引力。同样，海外华人更乐于融入美国文化而不是马来西亚殖民地或后殖民地时代的马来西亚文化。生活在斐济的印度人和他们的后裔也并不努力融入斐济人的生活，哪怕他们的文化已经在很大程度上偏离了印度文化。相比之下，19 世纪晚期来到美国的印度移民非常快就融入了美国社会，以至人们根本不会意识到他们是不同的族群。虽然到 1980 年，生活在美国的印度人口已经超过生活在美国的韩国或越南人口。

短时间内发生巨大的文化变化的例子要数迁移到美国的东欧和南欧人

以及他们的后裔了。在大规模移民的时代，这些人因为受教育程度低和文盲率高而臭名昭著，而且他们不愿意让自己的孩子受教育。但是到了 1980 年，东欧和南欧移民受教育程度达到其他美国人的水平，在需要相当教育水平的专业岗位、技术岗位和管理岗位上，他们工作的比例也达到相当的水平。这说明，这些人在代际教育水平、职业领域和语言上都存在巨大的差异。这些族群的年轻成员有很多人具有不同民族的祖先，这说明不同民族之间通婚的事情很常见。而不同民族的通婚正是民族同化的一个重要指示剂。但是通婚数据不一定就是同化的证据，比如，二战后有很多爱尔兰移民娶了澳大利亚公民为妻，但是这些“通婚”数据通常包括很多爱尔兰人和爱尔兰裔澳大利亚公民的婚姻。

移民相关的文化交流也不总是单向的。包围着这些移民的大的社会环境往往会影响这些移民自身的文化，同样，移民的自身文化常常对他们生活其中的社会产生影响。比如，阿根廷的西班牙语夹杂了很多意大利词语，这些词语就是意大利移民带来的。而美国文化中的幼儿园、圣诞节和汉堡包都来自德国移民。移民对其他人群的文化影响不仅包括直接影响，还包括间接影响。中世纪的马札尔人入侵者大规模迁移到匈牙利平原，将斯拉夫人生活的广阔的东欧地区分为两半。在斯拉夫人分成两群人之后，他们的文化发展方向也发生了不同的变化。一个重要的例子就是，不同地区的斯拉夫人说着不同的斯拉夫语。

本书接下来的几章所讲的移民群体并不能代表世界上所有的文化模式。但是，它们之间的不同足以为我们提供一些重要的见解，帮助我们理解文化对群体经济和社会命运的作用。这些人可能生活在自己的祖国，也可能生活在他们移居的不同国家。这些人通常会定居在海外的相同国家，所以他们在这些国家的历史中的巨大差异会为我们带来另外一个思考维度，帮助我们理解文化在历史中的作用。

第 2 章

德国裔

从古老的德意志民族到年轻的德国

德意志民族是一个古老的民族，但是德国是一个年轻的国家。德语的历史可以追溯到一千年前，超过了英语、法语、西班牙语或意大利语的历史。德意志在罗马帝国时代就已经被认为是一个民族了。但是直到1871年，为数众多的碎片化的德国城邦和君主国才被俾斯麦统一起来，形成了德国这个完整的国家。但是在那之前的几个世纪里，从德国向外的大规模移民就已经开始了。德国人一开始在欧洲内大规模移民，后来他们开始跨越大西洋。

在西半球被发现之后，德国移民开始加入大规模的世界范围内的移民潮。但是在此之前，德国农民就已经定居到分布在中世纪东欧大大小小的社群里了。这些地区的统治者通常会鼓励这种移民，允许移民生活在他们自己祖国的法律体系下而非遵从东欧的法律和规则。虽然这种类型的法律被称为“德意志法”，但是事实上它们被用于管辖生活在特定定居点的所有人，哪怕德国人并不是该定居点的主要人群。许多定居点将周围的一些本地人吸收到德国文化中。德国土地法的盛行保证了农民私有财产的安全，其激励驱动的与农业发展相关的利益远远超过东欧盛行的那种方式所带来的利益。简而言之，德国人将西欧的先进文化带到总体上更加落后的东欧。波兰、捷克和匈牙利的统治者因此很欢迎德国定居者来到他们的土地上。

人们在巴尔干地区的不同位置发现了矿藏，因此德国矿工的社区也分布在巴尔干的各个区域。中世纪东欧的主要城市中心通常被德国人占据，不论在人口统计学上还是在文化和经济上都是如此。本地人往往生活在周围的乡村里。在 1312 年之前，克拉科官方的城市记录都是用德语书写的。1312 年官方城市记录的语言改成了拉丁语，但是一个多世纪之后，这个城市的主要人口才变成波兰人。德国商人遍布东欧和巴尔干地区，纽伦堡人掌管着波西米亚的金属贸易。德国人同样作为令人畏惧的战士受到东欧统治者的欢迎，奥斯曼帝国的军队中就有德国炮兵。条顿骑士团本身就是一种重要的军事力量，它征服了普鲁士并参与了波兰的战争。欧洲的德国移民并不局限于东欧和巴尔干。德国的技术手工业者 15 世纪、16 世纪和 17 世纪分布在欧洲的各个角落。15 世纪，有很多德国手工业者移民意大利。钟表制作只是德国人众多杰出的手工艺之一，德国的钟表制作师在米兰、罗马和意大利的其他城市工作。1650 年左右，法国邀请德国钟表制作师来到里昂，里昂在当时已经是欧洲一个领先的钟表制作中心了。

简而言之，德国人在几个世纪里都是全世界范围内技术传播的重要媒介。他们将农业、商业、军事和很多艺术技能从先进的地区传播到落后的地区。这些作用都发生在越洋移民时代和工业革命时代之前，虽然这两个新时代都帮助德国人更好地向全世界的其他国家和地区传播了他们的技能。

移民的意义不仅是寻找其他更需要的地方将技术传播出去，也有很多现实的理由让德国人想要逃离自己的祖国。18 世纪，德国人连续几代人在自己的土地上经历着无休止的战火。尤其是西南部地区，不断地遭受各个国家的军队的毁灭性攻击。庄稼被摧毁或被征用，人民遭受抢劫、掠夺或折磨，整个城镇被战火摧毁，工业和农业由于恐惧和不稳定而陷入瘫痪。在三十年战争期间，一项调查指出，在帕拉蒂诺一天就有 23 个村庄被焚烧。在整个战争期间，巴列丁奈特失去了 4/5 的居民。所以，18 世纪西南地区移民现象特别普遍这件事并不令人惊奇。

德国南部很多君主国的统治者颁布法令阻碍或禁止向外移民，但是效果微乎其微。事实上，不论是在规模上还是在移居地的选择上，移民都有增无减。1709 年，大约有 1.5 万德国人移民大不列颠。其中 4 000 人定居爱尔兰，另外有3 000人跨越大西洋到纽约。其他18世纪的德国移民定居北卡罗来纳州。宾夕法尼亚州由于其宗教宽容性成为最主要的美国移居地，吸引了各种各样的和平主义群体，比如门诺派教徒、阿米什人和教友会教徒。早在1745年，据估计就有4.5万德国人生活在宾夕法尼亚州。18世纪60年代中期，大约有3万德国人定居俄国。1770年一年就有近2万德国人移民匈牙利。

19世纪，移民的起源和移居地都发生了变化。到了1834年，基本上所有的德国移民仍旧来自西南部地区。但是10年之后，5/6的移民来自其他地区。1816年到1830年，半数的德国移民去了南美洲，但是1830年之后90%的德国移民到了美国，而且这种规律一直坚持到20世纪初期。

19世纪早期，德国的城邦和君主国基本上是农业世界。3/4的人口生活在村庄和小城镇里。纺织工业和金属制品生产工业很大程度上都是由艺术家手工完成的。但是和东欧人比起来，德国人在技术和经济上更先进。和西欧人比起来，他们在这个关键的时间点上仍旧是追随者而不是工业的领导者，在某种程度上，他们还处于农业阶段。更先进和更科学的农业技术是从英国进口来的，虽然德国人重新组织了自己的农业并引进了新的农作物。在工业和交通领域，德国人更加依赖于已经在英国得以开发的技术。19世纪早期的德国并不存在只有英国才有的现代化蒸汽工厂，没有铁路，也没有成熟的投资银行。

英国人来到德国，安装工业化设备并培训德国工人怎样使用设备。英国人建造了德国的铁路并留下来运营铁路，因为这时的德国人还没有这样的技术能力。英国人和英国资本开始将德国的羊毛生产工业化，并且帮助德国建立了钢铁工业。比利时和法国也为德国的工业化进程提供了一些技术知识。德国的蒸汽机数量从1834年的400台增加到1850年的1 200台左右。从1815年到1850年，煤炭产量增加了不止10倍。到了19世纪中期，德国的铁路长度几乎达到法国的两倍。在19世纪的最后10年里，德国在钢铁产量上超过英国。在第一次世界大战前夕的1913年，德国钢铁产量达到英国的两倍。

随着德国人移民欧洲的其他国家、西半球和澳大利亚，许多人成了最先进的科学和技术的传播者，其他人则携带着手工技能。虽然这些手工技能在德国的现代化工业中正在被超越，但是它们对于还没有达到相应的积极发展阶段的移民输入国来说仍旧是一种进步。一些德国移民带来了高超的军事技艺和军事传统。德国的军事传统可以追溯到罗马帝国时代，那时德国将领就担任过古罗马军团的最高指挥官。有德国血统的人也总是在沙皇俄国、南美洲和美国的军队中担任高级将领，美国 1776 年的独立战争和 20 世纪的两次世界大战都是如此。在两次世界大战中，美军都是由有着德国血统的将军指挥的，这两个将军分别是有着“黑桃杰克”之称的潘兴和艾森豪威尔。德国总体上因为其军事传统和军事冒险精神而长期声名在外，普鲁士尤其如此。在两次世界大战中，德军给对方军队造成的伤害比德军自己承受的伤害要多得多。除了一长串在几个世纪的历史上广为人知的军事领袖，德国也诞生了最著名的军事理论家卡尔·冯·克劳塞维茨。具有讽刺意味的是，全世界的德国人既是最著名的和平主义群体之一，又诞生了众多军事领袖。

对教育的高度重视是德国移民带到全世界其他地方的另外一个重要特点。早在 17 世纪，德国人对教育的尊重程度就超越了欧洲其他地方，并因此而广为人知。19 世纪的德国是最早提供免费和强制公共教育的欧洲国家之一。和其他欧洲国家相比，德国的教师比例、投入在教育上的资金占国民生产总值的比例都更高。教育的优先地位不仅是一种政府政策，也是这个民族的文化价值观。奥地利帝国的德国人的识字率比生活在同一个帝国里的塞尔维亚－克罗地亚人高出好几倍。同样，生活在俄罗斯帝国的德国人的识字率比俄国人高出好几倍，生活在巴西的德国人的识字率也比巴西人高出好几倍。

“幼儿园”来自德语词汇，也是在其他国家生根发芽的德国教育机构。在教育体系的另一端，以研究为导向的德国大学也被其他国家模仿。康德、歌德和贝多芬这样的伟大的德国知识分子和艺术家都成了西方文明和文化的代表。德国移民很少有处于奥林匹克水平的人，但是他们对教育和自己祖国文化的执着，表现在他们建立的众多的学校上。只要有德国人定居的地方就会有学校，哪怕周围的社会对教育根本没有或很少有兴趣，哪怕周围的大部分人都是文盲。

除了教育和对教育的渴望，高度专业的科学和技术技能同样随着德国人转移到他们新的定居地。美国殖民地的第一架钢琴是德国人建造的，德国人同样在沙皇俄国、澳大利亚、法国和英国领导钢琴建造行业。德国人在精密的光学产品方面有着悠久的传统，他们创立了蔡司、施耐德电气和福伦达这些老牌的光学企业，也为美国领先的光学企业奠定了基础。美国最著名的光学企业就是两个德国移民建立的，他们的名字分别是博士和伦。德国在储藏啤酒方面的杰出成就反映在德国移民在世界各地建立的酿酒厂上。德国人早在罗马时代就开始酿造啤酒了。1991 年，德国的啤酒产量是俄罗斯的两倍，尽管德国有着更少的人口。事实上，啤酒产量唯一高过德国的国家就是美国，而美国领先的酿酒厂也是德国后裔建立的。

简而言之，德国移民并不是单纯地离开德国。他们随身携带了德国的一小部分，不但为自己保存了德国的文化，也让德国文化成了他们所定居的新社会文化系统的一部分。

俄国

德国人通过两种截然不同的方式成为沙皇俄国人口的一部分。第一种方式是通过俄国对波罗的海各国的占领，在波罗的海各国被占领之前就已经有相当数量的德国人生活在那里了。第二种方式是通过德国向俄国的移民。早在 16 世纪，德国人就已经生活在莫斯科的一个移民聚居区了。到了 18 世纪早期，生活在莫斯科的德国人数量达到 2 万，生活在圣彼得堡的德国人数量达到 5 万。但是从德国到俄国的第一次大规模移民发生在后来的 18 世纪，也就是叶卡捷琳娜二世统治时期。叶卡捷琳娜二世本人就出生在德国。到了 1897 年，有 180 万德国人生活在俄国，其中 3/4 生活在乡村。虽然德国人只占这个巨大的帝国人口的 1%，但是这些德国人往往生活在德国社群里，在几代人甚至几个世纪里都保持着自己的德国身份。他们主要的聚居区有三个：波罗的海、黑海和伏尔加河沿岸。

波罗的海德意志人

生活在波罗的海的德国人只是生活在俄国的所有德国人中的一小部分，而且这些德国人只占当地人口的不到 1/10，即便是在一些小的波罗的海国家也是如此。18 世纪末，大约有 10 万德国人生活在波罗的海，到了 19 世纪末这个数字变成了 13 万。在第一个时期德国人口占波罗的海总人口的 8%，在第二个时期则占 6%。然而，生活在波罗的海的德国人对于这个地区甚至整个国家的经济的重要性都远远超出他们所占人口的比例。

生活在波罗的海的德国人是一个统治性的社会经济阶层，而不是一个处于劣势地位的少数族群。以 1900 年为例，德国人拥有爱沙尼亚可耕种土地的 60%。1908 年，德国土地所有者在波罗的海占有的土地超过波罗的海本地农民的土地、俄国领地和教会领地的总和。里加的波罗的海港口拥有俄国最古老的企业家传统。作为俄国第五大城市，里加是德国人在中世纪建立起来的，并且在接下来的几个世纪里在文化上都算德国城市。这个城市在公元 1201 年被建立，是拉脱维亚长时期被德国贵族占领的结果。里加也成为德国商业城市之间的汉萨同盟的成员。里加在随后的几个世纪里被波兰人、瑞典人和俄国人先后征服，但是它在文化上一直属于德国文化。虽然到了 19 世纪末，德国人只占到这个城市人口的不到 1/4。里加的多数技术和资本都来自德国，哪怕它在 1721 年被并入俄罗斯帝国之后也是如此。里加的商人、艺术家和工业专家绝大多数都是德国人。早在 1883 年里加的德国男性识字率就达到了 94%，超过生活在同一城市的爱沙尼亚人、拉脱维亚人、俄国人和犹太人，也远远超过俄罗斯帝国的整体水平。

从彼得大帝开始，德国人就是俄国专业人才资源的重要组成部分。他们占据了很多重要的科学、学术、外交、军事和其他高级职位。在 19 世纪 80 年代，40% 的俄国军队高级将领是德国人，57% 的俄国外交大臣和 62% 的邮政和商业部高级官员也都是德国人。在某一时期，几乎所有圣彼得堡科学院的成员都是德国人。简而言之，德国人在高等职位上的比例超出其所占俄国人口的比例，当时德国人口只占俄国总人口的 1%。更重要的是，占据这些职位的德国人几乎都是波罗的海的德国人。19 世纪前半段，波罗的海的德国人在俄国高级民事和军事职位上都超过所有其他德国人。虽然波罗的海德意志人只是俄国的德国人这个少数民族的一小部分。

生活在俄国的德国人因传统的德国式的规整、秩序、节俭和精于计算而著称。拥有高级政府职位的德国人因他们的效率和廉洁而著称。他们的这两种品质都和俄国官员形成了鲜明的对比。德国人同样因为对俄国的忠诚而著称，哪怕是在 1914 年与德国的战争中也是如此。在拿破仑战争期间，德国将领在俄军的领导层占据多数。正是一名同时拥有德裔和苏格兰裔身份的将领设计了撤退中的焦土政策。这个政策虽然也为俄国带来了痛苦，但是最终成功地切断了拿破仑入侵俄国的通道。后来他领导俄国军队胜利地行进到巴黎，并且被沙皇任命为大元帅和公爵。俄国军队中的德国将领多数也来自波罗的海地区。

在波罗的海国家拉脱维亚和爱沙尼亚，上层是德国人，下层是拉脱维亚人和爱沙尼亚人。多数生活在城市里的拉脱维亚人不得不讲德语，上升到经济上层的拉脱维亚人往往在语言和文化上被德国化。虽然德国人在文化和经济上处于统治地位，但是两个群体的通婚让民族界限很难被明确划分。1881 年的调查发现，在将拉脱维亚语作为母语的人群中，10% 的人将德语作为自己的习惯语言。沿着社会阶梯上升的爱沙尼亚人和犹太人往往也会说德语。里加的很多教育活动都是用德语进行的，包括多帕特大学的教育活动。多帕特大学是沙皇在1802年建立的。在存在的最初几十年里，多帕特大学近一半的教师都是德国人。

虽然波罗的海德意志人在文化和经济上处于统治地位，但是他们在19世纪并不是有意识的国家主义者，至少不是一个排他性的人群。拉脱维亚民族的人如果在文化上德国化，就很容易在社交上被接受。从这个角度讲，波罗的海德意志人从表面上看更像一个都市组织而不是国家组织。受过教育的拉脱维亚人——其中很多是在多帕特大学接受教育的，开始崛起并拒绝在文化上被德国化。这标志着波罗的海开始了国家组织性的政治。波罗的海德意志人长久以来反对任何基于种族或国籍的观点或政治，就像波西米亚的德国人在捷克国家主义崛起时所采取的态度一样。然而在两个地方都一样，本地的国家主义不但得到成长，而且激起了对立的德国的国家主义。然而在俄国情况更加复杂，因为俄国的国家主义在19世纪晚期的崛起驱动了俄国文化和语言在整个帝国范围内的推广。

到了19世纪90年代中期，波罗的海的每所学校——不论是公立学校还是私立学校，都被强制使用俄语作为教学语言。波罗的海的警察部门不得不雇用翻译将他们的官方报告从德语翻译成俄语。这意味着以德国人为主的法庭不得不雇用更多的翻译将报告从俄语翻译回德语，这样法官才能看懂这些报告。随着俄国化的开展，德国的教师、法官、大学教授和其他人开始失业，很多人不得不返回德国。到了19世纪90年代晚期，德国国家主义开始在波罗的海兴起。虽然从历史的角度讲，波罗的海德意志人从来没有觉得德国的德意志人亲切。俄国沙文主义孕育出了对抗的德国沙文主义。

波罗的海国家在第一次世界大战之后独立，因此波罗的海德意志人不用再与俄国人斗争了。然而，在第二次世界大战中，苏联重新建立了对波罗的海的控制。但是波罗的海德意志人至少躲过了其他生活在俄国的德国人在两次世界大战之间所遭遇的灾难。

伏尔加德意志人

德国最早的一次大规模移民的迁入地就是俄国的靠近伏尔加河下游的区域。这次移民大部分源自叶卡捷琳娜二世的授意，集中在 1763 年到 1766 年少数的几年里。移民都是在被战争摧毁的德国西南部地区招募的，而且是在俄国政府的补贴下大规模进行的。这些移民从德国西南部出发，途径波罗的海到达圣彼得堡，然后沿着伏尔加河长途旅行，最终定居在尚待开发的城镇萨拉托夫附近贫瘠荒凉的区域。其间的长途跋涉在水上和陆地上花费了几个月的时间，这些移民往往行走在拥挤不堪的队列中，食物也非常差。旅途的终点被当时一个早期移民描述为“荒野”，目力所及“除了枯萎的荒草什么都没有”。

在俄国政府的设计下，移民大都定居在德国社群里。这些移民既具有独立的法律身份，也是独立于当地的俄国人群的社会存在，天主教徒和新教教徒也分开居住。这次移民的目的是为极端落后地区的俄国农民群体提供高效农业的先进范本。

俄国政府提供了相当规模的资助，总额达到 500 万卢布。尽管如此，一开始早期的德国移民聚居区还是在绝望的边缘徘徊，一些聚居区最终消失了。俄国腐败的官员和民众骗取了政府发放的很大一部分钱。和官方的保证刚好相反，这些移民到达的时候连基本的居所都没有，甚至连建造木屋所需的树木都没有。这些德国移民在洞穴中度过了他们在俄国的第一个寒冬，这些洞穴都是他们在地表、山侧或沿着河岸挖出来的，盖的只有他们能从自己的行李中挑选出来的，或者能从附近收集来的零零碎碎的物品。他们面对的是零度以下的气温、风暴，以及俄国漫长寒冷的冬天。他们只能从当地俄国人那里以极高的价格购买食物，这些当地人会利用他们的困境哄抬物价。在最开始的那些年里，政府提供的用来在春季播种的小麦总会延迟到达，这让他们错过了有效的种植时间。强盗和伟大的成吉思汗的后裔残部不时抢劫、恐吓和毁坏这个区域，他们甚至劫掠了一些德国人卖到亚洲的奴隶市场。

虽然叶卡捷琳娜二世允许伏尔加德意志人进行本地自治，但是俄国独裁者和官僚不断横加干预，甚至公开侵犯这些特权。村庄里抱怨这种政策的长者受到鞭打，波罗的海德意志人在政府担任官员的事实也没有帮上什么忙，因为波罗的海德意志人认为这些南方的德国农民远比自己低等。少数移民想要冒险从俄国腹地逃回德国，但是往往被哥萨克人捕获并被强制送回他们的村庄。一些雇用了本地向导逃跑的人往往在途中被谋财害命。

早期的艰辛和惨痛的经历让这些人付出了沉重的代价。在招募的 3 万名移民中，大约有 2.7 万人到达了伏尔加河的定居点。10 年后，生活在这些定居点的移民只有 2.3 万。在最初的两年里，这些定居者在温暖的天气里用从俄国北部顺着伏尔加河漂下来的树木建造了木屋，一共有超过 100 个小型德国移民定居点。他们在那里按照 18 世纪的莱茵兰（今德国莱茵河中游）的生活方式生存，基本上没有什么变化。在一个多世纪里，他们和俄国以及德国的发展都失去了联系。19 世纪晚期，一些伏尔加河的德国人移民美国，其中的一些孩子从来没有见过俄国人。一些成年人甚至从来没有说过俄语，也没有见过火车。与俄国人的通婚基本上是不存在的，宗教或文化的同化也是如此。德国人被俄国政府出卖并被精确地部署到他们所在的位置，其原因就是他们比无知的俄国大众更先进。但是德国人并不想退化到当地俄国人的水平。

无论如何，两方面还是发生了很多文化借鉴。早期殖民者用来建造房屋的俄国材料导致他们的居所具有东欧特色，俄国的服装也是对抗寒冬的必需品。一些俄语词语进入各种聚居区本地德国人的方言。伏尔加河的德国人种植的小麦、大麦、燕麦也都是适于当地气候条件的俄国农作物。同时，俄国的耕犁和四轮马车得到德国式的改进，俄国的镰刀也被德国的长柄镰刀取代。但是在日常生活中，德国农民居住在自己远离俄国农民的社区里。

虽然只有半数的定居者在自己的家乡是农民，但是事实上，所有移民在伏尔加河为了生存都成为农民。然而，拥有艺术家技能的人在漫长的俄国寒冬里将自己的技能传给了自己的子孙，其他人传承了文学传统。在自给自足的小社区里，艺术技能被证明是非常有价值的。在这里，伏尔加河的德国人制作自己的鞋子、砖块和农具。

生活在伏尔加河地区的德国人一旦建立起正常的居住环境，他们的人口就迅速恢复并开始增长。虽然他们的名字来自伏尔加河，但是事实上很少有人真的住在能够看见伏尔加河的地方。他们的数量从1775年不足2.3万人增长到1811年的5.5万人。伏尔加德意志人通常会生育很多孩子，一个家庭有10到12个孩子都是很常见的。这意味着这里的出生率超过他们祖国德国家庭的两倍。然而，在这些聚居区的整个历史发展过程中，未婚妈妈都是非常少见的。在1861年，大约有20万人生活在伏尔加河的移民聚居区。到了19世纪末，这里的人口达到40万。伏尔加德意志人占生活在俄国的德国人中的多数，虽然德国人也生活在黑海、比萨拉比亚和沃利尼亚等大的农业移民聚居区里。

德国定居者在伏尔加河下游区域引入新的作物，比如土豆和糖用甜菜。他们培养了新的役畜品种，建造了当地第一所公立学校，并且引入一系列新工具和技术。德国人也往往把当地已经种植的作物培养得比俄国人更加高效。德国人还建造了面粉磨坊，也生产布料。两个工业市场都超越了移民聚居区的范畴，甚至到达圣彼得堡和芬兰。另外，德国人还建起锯木厂、铁匠铺和制革厂，生产四轮马车、家具、手纺车和其他木制器具，为自己和俄国顾客提供便利。

到了19世纪40年代，德国人变得非常富足，这激起了周围俄国人的嫉妒和仇视。尽管取得了这么多成就，但是生活在俄国的德国农民并不像同时代生活在德国的德国农民那样高产。尽管如此，生活在俄国的德国农民还是20世纪早期俄国能够变成最重要的小麦出口国的主要因素。生活在黑海的农民和生活在伏尔加河的农民同样为此做出了巨大贡献。其中的一个德国移民聚居区成了整个俄国的“展示移民聚居区”，吸引了各种高官显贵、作家和教育家来参观。

虽然有政治上的管理不善以及俄国相关官员的大规模欺诈和腐败，德国移民聚居区还是取得了巨大的经济成就。这些官员曾经徒劳地强迫德国移民种植桑树养蚕生产丝绸，并压制农业社区的工业发展。市场变化的政策、官员和政治机构在几代人的时间里让德国移民聚居区不断被打扰。对于很多人来说，压死骆驼的最后一根稻草是叶卡捷琳娜二世施予他们的一项基本特权被叶卡捷琳娜二世的继承者取消了，这项特权就是免除兵役。服兵役总体上是一件令人恐惧的事情，不仅对反对任何形式战争行为的德国宗教教派来说是这样，对没有类似哲学反对的人来说也是如此。俄国士兵需要在很多年里承担活跃的军事职责，他们常常遭受恶劣的对待，并且只能获得非常微薄的收入。更重要的是，有德国血统的士兵通常会遭受更加恶劣的对待，尤其是当他们不会说俄语的时候。而大部分生活的伏尔加河的德国人恰恰都不会说俄语。

服兵役要求同样被德国人看作沙皇政府对重要信念的违背和对他们残存的保证的毁坏。另外，不断高涨的泛斯拉夫主义和“俄国化”政策威胁到他们建立的全部的生活方式，包括他们的学校、教堂和其他民事机构。19 世纪 90 年代早期，新的移民浪潮开始了。他们已经习惯于耕种俄国的大草原，他们在美国和加拿大西部的大平原以及阿根廷的南美洲大草原上找到了类似的土地。西半球这三个区域和伏尔加河的大草原一样都是世界上小麦产量最高的生产区域。

黑海德意志人

黑海地区的德国移民聚居区建于 18 世纪，时间上比伏尔加河的德国移民聚居区晚，也不像后者那样需要与充满敌意的自然和政治环境做斗争。

这些众多的分散的移民聚居区就包括门诺派教徒的聚居区。门诺派教徒往往是非常有经验的农民，他们比其他生活在黑海还需要适应农业生活的德国人更早地实现了富裕。观察者注意到，门诺派教徒的村庄是整洁和有序的。他们的耕种操作比其他农民要先进很多。因此，沙皇政府将他们作为范本，甚至强迫其他人使用他们的农耕技术。

黑海德意志人数量迅速增长，1860 年达到 15 万人。虽然沙尘暴、蝗虫和其他农作物受损的情况时有发生，但是黑海地区的德国移民聚居区的繁荣与日俱增。通过建造小麦存储设施，德国移民聚居区逃过了在俄国其他地区零星出现的灾荒。从 19 世纪 30 年代开始，黑海德意志人开始以能够在商业上产生巨大影响的数量对外销售小麦。他们的富饶通过他们所拥有的土地规模的扩张体现出来。从 1860 年开始的 30 年里，大量土地从俄国贵族的手里转移到黑海地区的德国农民手里，最终的总量达到 1 100 万英亩[①]。到了 1912 年，估计克里米亚半岛 41% 的可耕种土地都归德国人所有了。在俄国南部的 4 个省份，德国人在 1914 年拥有的土地超过沙皇最初分配给他们的土地的 6 倍。

黑海地区的德国人与他们在伏尔加河的同胞一样，深受泛斯拉夫沙文主义的反德国宣传、俄国化的运动，尤其是强加的兵役带来的影响，他们深切地怀疑自己在俄国的未来。更加重要的是，虽然俄国出现更多针对德国人的政治憎恨情绪，但是其他国家非常欢迎他们。巴西和阿根廷都绕过中介到俄国招募德国移民，它们不但做出很多承诺，还为德国移民提供定居服务。大约同一时期，加拿大和美国也为移民提供了很多土地。19 世纪 70 年代，大约有 1.8 万门诺派教徒离开俄国前往美国和加拿大。但是德国人大规模离开黑海地区的事件发生在这之后。沙皇亚历山大二世在 1881 年被刺杀，一位对生活在俄国的外国人充满仇视的新沙皇掌握了政权。德国

① 1 英亩≈4 046.86 平方米。——编者注

移民聚居区的本地自治被俄国政府指派的本地官员的直接管理取代，新的骚乱接踵而至。黑海地区的德国人大规模迁出。西半球最大的黑海德意志人的聚集地在达科他州。这个时期多数定居在加拿大西部的德国人来自俄国，而不是德国。

俄国的政策

像其他在国外过上富裕生活的少数族群一样，生活在俄国的德国人面临着越来越多的仇视。嫉妒是一个主要因素，这对生活在伏尔加河、黑海和其他德国农业社区的人来说如此，对波罗的海德意志人来说更是如此。波罗的海德意志人曾经长期在莫斯科和圣彼得堡的上层阶级占据超出其所占人口比例的高位，许多俄国人认为德国人的竞争阻碍了他们的职业发展。泛斯拉夫主义和对外国人的不包容在俄国上层阶级中泛滥，这些上层阶级有着最大的动机，因为他们可以借此清除那些与他们竞争有利可图的尊贵职位的对手。俄国知识分子是反德国运动的中坚力量。然而在俄国普通民众中，“像德国人一样守时”和“像德国人一样诚实”这样的说法表现出他们对德国人这些特性的欣赏。

德国人和俄国人继续过着隔离的生活，通婚还是非常少见。一个关于他们的文化差异的指标就是教育。19 世纪末，超过 3/4 的俄国人仍旧是文盲，但是德国人识字的人无处不在。哪怕是德国农民也会在自己的社区里建立自己的学校。德语报纸和期刊就是这种文化程度的结果和反映。《敖德萨日报》只是当时黑海的德国人中流行的报纸之一，正如《南德意志报》在伏尔加河的德国人中流行一样。而《圣彼得堡新闻》自 1727 年就开始有德文版了。

在第一次世界大战中，俄国和德国处于敌对位置，俄国所承受的令人震惊的军事损失将反德情绪推到新高度。生活在俄国的德国人被指控背叛国家和沙皇，但是 240 万德国人并没有一个人被明确查出存在叛国行为。

大约 20 万德国人被强制从乌克兰的一些省份疏散出去，被用船运送到伏尔加河、中亚和西伯利亚。几千人死在拥挤而令人窒息的货车车厢里，那里既缺乏食物也没有医疗条件。1915 年，莫斯科的暴徒在一个德国移民聚居区里横冲直撞，毁掉了价值上百万卢布的财产，同时伤害和杀害了很多无辜民众。几百个德国人的店铺和家庭被烧毁和抢劫。1917 年，沙皇发布命令驱逐伏尔加德意志人，但是在这个命令生效之前爆发了十月革命。

1917 年秋季，克伦斯基政府被苏共取代，之后伏尔加河德意志人劳动公社宣布成立，其目的是"打倒德国移民聚居区的大地主和反革命"。虽然 40 万伏尔加德意志人只有 300 名是共产党员，但是他们在暴力和政治权力方面绝对是"大多数"。伏尔加德意志人通过几代人积累起来的物质财富在政治上被描述为对无产阶级的掠夺，而无产阶级有权夺回来。按照俄国农民的标准，即便是中等水平的德国农民也可以被认为是富裕的。仅仅一年的时间，这些聚居区里的牛的数量就从超过 70 万头降到不足 30 万头。这个区域的农业产量连续好几年呈下降趋势。伏尔加德意志人经历了他们的第一次大饥荒。伏尔加德意志人的食物和种子被反复征用和抢劫之后，估计有 16.6 万人死于饥饿。

20 世纪 20 年代早期，列宁的新经济政策允许一些市场存在，也允许部分私有财产存在。在这种情况下，伏尔加河地区像苏联的很多地方一样，得到或多或少的恢复。但是 1927 年新经济政策结束，集体化农业启动，这对于伏尔加德意志人来说是一个新的悲剧的开始。这些德国农民家庭的很多人被认为是"古拉格"或富农，这种说法意味着这些人是农业领域的"资本家"或"投机分子"。许多人被驱逐、被直接"清算"，或者因缺乏营养、寒冷、虐待和过度劳累而死于劳动集中营。

苏共对德国人的敌意并非完全是民族性或种族性的，这种敌意很大程度上来自意识形态。在沙皇政府和克伦斯基政府中，德国人一直投票反对共产党和社会主义者。在布尔什维克革命之后发生的内战中，德国人主要和白军而不是红军一起战斗。德国人绝大多数是乡村里的农民，这个阶层在20世纪30年代斯大林严苛的集体主义政策中受影响较大。城市里的德国人并没有像乡村的德国人那样受苦受难。这个时代和前面的几个世纪一样，生活在苏联的德国人保持着他们的文化传统，以及他们独立的社会存在结构。20世纪20年代中期，生活在苏联的德国男性85%结婚对象是德国女性，95%苏联德国人说德语。这反映出，生活在苏联的大部分德国人继续保持着他们的乡村式的孤立生活。生活在城市的德国人，与苏联或乌克兰女性的通婚并不像在乡村里那么少见。

1941年，生活在苏联的伏尔加德意志人作为整体的存在彻底结束了。纳粹在那一年的6月入侵苏联，斯大林下令将38万伏尔加德意志人驱逐到乌拉尔山脉的后面。这些德国移民家庭被拆散，父亲和儿子上了一辆车，其他人上了另外一辆车。火车上寒冷和拥挤的环境以及食物的缺乏让他们再一次付出巨大的代价，死在途中的人的尸体遍布火车轨道的两侧。二战后被驱逐和在劳动集中营中活下来的幸存者也不许返回苏联。在几十年后的20世纪80年代，在苏联生存下来的伏尔加德意志人的幸存者主要生活在中亚。但是很多家庭都没有团聚，社区更没有重新建立起来。因为他们害怕某一天再发生什么恐怖的事情，一些个体甚至否认他们是伏尔加德意志人。到了这个时候，能够被区分出来的伏尔加德意志人主要生活在美国和阿根廷。直到1975年，阿根廷的恩特雷里奥斯省1/5的人口仍旧是伏尔加德意志人。越过恩特雷里奥斯的河流到达乌拉圭境内的还有另外一个来自苏联的德国人的集中地。20世纪90年代，苏联变成独立国家联合体，这个时候生活在苏联地域内的伏尔加德意志人的数量在200万左右。他们现在分布在各个不同的地区，同化程度非常高，以至很多人不再说德语，而且很多人通过婚姻离开了德国族群。大规模地向德国移民，同样减少了这个群体的数量。

黑海的德国人在革命之后的苏联的遭遇和他们在上百英里之外的伏尔加河的同胞也没有太大的差别。1917年布尔什维克革命之后，苏联的流浪农民以“共享”的名义从德国社区获得了食物、衣服、马匹和牛。德国军队在1918年对克里米亚的占领让这类事件暂时停下来。但是在第一次世界大战接近尾声的时候，德国侵略军返回德国，暴徒又一次回到这个地区，并趁着内战期间的无政府状态洗劫了这个地区。他们在德国社区散布一种新的恐怖氛围，房子被烧毁、人们被折磨、妇女被强暴、男人被射杀。当苏联红军重新恢复秩序时，所恢复的秩序和之前的秩序已全然不同。没收充公变成了一种系统化的行为而不是随机的行为。最高效的农民在政治上被定义为资本家并被没收了财产，无论他们的土地规模有多小。这种行为极大地损害了农业的产出，饥荒对于俄国人来说是很常见的事情，但是现在黑海的德国人经历了他们的第一次饥荒。

列宁的新经济政策为黑海的德国人提供了一个休养生息的间隙，他们在某种程度上得以恢复。但是相对于苏联人来说，他们的生产非常高效，这让他们在斯大林推动集体化和开始清洗“投机分子”的过程中再一次成为政治目标。

纳粹军队1941年入侵苏联，随后苏联政府将黑海的德国人大规模驱逐到东部。这个行动甚至在伏尔加德意志人遭受同样的命运之前就开始了。随后的1943年到1944年间，超过25万苏联的德国人随着撤退的纳粹军队回到德国。很多人由于残酷的战争和气候条件死在路上。战争结束后，成千上万德国人被占领区的红军强迫返回苏联，另有成千上万人使用假身份躲了过去。一些被发现的人宁愿自杀也不愿意返回苏联。

战争期间，德国人在苏联的经历产生了持久性的后果。1924年建立的伏尔加河德意志人苏维埃社会主义自治共和国在1941年被颠覆，并且在整个苏联期间没能得以重建。被驱逐到中亚和西伯利亚的德国人也不许回到这个区域。斯大林死后，德国人作为一个群体在政治上或多或少得以“恢复名誉”，德语报纸再一次得到批准。这些报纸总有一个专栏标题叫作“寻找失散的亲属”。许多孩子在战争时代的驱逐中完全失去了和父母的联系，他们根本没办法知道父母是不是还活着。他们要么待在孤儿院遭受虐待，要么在苏联寄养的家庭里被当作“小叛国贼”。

这一代人对于教育的忽视可以用后来苏联官方的数据加以验证。1967年，生活在西伯利亚的新西伯利亚州的苏联德国人，12% 根本没有接受过任何教育，另外的 25% 只上过 1 年到 3 年学。很难想象这个群体在历史上一直有着比俄国人高的受教育程度，而且在世界各国都因其对教育有强烈的兴趣而著称。在中亚的吉尔吉斯苏维埃社会主义共和国（今吉尔吉斯共和国）生活着超过 7 万德国人，但是 1960—1961 学年高等教育机构的德国学生数量不足 150 人。从 1955 年到 1966 年没有任何博士学位的科学研究者是德国人。苏联的德国人有一半左右生活在哈萨克斯坦。那里也一样，德国人在接受高等教育的学生中的比例低于其所占人口的比例。后斯大林时代苏联放松了反德政策，苏联高等教育机构里的德国学生数量因此迅速上升。1960 年到 1971 年，哈萨克斯坦的德国学生数量增加了不止 3 倍，在吉尔吉斯这个数字增加了不止 6 倍。

由于他们能获取的教育资源很匮乏，而且他们在 20 世纪 80 年代的城市化比例只占一半左右，所以二战后的德国人和其他苏联公民相比往往从事低等的职业，获得较低的收入。常年在劳动集中营的艰苦条件下被强制劳动显然没有为他们的技能或健康带来任何好处。

1970 年，生活在苏联的有德国血统的人超过 180 万，其中 2/3 的人把德语作为自己的母语。从人口的角度看，这个数字相当于 1897 年生活在俄国的德国人的数量，远远低于 1916 年生活在俄国的 240 万德国人口。生活在俄国的德国人主要是农业人口，而且在历史上以出生率高著称，因此人口的下降是一个重要的指标，它告诉我们德国人在沙皇俄国和苏联所遭受的绝望。然而，这可能也反映出一些人不愿意向人口普查员说明自己的身份，或者人口普查员自己想让人口显示出比较高的同化程度，以与苏联的官方意识形态保持一致。

德国文化在苏联并没有完全消失，甚至在后斯大林时代也有一个小小的复苏。然而，在过去的几代人里，德国文化显然有明显的下降。虽然在 1956 年的西伯利亚和哈萨克斯坦，德语再次被允许当作学校的教学语言，但是多数德国人在接下来的几年里并没有利用这个机会。也许是经历了过去的一切之后，他们不愿意让别人注意到他们是德国人。德语报纸在战争期间完全消失了，后斯大林时代苏联政府创办了一系列德语报纸。其中最大的是《新生命》(*Neues Leben*)，它 1957 年在莫斯科首次发行，到了 20 世纪 80 年代仍旧在运营。二战后的第一个德语广播同样开始于 1957 年，每天在哈萨克斯坦阿拉木图的无线电上播放几个小时。到了 1970 年，生活在苏联的德国人有超过 90% 居住在亚洲。

二战后，德国人迁出苏联的数量仅次于犹太人。对于这两个群体来说，这种移民得以实现的根本原因都是外部的影响。对于德国人来说，他们希望与联邦德国建立更好的关系。这导致苏联政府同意联邦德国总理康拉德·阿登纳的请求，允许一些移民进入。苏联解体之后，俄罗斯总统鲍里斯·叶利钦在对统一后的德国进行正式访问时还建议复兴伏尔加河德意志人苏维埃社会主义自治共和国。1992 年俄罗斯和德国签订了一项协议，允许后者在伏尔加河地区投资，以在那里创造更好的生活条件，防止那里的德国移民大规模“返回”他们从来没有见过的德国。那里的很多人已经不再说德语了。和平时代和战争时代一样，苏联的德国人都是不可控制的力量。从战后到 1992 年，大约有 280 万德意志民族的人返回了德国，其中只有一半多一点儿——也就是 150 万人——来自 1987 年之后苏联的东欧成员国。

西半球

德国人通过移民或者再移民的方式来到西半球，再移民的德国人通常来自沙皇俄国或后来的苏联。同样有大量具有德国血统的人来自瑞士、奥地利和欧洲的其他地方，因为有相当规模的德国人生活在德国之外，也有少数人来自非洲的德国移民聚居区。这些来自德国之外的德国移民在欧洲的德国移民中并不算少数。在第一次世界大战之前，只有10%左右到达加拿大的德国移民来自德国。到达美国的德国移民多数来自德国，但是在1920年，有30万左右来自苏联的德国裔生活在美国。其中超过2/3是伏尔加德意志人或黑海德意志人，两者的比例接近1∶1。1928年，同样有10万左右的伏尔加德意志人生活在阿根廷。半个世纪之后，阿根廷还存在着明显的伏尔加德意志人社区，有自己的伏尔加德意志人阿根廷协会。一个游客1967年参观了阿根廷的村庄之后描述道：

> 我走进教堂听见了一些我绝对没想到会在这么遥远的地方听到的声音——传统的德国圣周赞美诗。演唱的方式是典型的伏尔加德意志人的风格，其中的每个声音都能被明确区分出来。我向四周看了看，男人、女人和孩子们都穿着礼拜日的服装。一些女性戴着丝巾。台下站着的人面容看起来和德国乡下人没有什么不同。在教堂正厅前，牧师正在用德语对着自己的教众传教。
>
> 我很难相信自己正置身于拉丁美洲，而且这些人的祖先离开德国迁往俄国已经是200年前的事情了。

这是关于德国文化的持久性的一个极端的例子，这些人在几个世纪里居住在不同的社会环境中，但是还保持着自己的德国文化传统。这个例子也让我们大致感受到广泛存在于西半球和其他地区的文化特色，对于德国人和其他移民群体都一样，周围社会的自然属性决定着他们在多大程度上想要被同化。但是德国人在接受他们所定居的国家的语言和外部文化模式方面尤其慢。哪怕他们已经被同化，他们也拥有自己带来的独特的技术，也保持着自己勤劳、节俭和遵纪守法的特点。

西半球的德国移民也有很多门诺派教徒。他们移民和再移民的原因和全世界的长途冒险都一样，就是寻找能够满足他们的生活方式的安全的地方。在定居加拿大和美国的门诺派教徒中，一些人后来再次成群地移民墨西哥，或者又一次移民洪都拉斯；其他人则再次移民巴拉圭。巴拉圭的一个有德国血统的人后来成了这个国家的总统。门诺派教徒的这些迁移常常因为他们觉得自己的生活方式受到了威胁，比较明显的例子就是，政府试图强制他们的孩子上公立学校，或者强制他们的年轻男性进入军队。这些行为都和他们的宗教信条相抵触。

西半球的德国移民和世界其他地方的德国移民一样，往往先是农民，然后是越来越多的产业工人和商业、工业、科学以及学术人士纷纷加入。甚至在定居西半球的最初几个世纪里，德国技术的专业知识就留下了自己的印记。早在 16 世纪，德国人就因为他们在矿业中的成就而广为人知。当时西班牙、挪威和墨西哥都积极招募德国人建造和运营银矿，英国也吸纳德国人开设铜矿。甚至更早的时候，德国人就作为地图绘制师而广为人知。为西半球的新世界取了“美国”这个名字的人就是一个德国地图绘制师。德国人生产了墨西哥第一批盔甲和剑，生产了西半球第一台印刷设备，建立了北美第一家胡椒磨坊。

当大规模的德国移民来到美国时，他们对经济发展产生的最重要的影响出现在南美。1873 年，布宜诺斯艾利斯有超过 40 家德国的进出口贸易企业，还有一定数量的啤酒酿造厂，它们把英国啤酒挤出了当地市场。到了第一次世界大战时，德国学者在阿根廷的物理协会、天文实验室、国家历史博物馆、国家矿业和地质办公室以及军事地理研究所占据垄断地位。德国人对巴西国家工业化的影响尤其引人注目。1872 年到 1972 年，移民巴西的德国人大约有 22.4 万，而这期间日本移民有 24.8 万，西班牙移民有 71.6 万，意大利移民有 160 万，葡萄牙移民有 170 万。但是在这些移民中，没有哪国的移民对巴西工业的发展比德国人所起的作用更大。

德国人为他们迁居的国家带来的变革不仅仅局限在工业和商业领域。智利、巴拉圭、巴西和阿根廷广袤的未开发地带都对德国人开放，让其耕种，这些地区的条件通常非常艰苦。德国移民对于当地公共教育的发展同样做出了重大贡献。然而，最早、规模最大的德国移民是前往美国的移民。一年之内移民美国的德国人的数量就超过一个世纪移民巴西的德国人的数量，后者大约是 22.4 万。在某一阶段，美国拥有世界第三大说德语的人口，仅次于德国和奥地利说德语的人口。

美国

大规模的德国移民定居美国，但是这只是越涨越高的德国移民浪潮的开端。这些德国移民不仅来自德国本国，也来自奥地利、瑞士、俄国和其他地方。自从美国成为一个独立的国家之后，德国人是 19 世纪和 20 世纪初大规模移民的主流。1820 年到 1970 年，大约 700 万德国人移民美国，构成了这个时期全部移民的 15%。1850 年到 1900 年，德国人从来没有低于美国移民数量的 1/4。

在殖民地时代，半数以上的德国人都是靠出卖劳动力来抵偿船资的。换言之，他们支付横跨大西洋的旅费的方式是作为契约工人为其他人工作一定的年限。在殖民地初期就已经有零零星星的德国人定居美国了，人们也曾尝试在不同的地方建立德国人定居点。美国第一个永久的德国人定居点是宾夕法尼亚州的德国城，它于 1683 年在费城附近被建成，并于 1707 年被纳入费城。它是第一个德国文化社区，随后类似的社区也在西半球的其他地方、俄国和澳大利亚被建起来。经历了一个赤贫的开端之后，德国城变成了一个美国早期的德国文化中心，它将德语文学和新的德国移民输送到宾夕法尼亚州西部。这个社区因勤劳工作的人、编织品、美国第一个胡椒磨坊、低犯罪率和不愿意参与政治而知名。1688 年，美国反对奴隶制的第一次抗议会议也是在这里举行的。

宾夕法尼亚州的德国农业社区成了一系列德国农业定居点的一部分。这些农业定居点从纽约州上城延续到新泽西，穿过宾夕法尼亚州向南，形成一个几乎是连贯的说德语的社区带，穿过坎伯兰加普延伸到谢南多厄河谷和卡罗来纳的皮埃蒙特地区，到达佐治亚州。在这个长达几百英里的地带上，德国人往往聚居在一起。其他群体，尤其是苏格兰－爱尔兰人，也常常出现在这个区域。这个区域在当时是荒野的边缘，德国人定居在这些地方正是因为这里的土地足够便宜，他们能够负担得起。

德国移民先驱伐木，建立了自己的房子、学校和教堂。他们广为人知的特点是工业化、节俭、整洁、守时、为自己的财务职责负责，以及保持自己的德国语言和习俗。和多数其他人群相比，他们的农场生产率更高，他们的牲畜饲养得更好。当他们买下其他人耕种过的土地时，人们常常说“他们能够将其他人养活不了自己的土地管理得硕果累累”。德国移民先驱往往和美洲原住民有来往，他们和这些美洲原住民的关系往往比多数其他欧洲定居者好。在美国继续向西部开拓的过程中，德国人和美洲原住民的这种良好关系一直保持着。德国人也会像其他定居者那样时不时遭到美洲原住民的袭击，此时他们也会进行猛烈的反击。

虽然德国农民建立起令人羡慕的名声，但是并非所有德国移民都是农民。城市里的德国人通常是技艺娴熟的艺术家或手工业者。很快，他们就因为产品质量水平高而广为人知。史都本玻璃、印刷、铁器、大篷马车和事实上起源于宾夕法尼亚州的肯塔基来复枪都是其中的代表。很多德国定居点也酿造啤酒，并用自己的名字命名。百威和库尔斯至今都位列美国领先的啤酒公司之列。

随着独立战争的打响，德国的军事技术和传统在美国的历史上发挥出重要的作用。这些军事技术不仅来自彼得·米伦贝格这样的德裔美国人，也来自一些从德国过来帮助领导美国军队的高级军事将领。这里面的领袖人物就有弗雷德里希·威廉·冯·施托伊本将军，他帮助美国人将殖民地杂乱的军事力量整合成真正的军队。后来的德裔美国军人包含一些名字已经英语化的将军，比如与美洲原住民作战的乔治·卡斯特将军，他的姓卡斯特（Custer）来自他祖先的德国姓 Küster。在第一次世界大战中指挥美军作战的约翰·潘兴将军，他的姓潘兴（Pershing）来自他祖先的德国姓 Pfoerschin。在第二次世界大战中，美军的高级指挥官也有大量的德裔美国人，其中就包括带领军队登陆诺曼底的德怀特·戴维·艾森豪威尔将军、指挥太平洋舰队的海军上将切斯特·尼米兹和将德国的大部分地区炸为废墟的卡尔·斯帕茨。在 1991 年的波斯湾战争中，指挥美国和同盟军队的诺曼·施瓦茨科普夫将军代表了这个漫长传统的新章节。

在美国革命战争之后，德国农民继续沿着荒野的边缘定居。但是这个时候的荒野边缘已经非常靠西了，到了威斯康星州、密苏里州和得克萨斯州这些地方。18 世纪的德国人主要来自德国西南部地区，但是 19 世纪的移民来源更加多样，特别是有很多人来自德国西北部地区。许多德国移民从东部海港出发经陆路来到中西部上部和平原地区，但是其他人则在新奥尔良登陆，逆着密西西比河北上。圣路易斯是当时从新奥尔良出发的蒸汽船线路的终点，那里因此接收了大量的德国人。到了 1845 年，这个城市有两种德语日报。随着北部各州铁路和运河的发展，经过新奥尔良港口的移民只剩下移居地是得克萨斯州或新奥尔良本身的人了。到了 1880 年，路易斯安那州有超过 1.7 万德国人，其中近 1.4 万人生活在新奥尔良。他们绝大多数是艺术手工艺者，并且垄断了这个城市的啤酒生产。

早在 1850 年，德国移民集中的主要地区就是中西部上部，特别是威斯康星州。这种规律一直持续到 1920 年。第二大聚居地是大西洋中部海岸地区，18 世纪德国人最早定居的地方就在这里。到了 1960 年，大西洋中部海岸地区再一次成了德国移民的首选移居地。这些历史性的移民定居规律继续反映在几代人之后的民族分布规律上。20 世纪晚期，德国血统的美国人构成了威斯康星州人口的 56%，同时构成了另外四个中西部州和平原地区各州人口的一半或更多。

在大规模移民的时代，来自德国特定小区域的德国人往往成群结队定居在美国一个非常特定的区域。比如，来自威斯特伐利亚省泰克伦堡地区的移民就定居在密苏里州两个相邻的县里。当时的一项研究显示，乡民们“事实上只是从德国迁居到密苏里州的乡村”。肯塔基州的法兰克福事实上就是来自德国法兰克福的德国移民建立的，而内布拉斯加州的格兰德岛则是石勒苏益格–荷尔斯泰因人建立的。威斯康星州的洛米拉居住的几乎都是来自勃兰登堡的普鲁士人，附近的赫曼和特里萨两个小镇居住的则是波美拉尼亚人。在远处的北部平原地带，来自俄国的德国二次移民同样按照他们的来源地聚居在不同的地方。一些社区就是用俄国的地名命名的，比如北达科他州、南达科他州和华盛顿州都有敖德萨，北达科他州和南达科他州也都有莫斯科。也有一些地方是用德国的地名命名的，如北达科他州的莱比锡、柏林和斯特拉斯堡等社区，以及南达科他州的克虏伯社区。更不用说俄克拉荷马州的荷尔斯泰因和基尔社区了，那里 19 世纪就已经出现一份叫《敖德萨日报》的报纸了。

来自俄国的德国人在很长一段时间里和其他的美国人以及来自德国的德国人都保持着区别。他们内部也有各种区别，比如黑海德意志人在美国就是一个独立的存在，和伏尔加德意志人在社交模式上存在明显的区别。在某一时期，黑海德意志人的 95% 都是种植谷类的农民，但是伏尔加德意志人只有一半左右仍旧从事农业，而且他们种植糖用甜菜。直到 20 世纪 30 年代，据估计，科罗拉多州、内布拉斯加州、蒙大拿州和怀俄明州超过一半的糖用甜菜农场都归伏尔加德意志人所有。来自俄国的德国人在宗教信仰上也存在不同。据估计，美国信仰天主教的黑海德意志人有超过 4/5 生活在北达科他州和南达科他州。哪怕后来黑海德意志人和伏尔加德意志人的后代重新定居在加利福尼亚州时，他们也是分别定居的。黑海德意志人的后裔居住在洛迪附近，而伏尔加德意志人的后裔居住在弗雷斯诺。

就像他们的祖先需要让自己的农作物适应俄国的环境一样，来自俄国的德国移民需要再一次适应美国的耕种条件和生活环境。他们在俄国种植的小麦、烟草和西瓜品种都要被美国的作物种类替代。更重要的是，美国的宅地法鼓励人们单门独户地居住在其他美国人和其他移民农民之中，而不是像在俄国时那样重新创建德国移民聚居区。然而，只要当地条件允许，他们就会重新创建这样的移民聚居区。比如堪萨斯州的埃利斯县就是如此，德国移民从堪萨斯太平洋铁路手里买下大片土地。这些德国移民聚居区内部既有天主教村庄，也有新教教徒村庄。直到20世纪20年代，天主教教徒和新教教徒之间的通婚还很少见。哪怕是在城市里，伏尔加德国产业工人也会聚集在一起，在芝加哥这种情况一直持续到1930年。

德国移民作为农民在美国所取得的成就在19世纪和20世纪尤其突出。直到1880年，得克萨斯州东部的德国农民和其他得克萨斯人相比，总能在更小的土地上获得更高的产量。在内布拉斯加州、科罗拉多州、蒙大拿州和怀俄明州，来自俄国的德国二次移民作为农民建立了良好的声誉，他们在银行中也有良好的信誉。来自德国的德国人和来自俄国的德国人在未开发的荒蛮地带进行了多年的先驱性的艰辛开拓之后，最终都在俄克拉荷马州过上了富裕的生活。

在19世纪，东部沿海各州的德国人口增长率逐渐被中西部地区超越，特别是在密西西比河上游和俄亥俄山谷。到了19世纪中期，美国超过一半的德国人口都生活在这个地区。中西部地区不仅是19世纪德国移民的移居地，也是东部沿海德裔美国人和他们的后代的移居地。然而这些德国人并不都是农民。辛辛那提、圣路易斯这样的城市，尤其是密尔沃基，成了19世纪德国城市人口的中心。1830年辛辛那提只有5%的人口是德国人，到了1860年城市居民有30%是德国人。密尔沃基的德国人占到总人口的35%。一些小的社区基本上都是德国人，不但在人口上，在语言上也是如此。比如，密苏里州的赫曼就连街道标识都使用德语。在乡村，德国人的聚集和德语的垄断地位更加明显。

不论生活在城市还是乡村，19世纪的德国人都倾向于保留他们自己的文化，就像他们的先辈在前几个世纪所做的。人们能够在辛辛那提和圣路易斯的街道上听到德语，德语报纸在15个美国城市每天发行。德国日报遍布全美，包括《纽约州日报》、《辛辛那提大众报》、《芝加哥晚报》、《路易斯维尔公报》和新奥尔良的《德国日报》。美国大约4/5的外文报纸都是德语的。同时还有数不胜数的德国协会，包括健身协会、音乐协会、社会协会和文学协会。这些组织不仅存在于城市地区，在得克萨斯州的山地等农业地区同样存在。

总而言之，德裔美国人可以在几代人的时间里生活在德语社区里，不论他们居住在城市还是乡村。他们根本不需要到英语世界冒险就能接受教育，参加教堂活动，娱乐休闲，以及找到婚姻伴侣。但是，并不是每个德国移民都会选择这种方式。虽然大规模的新移民居住在德国文化圈子里，但是很多出生在美国的年青一代为外界的美国主流文化所吸引。同时美国的主流文化也开始汲取本来专属于德国文化的特色。这些特色不仅包含储藏啤酒、凉拌卷心菜、熟食和圣诞树这些古老的乡间传统，也包括德国人在美国即兴创造的燕麦和“完全美式的”食物。很多这类食物都是用德国城市命名的，比如法兰克福熏肠和汉堡包。

也许更重要的事实是，德国人显著地影响了美国人的休闲娱乐方式。数不胜数的天真而世俗的充满乐趣的德国休闲方式一开始是受到美国人的怀疑和谴责的，比如民谣节、保龄球、游行、射击和游泳。这主要是因为这些活动往往发生在星期日，这和大的社群的清教徒式的传统习俗相抵触。但是最终，这种平和、有趣、往往能够以家庭方式进行的活动成为美国式的生活方式的一部分。在音乐成为美国人生活的一个部分的过程中，德国人发挥了重要作用。他们不但打破了人们对歌唱的清教徒式的偏见，而且倡导各种各样的音乐形式。从民谣音乐到游行乐队再到大的交响乐团，应有尽有。19 世纪，很多伟大的美国古典音乐指挥家都是德国后裔。同样，19 世纪后半期纽约爱乐管弦乐团绝大多数成员都是德国后裔。

有趣的是，随着 19 世纪美国的德国移民的增加，农民在移民中的比例下降了。城市移民的增加带来很多艺术和工业技能或企业管理才华。19 世纪中期，在纽约、波士顿、底特律、圣路易斯或密尔沃基工作的多数德国人要么是技艺高超的手工艺者，要么从事半手工的职业。而同一时代生活在同一座城市的爱尔兰人，大多数都是没有技术或技术不娴熟的工人。同样，在 1870 年的旧金山，38% 的爱尔兰移民都是没有技术的工人。而在德国移民中这个比例只有 7%。在商业和专业领域工作的德国人比例也很高。19 世纪中期，纽约州 1/3 的医生是德国人。在大约同时代的密尔沃基，近一半的店主都是德国人。

德国人在农业、工业、商业和专业领域取得的成就和杰出地位并没有在政治领域得到体现。19 世纪和 18 世纪一样，德国人在追求政治生涯的人中所占的比例并不高。德国选民往往也非常冷漠。那些在政治上取得杰出成就的德裔美国人往往是在广泛的社会问题上代表更大规模的民众的发言人，而不是代表德裔美国人社区的特殊利益的民族主义者。这些人包括 18 世纪的米伦贝格、19 世纪的卡尔·舒尔茨和约翰·彼得·奥尔特盖尔德，以及 20 世纪的赫伯特·胡佛和德怀特·戴维·艾森豪威尔。

18 世纪和 19 世纪德裔美国人总体上的政治倾向比他们同时代的人更加自由和进步。然而，德国人对当时的重大事件并没有统一的立场。德国人在整个美国历史上总体上是反对奴隶制的，但是还是存在很多不同的暗流，不过从来没有出现过明确支持奴隶制的德裔美国人。更重要的是，美国南北战争之前，北卡罗来纳州曾经投票决定是否废除自由黑人的很多法律权利。德国社区投票支持这些权利，但是作为一个整体的卡罗来纳州决定废除这些权利。当南北战争开始的时候，密苏里州庞大的德国人群为将密苏里州留在北方阵营做出了贡献，虽然密苏里州有很多同情南方的人。在关于个人自由的问题上，德国人总是投票赞成个人自由，比如禁酒的法律和禁止星期日活动的法律。在德国人自己的社区里，他们总是欢迎德国犹太人来参加健身俱乐部、合唱团以及其他文化组织。

在 19 世纪 80 年代的 10 年中，德国人移民美国达到高潮，一共有 140 万德国人到达美国海岸。到了 20 世纪第一个 10 年，移民美国的德国人的数量不到这个数字的 1/4。18 世纪和 19 世纪的先驱性探索到了 20 世纪被一种新的多样性取代。从经济的角度讲，大规模工业化生产的兴起降低了德国工人工艺技能的价值，比如与马及马车运输、制鞋和家具生产相关的许多技能。肉类包装产业的崛起降低了德国屠宰商店的作用，综合商场和超市的大规模宣传和崛起同样让德国特殊店铺的管理员失去了自己的职业。家庭农场重要性的下降和机械化大规模农业的兴起，同样不可避免地为分布在全美的德国农业家庭带来了负面影响。

全球政治形势的发展同样对德裔美国人产生了影响。第一次世界大战1914 年在欧洲爆发，生活在美国的德国人受到很多谴责。德裔美国人受到很大的负面影响，一方面因为社会整体上对德国人和德国文化产生了敌意，另一方面因为德裔美国人的发言人往往试图辩解他们血统上的爱国行为。而同时，德国正在欧洲发起一场侵略战争。当美国人最终加入战争对抗德国的时候，虽然德裔美国人忠诚地在美国军队中服役，而且美国最主要的战斗机飞行员埃迪·里肯巴克也是有德国血统的人，但是美国总体上的反德情绪还是非常高。很多美国高中课程删除了德语，音乐厅也将德国音乐驱逐出去。一些婚礼不再使用门德尔松或瓦格纳的进行曲。德语书在图书馆被下架，德裔美国人的报纸也遭到广告商和读者的抵制。美国的反德情绪并没有达到俄国、巴西或澳大利亚所达到的高度。尽管如此，这些歇斯底里的反德情绪还是足以对德裔美国人造成很大的伤痛。这些攻击同样加速了许多德裔美国人组织的消亡。一些组织只是简单地去除了其名字里的“德国”两个字，比如纽约的德国人寿保险公司更名为监护人人寿保险公司。

虽然反德仇视情绪在战后很快就消失了，但是早在战前生活在美国的德国人的文化和社会统一性开始下降，在战争中，人们对德国人和德国文化的仇视推动了这一进程。20 世纪早期，美国很多地方的大部分德国人仍旧和其他德国人通婚。即便是在纽约这样 90% 的人口都是非德国人的城市地区也是如此。然而，随着时间的推移，这种类型的通婚变得越来越常见。其他同化的指标包括德语报纸的减少。1890 年，德语日报和周刊的数量达到 700 种，但是 1920 年下降到 200 种，1940 年降低到 81 种，1960 年降低到 33 种。在这些年里，德国文化机构也明显减少。德裔美国人的同化程度更高，他们在更大程度上消失在一个更大的社会中。

20 世纪 30 年代，希特勒和纳粹在德国兴起，他们试图招募德裔美国人加入，但是总体上是不成功的。一个叫作德美联盟的纳粹先锋组织于1936年成立，得到来自德国的经济支持，这个组织举行了壮观的集会，使用火热的修辞，但是在多数德裔美国人中并没有引起什么反响。当美国在1941年加入第二次世界大战时，这个组织就被解散了。从社会整体的角度看，人们在第二次世界大战争中并不像在第一次世界大战中那样对德裔美国人有那么多仇恨，很少人觉得有必要这样做。欧洲的美国军队、美国太平洋舰队和欧洲的美国空军指挥官都是有德国血统的人，但是美国人对此基本上没有什么异议。

在过去的几个世纪里，德国人为美国社会的许多方面都做出了重大贡献。除了农业和工业领域大规模的德国工人、德国食品、习俗以及改变人们对休闲娱乐的态度所做出的贡献，大量有着德国血统的个人对美国社会的方方面面也做出了历史性贡献。当约翰·罗夫林设计和建造布鲁克林大桥的时候，他在工程史上留下了浓墨重彩的一笔，布鲁克林大桥是当时世界上最长的悬索桥。虽然现在的人们已经对此司空见惯，但是布鲁克林大桥在它自己的建筑时代是先驱性的壮举，用来支撑桥梁的钢索也是罗夫林设计和建造的。出生在德国的天才工程师查尔斯·施泰因梅茨为通用电器公司奠定了基础。

德国后裔建立的公司往往也是相关行业的领先者，比如光学行业的博士伦、木材行业的惠好、汽车行业的克莱斯勒、钢琴行业的斯坦威和施纳贝尔、风琴行业的沃利策、糖果行业的好时、预加工食品行业的亨氏、语言培训行业的贝立兹和数不胜数的啤酒企业，包括安海斯–布希、美乐、库尔斯、帕布斯特蓝带啤酒、喜力滋和布拉茨。德国人在美国已经不再是一个能被区分出来的群体，他们已经变成美国社会非常大的一部分。美国社会吸收了非常多的德国文化特色，从幼儿园到圣诞树到凉拌卷心菜。另外一个指标可以告诉我们，德国文化在美国坚持了多少年。著名作家门肯，棒球明星贝比·鲁斯、卢·格里格和诺贝尔经济学奖获得者乔治·斯蒂格勒这些20世纪美国的著名人物在童年时期说的都是德语。

巴西

从 19 世纪早期开始，相当数量的德国移民来到巴西或其他南美国家。他们的来源地并不局限于现在的德国疆域，也有大量德国人来自俄国、瑞士和奥地利。多数德国人定居在巴西的南部地区，集中在南里奥格兰德。第一个坚持下来的德国农业移民聚居区就建在 1824 年的南里奥格兰德。而早期不成功的在巴西建立德国移民聚居区的行为可以追溯到 18 世纪晚期。从 19 世纪到 20 世纪早期，德国人继续在巴西建立了从几百人到几千人不等的定居点。

早期的德国移民定居点几乎都在荒野地区，移民不得不先清理森林，然后才能耕种。直到 19 世纪中期，南里奥格兰德唯一的移民就是德国人。到 19 世纪的最后 25 年，其他移民流入的总数才开始超过德国移民的流入量。从 1844 年到 1874 年，德国人构成了南里奥格兰德所有移民的 87%，多数移民都来自德国西部。

在几代人的时间里，德国移民聚居区都在文化上保持着德国特色。自然增长带来的人口增长超过了移民带来的人口增长。性别基本上是平衡的，这也是永久移民的一个标志。德国农业家庭的规模一般也很大。自给自足的德语社区覆盖了很大的区域。1824 年到 1859 年，超过 2 万德国人通过巴西政府的各种协助来到巴西。德国移民不仅和葡萄牙血统的巴西人分开生活，而且生活方式也存在很大的不同。德国移民的房子构造更好，德国移民热衷于对土地进行养护，也更愿意从事被葡萄牙人鄙夷的艰苦的手工劳动。

这两种人对教育和整洁的态度也不同。在早期德国移民定居点里，人们一清理完树木立刻就建立学校。而多数土生土长的巴西人直到 20 世纪还是文盲。德国移民定居点的私立学校不但在数量上比巴西政府建立的公立学校多，而且质量更高。德国人往往更加注重整洁和健康，吃的和住的也比葡萄牙人的好。德国移民总体上比巴西人更注重健康和卫生水平，这使得移民人口更加快速地增长。在这两种人中，每家孩子的数量都相似，但是更多的移民家庭孩子能存活到成年。在德国人中，技术工人的数量更多，而没有技术且不富裕的巴西人往往憎恨这一点。

19 世纪的最后 25 年，意大利人、波兰人和其他移民开始大规模到达巴西。尽管如此，德国社群在很大程度上仍保持着自己的文化独立性。1882 年，在巴西南部整个被开拓的地带，71% 的人口讲德语，18% 讲意大利语。虽然巴西是一个葡萄牙语为主的国家，但是在这个地区讲葡萄牙语的比例只占 10%。意大利人和后来的波兰人往往愿意居住在自己的移民聚居区里。德国移民聚居区因其犯罪率低到几乎不存在而出名，一个独身女性甚至可以安全地穿过那里的丛林。

19 世纪晚期，来自俄国的德国人开始大规模移民巴西。来自德国的移民往往喜欢居住在和德国类似的丛林地区，但是伏尔加德意志人喜欢生活在和俄国类似的草原地区。事实证明，巴西草原地区的生产效率非常低，这导致很多伏尔加德意志人再次移民邻近的阿根廷。他们在阿根廷取得了更大的成就。事实上，阿根廷能够从一个小麦进口国变成世界上最大的小麦出口国之一，很大程度上得益于伏尔加德意志人。伏尔加德意志人引入新的农业技术，并发明了新的农具。

无论是来自俄国还是来自德国，生活在巴西的德国人往往定居在一起，保持着自己的语言和习俗，拒绝融入被他们视为落后文化的当地文化。在德国移民聚居区里，与当地人通婚的情况非常少见，直到 20 世纪还是如此。在城市和人群更加多样的农村地区，同化往往更加常见。其中的关键因素在于德国的人口密度，而不是城市化程度。文化的同化发生得非常缓慢，直到 20 世纪 20 年代，生活在布卢梅瑙镇上的 63% 的人将德语作为自己的母语。在整个德国人聚集的巴西南部地区，学校都使用德语教学。这种状况从 19 世纪早期开始，一直持续到巴西政府下令停止使用德语授课的 1938 年。至迟 1940 年，生活在圣保罗的超过一半的德国人和生活在南里奥格兰德的几乎所有的德国人在家里都使用德语。

巴西的德国移民聚居区在经济上的崛起是从最初作为开拓者的原始生活开始的。事实上，在最初，他们不得不向葡萄牙裔巴西人和当地人学习原始的农业技术，以此在他们还没有资本支付现金的农业技术的时代生存下来。19 世纪中期，德国移民聚居区农业产量迅速增长。但是随后的土壤耗竭让老的移民聚居区的农业生产率逐渐下降。在一些地方，贫穷和隔绝也让这些人在文化上付出了代价，他们的生活方式退化为和巴西乡村穷人类似的生活方式。然而，19 世纪晚期和 20 世纪早期建立的新移民聚居区更加富饶。不仅因为那里的土壤没有耗竭，也因为先进的交通方式让他们的农作物更容易到达市场。

从总体上讲，德国农民的富饶造就了一个乡村的中产阶层。他们将新的农作物，比如烟草、土豆、黑麦和小麦引入巴西。像在俄国一样，他们的土地超过政府最初分配给他们的土地的范围。虽然巴西的克里奥尔贵族这一群体出现了拥有大片土地的地主，但是德国人总能通过每次买一小点儿的方式买到更多的土地供自己使用。其他的欧洲移民同样扩张出他们最初的移民聚居区。到了 20 世纪早期，巴西南部欧洲移民定居的地区基本上已经没有大片的土地了，哪怕是圣保罗州种植咖啡的区域也是如此。虽然 1905 年巴西精英阶层拥有这个地区几乎所有的产业，但是到了 1934 年，几乎一半的咖啡园都归欧洲出生的人了。

拉丁美洲和其他地区大规模的土地所有者和没有土地的人的持续存在不能完全用最初的土地分配来解释。生活在沙皇俄国的少量德国农民购买了克里米亚的大片土地，就像他们的同胞在巴西做的那样。从长期来看，土地所有者的生产效率才是关键因素，决定了他们能不能从当前的土地所有者手里获得土地。巴西的德国农民和世界其他地方的德国农民一样，因生产效率高而广为人知。他们被巴西政府的计划召到巴西，他们能够获得补贴的原因是，巴西政府希望他们能够通过艰辛的工作清理未开发的荒野森林，将之变成能够进行农业耕种的土地。德国人的特点就是，他们与葡萄牙裔巴西人不同，他们不会回避体力劳动，也不会鄙夷体力劳动者。正是这种艰苦劳作的特点而非先进的农业技术，让德国人在巴西获得了成功。

像世界的其他地方一样，巴西的德国人也是“协会参与者”。第一个德国俱乐部 1830 年建于里约热内卢。德国协会 1855 年建于阿雷格里港，之后的一些年里德国移民又建立了各种互助协会、体育组织、摄影协会、歌唱团体和其他各种组织。德国体育爱好者向巴西引入各种各样的体育运动，他们让足球成为这个国家的代表性运动。作为一个以文盲为主的社会里的识字群体，德国人在城市中心创办了自己的报纸和期刊。19 世纪出现了名为《圣克鲁斯公报》《德国日报》《巴西邮报》的报纸。德语出版物的大规模涌现一直持续到 20 世纪。这些报纸以及它们所服务的读者在大多数情况下都是与政治绝缘的。占据政府各个层面各级职位的都是葡萄牙裔的巴西地主阶级。直到第一次世界大战之前，生活在巴西的多数德国人甚至都没有努力获得巴西的公民权——虽然获得巴西公民权这件事非常容易，更别说投票选举了。

随着时间的流逝，南里奥格兰德更加富饶，越来越多且越来越多样的移民来到这个地区，其中也包括葡萄牙裔的巴西人。新迁入这个州的德国移民的数量逐渐下降，在 19 世纪末被意大利移民超出好几倍。这些意大利人往往在这个地区归巴西人所有的咖啡种植园工作。直到第一次世界大战开始，南里奥格兰德还是来到巴西的移民的主要移居地之一。这些新的移民在数量上早已超越德国移民。1900 年，德国人只占这个州的人口的 15%。这个比例在随后的一些年里一直很平稳，并且在 20 世纪中期达到 17%。在绝对数量上，南里奥格兰德的德国人从 1872 年的 6 万左右增长到 1917 年的 30 万。

虽然早期的多国定居者绝大多数都是农民，但是随后的几代人出现了一些德国艺术家、商人和工业人士。艺术家的技术往往得益于他们父辈从德国带来的技术。他们的父辈因为需要开发移民先驱的农田以保证生计而没能在巴西从事这些行业。这些艺术家一开始往往也要同时从事农业耕作和他们所擅长的技艺。但是一些人搬到村庄或城市里，并且开始经营自己的个体生意，他们在葡萄牙裔巴西人的社区里很受欢迎。这些艺术家在19世纪晚期大规模出现，但是随着工业的兴起以及与波兰人和意大利人的竞争而慢慢变少。由于德国人主导了新的工业发展，所以我们很难说有多少德国艺术家失败了，又有多少人转而进入先进的工业领域。

南里奥格兰德的第一家工业企业就是德国人在19世纪中期建立的。这个州即便算不上整个拉丁美洲的工业心脏，也是巴西工业的心脏地带。到了1895年，南里奥格兰德有30家企业，包括10家新工业企业。几乎所有的企业都是德国人的。最大的企业雇用了超过900名工人。1907年一共有212家工业企业，到了1908年又增长了100家左右。在很多工业的细分领域，德国名字都是最先出现的一个，有时甚至是唯一的一个，比如在金属家具、货车、炉子、纸张、帽子、领结、皮革、肥皂、玻璃、火柴、啤酒、甜点、马车以及铸造厂和木工店。有一种说法，在一个多世纪里，新汉堡的德国社区从绿色的森林走进了电冶金时代。

阿雷格里港是成长中的港口城市，长久以来都是农产品运输的主要出口通道。这个城市也成了工业和商业活动的主要中心之一，涉及很多商业和工业产品的进出口。阿雷格里港多数的企业都是德国人的。早在1832年阿雷格里港就有了小的烟草工厂，它们对德国移民聚居区生产的烟草进行加工处理。随着木材厂在前沿地区的兴办，木材成了这些移民聚居区最重要的日用品。木材也是阿雷格里港最重要的出口产品，19世纪末，2/3的木材都是由德国出口商运输出口的。

随着时间的推移，农业在老的德国移民聚居区开始衰落。与此同时，商业活动开始兴起。虽然新的移民聚居区农业更加繁荣，发展商业经济的过程进行得比较缓慢，但是最终还是逐渐进入商业时期。最开始阿雷格里港由德国人主导的出口贸易和这个地区的德国农业移民聚居区生产的产品密切相关。许多出口产品直到20世纪还主要掌握在德国出口商手里，比如皮革、土豆、黑豆。其他在历史上就与德国移民聚居区相关联的产品的出口，则越来越多地被掌握在其他民族的商人手中，尤其是意大利商人，比如香肠、火腿、奶酪和白兰地。在某种程度上，这代表着产品的变更，但是在更大程度上，这说明了不同民族间贸易的增加，比如木材产品就不再以德国移民聚居区为中心了。

德国进口商一开始也与德国产品密切相关，但是随着时间的推移，进口产品的种类越来越多。他们逐渐在阿雷格里港的所有进口商中占据垄断地位。1858 年，这个城市的进口商不到 1/5 是德国人。但是到了 1890 年，超过一半的大的进口商行是德国人的。到了 1914 年，阿雷格里港 140 家轮船运输公司的 96 家是德国人的。

德国人逐渐搬出他们的移民聚居区，其他的移民聚居区逐渐增长，其他移民和葡萄牙裔巴西人开始涌入这些移民聚居区。所有这些变化都对生活在巴西的德国人的文化和社会孤立造成了影响。但是直到 1910 年，超过 70% 的德国移民的结婚对象仍旧是与自己有着相同民族背景的人。无论如何，这都代表了通婚数量的增加。这种趋势以城市和与其他民族背景的人相距不远的移民聚居区为中心。在圣莱奥波尔多的老的德国农业移民聚居区，中心区域的人口绝大多数还是德国人。从 19 世纪 90 年代直到第二次世界大战末期，德国移民的婚姻还是 100% 的同族婚姻。然而，在圣莱奥波尔多的城市地区，同族婚姻从 1878 年的 100% 迅速下降到 1906 年的 59%。在大约同一时期的阿雷格里港，德裔巴西人的通婚比例几乎是相同的。

第一次世界大战对生活在巴西和其他国家的德国人是一场灾难。一开始，多数巴西人就同情协约国。但是德国人同情自己的祖国。大约一半的德国人属于福音派，而福音派在机构上和普鲁士教堂紧密相关，从那里福音派获得了大部分牧师和一部分资金。福音派不但祈祷德国在战争中获得胜利，而且为德国红十字会募款并购买德国的战争债券。德国天主教徒不会这样做，德国路德会教徒也不会这样做，因为他们的补贴来自美国的路德会密苏里总会。然而，在这个同情协约国的国家里，德国人总体上被认为是支持德国的。更重要的是，德国人作为一个富裕且排外的民族早就引发了当地人的愤恨。最终，德国人在1916年不经意地伤害了他们自己。他们组织了一个短暂的组织，叫作“德国南美洲联合会”，这个沙文主义的组织在其他巴西人中激起了反向的沙文主义。

将这种一触即发的状态点燃的事件发生在1917年4月。一艘德国潜艇在法国海岸附近用鱼雷轰炸了一艘巴西船只，并将之击沉。这在好几个巴西城市引发骚乱，这些城市发生了多起针对德国店铺和家庭的暴力、纵火和抢劫事件。6个月之后，另一艘巴西船只被德国潜艇用鱼雷轰炸，这在里约热内卢和巴西其他城市造成新一轮的骚乱。巴西向德国宣战，这在国际上造成的实际效果微乎其微，因为极少有巴西人真的去欧洲作战。但是对于生活在巴西的德国人来说，这个事件却意义重大。在这种特殊的战争条件下，巴西政府对一些德国移民聚居区进行了军事占领，关闭了德语报纸和几百所德语学校。德国人生活的很多区域因此缺乏公立学校，这意味着几千名德国儿童在战争期间被剥夺了受教育的权利。很多学校再也没有建立起来，德国企业上了黑名单，许多德国组织改了自己的名字或自行解散了。

第一次世界大战之后，限令被解除，生活恢复正常。但是生活在巴西的德国人心中留下了持久的仇恨。这种仇恨在20世纪30年代被纳粹媒介引爆。20世纪20年代，德国经济条件既悲惨又混乱。另外一股德国移民涌入巴西，有近7.6万人，这在这个国家任何的历史时期都是规模最大的一次。他们加入重新发展繁荣起来的德国社区，现在这些德国社区日趋成为巴西文化和社会生活的一部分。

1920年，南里奥格兰德超过一半的皮革制品工厂都归德国人或德裔巴西人所有。更重要的是，这个时代前15名的德国企业生产的皮革是前14名的葡萄牙裔巴西人的公司生产的皮革的两倍。在许多工业领域，能够与德国企业竞争的往往是意大利人的企业，而不是葡萄牙裔巴西人的企业。生产酒精饮料的企业有60%是德国人的，剩下的企业多数都是意大利人的。这个州2/3的罐装食物是9家德国企业生产的。超过2/3的钉子、领结、正装和所有的巧克力以及玻璃器皿都是德国企业生产的。但是，德国人只占到这个州总人口的1/5多一点儿。巴西所有的工业设备都是进口的。20世纪20年代，德国人在圣卡塔琳娜建立了第一家淀粉磨坊。到了20世纪30年代，第二家淀粉磨坊装备了德国移民工程师在巴西生产的设备。

1924年，德国人举办了庆祝德国移民聚居区建立一百周年的活动，政府表达了他们对巴西所做贡献的认可。这个事件在某种程度上标志着二战后德国人优越地位的恢复。关于德国人在巴西的富强还有一个实质性的标志，那就是1930年阿雷格里港建立了一家乡村俱乐部，40%的成员都是德国后裔。

1933年，纳粹在德国掌权。这个事件引发了一系列连锁反应，再一次威胁到德国人在巴西的地位。20世纪30年代，巴西数量众多的德国组织中的多数都受到纳粹的渗透。纳粹网络通过自己的秘密警察记录下任何反对纳粹的行为，甚至任何犹豫的行为。这些人在当地受到抵制和排斥，他们生活在德国的亲属则受到暴力性报复。德国社区一些勇敢的个人和组织公开反对纳粹，但是德国人作为一个群体被其他巴西人认为是支持纳粹的。20世纪30年代晚期，巴西政府采取了强烈的对抗措施。1937年，巴西宪法反对所有德国移民的政治活动。到了1938年，这个国家的所有私立学校都被国有化了。1937年，巴西的德国移民聚居区一共有超过2 000家私立学校。在50年里，巴西政府只建立了30所学校。现在它在5年里建立了100所学校，多数都建在德国移民聚居区里，但是和这些地区原本已有的学校数量比仍旧是少数。原有的学校现在已经用葡萄牙语教学了，教学的倾向性也围绕着巴西。这些变化对新一代德国人在巴西的同化有着决定性的作用。

联想到前一场战争，第二次世界大战带来了新的限制。德语出版物被禁止，在公共场合讲德语也被禁止。德语图书馆被拆除，德国枪支俱乐部的枪支被收缴。一些巴西政治人物利用当时的形势对德国移民进行暴力勒索和敲诈。再一次发生的巴西船只被德国潜艇用鱼雷攻击的事件，在阿雷格里港引发了针对德国商业企业的纵火和抢劫事件。

战争期间，年轻的德国男性在巴西军队服役，因而见到了原本可能无法见到的更大的社会和这个国家的其他地区。战后德国移民的生活不仅仅是恢复常态，更是朝着同化和融入巴西社会前进。虽然德国人一直以来对政治都非常冷漠，但是在战后的选举中德国人开始选举更多的代理人。战争刚刚结束时，在多数德国农业定居点，同族婚姻的比例仍旧非常高，平均达到 72%。但是在一些城镇和城市里，这个比例跌到近 50% 或不到 50%。在阿雷格里港，德裔巴西人同族婚姻的比例在 1949 年跌到 39%。另一个极端是条顿的农业地区，100% 的婚姻仍旧是同族婚姻。

德国人在巴西工业发展中的关键作用在战后仍旧非常突出。20 世纪中期，巴西南部各州近一半工业企业的业主是有德国血统的人。巴西南部各州能够成为巴西工业的心脏地带很大程度上得益于德国人的贡献。同样，这一地区也包含着这个国家多数的先进农业。事实上，圣保罗被称作“拉丁美洲的工业巨擘”。

巴拉圭

巴拉圭坐落在阿根廷和巴西之间，北接玻利维亚。这种内陆国家吸引的移民非常少。从 1881 年到 1958 年，官方记录的移民只有 6.7 万。这些移民近 1/5 是德国门诺派教徒。同时也有另外一些不是门诺派教徒的德国移民聚居区。19 世纪后半期，巴拉圭由于人口少且持续下降所以试图吸引移民，于是德国人和其他移民开始在巴拉圭建立移民聚居区。1872 年，巴拉圭只有不到 25 万定居者，不到 1865 年人口的 1/3。一场毁灭性的战争让大量人口遭到屠杀。巴拉圭政府开始寻找外国人，不仅是为了扩充人口，也是为了拥有移民所具备的巴拉圭人极度缺乏的技术和教育。1814 年到 1840 年，巴拉圭的独裁政府通过反精英的政策对文化阶层进行了长期的压迫和驱逐。1881 年建立的德国移民聚居区并不是巴拉圭的第一个外国移民聚居区。但是这个德国移民聚居区是第一个成功的移民聚居区，并且成了一个持久的定居点。

德国人早在这些移民聚居区建立之前，就已经以个人身份生活在巴拉圭了。早期的西班牙探索者和征服者就包含德国人。在巴拉圭长达一个半世纪的耶稣会士聚居区历史上，德国人也作为耶稣会士存在。这些德国人通常具有他们的西班牙会友不具备的技能和教育。这些技能帮助他们改善了美洲原住民原本的农业、健康和建造条件。一位专家将这些德国耶稣会士的贡献描述为“17 世纪和 18 世纪德国人在南美取得的最大的文化成就”。

德国人在巴拉圭建立起越来越多的移民聚居区，直到 20 世纪。除了来自德国的移民，聚居区里还有不少来自俄国、非洲的德国移民聚居区、加拿大，甚至萨摩亚的德国裔。在几个世纪里，德国人所做的贡献包括在耶稣会时代引入耕犁，参与建造第一个糖制品工厂，改进牛养殖技术，在森林退化的地带重新种植巴拉圭茶树，创建酿酒行业，开发巴拉圭西部广袤荒凉的查科地区。查科地区在很长一段时间里都被认为是不能耕种的。20 世纪 20 年代晚期，一群门诺派教徒迅速在查科地区定居下来。但是他们遭遇了很多艰难和死亡。一些门诺派教徒返回加拿大，一些人搬到巴拉圭更发达的东部地区，还有一些人留下来并将这片禁地变成可以生存的地带。像在西半球的很多其他地方一样，查科地区的德国定居者对当地的美洲原住民抱有一种更加温和的态度。具有讽刺意味的是，这种做法让他们失去了这些巴拉圭世居民族对他们的尊重，因为这些人已经习惯了来自白人的残暴对待。

在巴拉圭和在世界的其他地方一样，德国定居者用自己的钱建起自己的学校。第一家学校建于 1889 年，这家学校直到 20 世纪后半段还存在。

1914年，巴拉圭共有11所德国学校，第二次世界大战前夕，共有70所德国学校，这些学校为90%的德国适龄儿童提供德语教育。巴拉圭的德国人口相当少，而且居住在分散的农业移民聚居区里。因此，直到第一次世界大战之后，德国人都没办法维持自己的报纸。在那之前，他们从阿根廷购买《阿根廷日报》和其他德语报纸。20世纪20年代中期，出现了每周三期的《巴拉圭德意志日报》和其他德语期刊。

除了美洲原住民，德国人是巴拉圭最大的少数民族。生活在巴拉圭的德国人直到20世纪30年代晚期还保持着自己的文化和社会孤立性。对于门诺派教徒来说，这种孤立性尤其明显。门诺派教徒在俄国、加拿大、墨西哥和其他地方同样保持着自己的孤立性。由于极度缺乏人口，巴拉圭给予门诺派教徒他们希望获得的宗教和教育自治权，同时免除了他们的兵役。另外，和加拿大、巴西等其他移民聚居地相比，巴拉圭对移民的限制要少得多。这些人群和这个国家显然满足了彼此的需求。

第二次世界大战之后，德国移民聚居区继续在巴拉圭涌现。从苏联逃出来的门诺派教徒先是逃到德国，然后来到巴拉圭。他们非常害怕被捕获然后被送回苏联。巴拉圭对他们像对之前的移民一样，给他们提供了宗教自由，并保证他们可以按照自己的方式生活。新的门诺派教徒聚居区遇到了之前其他移民聚居区遇到的困境，但是当时的国际人道主义机构和与他们有联系的加拿大门诺派教徒可以帮助他们离开。多数离开的人到了加拿大，一些人到了巴西，少数人回到德国。

巴拉圭人采用一些来自门诺派教徒的耕种方法，一些巴拉圭劳工为门诺派教徒工作。除此之外，他们过着隔离的生活，与当地人通婚非常罕见。在巴拉圭生产效率高对于少数民族来说极度危险，很少有其他事情比这个更加危险。但是巴拉圭人对德国人的欣赏是一个显著的例外。也许他们的孤立性减轻了巴拉圭人对他们的嫉妒，并且最小化了声称他们“剥削”其他人的可能性。

澳大利亚

早在 18 世纪晚期，最早来到澳大利亚的欧洲定居者就包含德国人。到了 19 世纪早期，只有少数德国人在澳大利亚做农民、商人和酿酒商。除了建立这个国家早期的一些酿酒厂，德国人还生产了取代英国麦芽啤酒和黑啤的淡啤酒。19 世纪的许多德国人不再以个人的形式而是成群地定居在澳大利亚。第一批德国定居者在 1838 年到达，他们也是这个国家第一批非英国的大规模定居者。当时他们花几个星期就能到达美国，而到达澳大利亚的旅途往往需要花费三个月甚至更长的时间。尽管如此，前往澳大利亚的德国移民还是源源不断，只是在规模上无法和西半球的移民相提并论。1861 年，德国人是澳大利亚的第三大群体，仅次于英裔和华裔，但是在绝对数字上只有 2.7 万人。到了 1891 年，德国人超过中国人达到 4.5 万人，刚刚超过欧洲出生的移民人口的一半。

澳大利亚国土广阔，几乎相当于美国大陆的规模。生活在澳大利亚的德国人形成隔离社群的程度在不同地区差别很大。这部分与城市化程度以及德国人在不同地区的性别比例相关。从总体上讲，男性的数量要超过女性的数量。但是两者的差异并没有极端到提示绝大多数人都是暂时性或试探性移民的程度。1861 年，来自德国的男性移民是女性移民的两倍以上。但是到了 1881 年，男性移民就不到女性移民的两倍了。早在 1861 年，南澳大利亚州的性别比例就趋于平衡了，每 100 个男性移民对应 82 个女性移民。这里存在着孤立的德语社群，这些社群里的食物、装束，甚至房屋样式都完全复制了西里西亚农民社区。然而在维多利亚州的金矿里，德国人更像大熔炉的一部分。

19 世纪 40 年代到 50 年代，南澳大利亚巴罗萨谷就建起了一些德国村庄，直到 20 世纪晚期仍是澳大利亚最广为人知的德国人定居点。最初的定居点非常原始，自成特色的有着泥土地面和茅草屋顶的小屋以一种典型的德国方式排列在小路的两边。但是很多德国人都有着木匠、石匠、橱柜制作、制鞋和裁缝等技能。随着时间的流逝，村庄逐渐繁荣起来，这些家庭的生活越来越舒适。但是这种风格的房屋和里面的家具器皿都保持着完全的德国特色，这些农业社区的人口也完全是德国人。这个时代的墓碑也完全是用德语题写的。1851 年，一个来自德国的游客写道："旅行者会认为自己来到了莱茵河和奥得河之间旧的乡下小村庄。"澳大利亚的第一份德语报纸于 1848 年在阿德莱德发行，并且一直在那里被印刷，直到 20 世纪晚期。

维多利亚州展现出一幅完全不同的场景。不对称的性别比例妨碍了隔离的德国社群的发展。1857 年，德国男性几乎是德国女性的 4 倍。鉴于维多利亚州性别比例严重失衡，较高的与当地人的通婚比例也就不令人意外了。而且德国人在维多利亚州的总人口中只占非常小的比例，大约为 2%，在德国人最集中的地区也只占 7%。这个事实也鼓励了更多移民与当地人通婚和同化。新南威尔士州的情况和维多利亚州的情况非常相似。更重要的是，到达新南威尔士州的德国移民越来越倾向于定居在都市和其他城市地区。1881 年生活在农村的德国人口已经很少了。这些条件并不利于德国文化的保存。除了乡村群体，新南威尔士州 1891 年有 9 600 个德国人，其中多数人都迅速融入大的社会群体。

但是昆士兰州遵循着一个和南澳大利亚州类似的规律。1881 年，德国女性移民的人数是男性移民人数的 2/3 以上。多数移民是以家庭的形式迁移的，而且多数家庭定居在乡村。昆士兰州成了一个重要的德国移民定居地区，1891 年大约有 1/3 迁到澳大利亚的德国移民定居昆士兰。但是，昆士兰的德国人口在德国的发源地和方言上的多样性比南澳大利亚州的德国人要高得多。

19 世纪德国移民的多数都来自新教的东部和中部地区，并且在 19 世纪 80 年代进入尾声。虽然生活在澳大利亚的德国人绝大多数都是路德宗的，但是他们分成两个主要的路德宗分支。这两个分支在文化和神学上都有不同。联合福音信义会和德国保持着关系，联合福音信义会的很多牧师就来自德国。这些人说着德语，并且有意识地在澳大利亚维持着德语和德国文化。另外一个主要分支澳大利亚路德宗和美国的路德宗密苏里州总会建立起联系。到了 19 世纪 90 年代，来自美国的许多讲英语的牧师倾向于减轻后一个群体对文化同化的抗拒。

从总体上讲，澳大利亚的德国人在融入周围社会的文化的过程中进展很慢。虽然 19 世纪在澳大利亚的外国人很容易获得澳大利亚国籍，但是多数德国人并没有入籍。他们往往彼此保持着紧密的联系，而不是与周围的社会建立密切的联系。在所有的移民聚居区里，德国人都是“协会参与者”，他们组织了各种协会或社团。《德意志澳大利亚邮报》在 1893 年时这样说道：

> 如果有两个德国人他们就组成一个社团，如果有四个德国人他们就组成两个社团。

这些俱乐部、协会、报纸以及更加重要的路德会教堂让德国文化保存了几代人的时间，至少对于一些生活在澳大利亚的德国人来说是这样的。但是不同地区在程度上也有很大的差别。南澳大利亚州的德国人至少在一个世纪里保持着自己的德国文化，但是悉尼的德国人迅速英国化。早在 1893 年，一个来自德国的游客就宣称，生活在悉尼的他的德国同胞只信仰上帝和《悉尼先驱晨报》。虽然在澳大利亚也存在德国俱乐部，但是这些俱乐部无论从何种角度看都不只属于德国人。墨尔本和阿德莱德一些德国协会的会员就有相当数量的非德国人。

像在俄国、美国和世界其他国家一样，澳大利亚的德国人在政治上并不十分活跃。19 世纪的澳大利亚确实有一些德国政治人物，但是即便是在南澳大利亚州，德国政治人物的数量也非常小，并没有超过德国人在总人口中所占的比例。一些人主要代表德国移民所在的选区，其他人则代表另外一些选区，在这些选区里他们的同胞只占非常小的比例。总而言之，澳大利亚的德国人在政治上一直缺乏代表。

在澳大利亚像在其他国家一样，德国人因为努力工作、思维缜密、诚实、节俭、不酗酒、可靠和对法律的尊重而广为人知。像在其他国家一样，乡村的德国定居者大多成了成功的农民。很多人作为先驱来到未开发的荒野上，建起自己的社区、学校，打造自己的文化生活，并且维护自己民族的团结和协作。教育是他们坚守的信条之一。19世纪和20世纪之交，仅在南澳大利亚州就有4.6万所路德宗学校。路德宗教堂产生了统治性的宗教和文化影响，因为移民澳大利亚的德国天主教徒本来就很少。

澳大利亚的德国移民约1/3是农民，稍稍超过1/3是商人，只有12%是劳动工人。他们所拥有的广泛的技能让他们能够建起自己的村庄，甚至小城镇，组建自给自足的德国社群。在很多社区里，德语一直使用到至少第一次世界大战之前。分散的证据表明，与当地人通婚在19世纪只是特例，而不是通行的规则。但是与当地人通婚在20世纪最初的几十年里变得更加普遍。同样，虽然多数德国人在19世纪都不是澳大利亚公民，但是1921年绝大多数都成了澳大利亚公民。

像在其他地方一样，第一次世界大战对生活在澳大利亚的德国人造成了沉重的打击。那时，生活在澳大利亚的3.3万德国人有4 000多人被关押，而且很多人被关押在生活条件非常艰苦的地方。德语学校被关闭，德语报纸可以报道的内容受到限制。从总体上讲，德语的使用量大大减少。澳大利亚政府将一些德语地名换成有着英语起源并且在英国历史上有重要意义的名字。比如，西澳大利亚的米勒公园被改成基奇纳公园。但是一些名字后来又被改回来。一些政客对整个德国社区进行了蛊惑人心的攻击，有人甚至提出剥夺德国人的基本权利。从某种程度上说，这些都是澳大利亚人长年累月日益高涨的不安的反映。这种情绪取代了他们最初对德国移民的接纳和热情。澳大利亚人在战前对德国人的态度发生了变化，由于受到德国移民泛德意志主义学说的影响。1871年德国统一，随后取得辉煌的经济成就并在军事上迅速崛起。在这之后，生活在澳大利亚的德国人确实将自己的部分忠诚分给了德国。一系列公开的尴尬行动显示了生活在澳大利亚的德国人所面临的困境。他们试图调和对自己的文化和自己的祖国的骄傲与自己作为另外一个国家的公民的事实之间的矛盾。

德语报纸19世纪出现在澳大利亚。这些德语报纸最大的一份是《澳大利亚日报》，在阿德莱德发行，靠近澳大利亚的德国文化根据地的中心。然而，即便是这个地区也摆脱不了文化同化的力量。塔南达同样是南澳大利亚的德国核心地区。1913年，一个新的俱乐部会馆在塔南达开业，所有的致辞演讲都是用英语进行的。路德教新教联合会是德国文化的强大堡垒，也逐渐开始用英语提供服务、主持坚信礼和进行主日学校培训。1930年之后，澳大利亚一半的路德教会活动都是用英语进行的。8年之后，南澳大利亚州整体上一半的类似活动都是用英语进行的。多数主日学校培训和坚信礼是最早开始使用英语的，这也许反映了年青一代在同化程度上的领先。但是也是在1937年之后，南澳大利亚州一半的路德教会才使用英语进行以上这些活动的。

20世纪30年代，纳粹机构对澳大利亚的德国组织进行了渗透。在美国、巴西、非洲西南部和其他地方也发生过类似的事件。对于有亲属生活在德国的人进行勒索也是纳粹的惯常伎俩，在澳大利亚和在其他地方都是如此。路德教会断然拒绝了纳粹的行为，而联合福音信义会否认纳粹的意识形态。但是后者的行为显然更含糊，而且纳粹的一些观点，包括反犹太主义出现在该教会的出版物上。无论如何，当战争来临的时候，联合福音信义会都在呼吁它的成员为澳大利亚而战，以及和澳大利亚政府合作。和第一次世界大战一样，澳大利亚同样有限令限制敌人的侨民可以做什么以及可以去哪。但是极少有德裔澳大利亚人被关押。南澳大利亚州的3万德裔澳大利亚人，只有27%被关押，同时被关押的还有在国籍上划分的88名德国公民和350名德国侨民。

二战后，德国人继续移民澳大利亚，并在那里过上富裕的生活。从1947年到1969年，8.3万德国移民到达澳大利亚。多数人的移民旅程都得到澳大利亚政府的补贴。这些二战后的德国移民和二战前一段时间里的德国移民有着非常大的差别。纳粹难民占据了二战前一段时间德国移民的主流，其中包括很大比例的专业人士。二战后的移民则来自德国的各个领域。逃离纳粹德国的人和二战后仍旧留在那里的人的关系，在澳大利亚可以用“礼貌性地保持”来描述。

除了来自德国的移民，二战后的德国移民还包括来自匈牙利、罗马尼亚和南斯拉夫的德意志人。虽然一些人已经在德国之外居住了几个世纪，但是这些德意志人在语言和文化上往往还保持着自己的德国属性，比如来自俄国或部分拉丁美洲国家的人。生活在澳大利亚的德国人口的另外一个组成部分，是为大众、戴姆勒-奔驰、拜耳等跨国公司工作的拥有德国国籍的人。

人们对澳大利亚某个地区二战后的移民做了详细的研究。这个地区就是维多利亚州的拉特罗布山谷，它一个历史悠久的乳制品中心，后来成了采矿业和工业的中心。德国人和其他二战后的移民群体一起定居在这个以本地澳大利亚人为主的地区。从总体上看，拉特罗布山谷 1954 年德国男性移民的数量比女性移民多 13%。从整体上看，维多利亚州男性移民只比女性移民多 3%。多数德国人属于路德宗，在澳大利亚没有亲属，移民过程得到了澳大利亚政府的财政支持。在澳大利亚平均居住 5 年之后，他们只有不到 1/5 是没有技术的劳工。这个比例在所有移民群体里是第二低的。波罗的海的移民所占没有技术的劳工的比例最低，其中包括很多波罗的海德意志人，甚至主要就是波罗的海德意志人。生活在拉特罗布山谷的德国人的工资水平仅次于来自英国的移民和来自波罗的海的移民。英国的移民和波罗的海的移民在澳大利亚的平均年限会稍长一些。一半多一点儿的德国移民有汽车，从这个角度讲，他们领先于多数其他移民。

从同化的角度讲，大约一半生活在拉特罗布山谷的德国人在家里只说德语，超过 1/3 的人同时讲德语和英语，不到 1/6 的人在家里主要讲英语。多数人继续阅读德语出版物，主要是来自海外的德语出版物。38% 的人说来拜访他们的朋友主要是德国人，40% 的人说来拜访他们的朋友既有澳大利亚人也有移民，但是只有 11% 的人说来拜访他们的朋友主要是澳大利亚人。即使如此，也没有证据表明，这些二战后的德国移民愿意像他们之前的德国移民那样建立起只有德国人生活其中的社区。生活在拉特罗布山谷的二战后的德国移民大多数并不向他们的孩子教授德语。

同样的规律能够在西澳大利亚州的德国移民中被看到。在这里也一样，父母在家里并非只讲德语，而他们的孩子通常能够说一口非常流利的英语。不到一半的家庭坚持德国的饮食习惯，非常少的家庭把自己的社交范围限定在德国人群内。许多德国人在二战后移民澳大利亚就是为了切断他们自己和他们想要忘记的过去之间的联系，不论他们想要忘记的过去是第二次世界大战、纳粹主义还是苏联的占领。从整体上讲，二战后的德国移民超过 90% 会说英语，而且其中 42% 的人只说英语。这些生活在西澳大利亚州的二战后的德国移民看起来比他们 19 世纪的前辈更快也更彻底地融入了澳大利亚社会。

20 世纪晚期来到澳大利亚的德国移民的数量按照不同的标准可以得出不同的答案。可以使用的标准包括德国国籍的人、在德国出生的澳大利亚人，或者有全部或部分德国血统的澳大利亚人。如果使用最严格的标准，共有超过 11 万人出生在德国但是生活在澳大利亚。如果使用最宽松的标准，据估计有超过 100 万澳大利亚人有着或多或少的德国血统。如果以民族起源进行更加合理的估计，大约有 58.1 万德国人生活在澳大利亚。这些人大概构成澳大利亚人口的 4%。然而，官方数据只能找到出生在德国的人的数字。到了 1979 年，生活在澳大利亚的德国出生的男性的平均收入比澳大利亚男性的平均收入高出 13%。德国移民获得高等教育水平的比例比澳大利亚的总体水平要高，失业率则比澳大利亚的总体水平低。

总结

不论是生活在自己的祖国，还是生活在全世界各种非常不同的社会里，德国人都存在着很多文化特点。这些文化特点在几代人甚至几个世纪中反复出现，或者持续了几代人甚至几个世纪。德国人艰苦工作、缜密、坚持不懈的能力在德国、美洲殖民地、沙皇俄国、洪都拉斯、澳大利亚、巴西、爱尔兰、阿根廷和巴拉圭广为人知。和这种工作热情相对立的是他们对政治的漠然态度。这种政治上的冷漠在德国本国以及之前的德国城邦和君主国都很常见，在海外的德国社区也是如此。和这种政治上的冷漠共存的是对权威的顺从，这种顺从可能表达为各种不同的形式。不仅在德国，在其他土地上德国人都忠诚地服务于他们所属的国家，哪怕这意味着在战争时代他们要和自己血统上的母国作战。例外的情况主要发生在他们所在的国家主动在内部实施反德政策的时候，典型的例子就是东欧国家、苏联和捷克斯洛伐克。

强大的德国军事传统和反战传统根植于德国，并且随着德国人走到了全世界。德国人对于教育的尊重同样是延续了几个世纪的现象。德国是现代教育发展的先驱，从幼儿园到大学都是如此。德国移民将教育作为一个重要的优先事件，哪怕他们所在国家、生活在他们周围的人都没有接受过教育且对教育漠不关心。

不论德国人生活在哪个国家，对德语和德国文化的忠诚从来都不意味着他们对德国政府的效忠。但是不论是德意志帝国还是第三帝国，都试图操纵生活在其他国家的德国人，以获取国家政治上的优势。但是这种行为通常会伤害到这些德国社区。通常，德国人所忠诚的文化都是区域性或地方性的文化。所以，他们在纽约州的上城重新建立了帕拉蒂社区，在澳大利亚的不同地方建立了西里西亚村庄。而且当德国人从俄国重新迁居西半球的时候，他们建立了伏尔加或黑海社区。

这些文化的地区属性体现在来自不同地区的移民所说的本地方言上。以美国为例，很多德国社区都保存着不同的德国方言。这些方言不但彼此不同，有时甚至在这些方言已经在德国消失了之后，德国社区里的版本仍旧存在。更重要的是，德国社区里通常居住着从德国之外的不同国家迁居至此的德国人。他们所说的方言不但包含他们的祖先在德国所说的方言的成分，还包含来自其他语言的词汇和表达方式。他们是从哪个国家移民美国、加拿大或其他他们现在所在国家的事实，决定了这些语言可能是罗马尼亚语、匈牙利语、俄语或乌克兰语。简而言之，德国文化在海外的坚持更大程度上来自它对熟悉的事物的依赖，而不是政治上的国家主义。有时，德国社区的团结性确实以一种政治形式呈现出来，比如在两次世界大战中德国社区对德国的支持。但是这些行为在周围社会激起的反应可能体现为当地政府将德国移民列入经济黑名单、制定压制性法律、关押、暴乱，甚至大规模驱逐等各种不同的形式。在第二次世界大战之后，东欧国家就曾采取大规模放逐的方式。

德国历史上被纳粹控制的十几年在生活于国内和移民海外的德国人心里都投下了长长的阴影。虽然第二次世界大战之后希特勒的政权被埋在了地下，但是几十年之后这种阴影仍旧存在。纳粹的行为利用了德国文化的一些特点，包括对权威的遵从和对权力以及暴力的浪漫化。换言之，纳粹体现了与德国传统中更加文明的层面截然相反的一面。比如，德国人在波罗的海和捷克斯洛伐克宣扬的历史性的包容世界主义，在巴西和美国所持的反对奴隶制的立场，在西半球和美洲原住民和平相处，在澳大利亚为世居澳大利亚人提供慈善，在希特勒时代之前广泛接纳犹太人且与之通婚。然而，纳粹时代德国种族主义的狂热与德国人的上述所有行为背道而驰，形成了鲜明的对比。不论是在国内还是在国外，德国人对其他群体的偏见和歧视并非不存在，但是和其他欧洲人相比，德国人在这方面绝对是温和的而不是强烈的。从这个角度讲，他们对其他群体的偏见和歧视甚至少于亚洲人或非洲人。

德国人所取得的经济成就对德国在世界权力舞台上的崛起起到了基础性作用，对其他拥有相当数量德国移民的国家的农业和工业进程也至关重要。18 世纪和 19 世纪，德国家庭农业在世界范围内创下了杰出的纪录，德国移民之后在科学和技术领域所取得的成就也足以与农业时代的贡献相匹敌。在一些行业里，德国人长久以来就是杰出的先驱，比如啤酒酿造、光学、钢琴和工业生产，这些特长也体现在分散在世界各地的德国人的身上。

德国人虽然因为忠诚于他们所定居的国家而广为人知，但是在两次世界大战中他们都不可避免地为德国的行动遭受了苦难。第一次世界大战导致西半球和澳大利亚对德语和德国文化的压制，第二次世界大战导致生活在欧洲的德国人大规模地被驱逐到苏联的亚洲地区。纳粹在东欧和巴尔干地区犯下的滔天罪行最后让生活在那个地区的德意志民族付出了代价。在战后重新划定边界的过程中，1 500 万德意志人被驱逐。许多家庭已经在波兰、匈牙利、捷克斯洛伐克的苏台德地区、东欧的其他地区，以及原来的德国东部地区生活了几个世纪。他们被迫迁出德国东部地区是因为波兰的东部地区被划归苏联，而德国的东部地区给了波兰。本地德国人确实在纳粹占领期间配合了纳粹的行动。这个地区的人经历了纳粹的占领，之后怀恨在心，将自己的怒火发泄在所有德国人身上。最终，200 万德国人死在被驱逐的路程中。温斯顿·丘吉尔对纳粹政权的反对早在战争之前就开始了，但是他曾经说："对几百万德国人的大规模驱逐不仅令人悲痛，而且不可想象。"他还说："我们必须从自己的内心开始放弃对整个民族进行报复的想法。"

第二次世界大战结束之后很久，人们仍旧把希特勒和纳粹造成的恐惧与德国以及德国人联系起来。这削弱了经济上充满活力的联邦德国的世界影响力。随着时间的流逝，德国的多数人口都出生在纳粹时代之后，越来越多的人连自己的父母都出生在希特勒时代之后。数十年的和平共存以及联邦德国民主传统的发展最终消除了周边国家的恐惧，从而带来 1990 年全世界对德国统一的接纳。从长远的历史来看，很少有像德国那样能在我们生活的地球上为如此多的地方、如此多的文化和经济做出如此巨大贡献的民族。

第 3 章

日本裔

漫长的崛起

在德川幕府统治下的1603年到1868年，统治者禁止其国民向海外移民，违反者会被处以极刑。然而，无论是此前还是其后，这种禁令都未能阻挡大量日本人移居海外。1606年，仅在菲律宾的马尼拉就居住着3 000名日本人。而整个菲律宾日本人的数量是这个数字的好几倍。早在15世纪，朝鲜就有了日本移民。到了17世纪，东南亚许多国家也都有了日本移民群体。

明治维新为日本带来不少变革，包括19世纪后半叶日本人又能自由地向海外移民了。尽管日本群岛靠近亚洲大陆，但是现代的日本移民最初还是把西半球当作首选的移居地。1900年，海外的日本人有超过一半居住在美国本土或夏威夷，其中多数生活在夏威夷。在20世纪初的几十年里，随着美国移民政策收紧，日本移民便转向南美洲国家，主要是巴西和秘鲁。简而言之，在日本的海外帝国建立起来之前，现代日本人倾向于移民收入更高的西半球欧洲属国。即便是在日本群岛所处的太平洋地区，20世纪初生活在这个区域的日本人也有超过3/4落脚在另一个欧洲的海外属国——澳大利亚。

世事难料，后来发生的两件事改变了日本移民在全球的分布情况。首先，西半球的国家、澳大利亚和南非等移民接收国实施了移民限制。其次，日本移民群体在亚洲各国不断壮大。20世纪早期，加拿大、澳大利亚、南非和许多中美洲与加勒比海地区的国家也像美国一样，开始严格限制日本移民入境。这一转变引导着日本移民转投南美洲国家。在那里，他们起初受到一些国家的欢迎。这些国家往往有大片未开发的土地，同时又很少有人愿意或者能够来这些地方推动当地发展。然而，到了 20 世纪 30 年代中晚期，南美洲国家开始限制从日本来的移民。同时，19 世纪晚期和 20 世纪早期，日本对外扩张占领了朝鲜、中国东北地区和中国台湾地区，这又为其移民提供了新的选择。这些日据区使得移民海外的日本人激增，进而改变着日本海外移民的分布格局，他们不再集中于欧洲的海外属地。1935 年，生活在中国东北地区、台湾地区的日本移民都超过 25 万，而生活在朝鲜的日本人超过 50 万。同一时期，整个西半球的日本移民才有大约 50 万，而生活在东南亚的日本人连 20 万都不到。澳大利亚从 1901 年起开始在移民问题上正式推行白澳政策，这使得生活在澳大利亚的日本移民数量减少到不足 2 000 人。

日本移民海外移居地的历史性变迁是惊人的。尽管中国东北地区在 1924 年到 1934 年接收的日本移民仅占那一时期日本海外移民的 2%，但是从 1935 年到 1945 年来到这里的日本移民竟达到这个时期日本移民总数的 85%。1940 年，170 万日本人居住在海外，其中有 120 万人生活在亚洲。那些生活在日本移民聚居区的移民主要是政府官员、产业工人、交通运输业从业者和商人。简而言之，他们都是日本现代都市文明的代表。相比较而言，那些移居西半球的日本人多数都是农业劳工或农民。往深里说，不同时期移居海外的日本人代表了现代日本发展的不同阶段。

一位日本现代学者曾经这样说："如果你想了解大正时代（1912—1926 年）的日本，就到巴西去；如果你想了解明治时代（1868—1912 年）的日本，就去美国。"这种差异在第二次世界大战期间表现得异常突出。当时，日裔美国人忠实地支持美国，尽管他们因为自身的敌对国族裔身份而在美国社会受到严酷的对待。虽然巴西的社会环境要友好得多，但是生活在巴西的日本人却狂热地支持祖国。他们当中的许多人根本不相信日本会被击败，即便日本政府于 1945 年无条件投降，他们也拒绝接受。成千上万的日本人在巴西的港口等待"得胜归来"的日本军队到达西半球。无论在美国还是巴西，日本移民对时事的反应都是他们内在心态的体现，而非其所处社会环境的影响。这些日本人移居之时，日本这个国家本身就处在不同的历史时期，有着迥异的社会氛围和环境。日本前期移民主要是亲西方尤其是亲美国的，而后期的日本人是狂热的国家主义者和种族主义者。

随着日本在第二次世界大战中的战败，日本的海外殖民地被盟军部队解放，大量的日本人从这些地区返回日本。其中从中国台湾地区返回的有近 50 万人，从韩国返回的人数超过 50 万，近 70 万人从东南亚返回日本，从中国东北地区返回的有 100 万人，从中国其他占领区返回的日本人达到 150 万。战争结束之后，这次大规模的日本人返国潮持续了近 10 年。其中大部分人是在战后一年半的时间里返回的。最终，这些归国的日本人总数超过 600 万。

日本

日本历史上有许多地方值得注意，它在某些方面表现得独一无二。日本曾在两个世纪里保持孤立状态，与外面的世界没有丝毫联系。直到美国海军 1854 年迫使日本政府对外开放自己的口岸，才打破了这种封闭状态。日本也是现代历史上少数几个保持着种族单一性的国家之一。直到 1945 年，日本都是世界上少数几个从来没有被其他种族侵占过的国家之一。

通常，日本在人们的印象中是一个小国家。事实上，其领土面积比英国还要大，不过比美国的加利福尼亚州要小。日本巨大的经济产量使得人们总会将它与一些大国做比较，实际上，日本的国土面积比相当多的欧洲国家都大，比如意大利和英国。在历史上，日本曾经在 1895 年打败中国，并在 1905 年打败俄国。这同样导致人们将其与大国进行规模比较。

不谈领土面积，只从人口角度看，日本的人口虽然不到美国人口的一半，更是无法与中国或印度的人口相比，但其仍是世界排名第七的人口大国。日本的国民生产总值比整个拉丁美洲都多，也比整个非洲大陆多。另一方面，日本比看上去要更小。这个国家山地丘陵广布，因此适于耕种的土地少之又少。日本发展现代工业经济所需的自然资源也很匮乏，比如铁矿石、煤炭、石油、铜、铅和锌都需要进口。贫乏至此的自然资源仍然需要养活这个世界上人口密集程度最高的国家之一。

日本适于耕种的土地不仅数量稀少，而且分布得很分散，往往分布在狭窄的河谷、山区的盆地，或者沿着海岸展开。因此，日本人从古至今的聚居地都呈现出一种散块状分布的特色。甚至在成为一个统一的国家之后，日本境内的地域界线还是泾渭分明的，主要由自然地理屏障而定。这些屏障在历史上就曾是将这个国家分裂成许多部分的地界。日本的河流通常只有很短的河段能通航，因此无法将各个地域连接起来。不过，海洋成为日本主要的水路交通渠道。这意味着虽然内陆地区无法联系，但沿海地区是能够彼此沟通的。另外，在日本，即便是最内陆的地区，距离海岸也不超过 70 英里。但是在现代交通发展起来之前的几个世纪里，那段距离仍是难以逾越的。

在西方科学技术敲开日本大门之前，这个国家十分贫穷。这种状态持续了许多年，即便 19 世纪晚期日本的军事力量震惊了整个世界之后也是如此。日本在历史上一直是一个孤岛国家。就如英国曾经独立于欧洲大陆一样，日本的历史发展也一直隔绝在亚洲大陆之外。不过，日本距离亚洲大陆要比英国距离欧洲大陆远好几倍。尽管一千多年前中国文化的渗透改变了日本，但是日本仍是一个孤立的国家。那些中国文化的因子在日本的土地上发展、被改良和被重塑，不过是以一种日本独有的方式。在最近几个世纪海上贸易发展起来之前，日本只与朝鲜和中国有过极少的往来，更不必说和世界上的其他国家交流了。几乎没有什么外来人口迁入日本，这个国家的非日裔人口加起来还不到其总人口的 1%。

美国海军在准将佩里的率领下于 1854 年强行打破了日本的孤立状态，这成为日本历史上的转折点。严酷的事实清晰地表明，日本和发达的西方工业国家相比无比弱小和落后。这也决定了日本在接下来的一个世纪中的国家发展之道。在佩里打破日本国门改变其近代命运之后的几代人里，对西方的追随效仿、对西方的崇拜和怨愤，以及对西方在国家与种族方面的复杂矛盾心理左右着日本人的思想和行动。

作为一个强大到打破日本长久孤立状态的国家，美国成为日本人关注的特殊焦点。明治时代的日本领导者和知识分子推崇美国式的生活方式，美国被描绘成终结日本封闭状态的恩赐者。政府推行的课本将亚伯拉罕·林肯和本杰明·富兰克林奉为榜样，甚至超过日本本土的英雄。自1876年起，日本的中学开始教授英语，甚至有人建议将英语定为国家通用语言。人们欣然将美国比作“人间天堂”，而这只是日本人对令人羡慕的、美好与伟大的西方人和国度的通常性描述的一部分。一些狂热之徒不仅吸纳西方的风尚，甚至对日本文化的一切方面都大加挞伐。

在这种心态下，日本人内心不断涌起一种证明自己的渴望，渴望替代并最终压倒西方，确立自己的民族身份以及称霸世界。到了20世纪早期，日本已发生翻天覆地的变化，成为一个极端民族主义国家。日本对世界上的其他国家充满敌意，表现出尖锐和好战的一面，而日本国民对内则狂热地效忠于天皇。日本人通常将这些特质看作自己对根植于内心的自卑感的过度补偿，这种补偿多少带着一些自我防御之感。那些在明治时代移民美国的日本人并没有在这种狂热与盲从的环境下成长，而日裔美国人所写的批判日本天皇崇拜现象与极端民族主义的材料在日本是被禁的。到了1912—1926年的大正时代，这种民族与种族的傲慢和狂热主义在日本空前盛行。这一时期移民巴西的日本人深深地被这种心态影响，这便是带来他们那令人哭笑不得、无奈难解的结局的根源。第二次世界大战之后，这些日本人还在巴西的港口里执着地等待“得胜归来”的日本军队，殊不知他们的祖国日本已经支离破碎，只能在一片废墟中挣扎。

那种想向自身和整个世界“证明一些东西”的强烈渴望体现在近代日本历史的许多侧面中，尤其是日本发起的战争和侵略的范围和性质。曾有一份日本报刊发表社论评价1895年日本击败中国一事，认为那场胜利不仅表明了日本这个国家的军事实力，而且证明日本人“并不逊于世界上的其他种族”。它还宣称，“我们无法抑制内心的喜悦”。而1905年日本对俄战争的胜利也产生了同样的反响，毕竟这是第一次有一个现代亚洲国家战胜了一个欧洲国家。20世纪30年代和40年代初期，日本对其占领国家的民众实施一种特殊的冷酷无情、极端残忍和毫无缘由的侮辱，这些都是日本人想要“证明一些东西”而做出的表现。日本人明目张胆地大肆强奸被占领国的女性，在街上毫无缘由地肆意掌掴男人，对那些被抓起来的士兵和平民进行残酷的折磨、羞辱，并最终处以极刑。在臭名昭著的“巴丹死亡行军”[①]中，成千上万的美军和菲律宾军队战俘被残忍杀害，并且通常是被虐待致死的。而这些只是日军丧心病狂的日常行为的一部分。

战后的日本可谓经济发展史上的一个奇迹。它不仅借鉴西方技术，更成为技术发展和应用的先锋。日本在社会和政治生活上实现的奇迹同样意义深远。一个有着军国主义传统的社会变成最为追求和平的社会之一，一个曾经的君主独裁制国家演变成世界上最具民主性的国家之一。这些巨变大部分要归功于一个人——道格拉斯·麦克阿瑟将军。他在政治领域推行自己的一套想法，从而成为战后日本的实际领导者和国家体制的塑造者。这位将军甚至影响了日本社会的精神气质。

麦克阿瑟坚持要惩罚那些在战争中施暴的日本将军和上层领导者，他同样一再坚持美国军队在驻守日本时绝对不能重演日本人当年的暴行。历史上曾有这样的时刻，驻军受命只能依靠军队自身的补给过活，不允许向当地那些饥饿的居民讨取或购买食物。因为其刻意表现出的善意、慷慨和

---

① 巴丹死亡行军，在第二次世界大战中日本制造的震惊世界的虐待俘虏事件。在偷袭珍珠港后，日本陆军入侵菲律宾并与美国及菲律宾的联合守军交战。巴丹半岛上的美菲守军与日军激战达4个月，后因缺乏支援与接济于1942年4月9日向日军投降。投降的7.8万战俘被强行押解到120公里外的战俘营，其间战俘们遭到日军肆意的殴打、侮辱和屠杀，路边随处可见战俘的尸体。在这场暴行中约1.5万人丧命。——译者注

一些民主行为，麦克阿瑟成为日本人心目中的国家英雄。尽管战时日本政府曾告诫国民，如果美军占领了他们的国家将会带来恐怖的噩梦，但是日本人还是重燃了新的亲美主义。

日本这个民族的一些突出而持久的特质似乎反映了他们身处的环境和历史的具体状况。日本可耕种的土地数量稀少且土质不佳，耕种和灌溉条件也不尽如人意。如果你明白一个民族需要在这种生活环境下种出足够养活自己的粮食，就很容易理解他们为什么会拥有耐心严谨工作的强悍能力。他们赖以生存的大规模灌溉系统需要某个地区的人们的全力合作，个人利益和追求都要让位给公众权益。日本人贫乏的物资和勉力维生的窘境让他们培育出一种依赖于极少资源而谋生的能力，并且要时刻为可能到来的意外灾害储备好物资。日本人常会遭受的自然灾害有地震、台风和火山喷发，这些都映射在日本人的禁欲主义和坚忍不拔的特质中。日本人在面对战争和其他国家的敌对等种种严酷考验时，无不体现出他们的这些特质。

尽管日本在20世纪后半叶实现崛起，一跃成为世界领先的工业化国家之一，但是其在19世纪工业化刚起步时在技术上是很落后的。当美国海军准将佩里将一列火车当作礼物展示给一群日本的达官贵人时，日本人还不知道火车为何物。而一个世纪之后，日本人造出的火车就超越了美国制造的所有火车。在日本闭关锁国的漫长时间里，日本人没有造出过大型的海运轮船。直到19世纪90年代日本才造出第一艘钢铁轮船，彼时日本的技术工艺水平自然比不上欧洲和美国。然而，到了1960年日本便成为世界领先的轮船制造大国，1969年，日本制造了世界上一半的轮船。同样，日本制造业在另一个领域也取得突飞猛进的发展，那就是汽车制造。尽管1965年时美国生产的轿车数量仍旧是日本的10倍还多，但到了1983年，日本轿车的产量就超过美国。到1990年时，日本出口的轿车数量比美国的高了50%还不止。在摄影技术领域，相同的故事也在上演。1990年，美国从日本进口的摄影器材数量是从其他任何国家进口的数量的10倍多。当然，日本人在登峰造极的路途上历尽艰辛，这些成就的背后是几代日本人呕心沥血的付出。

19 世纪中期，日本国门被迫打开改变了孤立之态。在此之前，这个国家一直都是个以农业生产为主的国家，而这种状况持续到 20 世纪。1881 年时生丝和茶叶占到日本出口额的一半还多，但是到了 1910 年，工业制品超过出口总额的 2/3。不过，从劳动力的角度来看，到 1920 年，这个国家有超过一半的劳动力从事农业劳动。然而在过去的这些年中，日本经济经历了向工业化的转型。开始时是一些轻工业生产，如纺织品、自行车和其他消费品，后来便转向重工业，如钢铁行业、化工行业和造船行业。此外，在工业制品出口量飙升的同时，日本产品的质量也在飞速提升。日本产品不再像从前那样被轻视，被认为低于一些成熟的工业国家的制造水平。

日本工业在第二次世界大战中遭受美国的核弹轰炸，损毁严重，这使得战后重建时期农业生产再次成为日本经济的主体。但是日本很快就重拾自己工业国家的角色，进而成为世界领先的工业和科技力量之一。那段时期，日本向海外的大规模移民进入尾声。大部分永久定居那些短暂的日本殖民地之外的国家的日本移民离开日本的时候，日本还是一个农业国家，因此他们掌握的主要是农业生产技术。不过，除去这些具体的耕种技术，这些海外日本人还保留了他们身上那种严于律己和应对艰辛工作的能力。正是这些品质让日本人成为世界经济发展的排头兵。日本还有很悠久的企业家传统，因此其历史上的工业发展并不是由外国企业家带来的，这一点与其他许多国家不同。从历史上看，这种经济的原动力在日本移民的历史上也表现得十分突出。

西半球

尽管 17 世纪早期就有一些零星的日本移民生活在西半球，但是移民大批地从日本迁往新世界是从 19 世纪晚期开始的。夏威夷是第一个大量接收日本移民的地区，在后来的许多年里，这里一直是日本移民的主要定居地。日本人从1868年开始向夏威夷移民，这要早于日本政府开始允许合法移民的时间，而那个时候夏威夷还不是美国的一个州。这是少数几次非法但被组织得很好的日本人流向海外的移民活动之一。超过100名日本契约工人从横滨乘船前往夏威夷的种植园，而他们此行并没有经过新掌事的明治政府的批准。

后来的历史证明，这样的安排对于每一方来说都不是令人满意的。这些劳工是从横滨招募的，他们并不熟悉农业劳作，也不能胜任种植园的工作。同时，严苛的种植园纪律使得移民向日本政府抱怨，于是日本政府1869年派出一位调查者来到夏威夷。最终，有超过1/4的契约工人解约并返回日本，夏威夷政府为此付出了代价。或许正是由于这次不顺利的移民经历，日本政府在后来的日本对外移民活动中扮演了积极的角色。政府不仅进行全盘的法规调控，还推进移民进程，补贴移民，甚至会监督自己的国民在其他国家的发展。

第二次世界大战之后，近600万日本人从战时亚洲的日本殖民地返回祖国。这让西半球再一次成为大多数迁居海外的日本移民的定居地。20世纪中期，在西半球居住的所有日本人中，超过90%的人都集中在两个国家——巴西和美国。共约75万日本人居住在美洲，其中有约37.3万人定居在巴西，32.6万人居住在美国。这些地方的移民人数都在不断增加，但是比例大致保持不变。到1970年，美国有近50万日本移民，巴西则有超过65万日本移民。紧随其后的是秘鲁，有超过5万的日本移民。加拿大的日本移民则超过3万人。然而，只有10个西半球国家有超过1 000名日本移民。在拉丁美洲生活的日本移民的收入通常比他们所定居国家一般国民的收入要高很多，生活在美国和加拿大的日本人也是如此。许多日本人在移居海外很多年后还继续寄钱回日本。1967年一年从巴西寄回的钱就有近50万美元。比这个数字还高的有两个国家，从加拿大寄回的钱超过75万美元，而从美国寄回的钱超过2 500万美元。

现代日本历史上第一次大规模移民发生在1885年。当时日本政府和夏威夷达成协议，将农业劳动力作为契约工人送往种植园劳作，而旅途的花费由雇主承担。其他去往美国的日本人则需自己负担旅费。按照移民人数，19世纪日本移民的其他几个主要移居地依次是加拿大、澳大利亚、墨西哥和秘鲁。日本政府会资助去往拉丁美洲的移民，甚至还在巴拉圭和巴西协助建立了一些移民聚居地。但是，外国政府后来出台了一些限制日本移民入境的政策。20世纪早期限制日本移民的有美国、墨西哥、加拿大和南非。紧随其后的还有1934年的巴西和1936年的秘鲁。

日本移民在西半球各个国家的经历千差万别，这在一定程度上反映了他们在移民过程中面临的限制和条件。在日本政府给移民提供直接的经济援助让女性也能加入移民潮之前，从日本去往西半球国家的移民大多数都是男性。在墨西哥和玻利维亚，日本男性大多娶了当地女性为妻。而在巴西，因为日本移民中的女性几乎和男性一样多，所以与当地人通婚的例子很少见。在智利，大多数日本移民在首都圣地亚哥都有自己的店铺，在秘鲁的日本人大多很快就成为城市中的店主，但是巴西的大多数日本移民仍旧是农业工人或农民。不过，很少有日本移民定居南美洲北部的国家，比如委内瑞拉、哥伦比亚和厄瓜多尔。中美洲的所有日本移民加起来不到2 000人。这些人在第二次世界大战期间被驱逐，被送往美国拘禁起来。大多数生活在玻利维亚的日本移民都不是直接从日本来的，而是从秘鲁二次移民到达的。

第二次世界大战之后，像很多其他的外国定居者一样，日本移民在阿根廷东北部有了自己的聚居地。这些人是开拓这片欠发达地区的先锋。日本移民也是移民中最成功的群体之一。同样，战后的玻利维亚政府试图让当地的玻利维亚人开发边疆地区却不曾成功，所以只好让外国移民在这些地区建起农耕聚居地，其中就包括日本移民。在这里，日本移民延续了其在经济发展上的冲劲儿，无论是单位土地的农产品产量，还是单个农耕者的劳动产出都遥遥领先。

1885年，日本开始向海外大规模移民。从这个时候开始一直到1963年，有近1/3的移民来到美国本土或夏威夷，另外22%的移民去往巴西，迁居加拿大和秘鲁的分别有3%，另有3%定居拉丁美洲的其他国家。不到1/10的日本移民在亚洲除中国东北地区之外的其他地区。在这段时间里，中国东北地区接纳了日本全部海外移民的1/4。而这些人在第二次世界大战之后全部被迫返回日本。不过，去往西半球的日本移民很少返国。在二战后，还有大量的日本移民继续迁往巴西和美国。日本政府再一次资助大量移民，其中大部分资助的是前往巴西的移民。而自费移民中的大多数人则前往美国。1968年，日本海外移民的一半居住在巴西。

美国

夏威夷是第一个接纳现代日本移民的地区。在经历了最初那段痛苦岁月之后，这里再次成为日本移民的一个主要移居地，这主要是两地经济发展条件上的相似造成的。

20世纪70年代和80年代，夏威夷的制糖产业开始兴起。此时，日本本土正经历痛苦的现代经济转型。当时有大批的日本人失业、破产，社会失去秩序。从1885年到1894年，有超过2.8万名日本人移居夏威夷，其中大部分是单身男性。与来自横滨的第一批移民不同，这些日本人大多是农民和农业工人。他们是旅居者，不是定居者。在最开始的时候，这些人有大约3/4返回故土。在后来的岁月里，返回日本的人数比例逐渐下降，最后达到仅1/4的水平。夏威夷种植园主预想到1900年美国接管这些岛屿之后会在岛上推行限制契约劳工的法律，于是1899年从日本引入超过2.6万契约工人以应对未来的限制。这是夏威夷有史以来接收劳工数量最多的一年。这些合同在美国法律下是无效的，所以产生了几千名可以自由移民美国本土的日本人。但是，夏威夷在许多年中仍是日本移民在美国的首要聚居地。最晚到1910年，在夏威夷的日本移民大约是美国本土日本移民的4倍。在各种社会关系中，夏威夷社会中的种族关系更和睦。两地的差别如此巨大，以至日本政府对待去往美国本土和夏威夷的移民也实行差别对待。政府不再签发国民去往美国本土的护照，却继续签发去往夏威夷的护照。尽管这样的方式无法有效地控制日本移民的最终移居地，但是这种政策至少表明，两地对待日本移民的差别在日本国内也是广为人知的。

19世纪的夏威夷出现一个数量虽小但是十分重要的群体，那就是出生在夏威夷当地的有日本血统的群体。当时，这种情况在美国本土几乎不曾出现。到1910年时，在夏威夷当地出生的日裔人口达到非本地出生的日本移民数量的1/3左右。不过美国本土出生的日裔人口还不到非本地出生的日本移民数量的7%。到1930年时，在夏威夷出生的日裔美国人比在日本出生的日本移民多出80%。而在美国本土，当地出生的日裔人口还没有追上在日本出生的日本移民。随着日本移民数量的增加，他们的地区分布也不断发生变化。19世纪与20世纪之交，生活在美国的日本移民共有8.5万人，其中近2/3居住在夏威夷。到了1920年，美国一共生活着超过22万日本移民，只有一半多的人居住在美国本土。

无论是在美国本土还是在夏威夷，日本移民和当地社会的关系在很大程度上由一个因素塑造，那就是日本移民紧跟华人移民的步伐。在这两个地方，华人最开始都是作为没有技术的劳工去谋生的，后来许多人努力奋斗拥有了自己的小生意。但他们的向上流动和带来的竞争为当地人所忌恨。日本移民最初作为苦力劳工，被当作华人的替代者而受到欢迎。但很快他们逐渐奋斗成小农场主或小企业家，这让他们也遭到越来越多的厌弃。随后日本移民和中国移民一道被当作“黄祸”。美国人认为，这些亚洲人威胁了美国工人、商人的生活水平，也危害了美国社会。这种反应在美国本土和夏威夷两地都存在，不过在美国本土更为明显。夏威夷出台法律禁止日本移民进入技术类的职业领域，而在美国本土，日本移民则被禁止购买加利福尼亚州的土地。

尽管有着法律上和实际生活中的歧视，日本移民仍然继续着他们在经济领域的前进步伐。生活在美国本土的第一代日裔美国人家庭最开始主要是做农业工人或家庭用人。其中只有不到4%的人拥有或管理着农场，不到4%的人拥有或管理着生意。但是到第二次世界大战之前，这代日本移民中的3/5最终拥有或经营着农场或生意。最大的群体仍旧是农民群体，而且超过2/3的日本人只会说不流利的英语，或者根本不会讲英语。生活在美国本土的日本移民多数生活在加利福尼亚州，他们还得克服《外国人土地法》带来的阻碍。这项法律不允许“不适于成为公民的外国人”——主要针对亚洲人——在加利福尼亚州拥有土地。美国其他州也通过类似的法律。日本移民研究出各种各样的规避手段，然后政府实行更加严格的措施来填补法律的漏洞，移民再研究出更多的规避手段。然而胜利是属于日本移民的，因为他们在美国出生的孩子能自动成为美国公民，各州颁布的法条不能违抗联邦宪法来限制他们。20世纪30年代，日裔美国人在加利福尼亚州拥有的土地量增长了两倍多。直到1940年，大部分被雇用的日本男性移民还在从事与农业相关的工作。在加利福尼亚州出售的所有用于农业工作的民用载货车，大约有1/3是他们生产的。

日本移民最初以农业立身，他们当农业工人挣着比白人低的工资，然后用比白人更高的价格购买土地，慢慢拥有了自己的农田。一旦站稳了脚跟，他们就成了强大的竞争者。当时一半左右的农业劳工是按件计价的。日本移民凭借勤奋和更长时间的工作获取了比白人高出许多的报酬。日本移民凭借工作努力挣得了自己的名声，这种名声传开之后，他们的单位小时酬劳得到提升，并最终超过白人工人。

日本在1941年12月7日袭击了珍珠港，这一事件在日裔美国人的发展史上留下了深重的创伤。这次背信弃义的袭击发生在日本佯装寻求达成和平停战协议期间，这使得美国人深感震惊和愤慨。反日情绪日渐高涨，美国本土尤甚。在被袭击之地夏威夷，死于这次事件的人有不少日裔美国人。在当地，只有不到1 500名日本移民被当作外敌关押。而在美国本土，有超过10万日本移民被拘禁。日本移民的经济受到的冲击亦如社会创伤那样深重，他们不得不在几周的时间内快速清理耗费多年发展起来的生意，损失几乎是毁灭性的。而日本移民被打击得七零八落的社会各行各业的生产要在战后恢复常态也非易事。

战争期间对日本人的羁押产生了持久的经济后遗症，这反映在战后日裔美国人中固定职业者大幅下降。战后美国本土的第一代日裔美国人，拥有自家产业或农田的人数比例仅是战前比例的一半。这代人成为家庭用人的比例是战前的两倍。而战后成为农业劳工的人口比例达到战前的三倍多。从事专业工作的人数也跌落不少。尽管第一代移民在经济方面遭受如此重创和倒退，第二代日裔美国人仍旧以很快的速度向前发展。“Issei”和“Nisei”这两个词分别用来指代第一代日裔美国人和第二代日裔美国人。第二代日裔美国人都是美国公民，且在美国接受教育，他们在学校接受教育的时间往往比白人更长，并且重视专业技能，在各类学院和大学里，他们很少修读人文类专业。到了1959年，日裔美国人作为一个群体的家庭收入已经达到白人的水平。而到了1969年，他们的平均家庭收入比美国国民平均家庭收入多出32%。这个发展趋势没有停下来，1990年的统计数据显示，日裔美国人的家庭收入中位数比美国本地出生的非亚裔的家庭收入中位数高出45%。随着群体经济地位的提高，日本移民也更深地融入美国文化，为美国社会所接受。日裔与其他族裔的通婚也增加了。到了1980年，所有日裔美国人有3/4只会说英语。

具有讽刺意味的是，生活在美国本土的日本移民尽管在历史上受到更多歧视，在战争期间被羁押的状况也更严重，但他们仍然比生活在夏威夷的日本移民收入更高，职业阶层更高。而生活在夏威夷的日本移民在政治方面表现得更为活跃。到了1971年，日裔美国人已经占有夏威夷州议会的多数席位。虽然生活在夏威夷的日本移民在政坛上取得了巨大的成绩，也没有像美国本土的日本移民那样曾经被大规模关押，但是他们仍旧比不上生活在美国本土的日本移民所取得的成就。从历史上看，生活在夏威夷的日本移民和生活在美国本土的日本移民相比，他们往往来自日本更贫穷的地区和更低的社会阶层。很明显，这种社会阶层的差异在经济领域带来持久的影响。这种影响比他们在生活的地方遭受的差异对待所造成的影响更大更持久，也比日裔美国人在夏威夷和美国本土的政治影响力的差异所造成的影响更大更持久。

加拿大

加拿大历史上有记录的第一个日本移民是在1877年入境的，不过日本移民在加拿大的人数从未超过这个国家总人口的1%。到了1979年，生活在加拿大的日本移民近5万人，但这个数字仍不到加拿大总人口的0.5%。另外，日本移民在加拿大全境的分布状况也是不均衡的。最初这些移民集中在西部的不列颠哥伦比亚省。在珍珠港事件发生时，生活在加拿大的日本移民有超过3/4居住在距离温哥华不超过75英里的范围。与很多其他国家的移民聚居群体一样，日裔加拿大人的这种状况不仅反映了他们个体联系的纽带，也显示了他们希望与同胞生活在一起的总体意愿。第一次世界大战之前的加拿大日本移民有一半人有朋友或亲戚在不列颠哥伦比亚省。即便如此，当时在不列颠哥伦比亚省，日裔和华裔加起来也远不及白人数量的1/10。

日本人在开始向加拿大移民时人数很少，但是后来增长得很快。1896年，生活在加拿大的日本移民不到1 000人。其中大多数是渔民，在不列颠哥伦比亚省的太平洋沿岸地区谋生。而随后的年月里，越来越多的日本移民来到加拿大，并开始进入加拿大当地人工作的产业领域，比如渔业、伐木业、采矿业和铁路设施建设行业。到了1901年，有超过4 700名日本移民定居加拿大，其中97%生活在不列颠哥伦比亚省。这可能与20世纪最初那些年里日本动员民众与俄国战斗有关，这些年里很少有日本人迁往加拿大。1885年到1907年这段时间，加拿大只接收了所有日本海外移民的 2%。相较之下，入境美国本土或夏威夷和菲律宾群岛等美国领地的日本移民接近这段时期日裔海外移民的一半。在日俄战争末期，日本人恢复了向加拿大移民，而且迁移规模更大了。在不到 3 年的时间里，又有 7 000 名日本移民来到加拿大。这也在一定层面上反映了当时美国新颁布的移民限制，这些限制让那些从夏威夷来的日本移民难以定居在美国本土。

日本移民的数量迅速增长，加之他们在特定地域和某些职业上的聚集，这个群体被美国人视作极大的竞争威胁，尽管他们的人数相对整个美国而言比例非常低。更重要的是，几乎所有的日本移民都是年轻男性。因此，他们作为可见劳动力的比例远高于他们在总人口中所占的比例，因为总人口的统计必定包含妇女和儿童。日本移民比白人工作更努力，报酬更低。因此他们在许多方面都代替了白人，也变成这个地区最被人憎恶的一个群体。早在 1901 年，日本移民在温哥华地区 7 个最大的磨坊的劳动力总数中就占到 22%。

1907 年 8 月，加拿大工会组织了第一次反日集会。经过几周的发酵，温哥华的反日情绪逐渐积累，最后发展成暴乱。白人聚集成群，攻击华裔和日裔居住的社区。这群暴动者激越地冲击中国城，但是被日本移民的坚定抵抗逼退。这次危机让加拿大和日本之间达成国际“君子协定”，最终的结果是加拿大开始限制日本移民。像美国的情形一样，因为日本在日俄战争期间显示出强大的实力，日本政府便有了声望和筹码为其生活在海外的国民争取到一些权利。

与加拿大的华裔社区男性占据绝对多数的状况不同，当亚裔移民入境受到限制时，日裔的年轻男性并未陷入无法娶妻的窘境。像在美国一样，日本男性可以将自己的妻子从日本接到加拿大，甚至包括那些由他们在海外的家人帮其选定的“照片新娘”。在达成所谓“君子协定”之后，从日本到加拿大的移民，女性开始多于男性。随着时间的推移，最初生活在加拿大的人口规模较大的华裔群体开始缩小。这是因为中国男性渐渐离世或返回中国，而他们并没有繁衍后代。相比之下，日裔群体继续快速增长，因为这个群体有大量处于生育黄金年龄的年轻的日本夫妇。日裔婴儿的出生率超过整个不列颠哥伦比亚地区出生率的两倍多。然而，随着年轻日本移民群体的老龄化，人口增长的速度逐渐放缓。

早期的日本移民主要集中在6个劳动领域。但是到了20世纪30年代，他们几乎占据了加拿大统计数据的各主要领域，或是在一些子领域都占据了一席之地。而这一切就发生在对此进行不懈抗议的白人的眼前。早在1902年，一位皇家委员会就曾指出，住在水边的棚屋里的日本移民有能力在造船业这一领域提供廉价产品并将白人挤出这个行业。雇主，尤其是罐头食品厂的雇主，更喜欢雇用日本移民做工人或渔夫，因为他们的工作技能和习惯都更优良。到了1921年，日本移民持有这个省超过40%的捕鱼牌照，比白人和美洲原住民都要多。在锯木厂里，日本移民工资更低竞争力更强，不止一家工厂拒绝雇用白人。日本移民甚至使得华裔工人的工资被削减，即便华裔更早到达加拿大并已在这个行业中立足。

政治上的反日行动最早发生在捕鱼业，日本移民在这个领域做得尤其出色。1920年，温哥华政府开始减少向日本移民颁发捕鱼牌照。这样持续了几年之后，日本移民向法院提起诉讼。1928年，加拿大最高法院判定政府不能以这种方式不公正地对待日裔群体。但是很多年过去了，在加拿大从事捕鱼业的日本人数量仍在下降，他们一直被区别对待。1933年，日本人持有的捕鱼牌照比1922年少了28%，而白人和美洲原住民的持有量分别是之前的两倍。

在伐木业，政府对付日本移民另有办法。在这一行业，日本移民一般拿的工资都非常低。因此政府采用最低工资法把这些人赶出这个领域，这正是最低工资法立法的精确目的。不列颠哥伦比亚省的这个最低工资法在1925年获得通过，当时有45%的伐木工人是东方人。一年之后，超过1 000名白人工人进入这个行业，而超过400名东方工人退出这个行业。像之前被取而代之的日裔渔业工人一样，这些丢了工作的工人有一部分回到日本。在许多领域，政府法规、契约和本地公民的特权都使得当地的政客可以拟定限制办法或禁令以限制雇用日本移民。即便是后来有更高层级的国家当局制止这些限制行动，也往往需要耗费多年的时间才能实现，而日本移民早在法律程序走完之前就已经被排斥在行业之外了。比如，为省公共设施建设部施工的承包商被明确禁止“直接或间接地”雇用亚洲人“参与公共工程或与之产生任何联系”。

这种对于雇用日本移民的歧视使得许多日本人自己创业，尤其在农业领域。在城市小型商贸领域，日本移民也开始自立门户。在不列颠哥伦比亚省的浆果种植者中，1920 年亚洲人拥有该省 29% 的果田，这个数字 1934 年攀升到 45%。因为日本移民在这个领域投入耕作的人员和劳动强度都要比白人高很多，他们在这个省的浆果种植领域的份额甚至比他们占有的土地份额还大。1934 年，这个比例达到 85%。生活在城市中的日本移民也在努力创业。1931 年，温哥华有 20% 的理发牌照被发给日本移民。近一半的渔产交易牌照和超过一半的制衣业牌照同样被授予日本移民。到了 20 世纪 30 年代中期，温哥华有大约 860 家日本移民经营的商铺。在这个时间节点，这个城市里工作的日本移民中只有一半的人还在当工人。

随着日本移民在商业领域的兴起，有组织地反对日本移民的政治行动也从工人阶层上升到商业阶层。尽管 1913 年不列颠哥伦比亚省的白人商人没有什么反日活动或情绪，但到了 1919 年，该省的零售商协会在当地政府官员的授意下组织了一次大规模的反日上书活动。它们还试图通过更严格的零售业店铺歇业的法律，控诉日本移民通过延长营业时间或在星期日开门来竞争顾客。从长期发展的状况来看，这些企图大都失败了。从 1927 年到 1937 年，温哥华的日裔糖果和水果商人从 58 个增加到 80 个，杂货店从 56 家增加到 110 家。到了 1937 年，日本人拥有温哥华 20% 的杂货店经营牌照，以及 91% 的蔬菜水果店经营牌照。

在政府控制更为严苛的领域，比如公共服务、在政府土地上伐木，或者法律、医药和牙医等需要政府颁发牌照的专业领域，日本移民被更加有效地排除在外。1931 年，据统计在公共行政和法律辩护领域仅有 3 个登记在册的从业者是日本移民。

生活在加拿大的第一代日本移民很少说英语。到 1925 年时，只有大约 1/4 的日本移民表示自己能阅读和说英语。第二代日本移民，也就是 Nisei，在学校学习英语，在家里学习日语。但是他们往往两种语言都学得不够好，无法做到流利运用。不过，这些日本孩子在校出了名地表现良好，日裔青少年的犯罪率远低于加拿大青少年犯罪率的平均水平。日本移民在着装和家居风格等表层方面融入得比较好，但是仍保持了自己的价值观和行为方式。比如，他们会自谋出路，而不是寄望于公共福利。即便是在 20 世纪 30 年代的大萧条时期，生活在加拿大的日本移民也只有 4% 接受公共救济。而当时加拿大国民有 13% 依赖于救济。

与生活在美国的日本移民相比，生活在加拿大的日本移民事实上在第二次世界大战期间承受了更大的灾难。有超过 1 000 艘日本渔船被扣押，日语报纸被查封，日裔雇工被解聘。不列颠哥伦比亚省的政治团体施加压力，要求拘押日本移民。加拿大军队和皇家骑警队都没有在生活在加拿大的日本移民身上发现任何危险的迹象，实际上并没有日本移民在战争期间因为间谍活动或破坏活动而被判刑。然而，来自不列颠哥伦比亚省的政治高压仍逼迫加拿大中央政府接受了其主张。

在珍珠港事件之前，日裔加拿大人就被当作危险分子。他们被记录在案，并且在加拿大生活期间需要一直随身携带文件。而现在，这些日本移民被聚集在一起并被拘押。而此时，生活在加拿大的日本移民有 60% 是本地出生的。从加拿大西海岸被迫迁出的移民有 3/4 要么是在加拿大出生的，要么就是入籍了的公民。像在美国一样，这种突如其来的拘押意味着生活在加拿大的日本移民不得不匆忙地贱卖自己穷尽毕生辛劳而挣得的产业和房产。这些资产通常只能按不到其价值的 1/4 的价格出售。日本移民出售的大部分产业被其他少数中间人群体的成员购得，比如中国人、希腊人和犹太人。

与美国的情形相似，日本移民被羁押在偏远地区。在加拿大，大部分被关押者战争期间一直住在原本空无一人的鬼城那些临时搭建起的棚屋里。他们受到加拿大皇家骑警队的看管。然而，与生活在美国的日本移民相比，生活在加拿大的日本移民被拘禁得更早，拘押时间更长。此外，被释放之后，他们也不能像日裔美国人那样回到自己原本的家乡。不列颠哥伦比亚省不希望他们回来，西海岸地区在 1949 年之前也不让他们定居。加拿大政府给他们两种选择，要么移居落基山脉以东地区，要么回到日本。有超过 40% 的日本移民表示，他们宁愿回到被战争摧残得满目疮痍的日本，也不愿留在加拿大。然而早期报告显示，那些最后回到日本的人在自己的祖国遇到许多麻烦。因此许多原本要求回到日本的人最终决定迁居加拿大东部。

生活在加拿大的日本移民在二战后经济上的复苏像生活在美国的日本移民一样令人惊叹。年青一代的日本移民分布在加拿大那些没有发生过反日活动的地区，那里遇到的歧视更少。虽然 1935 年时只有不到 1% 的日裔加拿大人在专业领域任职，到了 1971 年，生活在多伦多的第二代日本移民有超过 1/3 进入专业领域。日裔加拿大人群体的平均收入比加拿大国民平均收入高出 16%。生活在多伦多的第二代日本移民的平均家庭收入则是加拿大国家平均水平的近两倍。多伦多取代温哥华成了日本移民的主要聚居地。日本移民不仅在整个国家范围内分布得更为分散，而且在一个城市内部居住得也较为分散，人们很难在同一街区找到两个日本移民。在第三代移民中，有超过半数的人与其他群体通婚，1941 年这个比例仅有 1%。日本移民在经济领域的影响力在提升，并最终为社会所接纳，然而在政治职位方面却没有太大突破。像在其他国家和其他群体中一样，日本移民的政治权力和在西半球所取得的经济上的成功并没有太大的相关性。

秘鲁

1873年，秘鲁成为拉丁美洲第一个和日本建立外交关系的国家。然而，两国建交是由一件没什么关联且略显诡异的国际航运事件[①]引起的，之后两国并未建起很强的沟通纽带，相互间也没有移民流动。直到1883年，才有第一艘日本航船在秘鲁的港口靠岸。而第一批上规模的日本移民到达秘鲁则在15年后才发生。

与加拿大和美国的情况一样，秘鲁的日本移民紧随中国移民到达。在当地人眼中，这两种亚洲人常常被混为一谈，尤其是在移民的早期。有近10万中国人在1849年到1874年移居秘鲁。他们做农业劳工和小生意者和当地人形成经济竞争，所以引发了民众的仇视，致使骚乱和屠杀不断。1898年到达秘鲁的日本移民绝大多数是男性，而且绝大多数是农业劳工。不过，在到达之后不到一年的时间里，大多数日本移民都来到城市。这反映出日本农业劳工和秘鲁的土地所有者之间产生的第一波矛盾。

19世纪与20世纪之交的日本工人都背负着契约入境，契约规定他们要通过工作来支付运送他们跨越太平洋的费用。除了语言和文化背景的鸿沟，还有不道德的雇主和时常失职的移民公司。这些不利因素带来了许多

① 1872年7月9日，秘鲁风帆船“马丽亚·卢斯号”驶抵日本横滨港，声称载有230名中国旅客，途中遭遇风暴请求许可泊港维修。尽管日秘两国尚无条约关系，但是神奈川县参事仍同意该船靠岸。8月3日，英国驻日代理公使和美国驻日代理公使联名致函日本外务相，揭露“马丽亚·卢斯号”实为贩奴船，船上是从中国拐卖的苦力。9月23日，神奈川县特别法庭判决贩卖奴隶性质的移民契约无效，全部苦力引渡给中国政府。1873年3月3日，秘鲁特使晋谒日本天皇，要求日本对于“马丽亚·卢斯号”事件赔礼道歉并赔偿损失，并且洽谈两国友好通商条约。3月31日，特使与日本政府达成协议，将“马丽亚·卢斯号”事件交由俄国沙皇仲裁。1875年5月29日，沙皇裁定日本胜诉。然而不打不相识，日本和秘鲁由此开始正式交往。——译者注

摩擦和毁约的情况。年轻日本移民的死亡率相当高。第一批到达的 790 名日本移民，第一年就有 143 人死亡，死因是染上了各种疾病。1903 年和 1904 年到来的 984 名日本移民，有近半数死在了甘蔗田里。

1908 年，日本向秘鲁的年移民量首次超过 1 000 人，高达 2 442 人，之后的任何一年都未达到这个数量。不过，在第一次世界大战期间的某些年里，日本移民的数量还是每年都超过 1 000 人。从 20 世纪 20 年代中期到末期，移民的数量也是每年都能超过 1 000 人。之后，来到秘鲁的日本移民就只能以百位数计算了。自 1950 年起，每年到秘鲁的日本移民都不到 100 人，除了有两年超过 100 人，还有三年移民人数为零的情况。离开秘鲁的日本移民也相当多，1935 年有超过 1 000 人离境。20 世纪 30 年代中期到末期，离境的日本移民人数超过入境人数。不过，生活在秘鲁的日本移民的自然增长使得这里的日本移民数量仍在增长。1930 年，居住在秘鲁的日本移民超过 2 万人。到了 1970 年，这个数字超过 5 万。

尽管秘鲁的日本移民群体相对较小，但到了 1930 年，日本人仍然成为当地最具影响力的外来群体。秘鲁这个国家本身接纳的移民数量相对就少。当日本移民从农业劳动者转变为做工匠、做小生意的城市从业者之后，他们在经济领域的存在性显得更加引人注目。即便在日本移民还在做农业劳动者之时，他们也已经遭到当地人的嫉恨了。他们有着优良的工作习惯，这使得市场对他们有着极大的需求，他们往往得到比秘鲁当地人更高的报酬。

许多日本移民从农业劳动者转为城市工作者之后，选择成为家庭用人。这个职业为他们提供了很多更有利的条件，其中一个优势就是帮助他们学习西班牙语。其他移居到城市的日本移民成为小店铺店主、工厂工人，或者做其他一些可以帮助他们缓慢但是平稳地沿着经济阶梯往上爬的各类工作。虽然大多数来到秘鲁的日本移民开始都是做农业劳工，但不久之后，他们中的大多数就通过各种途径到首都利马和其周边地区谋生去了。1909 年，利马附近生活着 441 名日本工厂工人，257 名家庭用人和厨师，35 名木匠，另外还有 59 名小商人和商贩。1904 年利马只有一家日本移民开的理发店，而仅仅 20 年后的 1924 年，日本移民开的理发店就上升到 130 家。这个数量达到整个城市理发店总数的近 3/4。1915 年第一家日本商会在利马成立，共有 27 名会员。4 年后，商会拥有超过 100 名会员。日本移民经营的杂货店从 28 家增长到约 200 家。日本移民常常盘下意大利人或华人的铺子。

秘鲁报纸不断攻击日本移民在商业上越来越大的发展范围和在竞争中获得的成功。事实上，这些力图激起抵制日本商业的尝试最终都没有起到什么效果，因为日本店铺的商品通常价格更低。这部分反映了较为微薄的利润和相对较低的经营成本，因为日裔小商人和其职员经常在自家店里吃住。和其他拉丁美洲的竞争者不同，即便是富裕一些的日裔商人也很少过奢华的生活。像生活在加拿大的日本移民一样，生活在秘鲁的日本移民也因其恪守商业义务而声名极佳，这使得他们获得了极高的信用评级。和其他秘鲁人相比，日本移民更重视子女教育，这为他们日后的不断进步奠定了基础。

像在乡村里一样，在城市中的日本移民也因为比秘鲁工人更加努力和认真负责而获得了很好的名声。日裔工人因此成为技术工人中的佼佼者，他们后来拥有了利马市近 1/4 的机械和钟表修理铺。他们开拓出秘鲁的轮胎修理贸易，并主导了这个领域许多年。

尽管针对日本移民的经济抵制没有起到什么效果，但是政治上的行动很有成效。秘鲁通过一部法律，要求雇主在雇用员工时，秘鲁人的数量不得少于 80%。20 世纪 30 年代中期，从日本到秘鲁的移民受到严格限制。1940 年 5 月，秘鲁暴徒袭击了利马市和卡亚俄市的日本移民和他们的财产。这次暴力事件也表明秘鲁的反日情绪日益高涨。第二次世界大战的到来进一步激起秘鲁国内的反日浪潮，促使一系列相关政策出台。在美国联邦调查局的协助下，有超过 1 700 名日本人被认定为潜在的危险敌对异族分子。这些人被从海上送往美国，进行战时羁押。

拉丁美洲有些国家将自己的一部分日本移民送往美国，秘鲁只是这些国家中的一个。有些人认为他们会被用来交换那些被日本俘虏的美国公民。然而，秘鲁这样做其实是为了报复。它送往美国的日本移民占到从拉丁美洲送到美国进行羁押的日本移民总数的 4/5 还要多。战争期间几百名日本移民被中立国的轮船从美国送回日本，战后又有几百名日本移民被遣送回故土。秘鲁只批准 79 人返回秘鲁。然而，生活在秘鲁的日本移民有 90% 并未被羁押，他们只是受到许多限制。战后也没有出现大规模日本移民离境的现象。1970 年，生活在秘鲁的日裔人口比生活在加拿大的日裔人口还要多。从人口的角度讲，只有巴西和美国的日裔人口超过了秘鲁。

战后，日本移民在秘鲁的生活日渐有声有色。除了巴西，这种成功在拉丁美洲的其他地区都不曾出现。当年的社会仇视情绪和政治歧视最终也没能阻碍日本移民崛起的脚步。事实上，日本移民在秘鲁获得经济成功的奋斗史也是一部日本移民为秘鲁经济做出贡献的历史。这包括他们在农业方面的贡献，比如 20 世纪 30 年代末期日本人种出了全秘鲁 25% 的棉花。也包括他们在城市商贸领域的贡献，比如他们引进了现代的销售方式和更具商业道德的规范，并让食品加工流程更加有卫生方面的保障。像生活在其他国家的日本移民一样，生活在秘鲁的日本人也获得了努力工作、可信赖和诚实的美名。尽管一些社会上层特权群体那种反日的势利眼一直到 20 世纪 90 年代依然存在，但是社会大众对日本移民的接纳程度越来越高。日本移民被广大民众接纳的一个例证便是，一个有日本血统的不太出名的商人在 1990 年获选秘鲁总统。他击败了一名闻名全球的西班牙裔秘鲁作家。1995 年，他再次以绝对优势当选。这次他击败了另一位著名的西班牙裔秘鲁人，后者曾担任联合国秘书长。像在美国一样，这样的政治成功是跟在经济成功之后的。它并不是日本移民在经济领域获得成功的原因，甚至连一个主要因素都算不上。

巴西

日本人开始向巴西大量移民是从20世纪早期开始的。而在美国移民政策收紧、欧洲因为第一次世界大战向巴西移民的数量减少之后，入境巴西的日本移民加速增长。1910年之前，每年进入巴西的日本移民都不到1 000人。而在1913年有近7 000日本移民来到巴西。到1930年，每年迁往巴西的日本移民近1.4万人，而当时已经有超过11.6万日本移民居住在巴西。生活在巴西的日本移民达到拉丁美洲日本移民总数的78%。在那段时间里，从日本迁入巴西的移民超过从德国和意大利两国迁入的移民总数，仅次于从葡萄牙迁入的移民数量。大多数日本移民定居在巴西东南部的圣保罗州。1908年到1912年迁入的234个移民家庭有223家的一家之主定居在圣保罗州，而1933年到1937年移居巴西的6 518个日本家庭有6 129家的一家之主定居在圣保罗州。这两段时期中间的那段岁月，比例则不太均衡。这些日本移民的来源地并不是毫无规律可循的。1930年之前，60%的日本移民的来源地集中在全日本47个县中的5个。而后来的日本移民的来源地更加多样。相较而言，在二战前的大部分时间里，日本移民在巴西的定居地相当一致。直到1940年，仍有90%的日本移民居住在圣保罗州。生活在这个地区的日本移民总计有20万到25万，但是日本移民的数量仍然不到该地区总人口的3%。据估计，在战前的所有时间段里，返回日本的移民总数大约有1.5万。

1933年日本入境巴西的移民数量达到顶峰，那一年有超过2.4万日本移民来到巴西，超过当年巴西全部外来移民总数的一半。那时，生活在海外的日本移民有超过1/5居住在巴西。但是1934年之后，巴西开始实施移民限制，迁入巴西的日本移民大幅下降。无论是在绝对人数还是相对比例上都是如此。到了1941年，只有大约1 500个日本移民移居巴西，这个数量还不到当时巴西外来移民总数的6%。第二次世界大战之后，由日本迁往巴西的移民人数有所恢复。大概相当于战前几年的水平，但是与20世纪30年代初期的巅峰水平相比还是相差不少。大多数战后的新移民定居在巴西东北部的亚马孙河流域，而不是先前大多数日本移民集中的南部地区。从1908年到1975年，来到巴西的日本移民总共约25万。在考虑了返回祖国的移民和人口的自然增长量之后，1975年生活在巴西的日本移民净数量约为75万，其中有75%居住在圣保罗州。

第一批来到巴西的日本移民是在1908年组团到来的，他们能来是因为圣保罗州和日本的一家私人移民公司签订了合约。像在夏威夷发生的情况一样，这种最初的尝试以失败告终，移民公司随之破产。这显然是缺乏对迁入地情况的了解，最后导致带着血泪的违约与反抗。然而，日本移民仍源源不断地走出国门。虽然各个时期的移民人数波动很大，但总体上呈增长之势。从最初每年只有几百人移民，到第一次世界大战前后每年成千上万的人移民。1918年，日本移民数量接近5 600人，超过当年来到巴西的移民总数的1/4。

来到巴西的日本移民往往是有组织的、公司承办的行为，而不是移民个体性的跨越太平洋的行为。来到巴西的日本移民都是有组织地迁移，并且在当地也是聚居的状态。他们生活在完全由日本移民构成的社区里，隔离在巴西人的社会之外。这是日本组织者自身的选择，并不是巴西当地政府或民众逼迫的结果。做这种选择是为了减少日本移民和巴西当地民众的摩擦，提前减少那种曾经在其他国家发生的导致对日本移民的排斥的民间敌意。许多开始在日本移民聚居地做农业劳工的日本移民后来成为独立的小农民，但是仍居住在日本移民的社群里。一战前到达巴西的日本家庭的一家之主有超过90%是农民。但是他们有超过3/4的人刚到巴西时是做农业劳工的，尽管只有极少数人后来一直做农业劳工。有近一半人在两年之内离开了农业劳工岗位，有超过2/3的人在4年内离开了农业劳工岗位，只有不到1%的人一直在做这种契约劳工。

和生活在其他国家和地区的那些以农业为主的群体不同，生活在巴西的日本移民虽然做农活儿，但是他们受过教育。从20世纪初期到1941年这段时间，迁往巴西的日本移民的识字率比意大利移民要高，前者约74%，后者约60%。日本移民的识字率也远远高于葡萄牙移民的43%、土耳其移民的38%和西班牙移民的28%。比日本移民识字率更高的生活在巴西的移民群体只有波兰移民和德国移民，前者的识字率是77%，后者是87%。

日本移民的社区不仅有自己的领导者、医生和社会组织机构，还建起自己的稻谷磨坊、木材加工厂、制糖工厂，以及发电设施。他们还修路架桥，建起水利设施和广播站。日本人在巴西开拓了丝绸加工业，自此巴西再也不用进口丝绸。生活在圣保罗州的日本移民只占总人口的2%到3%，拥有不到2%的土地，但是20世纪30年代初期，他们却贡献了巴西近30%的农业产出，包括46%的棉花、57%的丝绸和75%的茶叶。到了1943年，日本移民在圣保罗州拥有超过100万英亩的土地。相当比例的香蕉种植园和渔业生意也掌握在日本移民手中。

这些日本移民聚居地长久以来都是由东京指派的官员管理的。此外，日本的银行也在巴西开设了办事处。这种在日本移民独立聚居地建立自治体系的政策在很大程度上避免了日本移民和当地的工人、农民、商人之间针锋相对的直接经济竞争。这种经济竞争在这个半球的其他地方促生了相当大的民间矛盾，尤其是在秘鲁这样的日本移民成为社会少数中间人的地方。另外，日本移民社区的性别比例几乎是平衡的，其中60%是男性，因此在婚姻市场上与当地人的竞争也得以避免。从1908年到1941年，迁到巴西的日本移民有超过90%是举家迁移的。

来到巴西的日本移民尽力避免曾经在其他地区引起麻烦的情形，这些努力在初期看来得到了很好的回报。日本移民在巴西受到很大的欢迎。1932年桑托斯发生地区内乱的时候，港口在很长一段时间内被封锁。即便在这样的情况下，港口仍旧允许一艘满载日本移民的船进入。这艘船是在整个地区军事敌对期间对外封锁的环境下唯一被允许入港的船只。一份1933年的巴西研究指出，日本定居者是“高效的、勤奋工作的、尊重秩序的、有经济头脑的、忠顺的、遵守法律的”。不过，即便是在巴西，少数的那些成为中间人的日本店主和小生意人还是受到了仇视。生活在巴西的大多数日本移民避开了这些角色，并且在总体上避免与巴西当地人公开竞争。这些事实毫无疑问和他们的被接受程度有很大关系。若从严格的经济角度来看，日本移民在他们的社群内部还是和其他巴西人存在很多竞争的。这种竞争从程度上讲和双方在混居的情况下发生的竞争没有什么太大的差别。但是从政治角度来看，感官很不一样。许多巴西人对于孤立的日本社群极少关注，尽管他们会通过各种复杂的贸易渠道购买日本移民的产品。

尽管从社会和文化的角度处于孤立的状态，但是生活在巴西的日本移民并没有真正地在物理上割裂同巴西社会其他成员的联系。圣保罗州南部有一个叫作里贝拉山谷的地区，这个以农业为主的地区生活着一群卡布克罗人。他们中大多数人不识字，都是赤脚耕田的农民。20 世纪 40 年代早期，这个群体的人数至少是日本移民数量的两倍，但是他们过着与世隔绝的日子。在里贝拉山谷小镇雷日斯特鲁，全部 25 个商店中有 21 个都是日本移民开的，店主和店员大都是日本移民。在这种情形下，日本移民和巴西本地人的通婚不但罕见，而且这种通婚也代表着日本移民一方某种社会地位的缺失。

尽管日本人有着极强的社群凝聚力和对自身独特的内在价值观的文化坚持，但是在巴西全然不同的地理、气候和经济环境中，他们还是会发生许多外在的文化转变。比如，在日本很少会见到一个农夫骑着马飞驰，但这种情形在里贝拉山谷的日本农夫身上很常见。因为他们在山谷里要往来的地方总是相距甚远，而道路状况也不是特别好。日本移民在建筑房屋时也根据当地的自然状况做了相应改良，并且经常穿西式服装。日本政府经过深思熟虑之后还做出以下决定，他们教导生活在巴西的本国移民不要在巴西建立佛教或神道教的宗教机构。事实上，生活在巴西的日本移民至少在名义上都是基督徒，虽然一些日本传统的宗教活动的残余仍旧盛行。日本政府同样要求本国移民在巴西穿西式服装。很明显，尽量减少日本移民与巴西当地人的摩擦是重中之重。

在巴西出生的日裔儿童进入公立学校之后开始学习葡萄牙语。在学校里，使用日语是违规的，会被报告给老师。因此，在 20 世纪 40 年代早期的里贝拉山谷地区，日裔儿童说的葡萄牙没有任何口音。而他们的父母的葡萄牙语通常都很糟糕。对巴西国民语言的熟练掌握不仅本身就有着文化融入的意义，而且为进一步的文化融合打开了大门。掌握葡萄牙语之后，日本移民可以阅读巴西的报纸、书籍和其他出版物，并且能够更好地和其他巴西人做生意，或者进行社会交流。另一方面，当葡萄牙语成为年青一代日本移民的主要语言之后，他们与自己父母之间的交流就变得不那么容易了。父母对着孩子说日语，而孩子们用葡萄牙语回答的情况屡见不鲜。

日本移民在做农民时，往巴西引进了新的农作物、新的耕作方式、科学的土壤分析方法，以及他们本身吃苦耐劳的品性。日本移民耕种农田的平均英亩产量是其他移民的 4 倍多，超过巴西当地农民平均英亩产量 8 倍。在很长一段时间里，日本移民在巴西奋斗得风生水起，在政治上却被极大地忽略。而历史在两个方面的发展最终使得日本人在政治领域受到负面的重视。一是 20 世纪 30 年代日本作为一股帝国主义势力不断膨胀，二是同一时期巴西的民族主义情绪在强化。后者导致他们对国内处于孤立状态的少数群体抱有怀疑和仇恨的态度，其中就包括德国移民、意大利移民和日本移民。1938 年，巴西政府有意推行一种文化巴西化的运动。运动提出一系列要求，其中就包括所有学校只能教授葡萄牙语，并且要关闭用外国语言授课的私立学校。这些私立学校就包括那些日本移民在巴西开设的对公立学校起到补充作用的学校。随着时间的推移，日本越来越被看作军事威胁和经济竞争对手。在这种情况下，巴西境内存在的受日本控制的日本移民社群就受到了严格和重点的关注。这种关注的第一个体现就是 1934 年开始的对日本移民入境的限制，后来巴西政府又加强了对日本移民聚居地的管控，尤其是在日本加入第二次世界大战之后。然而，日本社群并没有单独被挑出来特别对待，日本移民受到的对待和其他巴西境内存在的所有未被同化的外来移民所受的对待是一样的。尤其是巴西境内很多独立社群都是德意日轴心国国民组成的，而这个时期轴心国的国家正在四处寻找进一步扩充自己土地的机会。除了禁止生活在巴西的外来人口组织政治活动，以及通过立法的形式更容易地驱逐外来人口，巴西政府也在全国的教育系统中推行巴西化运动。这一运动要求公立和私立学校都必须教授国家语言——葡萄牙语，以及巴西的历史和地理知识。

一份针对日本移民社群的战时政府报告仍然赞扬了其良好的卫生状况，但也指明那里所有的书籍和期刊都是日语的，而日语教科书充斥着不良宣传导向和军国主义的指引。这明显违背了巴西化运动的法规。但日本人仍然坚持逃避这些法律的限制，他们开办秘密的学校，继续使用日语和宣扬日本的价值观。

直到1945年6月巴西才对日本宣战,这时第二次世界大战已接近尾声。但是早在1942年巴西对德国和意大利宣战之后，巴西就对日本人采取了像对德国人和意大利人一样的战时限制。具体措施包括限制这些人的流动，禁止其持有武器或炸药，剥夺德裔、意裔和日裔巴西人的宪法权利。当然会有媒体报道方面的狂轰滥炸，也会有短期但显然是象征性地逮捕当地日裔领袖的行动，另外就是对无线电通信设备和武器的收缴。大约有1 000个日本家庭被从桑托斯港口附近的地区疏散。但是这些措施和在秘鲁、加拿大、美国或中美洲地区进行的反日行动相比简直就是小巫见大巫。此外，巴西也没有像其他拉丁美洲国家那样将日本移民从海上送往美国进行战时羁押。这些国家在战时对待日裔少数群体的不同方式反映了这些国家在战前对日本移民在政治态度上的差异，而不是这些国家自身军力脆弱性的差距，或是当地日本移民对该国的忠诚度上的差异。事实上，生活在巴西的日裔群体有着更多的支持日本的情绪和行动，比其他任何西半球国家都多。而那些国家对待日本移民的措施反而更为严酷。

在巴西，有超过5万名日本移民属于一个支持日本的组织。这个组织的行动包括打击和恐吓那些被认为在战争中协助反日的日本社群成员。在巴西，一些日裔社群处于完全孤立的状态。这使得那些支持日本的狂热分子在日本1945年正式投降之后仍旧坚持认为日本赢得了战争。有16个日裔巴西领导人因为断言日本已经战败而被暗杀，其中最后一个人被暗杀居然发生在1947年。因为有相当数量的日本移民坚信日本会胜利，以至当时有超过2 000人长途跋涉来到桑托斯的港口去迎接一支并不会出现的日本海军。所谓这支海军会护送他们回到“胜利的”祖国也自然是无影之事。他们开展了众多活动，但这种空想最后以闹剧结尾。他们甚至售卖日本帝国的土地和各种收藏品来筹款组织庆祝活动，欢迎日本官员来庆祝他们“战胜”了美国。正是在这段时间，那些宣称日本战败的日裔巴西人遭到暗杀。他们在彼时不仅威胁到日本移民的士气，还威胁到日本移民已经投资的金钱。

随着时间的流逝，生活在巴西的日本移民在农业上获得成功的同时，还掀起一波从农村迁往城市的潮流。比如，从1945年到1958年，居住在圣保罗市的日本家庭数量翻了一番。另外还有一些日本移民分布在其他城市。到1958年，有45%的日裔巴西人居住在城市里。考虑到二战后巴西的移民政策鼓励从日本来的农业移民这个事实，这个变化就显得尤为令人惊叹。然而，移民向城市流动绝不是一种全新的现象。1908年最初来到巴西的781名日本移民有超过1/4后来迁到了桑托斯市和圣保罗市。生活在巴西的日本移民主要集中在乡村这个事实背后的动力，是那些持续不断流入巴西农业地区的日本移民。在战后的岁月里也是同样的状况，大多数日本移民来到巴西后就进入农耕地区。而这些人实际上就是从以农耕为主的日本九州地区招募的。

巴西日裔人口在乡村和城市的分布上的不断变化，体现在日裔农民的农业产出在圣保罗州和整个巴西的农业产出中的份额上。从20世纪30年代中期到50年代中期，日裔农民的地位愈加重要。一个表现形式就是他们生产的农产品在整个圣保罗州的农业产出中的比重不断上升。而圣保罗州也是大多数日裔农民的居住地。20世纪30年代中期，他们生产了整个圣保罗州 33% 的土豆；到了 50 年代中期，他们的土豆产量占到整个圣保罗州的 60%。30 年代中期，他们生产了 75% 的茶；到了 50 年代中期，100% 的茶叶都是由日本移民生产的。50 年代中期，日本移民同样生产了圣保罗州 90% 的鸡蛋和薄荷、99% 的番茄，以及 100% 的桃子。战后许多第二代日本移民的城市化状态同样表现为日本移民生产的多种农产品的份额的下降。尽管如此，在 1978 年，他们还是生产了圣保罗州 71% 的番茄，养殖了 80% 的蚕，种植了 92% 的草莓和 94% 的茶叶。曾经有一段时间，整个巴西超过一半的番茄都是日本移民种植的，而日裔人口还不到巴西人口的 1%。

重视教育是日本移民在巴西获得成功的重要一环。即便在圣保罗这个日本移民集中的地区，到 20 世纪 70 年代日本移民仍然不到当地总人口的 3%，但是他们在大学入学新生中占到 10%。从巴西全境来看，日裔群体在所有民族群体中是大学毕业生比例最高的。日本人受教育水平能达到如此高度与他们的投入分不开。由于大多数日本移民都居住在乡村地区，所以他们通常在高中阶段就需要送自己的孩子去上寄宿学校。1988 年，圣保罗大学有 16% 的学生是日本移民。他们常常被其他学生认为是“不公平竞争”而遭到愤恨对待，因为日本移民实在“太用功了”。学校的一名物理学教授曾说：“在我的班级里，他们总是最优秀的，是最拔尖的前 20 名学生。”

日本移民都是在近期才到达这个国家的，事实上，几乎所有的移民都是在 20 世纪才来的。有鉴于此，日裔巴西人在经济方面取得的成功尤为引人注目。此外，他们融入巴西社会的速度也不算特别快。从 1908 年到 1947 年，生活在巴西的日裔女性与其他族裔的人通婚的比例从来都达不到 1%，而日裔男性与别族通婚的比例也只是达到 4%。直到 1958 年，还有近 2/3 的日裔巴西人只会说日语，28% 的人可以说日语和葡萄牙语，只会说葡萄牙语的仅为 8%。现在日本移民的跨族裔通婚率达到 14%，这说明这些年来跨族裔通婚的大幅增长，但在当前日本移民的所有婚姻关系中仍旧只占

3%。甚至日本移民在日本国内的原初故乡仍旧影响着他们在巴西的婚姻状况。在一个极端的例子中，超过90%的冲绳人在巴西的结婚对象还是冲绳人。晚婚现象在日裔巴西人中也很常见，像在日本本土的状况一样。宗教信仰方面有一些同化迹象，但是在巴西这个绝对的天主教国家里，仍有45%的日本移民坚持信仰佛教。一些第二代日本移民的名字包括了西式的部分，但通常和他们的日本名字结合起来使用。这种情况的比例大约占到42%。而纯粹用西式姓名的只有8%，其余一半的第二代日本移民仍旧用纯粹的日本名字。

到了20世纪晚期，据统计有近100万日本移民生活在巴西。他们在巴西拥有的土地几乎相当于日本土地面积的3/4。日本移民在巴西的城市经济生活中也做得有声有色，他们拥有银行，并且生产纸张、塑料制品、肥料和电子器件。日本移民在二战后重新进入巴西的经济生活。比他们的投资额还大的只有美国和联邦德国的移民。索尼、三菱和本田公司这样的日本企业为日裔巴西人创造了成百上千的就业机会。生活在巴西的日本移民在商业上具有很多优势，其中之一就是他们的诚信精神，这在一个商业和政治圈充斥着腐败问题的国家里显得尤为珍贵。

像其他一些在经济方面取得突飞猛进的成绩却在融入当地生活方面进展比较缓慢的群体一样，日本移民在巴西取得的进步主要是通过自己创业完成的。不过，这是一场长久的战役。1912年，生活在巴西的日本移民只有14%自己创业，但是到了1958年，86%的日本移民做到了这一点。大部分日本移民是农民，从事非农业工作的日本移民一半是商人，不到1%的日本移民为政府工作。直到20世纪中期，才有第一个日本人被选为圣保罗首府的众议员。但是到了1988年，已经有两个第二代日裔巴西人成为内阁成员，另外议会也有了3个日裔巴西人。像在其他地方一样，日本移民在政治上的成功是跟随着他们的经济成功而来的，而不是政治成功给经济成功带来了便利。

总结

日本移民在一个又一个国家获得成功。他们从最初低收入的没有技术的劳工做起，到第二代以后开始进入中产阶级的职业领域。他们崛起的方式和状态与普遍观念中的历史原因或当代促动贫困种族或少数族裔进步的机遇不同，其背后蕴含着更加意味深长的东西。

在日本移民崛起的过程中，政治活动和种族层面的同化都不是重要动因，尽管他们在社会经济领域和政治领域的地位提升之后，跨族裔通婚变多了。在其移居后所生活的西半球和澳大利亚的各类社会中，能够使用欧洲语言的第一代日本移民的数量是极其有限的。这使得他们往往集中在那些不太需要或完全不需要他们掌握另外一门和他们的母语全然不同的欧洲语言的职业领域里。第一代日本的海外移民以群体的形式做农业劳工、渔民、农夫，或者从事家庭用人这种每天重复着相似工作的职业。这些工作只需要他们掌握很少的当地语言的词汇。就这样，他们开始了在职业阶梯上向上攀爬的漫长过程。

第二代移民和之后的日本移民开始熟悉当地的语言，日语同时也能够熟练使用。他们的社会地位有所提高，并且得以进入和自己父辈完全不同的职业领域，比如对学历要求更高的行业。对于日本移民而言，为他们带来最大的经济成功的通常不是他们从日本带来的某种具体技能，而是他们的工作习惯、坚忍不拔的精神、社群凝聚力和遵守法律的生活方式，也就是使他们更具综合竞争力的“人力资本”。这种人力资本帮助日本移民在其定居国的任何经济和社会机遇中都能取得成就。

随着日本移民逐渐在职业阶层中向上流动，他们先是和其他劳工产生竞争，之后又和其他农民和商人形成竞争。起初，日本移民不但遭到狭隘的地方主义的怨怼，还得面对不断增强的敌对情绪。在历经几代人的努力之后，最终日本移民在经济领域取得了成功，而且他们作为一个社会群体逐渐展现出低犯罪率、低暴力倾向、低社会不安定性的特质。这让日本移民被更广泛地接纳，在经济和社会层面都逐渐融入当地社会。无论是在巴西还是在美国或秘鲁，日裔群体都获得了诚实和可信赖的声名。

日本移民获得这一切十分不易，不仅经过了漫长的时间，而且其间也受到过重大的挫折。其中，第二次世界大战时期在西半球国家和澳大利亚的日本移民被关押可谓最深重的悲剧。战后日本移民在西半球国家和澳大利亚的经历则和战前的故事迥然不同。虽然日本移民曾经受到白澳政策的影响和排斥，但是20世纪80年代澳大利亚开始鼓励日本移民，不过成效甚微。战后日本的繁荣意味着日本国民不再背负曾经压在这个岛国人民身上的经济压力，他们也不必再迁移到其他国家去谋求生路。在美国和加拿大，日本移民不再集中于一个社区或地区，这在一定程度上是因为他们在战时曾有被拘禁的经历。战后的多伦多居住着许多日本移民，而在那里很难找到两个日本家庭生活在同一个街区。

与那些更早抵达美国和加拿大的中国移民相比，日本曾经强大的军事实力让日本移民在海外免遭许多残酷的压迫。生活在这两个国家的中国移民主要是男性，他们被迫在异国他乡孤独生活，无法与妻子和家人团聚，亦毫无希望从故土把妻子接过来。虽然日本也能从其设立在巴西的殖民地获取更直接的利益，我们却无法明确地从净作用上看出，日本是不是持续地为生活在海外的日本移民的生活提供了有益的影响。

日本20世纪30年代和40年代的对外军事侵略在许多国家引发了反日情绪，当地人通常都采取了针对在其国家生活的日本移民的攻击行为。二战后，当因为日本军事威胁而引发的恐惧和敌对氛围过去之后，生活在海外的日本移民在更大程度上被所在国接纳。这表明针对日本移民的敌对情绪并不单纯是种族因素造成的，或者也不能简单归因于日本移民与当地人的经济竞争或社会摩擦。

生活在海外的日本移民在应对当地民众的敌意和政府的苛刻政策时，态度是实用主义的，而不是意气用事的。日本移民并没有一心想要改变其所处社会的种族偏见，这或许是因为日本人自己就有着极高的民族优越感，无论是身居祖国还是移居海外都不曾改变。因此在其他民族的人身上发现相似的情绪时他们并不会有太多惊异。朝鲜族人、阿伊努人，或是处于日本社会底层的部落民族等生活在日本国内的少数族群都被严格地排斥在社会主流圈子之外。甚至是那些定居在日本的日裔美国人都会感到他们自己在这个国家从未被当作真正的日本人。

暂且不去追寻日本人所抱有的这些态度的历史渊源，这一切意味着海外日本移民很少会花费精力去重塑其移居地主流民众的道义观念，因为日本人所追求的东西并不为主流社会圈子广泛接纳。海外定居地的民众对日本移民的公众态度发生过重大转变，尤其是在澳大利亚、秘鲁和美国。这表明，具体的行为和事业才是改变民众观念的更有效的途径，比直接去改变其道义观念或情感上的谴责更有用。在三个大洲的大部分迁居国度里，日本移民的行为表现和事业成就自然而然为他们所在的国家带来了经济上的卓越发展。

第 4 章

意大利裔

超越罗马帝国

意大利移民属于杰出的人类迁徙史的一部分。从移民文化的典型特征上说，它没有对手。从涉及人群的数量、移民所采取的方式、大规模长时期的连续性和在其他地区所发挥的作用上，它都是独一无二的。

——罗伯特·福斯特

据估计，1876 年到 1976 年的 100 年里，共有 2 600 万意大利人进行了移民。他们最主要的移居地是西欧、北美和南美，但是相当数量的人定居在澳大利亚那么远的地方。这并不是简单的单向移民。1905 年到 1976 年，超过 850 万移民回到意大利。移民其他欧洲国家的人更可能回到意大利。19 世纪晚期到 20 世纪，90% 的这类移民会返回本国。同时跨越大西洋的移民回到意大利的数量也大得令人诧异。20 世纪初期到达巴西和美国的意大利移民，大约有 40% 回到了意大利。移民阿根廷和乌拉圭的意大利人返乡者的比例更大。

在大规模跨海移民时代到来之前，意大利就有暂时性移民的历史。这种暂时性移民先是发生在意大利内部，随后发生在意大利外部。在意大利内部，男性通常从一个省迁移到另外一个省寻找季节性的农业工作。而他们的家庭通常留在家乡，可能会耕种他们自己的一小块土地。他们会利用在外面挣的钱购买或租种更多的土地，直到自己家庭有足够的土地能够养活一家人而不再需要父亲继续外出打工。这种移民模式的背后，是劳动力输出地经济资源的不充足，以及阻碍永久性移民的深切的家乡依附感。这些劳动力输出地通常非常贫困，特别是意大利南部地区。渔民和其他人也常常因为同样的原因长期离开家乡。有时候，人们为了挣足够的钱维持家庭的生存，不得不常年寄居外地。当父亲或兄长返乡时能够为家庭带来的改善尚在其次。在另外一些情况下，男性向国外的季节性移民在几个世纪里都是一个社区的主要经济支柱。比如意大利北部皮埃蒙特地区的石匠，这些社区的女性则留在本地从事农业生产。

很多意大利人移民的初衷并不是喜爱旅行，而是穷困以及要摆脱穷困的顽强决心。他们在很多地方要经常忍受悲惨的生活环境和极大的个人剥夺感，从而节省下积蓄寄回或带回家乡。当附近的就业机会耗竭或远方出现更好的机会时，意大利内部的移民就逐渐被通往欧洲、西半球，甚至澳大利亚的移民超越。

意大利北方人在 19 世纪晚期的移民中占据多数，其他的欧洲国家则是他们的主要移居地。19 世纪最后 25 年离开意大利的 500 多万移民，近 2/3 来自北部地区。在来自北部地区的移民中，2/3 移民其他欧洲国家，而另外 1/3 跨越了大西洋。当 20 世纪早期意大利移民占据更大多数时，南方人成了主流。他们的主要移居地也从欧洲变成了西半球。从 1901 年到 1913 年，来自意大利北部的移民继续将欧洲作为他们的首选移居地，但是来自意大利南部的移民 91% 跨越了大西洋。在这两个时间段里，来自意大利中部的移民数量都不显著。

在 20 世纪意大利移民处于顶点的时候，来自南部和北部的移民在年龄、婚姻状况和出生率等人口统计学特征上都非常相似。甚至在农业、工业和商业从业者比例等总体的经济特征方面也基本相似。但是意大利北部的人均收入比南部高出大约 70%，而南部的文盲率是北部的两倍。经济和教育上的巨大鸿沟体现了地区间在历史、文化和地理方面的差距。这些差距如此巨大，以至意大利被称作“两个文明同时存在于一个国家内部的地方”。

意大利北部一直以来就是意大利商业和工业的中心，也是文艺复兴的发源地和 1861 年将长期分裂的意大利半岛统一成为一个完整的国家的政治前沿。相比之下，意大利南部一直以来就更加贫穷，更加农业化，文化也更加倾向于由民间传统主导的闭塞文化。法治松弛在卡拉布里亚和西西里等意大利南部地区也比在意大利北部地区更为常见。从地理的角度讲，北部地区的条件更为优越。那里的农业主要得益于充沛的降雨，从春天的地表径流到融化的阿尔卑斯山雪水。而意大利南部的高地并没有高到能够产生类似的雪水后形成径流，海拔较低的地区则遍布瘴气。

虽然在最近的几个世纪里意大利是欧洲最穷的国家之一，但是在罗马帝国时代，意大利一直是经济和文化上最富足的地区之一。在中世纪也是如此，意大利境内包含着当时欧洲最发达的几个地区。在意大利作为一个国家出现之前，威尼斯就是一个主要的海上共和国，有着自己完备的强大海军。米兰是武器生产的中心。意大利商人遍布欧洲的各个角落。伦巴第地区的银行业如此发达，以至那里的银行家扩散到其他国家。伦敦商业区的伦巴第大街就是他们在几个世纪里在那里从事商业活动的见证。佛罗伦萨、热那亚和其他意大利城市在文化和经济中所扮演的角色都是历史性的。然而，所有这些都局限在意大利北部。

区域间的差异即生物学和社会上的差异，也是文化上的差异。意大利北部人通常更高一点儿，更多人有着较浅的肤色、发色和眼睛颜色。从社会的角度讲，不论是在意大利国内还是在海外，意大利北方人都和意大利南方人保持着差异。正是生活在美国的意大利北方人建议美国政府分别统计这两组人群的数据。意大利中部人在意大利和其他国家都是被单独统计的，但是美国统计学者往往把意大利中部人也归入意大利南部人。不论是在意大利国内还是在海外，这样细致的地区分析甚至更详细的细分分析对于研究意大利人的历史都是很重要的。

在欧洲国家中，意大利的文盲率都处于最高的行列。在 1871 年，这个数字是 62%。这个国家的数据所隐藏的地区间的差异不但很大，而且随着时间的流逝还在增加。1871 年，皮埃蒙特的文盲率是 42%，而西西里的文盲率是 85%。到了 1911 年，皮埃蒙特的文盲率迅速降低到 11%，而西西里的文盲率仅仅下降到58%。这种变化将这两个地区的文盲比例从前一个时期的1∶2变为后一个时期的1∶5。在意大利南部的一些地区，人们积极抵抗强制教育法案。有些地方甚至发生暴动，导致一些教室被烧为平地。这种抵抗一部分原因是他们需要孩子参加工作来补贴微薄的家庭收入，另一部分原因是他们怀疑学校教育不能为他们这样的意大利社会底层家庭带来什么益处。因为学校的职业培训削弱了家庭的团结，而家庭的团结对于生存来说至关重要。

来自北部和南部的意大利移民移居地的不同似乎也能体现他们在经济和文化上的差异。意大利北部人更能融入西欧或拉丁美洲的文化模式，也能更加容易负担旅行的费用。意大利南部人更倾向于寻找对于非技术劳工有很大需求的移居地，另外一个考量是他们需要负担得起的旅行费用。西半球符合第一个条件，而美国同时符合两个条件。在20世纪早期，美国成了意大利移民的首选，它吸收了1906年到1910年意大利移民总数的41%。同时来自意大利南部的移民数量也超过来自意大利北部的移民。

到达美国的意大利移民绝大多数都来自意大利南部，而且绝大多数都是没有技术的劳工。极端情况就是西西里人，他们来自意大利极端穷困的地区，自1886年起他们的主要移居地就是美国。在接下来的时间里也是如此。到了1920年，美国10.9万意大利移民有9.5万是西西里移民。到达巴西和阿根廷的意大利移民南部人和北部人的比例和美国相比有很大的不同，这个事实也反映在这些国家的历史上。

意大利移民的临时性也反映在男性和女性的相对比例上。临时迁移者或旅居者的一个特征就是移民性别比例的失衡。在意大利移民的早期，近90%的移民是男性。很多移民的目标就是挣了钱回到意大利买一块地或一座房子。另外一些移民的计划是等自己在新的土地上站稳脚之后将自己的妻子和家庭带来和自己会合。也有一些人只是单纯地想碰碰运气。想要留下的和想要回去的并不总是能够实现他们的计划。一些人不停地推迟他们的归国计划，在很晚以后才意识到他们将会在现在的土地上扎根。另外一些人不停地跨越大洋来来回回，最后才下定决心。即便是在遥远的澳大利亚，1922 年到 1940 年到达的意大利男性移民中也有 31% 离开了澳大利亚。另外的 24% 虽然最终定居澳大利亚，但是其间曾经返回欧洲。另外还有季节性的意大利劳工移民，他们跨越大西洋来到南美洲这样的季节和北半球相反的地区。这样他们就能在一年之内在不同的地方从事两次收获工作。

虽然我们不可能知道返回意大利的人中有多少人实现了他们的计划，也不可能知道有多少人本意上就想做暂时性的工人，又有多少人放弃了在海外永久定居的希望，但是我们可以通过性别比例和婚姻状况做一些基本的推断。20 世纪早期从美国返回意大利的人，3/4 是单身而且 90% 是男性，这意味着他们往往是旅居者或碰运气的移民。但是同一时期从巴西返回意大利的人，一半是女性而且 3/4 是已婚的，这意味着他们对于这个国家比较失望因而放弃。这一时期意大利移民在这两个国家的历史经验为这样的推断提供了更多的支持。

意大利的大规模移民和大规模返乡的一个影响就是，相当多的国外知识在意大利积累起来。但是这些知识往往都是对于海外一个特定地点的高度具体的知识，而且这些知识也集中在意大利的特定地区。一个结果就是意大利内部非常邻近的省份和村庄的移民率往往有巨大的差异，因为一个社区可能有海外联系人，而另一个社区可能没有。

另外一个结果是来自特定省份或特定村庄的意大利人生活在他们的移民输入地的特定城市或社区。比如，在 20 世纪中期，在澳大利亚悉尼生活着多于 1 000 个来自西西里小镇阿奇雷亚莱的意大利人，事实上却没有来自邻近的西西里城镇的其他人。从意大利北部相隔 4 英里的两个小镇出发的移民分别集中在澳大利亚大陆完全不同的两端。1939 年在一些意大利村庄里，生活在澳大利亚的人数比留在意大利的人数还要多。在西半球有着类似的区域、省份和村庄聚集规律。在不同的美国城市里，来自特定城镇和村庄的意大利人集中在特定的社区或特定的街道。在布宜诺斯艾利斯和多伦多也是如此。

在考虑意大利移民对其他国家的影响之前，我们有必要看一看他们对意大利的影响。1902 年，这些移民汇回了 900 万里拉。用那个时候的美元兑换，这些钱相当于 200 万美元。在这 900 万里拉中，700 万是从美国汇出的。到 1914 年，汇款额增加了近 10 倍达到 8 400 万里拉，其中 6 600 万来自美国。到了 1920 年，意大利收到的海外汇款达到 10 亿里拉。另外，回国者也随身带回数量相当可观的积蓄。他们也带回新的观念。比如，他们不那么尊重本地的贵族，更加关心自己孩子的教育。有时他们和自己邻居的差异如此之大，以至他们更愿意生活在独立的返乡者的圈子里。

意大利

在像意大利南部这样缺乏强烈的宗教信仰或政治纽带的地方，家庭长久以来一直是意大利人忠诚感的核心。虽然家庭以及家庭荣誉是一个远远超出核心亲属圈的概念，但是意大利南部并非一个家庭延展型的社会。核心家庭成员内部强烈的忠诚度掩盖了所有其他的忠诚，以至近亲相形之下也会显得毫不重要，甚至会互相怀疑、竞争或嫉妒。家庭成员之外的人的重要程度就更低了。孩子们很少和非亲属玩耍。在他们的文化里，和家庭成员之外的人交朋友是闻所未闻的。这种文化模式的强度在不同地区和不同社会阶层中有所不同。这种模式在意大利南部比在意大利北部更强烈，最强烈的地方就是西西里岛。从社会阶层的角度讲，这种传统的模式在社会经济地位低的阶层中保存得更多。

对于意大利南部的民众来说，对家庭和家庭荣誉的保护包含对未出嫁的女儿和婚后妻子的小心隔离。虽然童工在意大利比在欧洲其他文明社会里都更加常见，但是工作的妻子并不常见。这两种文化特点都追随着意大利人走遍了全世界。对于那个时代的意大利南部家庭来说，很少有哪个家庭能够牺牲自己孩子的工作收入来让他们接受学校教育。而且正规的教育也并未被当作完全有益的事情，因为教育常常被视为对传统的生活方式以及对家庭团结的威胁。这些态度也随着意大利人走遍了全世界。

离开意大利的移民通常没有任何称得上金融资产的东西，事实上他们经常在赤贫的状态下来到他们的移居地。他们的主要财富就是在为了生存而进行的艰苦挣扎中所发展出来的文化特点，对于南部意大利人而言尤其如此。他们愿意从事艰苦的、肮脏的、危险的和“卑贱的”工作，长时间地工作而不抱怨，不饮酒且可靠，更重要的是攒下钱。但是作为雇员，他们并没有独立创新的传统，因为在他们的社会里这样的创新会被雇主和其他社会地位高过他们的人当作一种冒犯。更重要的是，意大利移民很少有德国移民具备的那种技术或制造技能。而他们在意大利所使用的农业技术通常也是比较落后的。

意大利人的文盲率相对也比较高，尤其是来自意大利南部的人。但是意大利移民具有一种极度节俭的特点，而且家庭常常能够努力将钱财聚集在一起。在新的土地上建立经济落脚点的过程中，这个特点被证明非常有用。对于南部意大利人来说，除了家庭他们基本上没有什么组织传统，不论是经济组织、政治组织、文化组织还是休闲组织。这个特点也和德国人的文化特点形成鲜明的对比。

虽然南部省份的意大利人多数在田地里劳作，但是他们通常并不是生活在农场里的农民，也不是过着乡村生活的农民。他们通常生活在村子或镇子里，被其他人雇用在土地上工作，或者做佃农。自己有土地的人通常拥有的也是狭小、分散、贫瘠的土地，其中的原因就是一代又一代人的继承将农田分割再分割。简而言之，并不存在乡村式的生活方式，也没有能够养活家庭的农田。有的只是在雇主和地主的庇护下缺乏安全感的贫穷的生存。这是一种他们不希望在另外一个新的国家重现的生活。所以这些农业人口在国外通常会变成城市人口。而回到意大利的返乡者往往会用攒下来的钱买一块大的足够养活一家人的土地，并且获得在意大利社会中一个真诚的土地所有者所能获得的优越感。许多德国或斯堪的纳维亚移民通常在旧世界就是农民，在海外还是农民，但是这种情况在意大利移民中很少见。

意大利移民从事农业的人口和从事非农业工作的人口的比重随着时间的推移来来回回地发生着变化。在早期的移民中非农业职业占据主流，直到 1883 年非农业职业第一次被农业职业超越。19 世纪 90 年代晚期非农业移民再次成为主流，这个模式一直持续到 20 世纪。但是移民的性别比例却变化不大。从 1876 年到 1917 年，意大利移民的男性一直是女性的好几倍。到了 1917 年，女性移民的数量略微超过男性。第一次世界大战之后，男性移民再次占据主流，但是男女比例并非像以前那样极端。

20 世纪 20 年代，意大利移民的规模开始进入一个长期的下降期。因为美国和西半球其他国家开始实行严格的移民法律来管控移民。意大利的墨索里尼政权也限制人口的流出。20 世纪 30 年代的大萧条更加急剧地降低了移民的数量。随后的第二次世界大战让移民完全陷入了停滞状态。战后移民开始恢复，多数意大利移民都去了欧洲。

战后的第一年，也就是 1946 年，大约 11 万移民离开意大利。这个数字逐年上升，直到 1975 年。1961 年达到战后移民的高潮，超过 38.7 万人离开意大利。然而，即便是这个数字也还不到 1906 年移民数量的一半。可能更加重要的是这样一个事实，那就是 1975 年之后的意大利从净数字上变成了一个移民输入国。

欧洲

早在 1861 年现代意大利建立之前，来自意大利半岛的移民就已经遍布欧洲。事实上，意大利人遍布欧洲至少从罗马帝国时代就已经开始了。

当然，现代的意大利移民和罗马帝国时代的征服者的移动有很大的不同。在20世纪欧洲的绝大部分地区，意大利人都是作为贫穷国家的季节性工人或长期旅居者存在的，他们很少成为永久定居者。这些意大利人移民的目的就是寻求能够挣到比在家乡更多的钱的机会。他们通常会从事更艰难、更脏或更加危险的工作，这些工作往往都是移民输入国的工作阶层所鄙夷的，而他们愿意收更少的钱、工作更长的时间，或者更加顺从。这种文化特点在第一次世界大战之前就已经在法国、德国、瑞士和奥匈帝国的意大利移民中建立起来了。然而也有一些具有高度专业技能的意大利人，其中就包括在世界各地设计房子和其他建筑物的建筑师。克里姆林宫和其他一些俄国的洋葱式圆顶的建筑都是意大利建筑师设计的。当然，这些具有高度专业技能的意大利人的数量和没有技术的劳工比起来还是小得多。

19世纪，法国吸引了来自意大利的大量季节性农业工人，其中包括男性、女性和孩子。在马赛还有一个城市化的意大利移民聚居区。1851年，有超过6.3万意大利人生活在法国。到了1911年，生活在法国的意大利人达到40万，超过生活在法国的任何一个其他外国人群，而且超过法国外国人口的1/4。法国人口从乡村到城市的转移从来自其他国家的农业工人的引进中得到补偿，而这些外来农业工人最多的就是意大利人。法国的城市中心同样吸引着意大利移民。1911年，大约有3.4万意大利人生活在巴黎。同期生活在马赛的意大利人至少有12.5万。在里昂，玻璃工业雇用了超过3 000名意大利男孩。玻璃工业本身就是从意大利发展而来的。这种工作对于法国人来说通常被认为太耗力气了。

寄居在法国的意大利人和寄居在欧洲其他地区、西半球和澳大利亚的意大利人一样，他们最知名的特点就是极度节俭并因此节省下带回意大利或寄回意大利的钱。极度节俭的生活方式很多时候意味着不得不生活在非常拥挤的角落，几个人住同一个房间的情况并不少见。同时，这种生活方式还意味着肮脏、通风条件差、缺乏日照以及暴露在疾病中的生活环境。这种情况不但存在于法国，也存在与德国、瑞士和英国。意大利人在社交上通常比较受排斥，因为他们愿意接受更低的薪资从事更繁重的劳动的特点并不受同事的喜欢。意大利人很少和法国、德国或瑞士的本国人通婚。

在意大利移民中，来自意大利北部的移民对于来自意大利南部的移民很冷漠。其他的区域性、省份或局部的差异同样将生活在其他欧洲国家的意大利社区分隔开来。在西半球和澳大利亚的意大利人同样有类似的情况。从这个角度看，意大利人彼此的吸引力很小。和其他到达瑞士的移民不同，意大利人并不会聚集在意大利裔的瑞士人生活的区域。生活在瑞士的多数意大利移民居住在这个国家的非意大利区域。

在欧洲和其他地方的意大利移民，同样有另外一些重复发生的职业特点。除了大批从事工业和农业的非技术劳工，意大利人还是著名的渔夫。意大利渔民遍布伊比利亚半岛和希腊，环地中海的土耳其、埃及、突尼斯和阿尔及尔，以及远方的美国和澳大利亚。我们前面说过，意大利人在法国和德国做矿工。他们同时也作为矿工在瑞士、奥地利、比利时、卢森堡、希腊、俄国，以及地中海地区的非欧洲国家土耳其、埃及和突尼斯工作。意大利人同样作为街头音乐家而广为人知，这些人遍布英国、奥匈帝国和俄国的高加索地区。酿酒是另外一个意大利人在意大利和国外都很擅长的技能，他们在法国、奥匈帝国、俄国，以及世界上更加遥远的澳大利亚、阿根廷和美国从事这类工作。

在整个欧洲以及世界的其他地区，建筑工作从总体上吸引了大量的意大利人。他们协助建造了通往萨拉热窝的铁路，以及瑞士、希腊、罗马尼亚、俄国和土耳其的铁路。他们协助建造了罗马尼亚、希腊和苏伊士的运河。在与建筑相关的技术贸易里，意大利人是杰出的石匠。1909 年，瑞士境内生活着超过 5 500 名意大利石匠。同一时期，意大利石匠也参与了萨拉热窝的现代化建设。

第一次世界大战让移民陷入停滞。从 20 世纪 20 年代早期到第二次世界大战结束，意大利一直处于法西斯的统治之下，而法西斯也限制移民。在第二次世界大战之后的一小段时间里，意大利成了大量意大利返乡者的接收国以及南斯拉夫难民的接收国。这个时期意大利返乡者总数超过 50 万，主要来自巴尔干和北非。当意大利的移民输出在长时间中断之后重新开始时，西欧成了意大利移民的第一大移居地。20 世纪 50 年代，意大利提供了欧洲外国移民半数以上的人口。法国成了意大利移民的重要移居地之一，1957 年法国雇用了大约 9 万名意大利人。直到 1960 年，意大利移民都是法国最主要的外来工人群体。1960 年，意大利人仍旧在法国的移民工人中占据绝对多数。但是 20 世纪 60 年代，意大利移民转而流向联邦德国，法国则主要从西班牙、葡萄牙和阿尔及利亚寻找劳动力。到了 1965 年，全世界意大利移民的 32% 生活在德国，37% 生活在瑞士，只有 7% 生活在法国。仅有 18% 离开了欧洲。但是这并不意味着在欧洲其他地方永久性定居的意大利移民增多了。从欧洲其他国家返回意大利的移民同样规模庞大。

生活在西欧的意大利人继续着他们的传统角色，也就是旅居者。但是相比之下，定居在西半球和澳大利亚的意大利移民却很多。20 世纪 60 年代早期，从欧洲返回意大利的移民占到直接移民的 4/5，但是在欧洲之外只有 10% 的意大利移民回到了意大利。在 1946 年到 1965 年这个时间段里，虽然一开始流向欧洲的移民比流向其他国家的多很多，但是到欧洲和非欧洲的净移民大体上是相当的，西欧对于意大利人的重要性并不是一个定居地，而是一个收入来源。1964 年从西欧到意大利的移民汇款总额达到 3.81 亿美元，是北美移民汇款总额的 3 倍，是南美移民汇款总额的 15 倍，是澳大利亚移民汇款总额的 21 倍。那时，到世界其他地区的意大利移民基本都是海外的永久定居者。虽然意大利对于欧洲大陆来说仍旧是最大的欧洲移民输出地，但是到了 1990 年，生活在欧洲的伊朗移民已经和意大利移民一样多了，而土耳其移民比两者都要多。当时生活在意大利之外的欧洲的意大利人总数超过 150 万，而伊朗移民总数也接近 150 万，土耳其移民总数则达到 230 万。更重要的是，意大利人只占到了生活在欧洲的外国人总数的 10% 多一点儿。

西半球

在19世纪的最后25年里，从意大利到西半球的大规模移民恰好和欧洲人跨过大西洋的大规模迁移重叠起来。但是早期意大利移民的移居地并不像其他人群那样主要集中在美国。像西班牙人一样，许多意大利人定居在南美洲。从1876年到1890年，阿根廷在西半球国家里吸收了最大数量的意大利移民。19世纪90年代的前半段，巴西成了意大利移民的主要输入国。从19世纪90年代晚期开始，美国成了意大利人的主要移居地，并且在20世纪初期的几十年里一直保持着这个地位。在1920年严格的美国移民法案实施的前夕，意大利移民超过半数到了美国。

阿根廷

在意大利大规模向海外移民的最初几十年里，阿根廷是意大利移民的首选移居地。意大利人在相当长的一段时间里都是到达阿根廷的移民的主流。从1864年开始，意大利占到阿根廷移民总数的40%。一直到1914年，意大利人还能占到生活在阿根廷的所有外国人的40%左右，超过占35%的西班牙人，虽然西班牙人是阿根廷最早的移民者。阿根廷大规模的意大利人口既来自自然增长也来自移民，意大利人在所有的移民群体里有着最高的出生率。

19世纪60年代，有超过10万意大利人到达阿根廷。几乎是同一时期到达美国的意大利移民总数的10倍。19世纪80年代，到达阿根廷的意大利移民总数接近50万，而同一时期到达美国的意大利移民总数只有30万。在20世纪的第一个10年里，到达阿根廷的意大利移民总数达到高峰，为80万。但是在那个时期，到达美国的意大利移民总数已远远超过到达阿根廷的意大利移民的数量，达到200万。从1857年到1950年，超过320万意大利人移民阿根廷，大约有150万人离开。其中一些人是流动性的农业移民。他们总是按照季节来来去去，所以常常被称作“候鸟”。这些人利用阿根廷所在的南半球和意大利之间的季节差异，在两个国家经历两次播种和收割的季节。

意大利人对阿根廷的发展的影响甚至比他们在人口上的影响更大。他们带来了阿根廷人缺乏的节俭和努力工作的品质，以及企业家精神。

“我们并不知道怎样省钱。”一个那个时代的阿根廷作家曾经这样写道。在欧洲也是一样，阿根廷人被称作“世界性的挥霍者”。但是生活在阿根廷的意大利人完全没有这类特点，哪怕收入非常低他们也能省下钱。从 1860 年开始，布宜诺斯艾利斯银行的储蓄者近 1/3 是意大利人。到了 1887 年，意大利国籍的储蓄者数量是阿根廷国籍的储蓄者数量的两倍。

同样，意大利人也乐于从事阿根廷人看不起的手工劳动。大量的意大利人成了农业工人，从 1876 年到 1897 年，到达阿根廷的农业工人移民超过 50 万。可以说，事实上他们创造了阿根廷的农业。1895 年阿根廷可耕种的土地面积是 25 年前的 9 倍左右。意大利移民通常从雇工做起，慢慢积攒自己的钱，经过长年累月的努力逐渐成为佃农或土地所有者。曾经有整片的移民聚居区被意大利人占据。1905 年，科尔多瓦省移民聚居区的 13 435 户农业家庭有超过 1 万户是意大利人。那时，4/5 的土地所有者是意大利人，不论他们的土地是购买的还是抵押的。在大约同一时期的门多萨，意大利人在葡萄种植和葡萄酒酿造中占据重要地位。

在城市职业里也一样，意大利人主要从事各种技术水平的手工劳动。从 1876 年到 1897 年，移民阿根廷的意大利人，9.4 万人是做零工的，1.3 万是石匠，另外 3.3 万是艺术家和各种各样的手工艺者。这个国家的多数石匠、海员、交易人员、建筑师、进口商、工程师、餐馆和旅馆所有者都是意大利人。

阿根廷的意大利人和在欧洲或美国从事相同职业的意大利人一样，在一些专业领域或作为企业家，他们取得了很高的职位或显赫的身份，甚至垄断了一些行业。除了在法律、医学和大学教授中意大利人十分突出，长久以来他们还垄断着阿根廷的建筑师领域。很多公共建筑、教堂、银行和私人住宅都是意大利建筑师设计并由意大利建筑工人建造的。阿根廷超过一半的钢铁生产是由意大利人完成的。意大利人还在这个国家拥有600家面粉磨坊。在布宜诺斯艾利斯，意大利人垄断了酒精饮料的生产。他们唯一不处于垄断地位的酒精饮料就是啤酒，因为啤酒行业是德国人主导的。

阿根廷庞大富有且拥有土地的阶层是西班牙后裔，他们的祖先在殖民地时代从政府手里获得了大量的土地。然而这些富有的阿根廷贵族对商业和工业根本没有兴趣。随着时间的流逝，阿根廷的经济变得越来越工业化和商业化，而这主要都是各种各样的移民群体的贡献。这些移民不成比例地成了这个国家的商业企业的所有者。到了1914年，外国人大概占到阿根廷人口的30%，他们拥有这个国家商业企业的72%。在布宜诺斯艾利斯，他们拥有所有商业企业的82%。

阿根廷本地人仍旧在财产所有者中占据多数，这主要是因为他们继续垄断着农村的土地。但是在布宜诺斯艾利斯，外国出生的人口拥有所有房产的60%。移民时代外国人活跃的经济作用在阿根廷的社会结构上留下了永久的印记。最晚到1962年，只有一半的阿根廷上层阶级使用西班牙姓氏。意大利人在移民时代崛起的外国企业家阶层中占据主要地位，虽然意大利移民刚刚到达这个国家时都很贫穷。到了1909年，布宜诺斯艾利斯的意大利人拥有的食品和饮料企业是阿根廷本地人的两倍，他们拥有的鞋店超过本地人的3倍，他们的理发店超过本地人的10倍。

1887年，虽然意大利人在布宜诺斯艾利斯的人口中只占到32%，但是他们拥有这个城市58%的工业企业。在科连特斯，意大利人拥有的商业房屋是最多的。意大利人在阿根廷的劳工运动中也远远比阿根廷人更活跃。随着时间的推移，意大利人成了阿根廷工业和商业企业中数量最庞大的所有者和工人。哪怕是比对意大利人和阿根廷人鲜明的数据统计差异都低估了意大利人的作用，因为第二代意大利人通常都被算作阿根廷人。

在阿根廷，意大利人因为他们的“耐心、能量和朴素”而广为人知。这和阿根廷农业工人形成鲜明的对比，因为后者总是“慵懒、轻率以及完全缺乏雄心”。同样的对比在城市里也能看到，意大利人因具有“本地的西班牙裔拉丁美洲人所没有的驱动力和雄心”而广为人知。和通常来自意大利北部的农业从业者不同，城市里的意大利人很多都来自意大利南部。他们中的很多人成了工厂的工人、艺术家、机械工人、砖匠或商人，一些人在建筑行业变得很富有。

从艺术和文化的角度讲，意大利人在精英和大众两个层面上都对阿根廷产生了重大影响。在建筑、戏剧、雕塑和绘画方面如此，在烹饪等方面也如此。阿根廷版本的西班牙语就包含很多来自这个人口群体的意大利词语。

在第一次世界大战之前，生活在布宜诺斯艾利斯的绝大多数意大利人的结婚对象都是其他意大利人。只有一小部分人获得了阿根廷公民身份，他们在家庭甚至在一些工作场合的语言都是意大利语。一系列的意大利语报纸出现又消失，其中规模最大、持续时间最长的报纸在 1904 年的发行量达到 4 万份，是当时阿根廷第三大报纸。其他国家存在的将意大利移民社区分隔开的意大利省份、地区和地方差异在阿根廷同样存在。意大利人建立的众多互助会反映了他们的排外性政策，这些互助会往往只接受来自意大利特定地区的人成为会员。

早期的意大利移民在阿根廷参与政府和政治事务的不多，因为政府官员基本上都是阿根廷本地人。这并不是因为他们具有哪些特殊的技能，相反，他们往往因为无能而臭名昭著。对于移民的排斥也并不是故事的全部。意大利人在政治上的冷漠也体现在阿根廷移民中。往往是在几代人之后，非拉美人尤其是意大利人才开始在阿根廷的政治上发挥重要的作用。在所有现代的阿根廷政治领袖中，最著名的胡安·庇隆就有一半的意大利血统。他当然并不是一个意大利民族领袖。更早一点儿 19 世纪一个有意大利血统的阿根廷总统也是如此，他对阿根廷的意大利社区毫不在乎。

随着时间的流逝，阿根廷的意大利人最终在本质上成了阿根廷人。虽然阿根廷的文化也由于他们和他们的祖先而发生了变化。到了 20 世纪 60 年代早期，从意大利到阿根廷的移民降到了远远低于大规模移民时代的水平。甚至不能补偿归国移民的数量。

巴西

19 世纪中期以前，来到巴西的意大利移民数量很少。在这些为数不多的意大利人中有一个名叫朱塞佩·加里波第的人，他开了一家肉铺，并娶了一个巴西人做妻子。后来，他回到意大利，并成了杰出的军事家。

在 19 世纪最后的 25 年，大规模的欧洲移民开始涌入巴西。意大利人在这些移民中占据了很大的比例，因为巴西是意大利移民的主要接收国。在从 1884 年到 1939 年超过半个世纪的移民过程中，意大利移民占到所有到达巴西的移民总数的 1/3，超过任何一个其他国家的移民数量，甚至超过最早在巴西殖民的葡萄牙人。在这个时期的前段，意大利移民尤其占据主流。19 世纪晚期，移民巴西的 100 万意大利人，大约占据了那个时期到达巴西的移民总数的一半。这些人大多数都是意大利北部人。到了 20 世纪早期，意大利南部人成了意大利移民的主流。但是在 1876 年到 1930 年的时间段里，57% 的意大利移民来自意大利北部，只有 43% 来自意大利南部。

这种移民规律的变化体现了巴西咖啡种植园主对意大利人的招募和巴西政府为意大利人提供的移民补贴。巴西种植园的招募人员只在意大利北部工作，因为他们更喜欢意大利北部人。19 世纪 90 年代，意大利人移民巴西达到顶点。圣保罗州不仅是咖啡种植的中心，也是意大利移民的中心。到达圣保罗州的移民有 91% 都得到了补贴。同一时期，移民圣保罗州的人占到达巴西的全部移民的 2/3。这些政府补贴的设计特点就是鼓励全家人定居，以避免移民返乡。因此，巴西的意大利移民并没有表现出在其他国家常见的严重的性别失衡。20 世纪初，随着移民补贴的降低，迁往巴西的意大利移民的输出区域逐渐反映出那个时代意大利人总体的移民规律。换言之，也就是南部人的数量开始超过北部人。

圣保罗州的咖啡种植区域分布在圣保罗市的北部和西部，这个地区吸引了大量来自其他国家的移民。但是在 19 世纪晚期咖啡业的繁盛时期，这些移民有 3/4 来自意大利。20 世纪早期到达巴西的日本移民数量已粗具规模，同时还有来自德国、西班牙和葡萄牙的大规模移民潮。尽管如此，从 1887 年到 1930 年，意大利移民还是占据了到达圣保罗州的移民总数的一半左右。这个时期大体上就是从奴隶制结束到大萧条开始的时间段。由于意大利人在咖啡种植园工人中占据多数，他们帮助巴西保持了在世界的咖啡市场上的杰出地位。世界上超过一半的咖啡来自巴西，而巴西的咖啡有 90% 是圣保罗州生产的。圣保罗地区的面积大致和意大利的面积相当。大的咖啡种植园基本上还归巴西精英阶层所有，虽然移民尤其是意大利人后来拥有了更多中等规模的咖啡农场，这都是他们长年累月在艰辛的条件下凭借双手打拼出来的。

意大利人到达巴西的时候，那里的奴隶制已经到达尾声。很多在咖啡种植园工作的意大利契约工人发现，他们自己可能会遭受在奴隶制时期很常见的虐待。这些行为包括对男性工人的鞭打和对女性工人的性骚扰。欺诈和不健康的生活环境让他们的窘境雪上加霜，许多早期的意大利移民一无所有地回到意大利。但是其他人坚持下来，一些人攒下了足够的钱购买了自己的土地。

鉴于这个地区有很多未开发的土地，以及很多不适于种植咖啡的土地，因此咖啡种植园工人的流动性很高。一些人转而成了一般的农民，另外一些人自立门户种植自己的咖啡。因为咖啡树需要一系列特殊的生长环境，所以圣保罗州用来种植咖啡的土地从来没有超过 15%。哪怕是圣保罗州在供应全世界一半咖啡的时候也是如此。

全世界对咖啡需求的上升和巴西境内铁路的建造导致咖啡工业继续扩

张。铁路协助人们将作物运送到港口用于出口。从 19 世纪 80 年代中期到 90 年代早期，咖啡产量增加了一倍。到了 19 世纪末，咖啡产量又增加了一倍。这导致种植园对工人需求的急剧增加，种植园工人的高流动率无疑进一步增大了这种需求。很多离开种植园的工人使用他们的积蓄购买了自己的农场。为了保持劳动力供应并继续接收来自意大利的移民，巴西咖啡种植园园主不得不改善种植园的条件。圣保罗州西部平原地区咖啡产量非常大。到了 1905 年，意大利人大约拥有了乡村产业的 1/7，总价值占这个地区这类产业的 1/10。到了 1920 年，意大利人拥有近 16% 的土地，占到这个地区土地价值的 22%。

咖啡种植并非意大利移民在乡间的唯一职业。意大利人对于巴西农业的贡献还在于推广了水稻种植和开发了酿酒工业。虽然意大利人在南里奥格兰德的农业移民聚居区并不像这个地区的德国移民聚居区那样富足，但是意大利艺术家能够和德国艺术家竞争并取代了后者。但是艺术家群体的总体数量在下降，1950 年的艺术家数量要少于 1890 年的数量。

20 世纪早期，意大利企业崛起并可以在冶金行业和德国企业竞争。雷格里港主要的石油冶炼厂都是意大利人开的，他们在这个领域的竞争对手也是德国人。这个地区奶油生产业的 4/5 和酿酒业的 9/10 都被意大利人控制着。圣保罗州的意大利人区域崛起的行业有水稻磨坊、皮革工厂、造纸厂、家具制造厂、酿酒厂和制鞋厂。这个地区的意大利人不但在工人中而且在工厂主中都占据着非常大的比重。1911 年，圣保罗的纺织行业雇用了大约 1 万名工人，其中 3/5 是意大利人。在南里奥格兰德和圣卡塔琳娜，意大利人拥有所有企业的 19%。在圣保罗州的都市区域，这个比例是 48%。这两个区域都一样，意大利人和德国人拥有的工业企业超过所有工业企业的半数。葡萄牙人和葡萄牙裔巴西人拥有这些企业的不到 1/4。

意大利人在这个国家的一些地区或一些经济领域取得了令人震惊的成就，他们总体上在全国范围内过上了令人尊敬的富裕生活。但是这绝不意味着这些伟大的历史性进程是快速简单地完成的。一项针对 19 世纪晚期到达圣卡塔琳娜的移民的研究发现，德国移民到达的时候通常带着衣服、行李和工作器具，意大利人到达的时候往往衣衫褴褛。早期到达圣保罗州的意大利移民，哪怕中等程度的积蓄都需要通过痛苦的牺牲才能积攒出来。

多数来自意大利南部的移民都是文盲，来自意大利北部的移民文盲数量如果不是多数至少也有很多。移民时代的圣保罗州的学校在教学方法和卫生上被描述为“恐怖和耻辱”。对于很多意大利移民来说，成为擦鞋匠是人生发展的第一步。里约热内卢、圣保罗和桑托斯的擦鞋匠几乎是一个完全属于意大利人的职业。

受教育水平和特定的技能都不是让大多数意大利人在巴西崛起的关键，他们的成功仅仅是因为他们更愿意工作。比如，咖啡种植园主喜欢意大利人仅仅因为他们比巴西本地人更加工业化。

社会和文化上的进步并不比经济上的进步来得容易。童工和缺乏教育在很长一段时间内都是普遍现象。在20世纪早期，哪怕是相当富足的意大利人都会让他们的孩子在不接受基础教育的情况下长大。有一个流行的说法，“每一个会走路的孩子挣的钱都比花的多”。意大利人往往倾向于坚持他们自己的语言和文化，特别是生活在农业地区的意大利人。但是这并不意味着他们对意大利这个国家或自己的意大利身份有着强烈的忠诚。在巴西像在其他地方一样，意大利人的区域性分隔非常常见。在城市里，葡萄牙语的词汇开始进入意大利语，意大利语的词汇也开始进入葡萄牙语。但是同化和文化适应都并非一个快速的过程，不论是和作为人群多数的葡萄牙人发生同化还是和其他移民群体发生同化都是如此。在圣卡塔琳娜生活着超过10万德国人和超过3万意大利人，但是这两个群体之间很少通婚。

意大利人对巴西的影响远远超出他们自己的社群。除了帮助巴西在全世界的咖啡生产中占据主导地位，以及为这个国家的工业发展创建了很多新的行业，意大利人还为巴西的建筑业和流行音乐做出巨大的贡献。从更加广义的角度说，意大利人和其他移民群体一起将巴西改造成一个现代化国家。

美国

在大规模移民时代，美国是意大利移民最大的输入国。但是美国同时也接收了大量来自其他国家的移民。这意味着意大利人对美国社会的影响不太可能像意大利移民对阿根廷或巴西的影响那么大。更重要的是，本土出生的美国人数量很大且天生具有相当程度的工业、商业技能和资质。在由意大利人提供这些经济现代化的要素的国家里，这些技能和资质都是非常匮乏的。而且，到达美国的意大利移民绝大多数都来自更加落后的意大利南部地区。尽管如此，意大利人在美国的社会历史中还是发挥了重大作用，并且出现了一些具有国家声望的个体。

意大利移民夹杂在最后也是最大的欧洲移民潮中。19 世纪中期大量被饥荒胁迫的人从爱尔兰来到美国。仅 1851 年一年，到达美国的人口就超过 20 万。但是在 20 世纪前 20 年，有 8 年意大利移民的数量都超过这个数字。在那个时期，只有从东欧移民美国的犹太人的数量能与之相比。从 1876 年到 1930 年，美国接收的意大利移民数量超过 500 万。这些人大约有 200 万回到了意大利。虽然意大利移民男性数量远远超过女性，但是在回到意大利的移民中男性相对于女性的数量优势更大。这缓解了留在美国的意大利人的性别比例失衡问题。在 1910 年，虽然意大利移民男女比例超过 3∶1，但是在定居在美国的意大利人中，这个比例低于 2∶1。随着时间的推移，尤其是由于 20 世纪 20 年代意大利对外移民事实上的停滞，性别比例逐渐达到平衡。

在意大利大规模对外移民之前，来到美国的意大利人多数都来自北部省份。1850 年美国官方记录的意大利人的数量不到 4 000。到了 1880 年，意大利人的数量达到 4.4 万。到 1900 年，这个数字变成 484 027。从 1880 年到 1900 年，意大利南部的移民成了意大利移民的主流，并且保持这个地位直到 20 世纪移民潮进入膨胀期。

虽然意大利人在本国通常是农业人口，但是移民美国后大部分成了城市人口。美国已经不再像阿根廷或巴西那样仍旧有大量冗余的廉价土地。在城市里，以前的移民已经占据了其他的经济领域和生活区。因此意大利人在职业、住房、学校，甚至有组织的犯罪等方面都只能追随其他民族。20 世纪 20 年代，意大利的匪徒开始接替爱尔兰和犹太匪徒成为有组织犯罪的主流。由于之前到达美国的移民群体的自然增长，虽然 20 世纪早期意大利移民的数量打破了纪录，但是意大利人还是很难成为美国城市里最大的外来移民群体。纽约和新奥尔良是极个别的例外。在其他主要的美国城市里，意大利人既不是最大的也不是第二大的移民群体。即便是在意大利移民最顶峰的时期，意大利人也只占到美国人口的 1.5%。但是他们占到巴西总人口的 3% 和阿根廷总人口的 12.5%。在纽约城里，意大利人口占到城市总人口的 7.4%。但是在布宜诺斯艾利斯他们占到 20%，在圣保罗占到 35%。

从某种程度上讲，来到美国的意大利移民和定居在南美的意大利人有很多共同点。这些移民往往都从职业阶梯的最底层做起。19 世纪末，在纽约的 474 个外国擦鞋匠中有 473 个是意大利人。意大利人同样从事拾荒、下水道疏通和其他各种艰苦的、肮脏的、危险的和“卑贱的”、被其他人嫌弃的工作。意大利孩子像在意大利时一样，从很小的年纪就开始工作，哪怕需要付出不能接受教育的代价。但是意大利人很少像爱尔兰等其他移民群体那样接受慈善或成为娼妓。这同样反映了意大利本国具有的文化特点。

在 1880 年和 1905 年，在纽约城工作的意大利人大约 3/4 是蓝领工人，剩下的往往是小商贩、店主和理发师。当时纽约超过半数的理发师是意大利人。蓝领工人的比例大体上和布宜诺斯艾利斯相似。但是在布宜诺斯艾利斯更多的人是技术工人，其余的更多是小工业和商业企业的厂主，而不是小商贩或理发师。在两个城市里从事高级白领职业的意大利人都很少，但是布宜诺斯艾利斯的比例还是比纽约高一点儿，两者分别为 4% 和 2%。

在纽约和在布宜诺斯艾利斯以及其他国家的其他城市一样，意大利人生活在和他们发源地意大利相关的小圈子里。在纽约，不但那不勒斯人和西西里人生活在不同的区域，而且来自西西里不同地方的人也聚集在不同的街道。来自意大利不同城镇的人定居在美国城市不同街道的这个规律同样能够在旧金山、芝加哥、纽黑文、克利夫兰、布法罗、堪萨斯城、罗切斯特，以及其他地方被看到。在美国比较少见的是全部是意大利人的社群，不论乡下还是城市都是如此。很少有意大利人生活在美国的乡村，城市里也很少有全部都是意大利人的街区。意大利人往往散居在爱尔兰人、犹太人、德国人和波兰人等其他移民群体中，但是散居在特定区域的特定意大利人往往来自意大利某个省份或村庄。

最开始，芝加哥和旧金山意大利人的通婚只在来自意大利的同一个省份或同一个乡村的人之间进行。第二代和之后的意大利人开始和来自意大利不同地理位置或非意大利人的通婚。从通婚的角度讲，意大利人的同化比其他人群要慢得多。1920 年，生活在美国的 97% 的意大利男性娶的都是意大利女性。意大利南部人尤其如此，特别是那些来自小社区的人。最晚到 1950 年，超过 3/4 的意大利人的婚姻对象仍旧是其他意大利人。

虽然来自意大利不同地区的移民可能生活在同一座美国城市里，但是美国不同地区有不同比例的来自意大利不同区域的人。比如，新奥尔良的意大利人主要是西西里人，但是旧金山或整个加利福尼亚州的意大利人大多是意大利北部人。那不勒斯人和卡拉布里亚人往往在明尼苏达州的露天采矿场做矿工，都灵人在北卡罗来纳州创建了农业定居点，皮德蒙特人定居在威斯康星州的热那亚。在 1910 年，超过半数生活在美国的意大利移民聚集在大西洋中部海岸地区，仅纽约州就有超过 47.2 万意大利人，宾夕法尼亚州有近 20 万人，这些人 4/5 都是城市人口。

早期的意大利移民往往都生活得贫穷凄惨。不论是在纽约、费城、波士顿、密尔沃基、匹兹堡、圣保罗，还是在其他农业劳工的营地或临时建筑点，过度拥挤和肮脏的生活环境对于他们来说都很常见。和其他没有技术的移民劳工相比，意大利劳工往往在食物方面也很节省。他们的目的就是千方百计地攒下钱。体质虚弱是这个时期意大利移民的一个特点。比如，他们被认为没有爱尔兰人那样强壮。随着时间的推移和新一代意大利人的崛起，这种评论消失了。意大利家庭的贫穷和凄惨也消失了。在后面的几代人里，意大利家庭主妇特别为他们家庭的清洁而骄傲。

在 19 世纪晚期和 20 世纪早期的移民时代，生活在美国的意大利人的职业特点和他们在其他国家的职业特点非常相似。至少在到达美国的移民中，石匠和理发师有一半是意大利人。渔夫、鞋匠、餐馆服务员和贸易商人是意大利移民很常见的工种。卖水果也是意大利人比例非常高的一个职业，在纽约和新奥尔良都如此。虽然意大利人在技术工种中的代表性不像德国人、英国人或其他北欧和西欧移民那样突出，但是意大利人的代表性还是要比克罗地亚人、斯洛伐克人、匈牙利，以及其他南欧和东欧的移民强。多数意大利移民都是没有技术的劳工。像在其他地方一样，他们常常从事建筑工程、采矿以及铁路建造工程。他们通常跟随其他移民群体的脚步进入这些职业以及其他手工劳动职业。随着时间的流逝，意大利人取代爱尔兰人成了建造铁路和纽约滨水区的非技术劳工。他们还在新泽西州的汽油行业里取代了德国和爱尔兰工人，在宾夕法尼亚州的采煤区域取代了爱尔兰人、德国人和威尔士人，在纽约的服装行业里取代了犹太工人。到了 1890 年，纽约公共工程的雇员 90% 是意大利人。建造伊利运河的 12.5 万工人中 10.5 万是意大利人。他们在建造东部大城市的电车系统的工人中占据多数，在建造波士顿和纽约地铁的工人中也是如此。

为数甚少的在美国从事农业的意大利人，多数都来自意大利北部。在这些人中，最广为人知的是加利福尼亚州的意大利（和意大利–瑞士）酿酒师。意大利人得到了需要很大的努力才能耕种的废弃土地，而且常常成为成功的卡车农民。在很长一段时间里，美国的意大利人很少有人从事需要教育的职业，比如出版商或新闻记者。他们也很少从事更加显赫的职业。

作为工人，意大利人因为他们的可靠和不饮酒而著称。这和爱尔兰人的好饮酒形成鲜明的对比。但是他们也因缺乏自觉性而著称，常常需要相当程度的监督。这个规律与同一时代在欧洲注意到的规律一致，也与意大利对工人的驯服要求相呼应。童工也是意大利人从家乡带来的一个特点。意大利人常常干预甚至阻止学校教育。意大利女性在美国外出工作比在意大利常见。为了保证贞洁以及避免看起来很轻浮，她们通常选择从事一些特定的工作类型。在家里工作——也就是做“血汗劳工”，是可以接受也很普遍的一种工作方式。这种工作一方面能够保证她们作为家庭主妇的声誉，另一方面也能让孩子们参与进来。和其他女性一起在服装工厂操作缝纫机也很普遍。但是意大利女性总体上倾向于避免女仆这样的工作。特别是在家庭女仆往往和主人一起生活的时代，这种工作看起来有可能会玷污她们的信念。娼妓在美国的意大利女性中几乎是闻所未闻的。

像其他使用不同语言、来自不同文化的工人一样，意大利人更愿意与和他们有相同国籍和文化的承包商签订合同。这些劳工承包商或“包工头”通常和他的工人们来自意大利同一个省份或同一个社区。他既了解自己工人的文化背景也了解美国雇主的需求，而且既能讲英语也能讲意大利语。然而他并不是一个单纯的中间人。“包工头”会预支一些钱给工人，将工人运送到工作地点，监督工人的工作，并为工人提供食宿，让他们吃上习惯的食物。这些职能全面的企业家为了保护他们的投资不惜采用监狱式的管理方式，以控制那些已经预支了薪水的工人，包括使用武装的保安人员。

诈骗的机会和以其他方式在新的土地上占外来人便宜的机会数不胜数。“包工头”系统为改革家和报纸记者提供了数不清的丑闻素材。然而，同样的工人仍旧年复一年继续使用“包工头”系统，说明他们不仅仅是无知或容易受骗。通过这个系统，那些选择性有限的在经济上处于困顿状态的工人可以在国外他们见都没见过的地方找到工作，哪怕他们听不懂这个新国家的语言，也理解不了这个国家居民的生活方式，最终他们还能省下钱来为自己和自己的家庭解决大问题。改革家不止一次试图消灭“包工头”系统，但是每一次都以失败而告终。直到1920年之后这个系统开始自己消亡。其原因就是意大利移民已经越来越适应独自在美国工作和生活，而二代意大利美国人对于“包工头”的服务没有什么需求。

随着时间的推移，意大利人逐渐沿着经济的阶梯上升。但是他们取得经济进步的主要方式是获取蓝领阶层的工作技能，很少通过接受教育进入专业领域。学习英语和识字让很多人成了下层公务员，但是很少有人成为医生、律师或知识分子。政治并没有吸引很多人，也没有为吸引到的人提供很多特别的收益。在很长一段时间里，爱尔兰人一直是意大利地区的代表。甚至在意大利裔美国人社区中出现了经验丰富的政治家以后，这些政治家也无法依赖他们的意大利同胞的选票。在投票中，泛意大利团结的情况并不存在，美国的意大利人像在其他事物上一样保持着地区性的分隔。第一个主要的意大利裔美国政治人物是菲奥雷洛·拉瓜迪亚（1882—1947年）。他先是成为一个议会议员，随后又在1934年到1945年成了纽约的传奇性市长，执政超过10年。哪怕是他也没能在1941年的连任选举中从爱尔兰竞争对手手中夺取意大利裔的选票。

在几十年的时间里，意大利人总体上逐渐上升到更高的职业阶层。这个过程也出现了很多特殊性的成功事件。在加利福尼亚州，尤其是富饶的纳帕谷，崛起了很多非常成功的意大利酿酒商。这些酿酒商往往来自意大利北部或瑞士。意大利人在生产新鲜或罐装水果方面同样非常杰出。1922年，一个叫朱塞佩·迪吉奥吉奥的加利福尼亚州意大利人成了美国最大的水果种植商。1916年，另外一个人成立了一家公司，通过德尔蒙这个品牌销售罐装水果和蔬菜。这家公司同样也是美国国内罐装食品领域最大的销售企业。

在银行历史上，最引人注目的成功故事就是贾尼尼，他同样也是加利福尼亚州的意大利人。他创建了意大利银行，成立这个银行的目的就是吸引意大利移民的存款和贷款。贾尼尼很了解他的意大利同胞的文化和他们的吝啬，因此他能够通过服务于这些被传统美国银行忽视的群体而取得商业上的成功。到了20世纪20年代中期，意大利银行已经在加利福尼亚州的很多城市中心建立起自己的分支机构。意大利银行最终重新命名为美国银行，并且成为世界上最大的银行之一。

虽然意大利裔美国人总体上取得了比较大的成功且少数人取得了辉煌的成就，但是他们在美国历史上发挥的作用和他们在巴西以及阿根廷所发挥的作用完全没法比。作为一个重要的指标，意大利人在美国并没有取得他们在阿根廷的国家劳工组织和国家商业组织中发挥的领导作用。在工人运动的早期，意大利人构成了阿根廷工人运动的40%，并出现了很多关键性的领导者。但是美国的意大利人往往在工会组织中落后于其他群体，在早期的工会领袖中也是如此。同样，意大利人在阿根廷的雇主组织形成期也处于领导地位。但是在美国全国制造商协会创立的最初二十几年里，意大利人在领导层几乎没有代表。

这种区别的部分原因就是，当意大利移民到达美国时美国已经是一个相当发达的国家了，在他们到达之前这个国家已经有很多移民，而且这些移民在数量上远远超过他们。但是在阿根廷和巴西，意大利人和另外一个人群一起构成了移民群体的大部分。但是移民时代杰出的意大利裔美国企业家绝大多数都是意大利北部人，酿酒工业、罐装食品工业、新鲜水果工业和美国银行的例子都是如此。这说明阿根廷和巴西的意大利移民大多都是北部人这个事实可能也是一个重要的因素，它决定了这两个国家的意大利移民所发挥的更加重要的作用。在这两个南美国家的早期工人运动中，意大利北部人比意大利南部人更容易成为领导层。在美国的同一时期，40%的意大利北部人是工会成员，但是在意大利南部人中这个比例只有11%。

美国、阿根廷和巴西的意大利人商业史和劳工史反映了意大利在区域上的差别。这让我们很难不得出这样的结论，即这是另外一个历史性的开端带来持久影响的例子。

澳大利亚

虽然澳大利亚的领土面积和美国大陆差不多，但是澳大利亚的人口比加利福尼亚州还要少。多数澳大利亚人生活在大陆岛的边缘，因为内陆地区在地理和气候上不适于居住。因为人口稀少，我们在澳大利亚很多民族群体的身上都能看到社会性的重要性。虽然在美国这些人群从人数上来说都是得不到关注的。澳大利亚的意大利移民从来没有达到西半球或南美和北美的意大利移民的规模，但是意大利人在澳大利亚不仅是一个值得注意的群体，而且是一个重要的存在。

澳大利亚的意大利移民多数是在 20 世纪 20 年代早期之后开始到达的。这个时代的美国移民限制让很多意大利人开始寻找其他的移居地。在澳大利亚的历史之初，就有零星的具有意大利血统的人生活在这片土地上。来自英国的第一艘承载着罪犯的船只和第一艘承载着自由定居者的船只都承载着意大利人。但是一直到 1891 年，澳大利亚的意大利移民还不到 4 000 人，远远少于丹麦移民、中国移民和德国移民，更别说在英国出生的移民了。多数意大利移民都来自意大利北部省份，直到 1947 年北部人还在澳大利亚的意大利移民中占据微弱的多数。

早期的意大利移民具有和其他国家的意大利人一样的特点。他们因努力工作、“节俭和克制”，以及“通过一种简单甚至近乎原始的生活方式”攒钱的特点而著称。一些澳大利亚人说意大利人可以“靠一块油抹布的味道生活”。这些特点受到一些雇主的青睐，但是也受到澳大利亚工人的嫌弃。许多意大利移民都是没有技术的劳工，有职业特长的工人往往是矿工、渔民、水果和蔬菜经销商和餐馆老板。像在其他国家一样，孩子们有时会做街头音乐家。在一些地方，意大利移民会从不成功的澳大利亚农民手中接管产量很低的土地，并且通过自己的努力工作将这块土地经营得很成功。哪怕在失业的时候，意大利人也很少接受施舍，不论是公共的还是私人的施舍。

和在其他国家一样，来自意大利同一个地区的人往往聚居在一起，而且南部人和北部人是彼此做对的。他们的社交往往局限于自己的家庭或两三个家庭的范围。虽然意大利人和澳大利亚人分开居住，但是并不存在意大利社区这样的概念。宗教或教育都不能在他们的生活中发挥重要的作用，他们对政治的兴趣非常低。意大利人没有建立自己的学校或教堂，意大利报纸也非常少，或者根本没有。

19 世纪最后 25 年到达的多数意大利人都来自意大利北部，差不多一半来自一个意大利北部省份，甚至来自这个省份的一个非常集中的地区。从总体上讲，那个时代到达澳大利亚的意大利移民 90% 来自一个特定的地区，这个地区的人口只占到意大利人口的 10%。在一些隔离的地区，一旦开始有人移民澳大利亚，就会有越来越多的人加入。到了 1939 年，一些意大利村庄移民澳大利亚的人比留在意大利的人还要多。

澳大利亚的意大利移民人口的第一次大规模增长开始于 20 世纪 20 年代。这个增长用当时的标准来讲是一次“洪流”。在处于“洪流”高峰的 1927 年，有超过 7 800 名意大利移民来到澳大利亚。但是这个国家在 1921 年的意大利移民总数只有 4 500。从 1921 年到 1930 年，共有近 2.4 万意大利移民进入澳大利亚。但是随后的大萧条和第二次世界大战让后续的意大利移民数量迅速下降。

虽然澳大利亚的意大利移民对于政治的兴趣非常小，但是意大利的政治还是对他们产生了直接或间接的影响。其中的一个事件就是墨索里尼的法西斯统治。意大利政府通过它在澳大利亚的代理推动法西斯组织，让人们对意大利和意大利文化产生感情上的依附感。哪怕在对政治观念或对法西斯主义总体上不感兴趣的人群中，这种做法也产生了一定的效果。第二次世界大战对于澳大利亚的意大利人也产生了一定的影响。在 7 万移民中，3 650 人进入俘虏收容所。没有进入俘虏收容所的意大利人也往往生活在各种各样的限制下，被认为是“敌人的同盟”。

从意大利到澳大利亚的移民在第二次世界大战之后开始恢复，并且达到前所未有的规模。从 1945 年到 1948 年，只有不到 1 000 名意大利移民进入澳大利亚，但是这个数字在接下来的一年里迅速上升到接近 6 000 人。在 20 世纪 50 年代中期，每一年的平均移民数量均超过 3 万人。随后进入一个不均衡的下降期，20 世纪 70 年代早期更是降到平均每年不足 1 万人。从总体上讲，从 1945 年到 1972 年，大约有 37.4 万人从意大利移民澳大利亚，意大利人成了这个国家最大的非英裔民族群体，占到澳大利亚人口的 4%。虽然相当数量的意大利移民回到了意大利，但是移民的大规模涌入还是极大地改变了澳大利亚的意大利人口构成。

到了 1978 年，生活在澳大利亚的一代或二代意大利移民共有 59.5 万。大约有一半人也就是 28.6 万人出生在意大利。绝大多数意大利人仍生活在移民家庭中，因为即使是出生在澳大利亚的二代移民，很多也与父辈生活在一起。一代移民和二代移民之间的巨大年龄差同样支持这个推论。出生在意大利的澳大利亚人有 2/3 在 25 岁到 54 岁之间，而二代意大利移民超过 4/5 不到 20 岁。由于相当数量的意大利移民都是最近到达的，成年的二代移民加上这些移民家庭占到澳大利亚的意大利人口的 90% 左右。用这种方式计算，生活在澳大利亚的意大利人超过 65 万。然而，如果我们把所有有意大利血统的人都计算在内，大约有 100 万澳大利亚人和意大利有关。

随着时间的流逝，澳大利亚的意大利人在很多方面发生了变化。早期的意大利移民大多数生活在乡村，但是战后的移民大多生活在城市。意大利移民的发源地在不同时期也有很大的不同，从意大利北部逐渐转移到意大利南部。从 19 世纪晚期直到第二次世界大战之初，澳大利亚的多数意大利移民都来自意大利北部。到了 1976 年，出生在意大利的澳大利亚人最常见的起源地变成了意大利南部。西西里人和卡拉布里亚人占到意大利移民总数的 1/3。像其他地方一样，澳大利亚的意大利北部人和意大利南部人之间的社会交往非常少，尽管意大利北部人有一个在意大利南部人中间运作的社会福利机构。婚姻模式清楚地表明了二者的疏离。从 1920 年到 1954 年，无论是在意大利还是在澳大利亚，绝大多数意大利南部地区的男性娶了意大利南部地区的女性。

战后来到澳大利亚的意大利移民更容易建立和维护正常的家庭关系。早期移民面临着男性和女性比例严重失衡、与澳大利亚人极低的通婚比例，以及很多已婚男性将自己的妻子留在意大利的事实。这使得早期来到澳大利亚的移民难以建立家庭。1871 年，生活在澳大利亚的 860 个意大利人，男性是女性的近 14 倍。直到 1901 年男女比例还维持在高于 6：1 的水平。1921 年，生活在澳大利亚的意大利出生的男性有一半是已婚的。但是 1/4 已婚男性的家庭在意大利。男性在数量上的优势又持续了很多年。但是返回意大利的男性比女性多的这个倾向缓和了性别的不平衡。性别比在 1947 年跌到 2：1。

随着战后大规模移民的进行，出生在意大利的移民的男性和女性的比例只有 1.2：1。像在其他国家或其他人群中一样，这种性别比意味着永久性的定居。同化的比例和学习英语的比例在战后的意大利移民中都比之前的移民高很多。

除了同化的指标，新移民也展示出一些在其他国家很常见的意大利特性。比如，意大利社区因缺乏性教育而著称。澳大利亚的意大利人婚生子女非常少见，每 148 个在意大利出生的女性只有一个是婚生的。意大利学龄儿童坚持上学的指标非常低，辍学年龄也比澳大利亚人的总体水平低。人们很久以前就在其他国家的意大利移民中观察到这样的规律。意大利移民另外一个引人注目的规律就是犯罪率低于平均水平。其宗教行为也一样，澳大利亚的意大利移民展现出和其他国家观察到的规律一样的现象。意大利移民绝大多数都是天主教徒，而且绝大多数都不参加教堂活动。

澳大利亚的现代移民展示出和早期移民一样的特点，就是他们工作的愿望和上进的追求都非常强烈。他们喜欢那些提供很多加班机会的工作。在澳大利亚和在其他国家一样，意大利移民非常希望拥有自己的房子。事实上，意大利人拥有自己房子的比例比澳大利亚人总体水平要高。超过 4/5 的西西里移民都有自己的房子，虽然他们在凑齐首付款的过程中经历了很多挣扎。澳大利亚的意大利移民虽然摆脱了早期的贫困，但是无论如何都不是一个富裕的群体。1933年，生活在澳大利亚的意大利男性的平均收入是澳大利亚男性总体平均收入的87%。到了1976年，这个数字变成97%。这对一个最近才移民这个国家的人群意味着非常大的进步，但是他们的收入水平并不能解释意大利人在澳大利亚拥有房子的比例。

像在其他国家一样，澳大利亚的意大利移民教育水平相对较低，在专业和技术领域工作的比例也很低。20世纪80年代早期，在澳大利亚出生在意大利的男性是出生在德国的男性的两倍，但是在专业和技术领域工作的在德国出生的男性是在意大利出生的男性的两倍。无论如何，意大利人在他们从事的工作领域都是很令人喜欢的工人。1972年，经济整体上是一个失业率比较高的阶段，但是意大利人的失业率和本土出生的澳大利亚人的失业率并没有显著的区别。而且意大利人从事个体经营的比例比澳大利亚人的整体比例要高。

除了这些符合意大利人整体规律的指标，还存在对于一个新的社会的同化指征。至少在语言、公民身份和职业流动性这些外向型的指标上，澳大利亚的意大利人表现出同化的特性。超过90%的15岁以下的意大利人出生在澳大利亚。甚至在意大利出生的意大利人中，到了1976年也有4/5说英语，虽然英语并不一定是他们唯一的语言。他们绝大多数都是澳大利亚公民。来自北部的意大利人很乐于接受澳大利亚式抚养孩子的方式，许多西西里人也在很多方面进行了调整。教育越来越受到生活在澳大利亚的意大利人的重视，虽然他们并不一定完全理解教育的先决条件。从职业的角度讲，时间也带来很多重要的变化。比如，在澳大利亚的渔夫中，意大利人的比例不再那么高了。虽然早期意大利移民绝大多数都是劳工，但是到了1947年雇主或个体经营的数量已经超过雇员的数量。到了20世纪70年代晚期，只有不到1/6的人是没有技术的劳工。然而，意大利人并不是单纯地融入澳大利亚人群。这个国家仍旧存在明显的意大利街区，虽然有很多意大利人并不生活在这些街区里。也许更加显著的事实是与当地人通婚仍旧是个别现象，常见的仍旧是意大利男性与意大利女性之间的婚姻。

总结

意大利移民可能是人类历史上所有移民活动中规模最大的一个族群。这个过程为我们展示了人类迁徙过程的很多不同侧面。对移居地情况具体而可靠的了解在移民过程中非常重要，这体现在意大利移民高度具体的起源地与高度具体的移居地之间的联系上，哪怕这个移居地在1万英里以外的澳大利亚境内。这些地理事实背后的人与人的关系让我们了解到，在陌生的土地上的孤独感带来的心理代价，以及定居海外的现实风险。比如，澳大利亚的意大利移民超过90%是通过这样的人际关系迁移的，而不是通过个人随机在澳大利亚的人群中寻找新的生活方式进行的。

意大利移民同样为我们展示了移民过程可能在个人和家庭生活中发挥的不同作用。旅居者和返回的旅居者为生活在意大利绝望贫穷的家庭的生存发挥了巨大的作用。意大利男人生活在国外拥挤肮脏的环境里，省吃俭用到损害自己身体健康的程度。他们通常是其他人同情或鄙夷的对象。但是他们为自己至爱的家人所表达出来的坚忍不屈和自我牺牲精神都是英雄式的。虽然他们为了自己的尊严不肯接受施舍，但是他们能够放下尊严，穿着褴褛的衣衫做最苦最脏且被别人看不起的工作。与此同时，他们将攒下来的钱从国外寄给家人来履行自己对家庭的责任。他们在和金融机构相处的过程中也总能可靠地履行自己的经济责任。澳大利亚的贷款机构总是乐于贷款给他们购买土地。开始叫作意大利银行后来叫作美国银行的加利福尼亚州金融机构也是如此。

出生在意大利的男性和自己的妻子儿女分别的时间从几个月到几年不等。移民工人可能只需要离开几个月，那些在国外慢慢攒钱直到能够把自己的家人接到国外一起生活的人可能要离开几年。事实上，这类事件在地球的各个角落上百万次地重演，不但展现了人类精神的能量，而且让那些为不那么严重的问题而哀怨的人相形见绌。

那些有幸拥有一些技能的意大利人总是将他们的技能带到最稀缺的地方，并且往往能够得到更多的收获。所以，在意大利移民中，最成功的企业家总是出现在移民时代的不发达国家，比如阿根廷和巴西。在加利福尼亚州也是如此，加利福尼亚当时是美国比较不发达的地区。在每一个这类地点，最终能够取得最高经济成就的往往都是意大利北部人。这些有企业家技能和资本的意大利北部人本来可以选择定居在这个国家或地区的发达区域，但是他们最终选择了能够让他们取得惊人成就的地点。

不论在外面世界的经济或社会地位是高是低，意大利返乡者对他们的同胞来说都是能让人耳目一新的。他们“像大人物一样”回到自己的家乡，购买土地或其他设施，并提升自己家庭的经济和社会地位。虽然意大利的大部分地区都曾一贫如洗，但是意大利向全世界输送了数以百万计的具有内在力量和内在价值的移民。这些人在更加富饶的土地上发展繁荣，有时他们的富饶程度甚至超过移民输入国的本地人。从传统职业定义的角度讲，这些意大利移民多数人都没有什么技能。

一些拥有专业技能的意大利移民，比如渔民、酿酒商、石匠、音乐家、建筑师、果蔬种植园主和经销商、餐馆和酒店管理员把技术从意大利输送到其他国家。虽然他们没有输送资本，却在不同程度上以不同的速度吸收着当地文化，同时将意大利的一些文化财富带到这些新的土地上。这些文化财富可能以音乐、艺术或建筑的形式存在，也可能以更加生活化的烹饪、采石或意大利作家或明星艺人的特定风格存在。通过这种方式和其他方式，意大利文化的影响力超越了罗马帝国时代的影响力。

第 5 章

海外华人

世界上最大的少数中间人群体

“海外华人”是世界上最大的少数中间人群体。在20世纪初，大约有700万华裔生活在中国以外的地区。到20世纪中期，这个数字翻了一番达到1 400万。到了1993年，估计海外华人的数量已经达到3 600万。虽然华人社区出现在英国、秘鲁、新西兰和加勒比海等如此广泛的地区，但是海外华人的聚集地还是主要集中在东南亚国家。1993年，海外华人在全世界的分布情况如表5-1所示。

表5-1　1993年海外华人在全世界的分布情况

国家	海外华人人数
非洲	108 000
欧洲	757 000
西半球	1 150 000
法国	3 802 000
大洋洲	407 000
亚洲	31 054 000
总计	36 128 000

海外华人常常被称为“亚洲的犹太人”，又或许犹太人应该被称作“西方的中国人”。一方面，海外华人在数量上远远超过犹太人；另一方面，海外华人在东南亚国家发挥的经济作用要远远大于犹太人在欧洲和美洲所发挥的可观的经济作用。印度尼西亚最大的企业集团由海外华人控制着，这个人是东南亚为数众多的华裔亿万富翁中的一员。虽然海外华人在数量

上还不到印度尼西亚总人口的5%，但是他们控制了印度尼西亚国内私人资本的大约70%，并且经营着印度尼西亚最大的200家企业中的3/4。在泰国，在民族上属于华人的人口大概占全国总人口的10%，但是他们控制了所有四家最大的私人银行。总之，居住在中国以外的华人创造的财富相当于整个中国在20世纪90年代早期创造的财富。20世纪末，印度尼西亚和泰国的五位亿万富翁从民族上讲都是华人。虽然这样的繁荣水平不是一夜之间出现的，但是长期以来都存在这样的特点。虽然华人在人口上还不到当地总人口的10%，但是东南亚大部分公司以及整个产业的大部分投资都掌握在人口占少数的华人手中。通常他们的企业都是家族控制和家族经营的，即便这些企业已经成为巨型的跨国企业。

在西半球的一些国家里，华人虽然数量少，但是具有非常重要的经济影响力。在牙买加首都金斯敦，华人一度经营着绝大多数的杂货店。在秘鲁首都利马，华人掌握着绝大多数的杂货店。此外他们还掌握着这座城市绝大多数的鞋店、百货商店以及酒店。华人在巴拿马的零售行业中也取得了相似的成功，大多数城镇都有华人经营的杂货店、餐馆以及干货店。

与绝大多数的少数中间人群体类似，海外华人大多数都生活在城市里。他们集中在定居国的主要大城市中。在不同时期和不同国家，半数以上的华人都集中在同一座城市。比如泰国的曼谷、菲律宾的马尼拉、秘鲁的利马、阿根廷的布宜诺斯艾利斯、越南的西贡、老挝的万象以及柬埔寨的金边。巴西境内的华人大多居住在圣保罗或里约热内卢。

与其他少数群体一样，在外人看来华人“基本上都一样”。但是无论是在中国还是在海外，他们内部的差异都是显著且持久存在的。来自中国不同地区的华人不仅在语言表达方式上无法相互理解，在海外的经营社交网络也不相同。无论是在个人事务还是在商业事务上，他们往往是相互排斥的。

虽然这种类型的网络并不包括某一特定国家的所有华人，但是它们却把国际上相似的华人群体联系起来。地区性的网络将生活在印度尼西亚或新加坡的福建人或云南人与生活在太平洋另一边中国南方具有相似祖先起源的人联系起来。

海外华人在区域上的分布与生活在中国的华人的区域分布并不契合，而且这种分布并非在所有的海外国家都一样。海外中国移民的主要来源是福建和广东这两个南方省份。但是在 19 世纪，这两个省份的人口只占中国总人口的 10%~15%。即使在这两个南方省份中，移民特定地区的华人的起源也是非常不同的。广东人历来是构成前往美国、加拿大和拉丁美洲的中国移民的主体，但是在东南亚国家，广东人只是华人少数群体中的少数。从更广义的角度讲，生活在泰国、中南半岛和美国的华人主要来自现在中国广东省的某些区域，其中包含广州市。而生活在菲律宾、马来西亚和新加坡的华人主要来自福建省。

起源地和移居地的位置有时会更加具体。第一次世界大战之前移民美国的所有华人绝大部分来自台山，也就是广东省 98 个区中的一个。此外，海外华人所从事的职业在历史上就与他们在中国的出生地有高度关联，并且会在之后的几十年甚至几代人中保持不变。海外华人强烈的地区性纽带还反映在他们所归属的超过 1 000 个的地区化组织上。海外华人长期以来都以愿意归属于组织而闻名，他们的各种组织的总数超过 8 000 个。几乎所有的海外华人都是某个或某些华人组织的成员。

巨大的区域差异性可能都隐藏在一个共同的原因之下。明朝时期，中国的区域面积是法国的 10 倍，而且仅这一个朝代就比美国整个历史时间还要长。如果我们把华人的"语言"和他们的"方言"类比成英格兰人和爱尔兰人说的英语，就意味着我们忽视了华人不同"方言"之间巨大的语言差异。这些差异足以使中国的"方言"作为口语彼此无法理解，不过受过教育的华人可以使用非字母的汉字进行书面交流。这有点儿像西班牙人和俄罗斯人都能理解书面的阿拉伯数字，但读音不一样。

虽然我们能够找到证据证明中国的商人、移民或旅居者在东南亚的不同地区存在了几个世纪，但是来自中国的大规模移民在历史上是比较近代的事。在 19 世纪大量的中国劳工移民之前，只有大约 10 万华人居住在这些地区。这期间的移民潮恰逢中国的动荡时期，包括饥荒和战争。欧洲帝国主义联盟在东南亚提供了安全、秩序以及经济机会，而这些正是处于衰败期的清朝严重匮乏的。对中国所处的困境的衡量指标之一就是绝对人口的减少，从 1842 年的约 3.91 亿人口下降到 1885 年的 3.07 亿人口。无论如何，这都不仅仅是移民造成的。在 19 世纪和 20 世纪之交，海外华人的数量仅有 700 万，只占人口减少的很小一部分。中国的历史和文化可以追溯到几千年以前，它曾经是一个在技术、学术、商业以及组织等各方面均处于世界领先地位的国家。而在移民潮出现时，中国这个国家正处于分崩离析的阶段。

公元前很多个世纪，中国就已经是一个国家了。孔子比苏格拉底早出生近一个世纪。中国比欧洲早一千年制造出铸铁，而且 1078 年中国生产的铸铁总量大大超过 7 个世纪后英国生产的铸铁总量。在欧洲出现印刷术的好几百年之前印刷术就已经在中国存在了。火药同样起源于中国。中国每一时期都存在人口超过 200 万的大城市，而当时欧洲最大的城市也只有不超过 5.4 万名居民。虽然儒家学说公开谴责商业行为，但是商业还是在中国蓬勃发展起来。18 世纪之前，没有一个欧洲国家能够达到 11 世纪中国经济的发达水平。14 世纪，中国拥有世界上最先进的农业。直到 16 世纪，中国的生活水平都是全世界最高的。然而，中国被超越并不是简单地因为欧洲国家之后的进步，还因为其内部的衰败以及各种形式上的崩溃，包括僵化的中央集权导致的技术停滞、对军事防御的忽视、无处不在的腐败，以及最终随着各地军阀割据而导致的国家分裂。此后日本和欧洲各国开始掠夺孱弱的中国。就是在这样的情况下，19 世纪出现了来自中国的大规模移民。

虽然海外华人被广泛地视为一个少数中间人群体，但是海外的中国移民极少一开始就从商。在中国大规模移民的时代，这些移民绝大多数都是作为苦力开始海外生活的。他们贫穷、目不识丁且没有一技傍身，而且他们通常赊欠着旅费并成为替他们支付旅费的人的契约工人。早期的中国移民起初几乎都从事最贫贱的没有技能要求的工作，通常是那些当地人无法接受的被视为过于肮脏、困难、危险或“不体面”的工作。中国移民个体以不同的速度从这些职业中成长起来，这促成了海外华人群体在经济上的多样性。就像对犹太人一样，人们对更为成功的华人有着一种刻板印象，并把这个刻板印象套到中国移民这个更大的社会群体头上。虽然华人商贩和小店主要多于商业巨头，中国的劳工也远远多于所有这些群体。然而总体来说，海外华人作为一个整体平均收入往往明显高于他们所在国家周围的人群。例如，截至1969年华裔美国人的家庭收入比美国家庭的平均收入要高12%。在欠发达国家，这个差异往往更大。在马来西亚，华人的平均收入通常是马来西亚人平均收入的两倍。在牙买加，华人的平均收入甚至超过牙买加人平均收入的两倍。这并不意味着海外华人非常富有，特别是在第三世界国家，因为那里的总体经济水平非常低。

很多在海外获得成功的华人会选择回到中国度过晚年。但是，随着第二次世界大战后世界格局的变化，他们中的更多人选择定居海外。由于最初去往外国的中国移民几乎全是男性，因此在整个历史时期都有很多人与当地女性结婚并生下了混血的后代。在一些时间点和地点，这些孩子在文化上是中国化的；而在另外一些时间点和地点，他们在文化上更快地融入更大的社会。一些华人家庭几代人在文化上都保持着中国的特点，但是他们在生物学上是否还是纯粹的中国血统就很难说了。有时，同一个人在接待本土顾客时会将自己呈现为本土文化和社会的一分子，而接待中国商人时会将自己呈现为一个华人。许多华人从来没有成为他们所居国家的公民，即便他们的家庭已经在那里生活了好几代。另外一些人则成为所居国公民。近年来，“海外华人”这个词已经受到质疑，因为这个词在一定程度上指代的是暂时离开中国的人。

社会现实如此多样，我们在对生活在不同国家的华人的数量进行统计时就会产生巨大的数据差异。例如，1936年中南半岛进行的一项人口普查一共列出 32.6 万华人，但是一个独立学者认为这个数字应该大于 100 万。这在很大程度上取决于统计是否将华人设定为只包括中国公民，或者将其设定为具有华裔血统但是已经取得当地公民身份或公民身份存疑的人。另外一种可能性就是，统计是否将华人设定为那些认为自己是华人的人，如果是这样的话，统计就忽略掉了那些具有同样的混血血统但是认为自己是泰国人、缅甸人或菲律宾人的人。例如，澳大利亚在对华人人口进行普查统计的过程中，将华人指定为那些出生在中国的人。即使这样也有两种混杂的情况：第一，出生在澳大利亚的在种族上属于华人的少数群体被忽略了；第二，其中包括了许多出生在中国的白俄罗斯人。我们对海外华人的定义基于那些种族上是华人的人，而不考虑这些人的公民身份或出生地。种族上的混血同样使华人的计数变得很复杂。在某些情况下，这些混血的华人不仅仅疏远华人群体，有时甚至对华人群体怀有敌意。在东南亚的某些国家，混有华人血统的政治家会带头开展反华运动。类似的情况还发生在西班牙裔犹太人中，他们在 15 世纪被驱逐出西班牙一定程度上就是皈依了基督教的犹太人造成的。

生活在其他国家的华人普遍比较成功，虽然他们在那里遭受到广泛的歧视和零星的暴力袭击。另一方面，当时生活在中国的中国人还是非常穷。这看起来似乎有些矛盾，但情况就是如此。20 世纪末，就亚洲华人圈而言，中国大陆地区的人均收入只有中国人均收入的一半，甚至不到新加坡人均收入的 1/7。从世界范围看，中国这个世界上曾经最富有的国家一度成为最贫穷的国家之一。

东南亚

几个世纪以来，中国、中国人以及中国文化就已经在东南亚蔓延。然而，20 世纪生活在东南亚的大部分华人都不是那些在公元较早世纪或宋、元及明朝早期迁徙到这个地区的人的后代。在 16 世纪和 17 世纪早期，葡萄牙、西班牙、荷兰以及英国等殖民列强共同控制了这些地区，并且创造了一个令中国移民感到安全的稳定环境。在这之后，才出现从中国去往东南亚的大规模移民。在这之前，那里生活着包括阿拉伯人、波斯人以及来自印度的移民等各种外来群体。华人从来都不是这些地区外来群体的主要或主导元素。19 世纪末和 20 世纪初，中国移民进入东南亚的高潮恰逢欧洲帝国主义在这些地区的鼎盛时期。

最早一波到达东南亚的中国移民通常并没有什么特殊的技能，他们具备的是从事长时间高难度工作的能力、在痛苦的节俭中谋求提升自己的韧性，以及承担用自己的积蓄创立小生意的风险的冒险精神。在这个过程中，海外华人给东南亚传统的乡村农业社会带来了零售商店和其他现代商业和工业世界的元素。随着一代又一代人的融合、积累，海外华人变得越来越富足，他们也开始进入各种各样的经济领域。他们还建立了自己的学校来教育自己的孩子。在推动他们创业成功的各种因素中，一个非常重要的因素就是，他们能够在口头协议的基础上推动彼此的交易以及与其他人的交易。这让他们在和本地商人的竞争中享有优势，本地商人即便是在与本地顾客和本地借贷者的交易中也缺乏这种信誉。

海外华人与他们的家乡的联系在历史上反映在他们向中国家庭的汇款和他们在年迈或功成名就之后返回故乡这两件事上。向中国汇款以及返回中国时带回的多年积蓄让他们承受了尖锐的政治指责，有人说这些海外华人要把他们所居住和工作的国家的财富榨干。这些政治指责的背后是一个没有说出来的假设，那就是移民所在国的财富水平是固定的或预先设定的。而华人从这个总和里取出了一部分寄回或带回了中国。从经济角度讲，我们可以把海外华人寄回或带回中国的钱看作（1）他们所创造的并且加入所在国家的经济中的财富的一部分，以及（2）华人准备花在自己和家人身上的财富。如果我们认可这种看法，指责者的论断就变得站不住脚了。不论这些华人或他们的家人住在哪里，这笔财富本来就是要花在他们自己身上的，所以不论华人在汇款或居住上做出什么样的选择，剩下的人口都不会在经济上变得更好也不会变得更差。但是不论指责者的论断在经济上存在多大问题，这个论断在政治上都是有效的。

后来，汇款和返回中国的现象下降了，但是针对华人的仇视和歧视并没有任何下降。更重要的是，印度尼西亚和马来西亚对华人的歧视的升级使得大量的华人资本从这两个国家外流到新加坡、中国香港和其他地方。

泰国

在好几个世纪里，华人一直是泰国或暹罗历史的重要组成部分。因为华人在泰国历史上一直以来都是广为人知的组成部分。在很长一段历史时期，泰国人对华人的接纳度非常高，也有相当程度的通婚。这种通婚甚至上升到王室阶层。早在 15 世纪初，泰国政府里就有一个华人高级官员。这个人是众多享有高级职位和官方荣誉的华人之一。更重要的是，中国文明在泰国也享有盛誉。虽然有这样的历史背景，但是在 20 世纪刚刚经历过重大社会尤其是政治变更的泰国还是爆发了严重的民族冲突和歧视。

虽然到泰国的中国移民可以追溯到几个世纪之前，但是在 19 世纪晚期之前一直都没有相关的数据或可靠的估计。19 世纪晚期，每年大约有 1.3 万到 3.4 万华人进入泰国。从 1882 年到 1917 年，约有 150 万中国移民进入泰国。对于泰国这样一个小国来说，要吸收如此多的中国移民并非易事。但是这些移民的大约 2/3 回到了中国，这个模式对于那个时代的海外华人来说非常常见。尽管如此，留下来并繁衍后代的华人还是创造了一个增长中的华人群体。这个群体在 1825 年大约有 10 万人，到了 1917 年增长到 34.9 万人。1825 年华人占到泰国总人口的 5%，这个比例在 1917 年上升到 10%。华人不成比例地聚居在曼谷内部和曼谷周围。在 19 世纪中期，他们构成了当地人口的一半左右。事实上，即便是在华人分布相对稀少的地区，他们的经济影响力也超出他们的人口比例所能代表的范畴。

移民泰国的华人多数自己很穷，而且来自中国贫穷的南部沿海省份。这些省份时常遭遇洪水和旱灾，这里的人民大多要忍受饥饿。与此相反，泰国在历史上一直拥有非常富饶的土地。在这种背景下，长久以来观察到的华人与泰国人形成对比的态度和行为模式也就不足为奇了。极度节俭是华人令人诧异的特点之一，在泰国如此，在其他地方也如此。哪怕是19世纪曼谷的华人普通劳工也能够省下自己超过一半的收入。这种程度的节俭对于泰国人来说是没有必要的。他们有句格言，“陆地上的稻谷，水里的鱼”，表现的就是泰国拥有丰富的物资。19世纪晚期泰国修建第一条铁路时，在建筑工地上工作的泰国人在几天之后就离开了工地到附近的城镇去挥霍自己的收入，于是多数工作不得不由中国移民来完成。

泰国人往往继续在传统农业里做农民，而华人继续从事繁重的体力劳动、技术工种或做企业家。广为人知的是，华人工人是曼谷早上第一个起床的人。一个英国游客在1833年的时候记录道，大量的华人铁匠在破晓之前就开始锻造铁器了。运河和铁路都是华人劳工建造的。华人还拉黄包车，而这个工作为泰国人所蔑视。另外一个民族间的劳动分工开始出现。越来越多的泰国人从事稻谷生产，而华人主要从事所有其他的劳动以及商业和工业活动，除了一些已经有其他外来群体做出重要贡献的领域。哪怕在农业领域，华人也是引进新作物和新方法的群体。他们还提供了橡胶种植园的大多数劳动力，并且为泰国农民提供资金，购买他们的稻谷产品，拥有稻谷磨坊，管理稻谷在泰国国内和国外的分发销售。

第一次世界大战之前的中国移民至少有90%是男性。在仅有的少量女性中，相当数量的人进入娼妓行业。在泰国居留了至少5年的华人男性有大约一半娶了泰国女性。他们的后代可以根据自己的社会或法律需求选择被看作泰国人还是华人，但是他们必须做出选择。

华人内部绝对不是一个均一的群体。说着不同方言的群体在社交上相互隔离，每个群体在曼谷都分别有自己的墓地。不仅如此，他们之间可能在中国时就存在历史性的相互仇视。19世纪60年代，中国广东省爆发了客家人与广东人之间的斗争，造成了大约 10 万人死亡。在泰国也是一样，不同群体间的争执有时会发展成堂会之间或秘密社团之间的械斗，并且在世界范围内各个国家的华人群体中蔓延。

虽然华人从事着非常广泛的职业，甚至在一些职业上处于垄断地位，但是他们很少追逐政治，或者在泰国参与以民族利益为目的的有组织的持续性政治活动。那些获得重要政府职位的华人往往都是以个人名义进行的，而不是作为有组织的华人政治选区的发言人。这些人在政治阶梯上的上升往往会让他们进一步脱离华人社群，以及华人社群的特殊利益。对于生活在泰国的华人来说，真正重要的政治是中国的政治。在泰国，他们服从于泰国的王室和贵族。在非常罕见的他们不服从的情况下，他们的反抗往往遭到快速而血腥的镇压。

选择入籍成为泰国公民的华人需要履行泰国民众在专制政府统治下需要履行的所有义务。而选择继续保留中国公民身份的华人需要交一个特别的税。一位 19 世纪的观察家记录道，“暹罗的警察最喜欢做的事情无非就是领着一些不幸的华人去交税”。围绕着这项税收的一整套流程让华人身价大减。除此之外，还有另外一系列税收在很大程度上都是针对华人群体的，比如对鸦片和赌博所征收的税。其结果就是泰国政府近一半的收入都来自华人少数群体。

从总体上说，华人和泰国人能够在非常少的有争执的情况下共存。这种状态一直保持到 20 世纪初，中国掀起了日益增长的国家主义情感，生活在泰国的海外华人无疑也受到这种情感的影响。1895 年日本在战争中战胜中国。虽然华人向来因为只关心自己区域性的或者地方性的前景而名声在外，但是这个事件以及随后发生的一系列事件在华人中激起了国家主义意识。1911 年中国爆发革命，同时孙中山多年奋斗想要将中国统一起来。所有这些行动都抓住了海外华人的想象力，所以他们为孙中山的行动提供了大量资金支持。20 世纪 30 年代开始，日本对中国进行了新一轮侵略，这在海外的华人中激起了更多的国家主义情感。

与这些政治潮流同时发生的还有一个社会潮流，这个社会潮流加强了华人与泰国人之间的隔阂。那就是移民这个国家的华人女性的数量开始增加。1910 年人们很难在曼谷看到华人女性，但是到了 1930 年华人女性成了一种很常见的社会现象，而且她们的数量还在继续增加。20 世纪 20 年代早期，女性移民只占所有华人移民的 15%。1932 年之后的 10 年里，女性移民的比例占到 27%，而且占所有定居移民的 32%。这带来的一个影响就是华人男性和泰国女性之间通婚比例的急剧下降。华人男性更青睐娶华人女性作为自己的妻子。女方所要求的礼金可以用来作为一个衡量指标，华人女性要求的礼金往往比泰国新娘或中泰混血的新娘要求的更高。

随着生物学同化的下降，文化上的同化也在下降。与此同时，中国移民的数量在第一次世界大战结束到 20 世纪 30 年代的大萧条之间也达到了纪录性的水平。每年移民的人口从 6.8 万上升到巅峰期 1927—1928 官方统计年度的 15.5 万。从 1918 年到 1931 年，超过 130 万中国移民进入泰国。虽然多数人还是会离开，但是泰国的华人总人口的净增长也达到了 50 万。移民数量的增加和通婚率的降低或多或少自动地增强了中国文化。与此同时，也有一些有意进行的行为试图在泰国的华人中推动独立的民族身份认同。这些行为就包括从 1911 年左右开始的创建中国学校的行为。这些中国学校强调汉语和中国文化，也强调中国政治。20 世纪的第一个 10 年，泰国出现了第一个社群级别的华人组织。这个组织超越了方言的界限。这也是另外一个信号，标志着华人国家主义的增长。

大约在同一时期，一个新的在欧洲接受教育的泰国精英阶层开始发展泰国的国家主义，其中包含越来越强烈的对于华人的怀疑、憎恨和仇视。1910 年华人对于税收法律的变更的抗议抵制导致曼谷这个城市被关闭。这个事件并没有对税收法律产生任何影响，反而让泰国对华人产生巨大而持久的憎恨。华人孤立主义、华人对于经济在整体上的垄断和华人作为向泰国农民放贷的放贷人角色，都成了被批评审视的目标。泰国人和华人相互仇视的时代开始了，而政治权力牢牢掌握在泰国人手里。

在经济方面，华人在两次世界大战之间仍旧像以往那样处于垄断地位。泰国最重要的四个出口产品是稻谷、木材、锡和橡胶。这四种产品大都把控在华人手里，能够与他们形成竞争的也都是其他的外来群体，比如欧洲人、澳大利亚人和美国人。泰国人事实上对于他们自己国家的经济发展更像是旁观者。西方人在挖掘采矿、林业和蒸汽磨坊等需要很大资本投入的行业相对华人更具优势。1924 年，虽然华人拥有曼谷 9 家现代锯木厂的 3 家，而且所有 9 家锯木厂的劳动力都主要是华人，但是欧洲人仍然垄断着林业。在采矿业，华人不具备购买挖掘设备所需的资本，但是多数的矿工仍旧是华人。在橡胶行业，华人在各个环节中都处于垄断地位，从种植园工人到种植园主再到橡胶商人。商业园艺、制糖业和渔业出口是华人处于领先地位的其他一些行业。

虽然西方人能够调动比华人所能调动的更大的资金资源，但是华人的优势在于他们对这个国家、在这个国家生活的人以及这个国家的习俗有着更为亲近的知识。在信贷操作尤其是涉及泰国农民的信贷操作中，华人的优势意味着他们对每个农民都有足够的了解，因而能够通过个人态度和客观环境辨别个体与个体之间变化极大的还款潜力。华人和西方人在泰国经济的不同领域的领先地位往往能够体现大量的资本投入和对本地场景知识在不同领域相对重要程度的认识。简单地提取原材料并运往国外的行业需要的本地知识非常少，当时需要大量的资本，所以我们不难理解为什么西方企业在锡矿开采和林业中处于领先地位。但是泰国本地零售业绝大多数都是华人经营的，事实上，在整个东南亚都是如此。大的西方商业企业通常缺少诸如本地语言、本地习俗和本地环境的知识，因此它们无法与泰国顾客或华人零售商进行直接交易。它们通常雇用华人作为中介。从理论上讲，它们可以雇用泰国人做中介，但是它们发现华人更加工业化且更有知识，泰国人对于其业务目的来说则太好说话了。

泰国的稻谷磨坊行业的发展体现了西方人和华人优势的变化。最开始稻谷都是手工磨的，因此从泰国出口的稻谷几乎全部来自华人的磨坊。但是西方人在19世纪50年代和60年代引入了机械化和蒸汽动力的稻谷磨坊，从而开始进入这个行业。直到华人在19世纪70年代从英国订购了类似的设备。到了1879年，华人拥有了和西方人同样数量的蒸汽动力稻谷磨坊。到了1919年，西方人所拥有的稻谷磨坊或关门大吉或卖给了华人。

反过来讲，如果大量的资本投入在一个领域里具有决定性优势，那么西方人会领先。以进出口贸易为例，生活在泰国的华人在几个世纪里一直处于垄断地位。但是19世纪大的西方的方帆帆船开始取代小的吃水更浅的中国船，而蒸汽船的出现为西方人带来更大的优势。到了1890年，英国一个国家就承担着2/3的对外贸易，而其他西方船只承担着超过1/3的份额，只有2%的吨位是由老的船只承担的。在华人航运快速下降的过程中，资本起了决定性作用。即使如此，这种变化也没有对华人在进出口贸易端的角色起到类似的效果。因为在这里，知识仍旧是决定性因素。在1890年，虽然英国垄断了曼谷的航运，但是华人仍旧进行着62%的进出口贸易业务。他们此时作为西方航运方的中介或自己的中介。

虽然泰国很多名列前茅的商人都是华人，但是这并不意味着生活在泰国的多数华人都很富有。数不胜数的华人居住在乡村的茅草房里，他们的地板就是大地；或者生活在城镇的店铺后面，他们常常没有电，也没有厕所设施。而且也不是所有的华人都是商人。在泰国经济的非农业领域里，大约70%的工人是华人。一位19世纪的观察家这样描述曼谷的华人菜园，华人生活在“他们土地里的小的肮脏的茅草房里，有大量的狗看守着，还有恶臭的猪圈”。尽管如此，泰国人耿耿于怀的还是华人在社会的富人中所占的高比例。华人在泰国的经济发展中所做的历史性贡献常常被遗忘，他们的富足往往被归因于一些无法定义的“剥削”。华人放贷者往往因为泰国农民的贫穷而受到谴责。事实上，放贷是一个高度竞争的业务，泰国放贷人提供的条款往往并不比华人提供的条款更好。

有时对于华人的指责是基于华人机敏的商业行为。这样的指责很难被评估，因为在泰国当时的社会中，买方和卖方都存在不同程度的欺诈行为，这是双方有预期且在一定范围内达成默契的事情。如果相对于本地商人，华人进行了更多的欺诈、收取了更高的价格或者提供了残次商品，那么本地的竞争者会将他们挤出市场。但是在整个东南亚，很少有本地商人能在价格、信贷，或者销售条件上与华人商人相匹敌。事实上，华人往往是使用低价策略的一方，那些时不时抱怨华人"剥削"消费者的人往往也会哀叹这个事实。他们采取的低利润空间策略让他们成了欧洲人和东南亚人无法与之匹敌的竞争对手。

在 20 世纪 30 年代的大萧条时期，泰国政府开启了一项国家主义政策为泰国国民争取受雇机会。由于生活在泰国的外来人口绝大多数是华人，这个政策事实上成了对华人的重大打击。虽然他们也有很多人是泰国公民，但是只有泰国国民才能做出租车司机。向中国汇款被禁止，中国学校的课程表受到限制，中国的国家主义宣传被禁止，一些学校由于违规或者规避限制而被关闭。在第二次世界大战期间，泰国出台了更多反华的法律和法令，尤其是在日本控制了泰国之后。

虽然在几十年里有很多法律和政策试图将泰国人从传统农业转移到现代经济中，尤其是转移到商业和工业领域中，但是泰国人很少利用这些机会。20 世纪 30 年代的一项法律要求稻谷磨坊至少雇用 50% 的泰国工人，但是事实证明这是无法实现的，因为泰国并不能提供这么大数量的工人。1939 年，一项新的法律让政府有权力要求在公立和私营企业中让泰国雇员数量达到 75% 的水平，但是社会并不能提供足够数量的泰国人。由于害怕对经济造成危害，所以政府并没有施行这个法律。在第二次世界大战期间，泰国政府强制疏散了生活在泰国很多区域的华人。这导致华裔商人以原本价值很小的比例将他们的业务出售给了泰国人，但是并没有由此产生一个大的泰国商业阶层。战争期间对华人的这种限制带来的更好的经济机会往往被日本商人把握了，而泰国人并没有把握这些机会。甚至在战后的泰国，泰国人社区仍旧有华人店铺。

防止华人分离主义发展的尝试起到的效果就是，受到围攻的群体加深了自己的民族身份认同，而华人在经济领域的优势仍旧存在。他们继续拥有80%~90%的稻谷磨坊，以及这个国家最大的企业。更重要的是，华人垄断了稻谷生产的每个阶段，除了种植阶段。华人购买稻谷、运输稻谷、磨稻谷，而且控制着泰国3/4的稻谷出口。泰国设立了一些政府所有的企业，以降低华人在经济上的作用，但是这些企业到最后往往也会雇用华人经理人。

越来越多针对华人的禁令和偏向泰国人的政策让华人开始贿赂泰国官员，以获取从事某些经济活动的垄断权。这些贿赂可能是直接的也可能是间接的。一些泰国政府的高级官员成了华人企业的总监或"合伙人"，并通过他们的政治影响力为这些华人企业牟取利益，甚至出台一些表面上保护泰国大众的法规和政策来达到目的。

关于海外华人还有一个事实，那就是这些在历史上卓有成就的资本家成了政治左翼的主流，甚至参加了共产主义运动。在泰国的共产主义运动中，华人的数量远远超过泰国人。海外华人同样构成了马来西亚共产主义运动的主流。同样，政治左翼超出人口比例的表达在另外一个历史性的资本家少数中间人群体里也很明显，那就是犹太人群体。这并不是说多数海外华人或犹太人都是共产党，也不是说他们中的多数都是左翼。这里要表达的意思是，在这些国家的政治左翼里，这个最佳的资本家群体提供了超出其人口份额的成员。

马来西亚

虽然泰国有600多万华人，是东南亚海外华人最多的国家，但是海外华人在国家总人口中占比最高的却是马来西亚。华人在马来西亚总人口中占到29%。从社会的角度看，华人与马来西亚多数人之间的隔离情况比在泰国更加明显。因为大多数马来人都是穆斯林，对于他们来说与非穆斯林通婚是不可以考虑的事情。而华人在文化上与他们相反且喜欢赌博，这些特点限制了他们总体上的社会交往。马来西亚存在非常少量的跨种族社区和数量极少的通婚，虽然在华人和印度人少数群体中男性数量都远远超过女性。

马来亚联合邦作为英属殖民地在1957年获得独立。1963年，新加坡和婆罗洲岛屿的部分地区加入马来亚联合邦使之成为马来西亚。两年之后，新加坡脱离出来成为一个独立的城邦。

像泰国人一样，马来人并不是一个因为缺乏土地或资源而导致贫穷的群体。恰恰相反，大量的土地和充足的降水让生活在这里的马来农民每年工作几个月种植一季作物就能养活自己。如果有必要，这里的土地也能支撑每年种植两季作物。这让马来人有足够的时间可以发展出一种轻松的生活方式。这是一种人的说法，另一种人的说法就是这些马来人很懒。马来亚还拥有世界上最大的锡矿带的一部分，同时也有丰富的石油矿藏和其他矿产资源。这里的气候和土壤都非常适合种植橡胶树，这最终使得马来亚成了世界领先的橡胶生产国。但是开发所有这些资源的工作大部分都是外国人做的，而不是马来人做的。有大量财富的马来人往往不会选择在这样的企业里进行投资，而不那么富有的马来人很少愿意在橡胶种植园或锡矿里工作。因为他们可以在自己的土地上从事不那么繁重的工作，就能养活自己。

开发马来亚的资源所需的资本大多都是由西方国家提供的，而所需的劳动力大多来自中国、印度和锡兰。这些工人基本上都不识字且非常穷困。他们的来源国生存环境比马来人的生存环境要差得多，而他们通常所需承受的饥饿风险让他们养成了节俭和努力工作的习惯。也有一些马来人确实和华人一起在橡胶种植园里工作。他们从事同样的非技术劳动，但是华人的人均产出超过马来人人均产出的两倍。与华人和印度人不同，马来人因自由花费和为社交庆祝而举债而臭名昭著。

在欧洲殖民主义建立之前，生活在这片后来被整合为马来西亚的土地上的华人数量非常小。然而从1794年开始，一份来自槟城定居点的英国报告将华人描述为“我们的定居点里最有价值的一部分人”。他们说，华人拥有各种各样的手工艺技能，可以做店主、种植园工人和船夫。华人同样被描述为在追求金钱的过程中是“不屈不挠的”。

在英国的统治下，相当数量的华人来到这片区域。很多人是为了躲避19 世纪中期太平天国运动和之后中国内部法律和秩序的缺失。在除了新加坡、槟城和马六甲的马来各州，华人人口从 1881 年的约 10 万上升到 50 年之后的超过 100 万。到了 1941 年，英属马来亚的华人人口实际上超过了马来人。

华人在这个国家的经济发展中发挥了重要作用。在 19 世纪和 20 世纪之交，马来亚生产了全世界一半的锡，无疑，华人矿工也为这个行业的发展做出了贡献。到了 1931 年，有近 7.9 万华人矿工和超过 16 万华人在种植橡胶。随着时间的流逝，这些华人逐渐扩散到其他职业上。他们往往从底层做起，从事多数马来人不愿意做的工作。这些华人在经济上逐渐崛起。很多人利用他们的积蓄做了小生意，其中的一些小生意发展成相当规模的企业。1911 年生活在马来亚的华人有超过一半或是农业劳工或是矿工。但是 20 年之后，只有 11% 的华人从事这些职业。华人最终拥有了这个国家所有的零售商店的 85%。

华人已经成了经济的重要组成部分，而且在人口中占据了相当的比例。华人在 1931 年达到了 1/3 的人口比例。尽管如此，华人还是生活在隔离的社群里，说着自己的语言，建立自己的社群机构，对于他们所鄙视的马来文化和社会生活表现出的兴趣相当小。他们的社会、文化和政治取向都倾向于中国。一方面，很多旅居的华人仍旧希望在马来亚获得一些财务上的成就之后回到中国。但是另一方面，这个国家也出现了一个本地出生扎根本地的华人群体，也就是被称为“海峡华人”的人群。

像在泰国一样，华人在马来亚所面临的多数商业和工业竞争都来自其他外来人群，而不是本地人口。印度劳工到来之后在橡胶种植园占据了领先地位，而且印度商人也在马来经济中占据了重要地位。欧洲资本和技术在锡矿与华人展开竞争，并最终成为主导力量。1920 年，华人所有的矿产生产了马来亚近 2/3 的锡。但是到了 1938 年，欧洲矿产生产的锡占到 2/3。马来人自己在投资者、所有者或经理这些角色中所起的作用几乎可以被忽略。1931 年，非马来人拥有了马来亚 99% 的橡胶产业。其中欧洲人和美国人拥有 84%，华人拥有 13%，印度人拥有 2%。即便是作为工人，马来人也很少参与马来亚经济的这个主要行业。

英国殖民地政府为马来人提供了各种各样的法律便利。比如为马来儿童提供免费的学校教育，但是华人儿童就不能享受同样免费的教育。再比如，英国殖民地政府的民事职位也会优先雇用马来人。但是最初主要是文盲的华人开始建立自己的私立学校，让自己的孩子接受教育。更重要的是，即便是上了大学的马来人也往往会选择从事文书工作，而华人的大学生往往学习医药、科学和技术专业。即使如此，和在经济领域一样，一些华人的相对成功也不能掩盖华人内部受教育水平不均衡的事实。虽然一些华人取得了惊人的成就且在马来人中激起了嫉妒和憎恨，但是多数华人并不像这些极端成功的人那样幸运。直到 1950 年，华人适龄儿童只有不到一半人上过小学。这个国家的全部华人人口非文盲不到 1/3。

第二次世界大战和战后的各种乱象让马来人和华人彼此疏远。日本轰炸珍珠港，重创美国太平洋舰队，并且在远东获得了海上优势。在这个事件的 10 天之后，日本入侵槟城。两个月之后，新加坡投降。对于生活在马来亚的华人来说，被日本占领的漫长噩梦开始了。向中国提供援助以支持中国抵抗日本侵略者或支持马来亚抵抗的华人被告密者揭发，进而被日本处决。被占领当局认为可能会带来麻烦的许多其他类型的华人也被处决。大屠杀持续了几天，总共约 5 000 名华人被杀。与此同时，许多马来人在战争期间与日本合作。这件事造成的华人与马来人之间的辛酸龃龉一直持续到战争结束之后的时代。

英国在很长一段时间里一直在建立政治机器推动马来亚的独立，但是战后马来亚的分裂让这件事变得更加困难。经济上的差异混杂着政治上的差异，这个国家的人口统计学构成让事情变得更加复杂。华人男性的平均收入超出马来人男性平均收入的两倍。马来亚联合邦在1948年建立的时候，人口分成了45%的华人、43%的马来人和10%的印度人。这些不同的群体确确实实是相互分裂的。第二次世界大战期间的反日游击队基本上都是由华人构成的。战争结束之后，这些游击队变成了共产党领导的游击队，在国家政权中占优势。

为了融合三个主要的民族群体，让这个国家在独立之后能够和平稳定，代表每个群体的主要政党组成了一个叫作联盟的联合体。在这个联盟中，马来西亚华人公会和马来西亚印度人国大党都成了马来人的政治代表马来民族统一机构的下属机构。为了消除独立之后不同群体之间的冲突和残杀，联盟推出一种妥协政策，其中涉及通过为马来人提供政治特权以抵消华人在经济上的领先优势。由于华人主要生活在城市而马来人主要生活在乡村，他们对乡村的选票和城市的选票进行了不同的配比，由此保证对马来人的优待。更重要的是，宪法规定国家的首脑必须是马来人，国家的宗教是伊斯兰教，而且马来语是国家的官方语言。在社会和经济领域里，宪法规定了在政府职位、大学奖学金，以及经营许可和执照的颁发等方面对马来人的优待措施。作为交换，非马来人可以得到更加自由的公民身份认证和自由从事商业活动的权利，政府对此进行的干涉相对较小。后一项自由对于华人和印度人来说至关重要。

这个妥协政策从任何角度上讲都无法获得全体民众的认可。事实上，这个妥协政策遭到联盟之外的华人和马来人政党的政治攻击。一些持不同政见的华人批评这个计划给予马来人的优待太多了，但是一些持不同政见的马来人希望获得更多的优待。新加坡人民行动党要求建立一个没有任何种族特权或限制的马来西亚，他们希望所有的马来西亚人在法律面前都是平等的。这个原则被处于统治地位的联盟看作一种对于基本妥协的威胁，他们认为这个基本妥协是能够让这个国家朝着独立和平过渡的希望所在。更重要的是，人民行动党足智多谋的领导人李光耀被视为会动员整个国家的华人的人。如果将新加坡这个李光耀的政治基础也包含在马来西亚之内，华人的总数就会超过马来人。1965 年，马来西亚将新加坡分离出去，从而先发制人解决李光耀和人民行动党的问题。即使不是唯一一个，这也是极少发生的一个国家自愿地将自己的一部分领土和民众分离出去的情形。在马来西亚的这次决定中，它割离出去的是亚洲最大的港口。将新加坡这个华人为主的地区分离出去之后，马来人成了马来西亚人口最多的群体，同时也是享受政治优势的群体。

从经济上讲，华人仍旧占据垄断地位。但是背景是社会越来越多地要求更多的事情交由马来人去做。华人不但被认为更加富有，而且被认为是在“剥削”马来农民。虽然有人试图将马来农民描绘成受到华人中间人或放贷人奴役的群体，但是事实上，20 世纪 50 年代和 60 年代只有半数的马来西亚农民有欠款，而且多数的欠款都是一年之内就能还清的。同样的事情也发生在泰国和老挝。但是政治修辞超过了事实。

虽然联盟在 1969 年再次当选，但是马来人和华裔选民都输给了来自各个社区的激进党派。更加重要的是，在首都城市吉隆坡爆发了一些重大的种族冲突。上百名华人被杀，另外还有广泛的针对华人商业的纵火和抢劫。这些暴动成为马来西亚政治历史上的分水岭。

最初的政治妥协被调整，马来人获得更广泛和更加彻底的特权。现在这些特权延伸到私营领域，并且包括新的政府信贷资源来结束人们臆想中的马来农民对华人中间人的人身依附。从更加基础的层面讲，政府承诺了一个长期的行动来“消除经济职能中的种族身份”。换言之，政府想要制造一种马来人在所有经济领域的统计学上的平等。马来人或“大地之子”想要在马来西亚的经济和社会中拥有一种机构化的“特权地位”。

这些政策事实上的结果远远没有政治修辞那么戏剧化。从总体上讲，华人的收入仍旧是马来人收入的大约两倍。像过去一样，不同的调查之间都会有小的偏差。然而在一些特定的领域和阶层发生了惊人的变化。虽然这些优待政策都是打着马来民众的旗号出台的，但是实际结果并不总是对马来民众有利。在马来西亚半岛的贫穷家庭中，马来家庭的比例事实上还稍稍上升了一些。在经济天平的另一端，富有的马来人更加富有。政府经营的企业为马来精英群体的成员，包括马来西亚王室成员，提供了管理岗位。有政治关系的马来人会成为大公司的董事会成员，但是数量仍旧少于通常来自有商业背景的华人董事。但是两者都少于外国的董事。

在马来西亚的商业中，马来人的股份一直在上升，但是这些股份通常都是政府以马来人民的名义持有的，而不是马来个体股东持有的。这些行业通常都不怎么赢利，而且其不赢利的程度往往和政府的持股比例成正比。马来的私营经济在与华人的经济往来中同样没有占到什么便宜，哪怕是马来顾客也常常更喜欢和非马来企业做生意。试图规避政府限制的华人企业往往在马来“门面人”的背后经营。这种经营模式如此普遍，以至出现了“阿里巴巴”企业这样的表达方式，其中阿里表示马来人而巴巴表示华人。一项关于马来西亚本地的货车行业的调查发现，在105个拥有且经营货车企业的人中102人是华人。这些企业的员工的情况也大致相同。而货车行业还是一个需要执照的行业，马来人在这个行业拥有特权。

对华人的取代，做得最成功的是在政府完全控制的领域，其中最突出的就是政府雇员和大学入学。1979—1980年度政府新设的职位超过90%到了马来人手中。虽然1970年在整个国家的大学生中马来人只占40%，但是在10年的强烈偏好之后，马来大学生占到67%。在20世纪70年代的整个10年中，在全国的大学中就读的华人学生的绝对数量有很大的下降，虽然大学招生数量扩大了不止一倍。一个结果就是近3万马来西亚学生到国外上学，这些人3/4都是非马来人。华人资本也开始流出马来西亚，同时流出的还有华人专业人士。

即使到了20世纪晚期，马来西亚的城市穷人也有很多来自华人家庭。其中很多都是生活在首都吉隆坡的占屋者。年轻的城市华人失业率越来越高，他们在自己出生的地方进入就业市场却受到法律歧视。但是政治上显得突出的事情是，华人仍旧在这个国家的经济领袖中占据不成比例的多数，而马来人把这个事实当作需要“解决”的“问题”。

新加坡

在不到两个世纪的时间里，新加坡从一个马来半岛尖端几乎没有人居住的热带岛屿发展成世界上第四大港口。这个地方成了20世纪一个很反常的城邦。在新加坡1965年从马来西亚分离出来之前，这里一直保持着这种状态。除了港口，新加坡几乎没有任何自然资源，甚至还需要用管道从马来西亚进口淡水。但是这里的人均收入接近马来西亚的两倍，而且成了亚洲生活水平最高的地区。

1819年，托马斯·斯坦福·莱佛士爵士在新加坡建立了英国殖民地。在那个时候，居住在这片土地上的只有120名马来人和30名华人。在英国人的统治下，这里的人口发展得很快。1821年已经接近5 000人，两年之后又超过1万人。像在其他地方一样，殖民地政府认为华人“毫无疑问”是当地最有价值的一群人。但是出于安宁的目的，来自中国不同省份的人群被彼此分隔开来。随着时间的流逝，新加坡华人的绝对数量和占当地总人口的比例都在上升。19世纪20年代，华人还是一个少数群体。但是到了1840年，华人占到新加坡总人口的一半；到了1881年，华人人口占到3/5；到了1931年，华人人口占到3/4。

来到新加坡的中国移民表现出类似的特点，就是中国南方的年轻男性作为旅居者来到这里，希望能够衣锦还乡过上更好的生活。由于性别的不平衡和热带疾病的肆虐，直到20世纪20年代，定居在这里的华人人口仍没有自然增长。到了20世纪20年代，这里已经有了足够数量的女性和定居的男性，因而在移民群体之外还出现了在新加坡出生的华人群体。到了1931年，生活在新加坡的女性达到男性数量的一半。到了1947年，一半多一点儿的人口是本地出生的。

新加坡位于亚洲的大港口的中间位置，所以成了主要的转口港，而且在大英帝国的鼎盛时期还是其军事力量的战略连接点。第二次世界大战期间，新加坡陷落到日本人手里。这对于英国在这个地区的力量造成了重要打击，最终也对所有的欧洲殖民地造成了打击。日本的占领对于新加坡民众来说也是一个惨痛的经历。几千人因为被怀疑支持中国与日本之间的战争而被围捕，很多人被枪决。

在战后的世界里，新加坡和马来亚都出现了对于独立的诉求。在西方接受教育的李光耀和他的人民行动党试图在新建立起的马来西亚提倡“不分种族的平等公民权”。虽然这个倡议被马来西亚拒绝了，但是新加坡的独立为这个政治观点提供了新的机会。李光耀和人民行动党可以在这个独立的多种族的城邦尝试这种政治理想了。

新加坡在1963年获得独立。这个时候，新加坡的人口是180万。其中主要是华人，占到140万。还有相当数量的其他少数民族，比如马来人有25.7万、印度人有13.2万、其他民族还有3.65万。种族间的争执和敌意在新加坡像在马来西亚一样存在。19世纪生活在城市里的不同华人群体之间爆发了很多血腥的斗争，有几百人在这样的斗争中死亡。直到1950年还发生过针对欧洲人的穆斯林暴动。1955年在新加坡同样发生了相关的政治暴动，最终国家需要动用超过1万名士兵和警察来重建秩序。在这种背景下，新加坡面临的挑战就是建立一个能够在这种分歧和不稳定因素下持续生存的社会。更何况，新加坡还生活在一个更大的马来西亚社会的阴影下，而马来西亚社会具有同样的不稳定因素和对抗的种族政策。马来西亚能够切断新加坡的水供应的能力这件事就说明，新加坡的政策和事件不能惹怒马来西亚政府。

新加坡建立一个国家的努力的基石就是去除对种族和民族的强调、倡导新加坡的爱国主义、法律面前人人平等，以及接受文化之间的不同。在华人中，公共政策鼓励说普通话。虽然普通话对于很多来自中国南部的群体来说就像一门外语，但是这是一种消除不同方言群体之间的隔阂的方式，而不同方言群体之间的隔阂在历史上一直为生活在全世界各个国家的华人带来灾祸。城市的重建和公共住房政策往往会打破一些民族社群。加上种族融合的军队和警察系统，减弱了之前存在的一些群体狭隘性。政府没有规定学校系统使用一种特定的语言，事实上甚至要求使用双语教学。但是随着时间的流逝，越来越多的学生选择英语作为自己的第二语言。到了 1975 年，近 70% 的新加坡学生都在学习英语。虽然每个群体在家都是用自己的语言，但是这种事实提供了一个跨越民族界限的通用语言。与此同时，成年人群体有 1/4 没有上过任何学，43% 只完成了六年的小学教育，只有 1% 有大学学位。这个数据是对新加坡过去严峻现实的反映，而现在的繁荣的教育程度较高的新加坡就是从这种严峻的过去中崛起的。

到了 1983 年，英语成为大多数公立学校使用的教学语言，从小学一直到大学都是如此。超过 40 万学生用英语接受教育。相比之下，只有不到 4 万学生接受汉语教育，不到 500 人接受马来语教育，不到 50 人接受泰米尔语教育。简而言之，三个主要的民族群体的多数成员都使用英语接受教育。

虽然各个不同的种族和民族群体在法律面前是平等的，而且官方政策也淡化种族和民族上的不同，但是生活在新加坡的不同群体在社会上仍旧是分割的，在经济上仍旧是不同的。新加坡只有不到 5% 的非穆斯林婚姻是不同群体之间的通婚，其中最常见的是华人和欧洲人之间的通婚。而且其中 9/10 是华人女性嫁给欧洲男性。穆斯林婚姻更少但是多样性更大。新加坡几乎 4/5 的穆斯林婚姻发生在马来人之间，另外 5% 发生在印度人之间，16% 是不同群体之间的通婚。这些通婚通常发生在马来人和印度人之间。所有的穆斯林婚姻只有不到 3% 发生在华人和马来人之间，而非穆斯林婚姻只有不到 1% 发生在华人与马来人之间。因此，新加坡最大的两个群体反而是最不可能通婚的。

这三个民族群体之间的经济差异仍旧相当大。1980 年，华人的收入比马来人的收入高出 43%，但是还是比马来西亚的差距小一些。生活在新加坡的印度人和华人的收入大体相当，而生活在马来西亚的印度人的收入少于当地的华人。然而，新加坡的印度人在历史上通常被教育成专业人士，而马来西亚的印度人大约一半仍旧是种植园劳工。如果把华人作为标杆，生活在新加坡的马来人比生活在自己国家的马来人过得更好。考虑到马来西亚对于世居民族的众多优待，这个事实尤其令人震惊。

印度尼西亚

在中国人开始大规模向现在被称作印度尼西亚的地方移民的时候，这里还是荷属东印度群岛的一长串岛屿。这些岛屿包括爪哇和苏门答腊，在赤道处将太平洋和印度洋分隔开。中国贸易商至少在公元9世纪就到访过爪哇。但是在17世纪荷兰占领了这片区域之后才开始大规模移民。1619年，生活在巴达维亚[①]的华人不到500人。随着荷兰人统治的巩固，到了1733年生活在同一个城市的华人已经达到8万。早在17世纪中期，中国人就在当地的艺术家中占到了多数。他们还建立了爪哇的第一个甘蔗工业，而当地人仍旧使用更加初级的方法生产糖。在中国人的经营下，糖产量比先前的水平高出了好几倍，价格也随之下降。作为放贷人，华人通过更低的利息和更少的担保将他们的日本竞争对手挤出市场。总而言之，中国人既经营微型企业也经营大型企业。很多人的富裕显而易见，也在群岛的荷兰人和本地人中引起显而易见的憎恨。

华人群体在迁移和行动中存在相当严重的犯罪比例。荷兰政府试图控制这些迁移和行动，但是这些尝试导致很多武断的法令、骚扰和敲诈现象，并在1740年造成一次华人群体的暴动，最终几千人被屠杀。虽然有很多兴衰变迁，但是华人从19世纪早期开始就控制了爪哇的多数国内和国外贸易。但是这种对于私营经济的垄断注定不能持久。1870年之后大量的

---

① 巴达维亚，印度尼西亚首都雅加达的旧称。——译者注

欧洲资本涌入，建立了大的农业和工业企业。这些行为让华人小的家庭企业黯然失色。不论是在种植园农业领域、批发领域、银行领域，还是在工业企业领域，这些大规模的企业往往都掌握在欧洲人或新崛起的日本人手里。到了1921年，荷兰人掌握着种植园、批发贸易、运输和银行73%的投资，而华人只掌握了11%。华人继续在小商业中占据领先地位，多数人继续从事这些工作。虽然他们比不上欧洲人富裕，但是也比印度尼西亚人富足。

到了1930年，有超过100万华人生活在荷属东印度群岛。其中超过2/3的人出生在那里。50万华人的父辈也是出生在那里的。虽然华人仍旧是一个在社会上被隔离的群体，但是他们已经在当地扎下了根。华人内部也有区别。起源于中国不同区域的华人聚居在荷属东印度群岛的不同区域，从事不同的职业，在本地出生和国外出生的比例上也有不同，男女比例也不相同。

早期的移民多数是男性。他们往往和本地的女性结婚，在文化上也融合得更好。他们说当地的方言而不是汉语，吃当地的食物，穿当地的服装，并且模仿当地的习俗。这些移民和他们的后人通常被称作“娘惹”，也就是混血的意思。但是这个词的含义超出了生物血统的范畴，延伸到整个生活方式和所有的价值观领域。20世纪20年代，大量的华人女性开始到达群岛。由此诞生了一个新的华人社区，这些华人被称为“新客”，也就是纯血统的意思。这些人从语言和文化上生活在中国的世界里，他们在社交世界上和印度尼西亚人以及娘惹都是隔离的。

娘惹和新客之间的分别具有持久性，但是随着时间的流逝，两个群体的相对比例发生了变化。1920年70%的华人是娘惹，但是到了1950年这个比例降低到60%。虽然这两个群体最初的定义是混血和非混血，但是随着时间的流逝，两个群体的差别变成了社会和文化上的差别，而不再是严格的种族、公民或代际的差别。在内战期间，东印度群岛一份领先的华人报纸用马来语出版给娘惹看的内容，同时用汉语出版给新客看的内容。在两个版本中，印度群岛新闻和中国新闻所占的篇幅比例也有不同。娘惹和新客都有自己不同的政治组织和相互冲突的政治目标。

对于土生土长的印度尼西亚人来说，两个群体都是华人。在印度尼西亚人试图摆脱荷兰人的统治而独立的时候，他们并不欢迎两个群体中的任何一个成为印度尼西亚国家主义运动的全面成员。印度尼西亚国家主义者往往都是用种族进行定义的。更重要的是，很多华人都非常清楚印度尼西亚人对他们的嫉妒和敌意。一些华人公开希望荷兰人继续统治，而另外一些华人对印度尼西亚国家主义表示同情，还有一些人认为没有理由采取立场且采取立场是一种有风险的行为。

华人和印度尼西亚人在经济上的不同非常大。虽然华人只占总人口的一小部分，但是1939年属于高收入群体的华人在绝对数量上比印度尼西亚人还要多。多数华人都是中等收入群体，而超过4/5的欧洲人是高收入群体。但是由于2/3的印度尼西亚人属于低收入群体，所以华人看起来还是非常富裕的。更重要的是，从政治和暴力的角度来看，华人是一个比较安全的攻击对象。像在东南亚的其他地方一样，殖民地权力机构会或多或少地保护华人。但是日本在第二次世界大战早期获得的胜利损害了华人的利益。在日本入侵之后，很多人看到华人已经失去了任何保护。因此从罪犯开始一直发展到爪哇的普通人群，他们都开始对华人社区进行抢劫、谋杀和奸淫。像在泰国和马来西亚一样，在战争期间华人基本上是支持西方的。而当地人基本上都支持日本，虽然也有一些华人和日本人合作而一些印度尼西亚人不和日本人合作。

战争中的日本人和战争之后的印度尼西亚人对新客和娘惹这两个华人群体的差别并不感兴趣。在日本投降之后的混乱时期里，印度尼西亚的国家主义者宣扬独立，但是荷兰人返回来重建殖民统治。华人想要保持中立，但是在很多方面受到印度尼西亚人的侮辱。1946年，一些同化程度最高的和印度尼西亚人和平共处了很多年的华人在唐格朗的郊区被数百人杀害。随后在其他地方发生了更多的大屠杀。总共约1 000名中国人被杀害，另外10万人无家可归。更多的人死于印度尼西亚武装和荷兰军事武装之间的军事对抗中，尤其是死在印度尼西亚游击队手上。印度尼西亚在1949年宣布独立，国家重归和平。但是华人群体面临的问题仍旧存在。

在刚刚获得独立的印度尼西亚生活着超过200万华人，其中近3/4都出生在那里。但是这并不会让他们自动成为该国公民。直到20世纪60年代中期，印度尼西亚的华人只有不到一半是该国公民。但是更加根本的原因是，印度尼西亚人不情愿让出生在他们的土壤上的华人自动获得公民身份。而一些华人也不情愿获得印度尼西亚的公民身份，因为公民身份并不能带给他们平等的权利，反而会切断他们与中国的联系。根据可靠的估计，拒绝印度尼西亚公民身份的华人在三宝垄占到10%，在雅加达占到25%。

印度尼西亚政府出台了一系列法律措施将“本地”印度尼西亚人和有“外国”血统的公民以及双重国籍的公民分开。这些措施进一步验证了华人害怕的事情，那就是他们获得的只是二等公民的权利。比如，只有“本国的”进口商才能获得进口许可、政府信贷和其他特权。这些“本国的”进口商事实上指的就是本地印度尼西亚人。他们与拥有国籍的非本地起源的人有不同的权利，比如华人。“侨居”的华人是指出生在印度尼西亚但是没有印度尼西亚公民身份的华人。这些人受到的歧视性对待往往更加严重。他们被禁止在小的城镇或乡村里经营零售业，也不能拥有稻谷磨坊。具有印度尼西亚国籍和另外一种国籍的人则被禁止从事其他一系列经济活动。这个政策打击了在中国和印度尼西亚协商公民条约的时候仍旧身份不明的华人。除了这些以及其他对华人进行的经济限制，汉语报纸和杂志的出版以及私立汉语学校的经营也受到诸多限制。

华人对此的反应各不相同。1960年就有超过10万华人离开印度尼西亚。很多华人掌握的资本也开始流出这个国家。其他人开始在印度尼西亚“门面人”的背后经营自己的业务，而“门面人”负责申请经营所需的许可。这种行为非常普遍，在印度尼西亚和马来西亚，这种经营模式被称作“阿里巴巴”。“阿里”就是印度尼西亚的“门面人”，而“巴巴”就是实际上拥有和经营企业的华人。另外一种策略就是华裔商人去游说有影响力或有权力的政府官员，变更、暂停或忽略这些法律，甚至获得政府合同或优待。不论用什么办法，华人适应了被印度尼西亚总统苏加诺称为新秩序的规定。苏加诺也开始转过来缓和印度尼西亚的反华政策，同时寻求与中国建立更加紧密的国际关系。政府也清楚如果全盘执行之前声称的将商业所有权“本地化”的措施，那么无疑会让本来已经面临很多问题的经济雪上加霜。然而，本地化政策的失败和华人的继续繁荣制造了公共的不满情绪。这些情绪又经常被政权的反对派操纵和利用，这导致1963年印度尼西亚很多地方发生了反华的暴力暴动。

多数在政治上活跃的华人最终开始支持苏加诺领导的左翼支持华人的政府。苏哈托将军所领导的保守派军政府在1965年当权的时候，这些人遭受了严重的暴力抵制。在军事集团夺取权力之后的两年里，反华暴动零星爆发且几乎立即就要求更加强烈的排华政策。然而到了1967年年底，反华的政治措施和暴力活动都有回落。政府继续通过一些象征性的行为来安抚极端的反华分子，比如穆斯林商业竞争对手和印度尼西亚的大学生。除此之外，苏哈托政府握紧拳头抵制更加极端地想要迫使华裔商人放弃经济活动的要求。印度尼西亚并没有足够的本地人能够取代华人的经济地位，如果这些极端要求得到满足，印度尼西亚的经济就会遭受更加严重的打击。

1967年之后，一些之前被国有化的企业被退还到原来的所有者手中。像东南亚的其他地方一样，生活在印度尼西亚的华裔商人希望通过各种方式贿赂印度尼西亚官员以换取安全。他们贿赂的对象从普通士兵直到政府高层。甚至在苏哈托政府之前这就是一个长久以来的模式。华人为了和平付出的代价超越了金钱。他们必须接受政府禁止他们的大部分文化、社会和政治组织，作为同化的政策压力的一部分。一个显著的特点就是大量的人作为个人行为“自愿地”从汉语的名字改成印度尼西亚语的名字。虽然华人做出了大量的努力适应周围的环境，但是20世纪70年代和80年代反华的暴乱仍旧时有爆发。生活在印度尼西亚的华人长久以来都被认为是东南亚同化程度最高的华人，但是这并不能阻止他们成为被攻击次数最多、暴力程度也最严重的群体。生活在印度尼西亚的华人在绝对数量上是一个很大的群体，在 20 世纪晚期达到 400 万人。但是他们只占印度尼西亚总人口的不到 3%。而隔壁国家马来西亚的华人人口只有 430 万，却占到总人口的 29%。同化和不引人注目的数量并没能让他们摆脱被嫉妒、被憎恨，以及种族分化的悲惨结局。

菲律宾

在所有的东南亚国家中，菲律宾的华人人口在历史上一直是最少之一。不论从绝对数量上还是从相对于总人口的比例上，都是如此。20 世纪中叶，据估计生活在菲律宾的华人不到 25 万，是泰国华人的 1/12，只占到菲律宾总人口的 1%。到了 20 世纪晚期，大约有 70 万华人生活在菲律宾，不足菲律宾总人口的 1.5%。由于华人在菲律宾非常少，所以他们在菲律宾的经济发展过程中所起的历史性作用就显得更加突出。

欧洲殖民者和大规模的中国移民来到菲律宾的时间在某种程度上都比到亚洲东部其他地方早一些。西班牙人在 16 世纪到达这里，但在此之前华人就已经生活在菲律宾了。西班牙人的统治在 4 个世纪之后到达尾声，这个时候生活在这里的华人就更多了。但是在这两个时间点之间的很多时间里，关于有多少华人生活在菲律宾这个问题有很多非常不同的答案。在 17 世纪的三个时间段里反抗者都被鲜血淹没，这个过程中几千华人被西班牙人杀害。除了华人定居者，也有来来往往的中国商人提供各种各样的生活用品。华人也是这个国家主要的劳工和艺术家。他们建造了很多教堂、城堡和修道院，这些建筑一直屹立到第二次世界大战期间。华人也是银行家、搬运工、裁缝、鞋匠、锁匠、编织工以及其他工种的从业人员。华人所取得的商业成功不但激起了常见的嫉妒和憎恨，而且在重商主义的时代人们害怕华人会把所有的黄金都转移到中国。

在菲律宾像在东南亚的其他地方一样，在殖民地时期华人往往是旅居者而不是定居者。他们挣一些钱然后带着所挣的钱回到中国，不论他们是不是达到了自己的目标，也不论他们的目标是不是随着时间的推移发生了变化。许多人把自己的家人留在国内，他们最终往往会回到家人身边。也有一些人把家人带到菲律宾和自己会合。19世纪晚期，每年约有1万到1.2万中国人到达马尼拉。同时有7 000到8 000人返回中国。到了西班牙殖民地时期的尾声，在菲律宾定居的华人数量增长到4万人。其中大约有一半以上生活在马尼拉。这个时候来到这里的华人大多数都是没有受过教育的男性，但是中国人还是垄断了批发和零售贸易。华人对技术工种的垄断持续了好几个世纪。直到20世纪早期，菲律宾的美国商人还施加压力要求允许更多的中国移民，因为菲律宾人不能提供足够的技术劳工。

虽然华人在技术工种和企业家中占据多数，但是这并不意味着多数华人都从事这些职业。许多人是从事简单繁重的劳工的苦力。在美西战争之后美国人开始统治菲律宾，这意味着美国对中国苦力的限制也开始应用于菲律宾。之后来到菲律宾的华人往往都是贸易商。在这里像在世界的其他地方一样，中国店主因努力工作、长时间劳动以及节俭而知名。华人社区往往按照他们在中国的起源地被分隔开。这些华人社区往往会向家乡新来的人提供贷款或其他援助。

在美国殖民地政府统治菲律宾的时期，华人投资的总量仅仅小于美国投资。华人经营着这个国家大概3/4的零售贸易，拥有菲律宾3/4左右的水稻磨坊。但是这并不意味着生活在菲律宾的华人都很富足。常见的华人店铺往往可以用“悲惨的”小窝棚来形容，气味难闻存货量也非常小。尽管如此，这种经济状况还是在更加贫困的菲律宾人之中激起了嫉妒情绪。这些菲律宾人常常向华人店主或其他中间人借债。1935年菲律宾成为一个自治邦，开始通过歧视性法案限制华人的经济活动，并且建立政府资助的菲律宾竞争对手。到了1939年，在菲律宾总统曼努埃尔·奎松治下，菲律宾人在零售贸易中所占的比例从之前的15%~20%上升到37%。奎松试图缓和菲律宾的反华情绪，他指出，华人“在我们自己还没有从事商业企业的时候帮助我们发展了我们的国家”。

在天主教和西班牙的统治之下，菲律宾人和华人通婚的障碍非常少。相形之下，华人与穆斯林马来西亚人之间的通婚要困难得多。更重要的是，与马来西亚和印度尼西亚的混血人群相比，有华人和菲律宾人血统的混血更容易融入当地菲律宾人群。菲律宾的华菲混血曾经被描述为“菲律宾人群中最有能力、最富裕和最有权势的群体”。在美国殖民统治下，中国移民的数量大规模增加。在这种情况下，华菲混血的数量仍旧远远超过纯血统的华人。到了 20 世纪 40 年代，大约有 75 万华菲混血，一些进入政界的华菲混血成了菲律宾最激烈的反华分子。

菲律宾的华人社区在社会和经济上都发生了很大的变化。随着时间的流逝，越来越多的华人女性移民菲律宾。这除了降低了性别比例失衡问题，还第一次形成了相当规模的纯种华人代次。直到 1933 年菲律宾还是 1 个华人女性对应 5 个华人男性的比例。但是这个比例已经是 15 年前的一半了。在此之后，这个比例持续下降。第二代华人是在华人文化中长大的。1935 年，菲律宾有 58 所汉语学校，学生总数超过 7 000 人。尽管如此，这些第二代华人和他们的父母还是存在不同，他们接受了很多菲律宾文化。他们从来没有去过中国，而且鉴于战火已经在中国蔓延了 10 年以上，他们去中国的机会就更小了。菲律宾在 1946 年完全获得独立。更新的一系列针对侨居群体的歧视性法律促使很多第二代华人开始寻求菲律宾公民身份。但是这件事的代价和难度都非常大。

有很多影响因素促使菲律宾人和华人走到一起，也有很多因素将他们隔开。很多生活在乡村的华人就居住在菲律宾人中间。这意味着他们尤其是他们的孩子，往往能够说当地的语言，学习当地的习俗以及当地人对人对事的态度。第二次世界大战的经历将两个群体更加紧密地联系在一起。与其他东南亚国家的情形不同，菲律宾人和华人都反对日本对菲律宾的入侵。两个群体都非常忠诚于同盟国的事业，而且菲律宾人常常帮助华人躲避日本占领政府。在战后，中国的内战促使菲律宾政府暂停了中国的移民。这个政策的副作用就是菲律宾的华人越来越多地在菲律宾出生和成长。随着出生在中国的老一代移民的离世，并没有新的中国移民来填补这些空位。另外，华人和菲律宾人之间的通婚还在继续。到了 20 世纪中期，所有已婚的华人男性中近 1/4 娶的都是菲律宾女性。另外，民事伴侣关系在当时也非常流行，尤其是在小商人中间。许多人在女方的菲律宾公民身份背后进行经营，这些女性甚至还有表面上的所有权。这些做法都是为了规避针对华人的反侨法律和禁令。然而，菲律宾男性和华人女性之间的通婚仍旧很少见。

在华人在本地人中分布得更加稀薄的省份里，华人和菲律宾人之间的社会交流总体上更多一些。而在马尼拉，大的中国社区在社会和文化生活中则更加自给自足。以 1958 年为例，在马尼拉和马尼拉附近有 36 所汉语学校和大约 2.3 万学生。

在这个国家的各种变迁中，华人一直是少数中间人。到了 20 世纪晚期，生活在菲律宾的华人男性超过 4/5 在某种程度上都拥有和经营着一些商业。但是这些商业经营并非全是大型的也并非都很繁荣，失败率也很高。尽管如此，华人社区在本质上还是一个商业社区。第二次世界大战之后菲律宾对移民实行了更加严格的限制。菲律宾的华人社区现在已经在本地扎根了，尽管华人的文化尤其是经营模式仍旧具有中国特色。更加成功的人往往通过和菲律宾高层建立关系来获得针对歧视性法律和政策的政治保护，他们发现这是一个很好的权宜之计。

印度支那

中国对印度支那地区的影响能够追溯到古代的汉朝，对应的时代大约相当于西方的罗马帝国时期。中国和这些地区之间的关系包括军事上的、经济上的和文化上的。比如，汉朝在河内建立了军事驻防区。来自古代中国的文物不但在印度支那被发现，在更远的婆罗洲、爪哇和苏门答腊也有出土。公元939年越南才从中国分离出去。之后的一段时间，越南一直保持独立，除了被蒙古统治的时代。在明朝早期，越南曾经短暂地作为中国领土。总的来说，中国人对越南的统治前前后后超过一千年。在公元7世纪的唐朝时，柬埔寨曾经承认中国的宗主权。中国与印度支那地区同样存在广泛的贸易，就像中国与亚洲的其他地区、欧洲以及西半球一样。在这个时间节点上，中国进口原材料，出口产成品。宋朝时期进口的新的稻谷品种极大地提高了中国的稻谷产量。在后来的几个世纪里，印度支那地区成了陨落的中国王朝的支持者们避难的地方。

印度支那这个名字来自这个地区的地理位置。它刚好位于印度和中国这两个伟大的文明之间，而这个地区的历史体现了它同时受到这两种文化的影响。哪怕中国的统治在当地被推翻之后或者其对中国的岁币停止之后，中国文化在这个区域的影响仍旧很强。生活在印度支那的中国人远远早于法国的殖民统治。印度支那的本地人也并不一致或和谐，他们对华人的态度千差万别。柬埔寨的高棉人和越南人的相互敌意可以追溯到几个世纪之前，而且他们之间的敌意在历史上就高于高棉人和华人之间的敌意。在18世纪，越南人在西贡附近的一个社区里曾经残杀了超过1万名华人。柬埔寨并不像越南那样有反对华人仇恨的历史。事实上，高棉人和华人之间的关系总体上非常和睦，其中也包含大量的通婚。

法国对于印度支那地区的殖民统治开始于19世纪中期，一直持续到20世纪中期之后。在法国人的统治下，这个地区的华人人口快速增长，尽管法国政府采取了很多不同的手段限制移民。到了1931年，大约有41.8万华人生活在印度支那地区。在20世纪中期，仅西贡—堤岸一个地区就生活着接近这个数量的华人。在越南共和国生活的华人加起来超过80万，同时在越南民主共和国还生活着5万到6万华人。有4万华人生活在老挝，21.8万生活在柬埔寨。这些都是在没有官方统计的情况下做出的估计，不同的估计差别很大。但是这些不同的估计也存在一些相同之处。首先，越南共和国的华人数量最大，其次是柬埔寨。所有这些国家的华人群体都不到总人口的 10%。

这些数量上算作少数的华人在印度支那的经济上发挥着与人口不成比例的作用。他们拥有老挝大约 70% 的小工业，在越南和柬埔寨经营着超过 70% 的零售业。在 1974 年的越南共和国，华人拥有造纸业和渔业的所有投资资本的 60%，同时拥有纺织、钢铁、化学和合成材料生产方面所有投资资本的 80%。这反映了在很长的历史时期里，印度支那的华裔商人都是本地商人和法国商人无法与之竞争的。

安南人和柬埔寨人缺乏中国人在商业上的节俭和坚持，安南渔夫无论在效率上还是在冒险精神上都无法和华人渔夫相比。华人渔夫往往在开阔的海面上打鱼，但是安南渔夫只敢在海岸边的水域里打鱼。法国人不能也不愿意像华人那样居住在便宜的地方，接受微薄的利润空间，或者学习当地的语言和文化来提高商业交易。所以华人作为中间人从事双重业务，一方面作为交易的经济链条上的中间环节，另一方面也作为法国人和本地种族之间的中间人。在殖民地时代，华人还以比法国商人更低的价格向法国政府销售货物。

华人广泛地给彼此以及给本地人群提供贷款。他们在这方面的效率基于他们对每个人的广泛而第一手的了解，而不是像财务机构那样基于“客观的”数据。这意味着华人彼此提供的贷款往往比他们提供给越南商人的贷款利率更低。因此和越南商人相比，华人能够用更小的利润空间销售货物给顾客，而且在赊欠方面也能提供更大的自由度。在柬埔寨，华人垄断了城市中心的商业园艺和卡车农业。在法国人到达之前，华人就已经垄断了胡椒种植，直到之后时代的游击队战争让胡椒种植变得难以为继。在第二次世界大战爆发之前，主要海港城市的 27 家大的机械化稻谷处理磨坊有 23 家是华人拥有和经营的。同时，华人还在酿酒、造船等很多领域的商业和工业企业中占据垄断地位。

在第二次世界大战的大部分时间里，印度支那都逃过了日本的直接占领。因为这个地区的统治者是法国的维希政府，这个政权与日本的同盟纳粹德国有合作关系。在战争晚期和战争开始之前的几十年里，印度支那变成一个大战场。为了争夺这块战略要地，中国共产党领导的军队、中国国民党、英国、法国和最后加入的美国在不同的时间和地点进行了多次战争。随着法属印度支那消失，越南、柬埔寨和老挝作为独立的国家走上了各自不同的道路。所有这些国家都反对华人，通过法律禁止华人从事很多职业。1975 年到 1979 年，有 100 万难民逃离了越南，据估计 70% 都是华人。许多人都是“船民”，他们将自己和家人放在薄薄的漏水的筏子上冒着巨大的风险在公海上航行。成千上万人在途中被淹死。许多“船民”还在公海遭受了另外一次迫害，其他船只上的人登上他们毫无抵抗力的筏子抢劫、强奸和杀害这些遭受他们仇恨的华人。

1979 年之后，逃离现象开始减弱但并没有消失。

西半球

华人向西半球的移民并不像华人向东南亚的移民那样可以追溯到几个世纪之前。而且华人向西半球移民的数量并不大。但是西半球的华人还是出现了一些海外华人所具有的经济和社会规律，以及对本地环境的适应。相当数量的华人移民西半球的时间基本上都是从 19 世纪中期开始的。虽然英国人曾经在 1806 年将大约 200 名华人试验性地带到特立尼达。

多数东南亚的华人移民都来自中国的南部省份，这似乎可以从地理邻近的角度进行解释。但是加勒比海地区和美国的华人移民也大多来自南部省份。这提示我们，地理很可能并不是唯一的原因。事实上，基本上所有移民古巴的华人都来自中国南部，来自台山地区一个地方的华人就占到 41%。在第一次世界大战之前，这个区域还提供了到达美国的华人移民的多数。

像在东南亚一样，华人之间的内部差别也在西半球得到延续。在加勒比海地区，虽然华人社区的人口非常少，但是广东人和客家人在居住和社交上仍旧是隔离的。而且他们的移居地也有所不同。广东人往往会从英属圭亚那二次移民苏里南，而后者往往二次移民特立尼达。在美国，二战后的“香港华人”移民往往在社会上和经济上与第一次世界大战之时就已经移民的华人后裔保持区别。

不同规模的华人社区散落在西半球的各个位置，从加拿大直到阿根廷。中国劳工帮助建造了巴拿马运河。很多人留下来继续从事零售贸易，建立起杂货店、干货店、餐馆和咖啡馆。到了 20 世纪中期，在巴西生活着超过 5 000 名华人。其中一些人经营着工厂，并且从事进出口贸易。在厄瓜多尔，华人拥有当地最大的水稻磨坊。加拿大华人的历史和美国华人的历史非常相似。包括两国最初对华人的压迫和驱逐，以及后来华人崛起为一个富裕和受尊重的群体。改变过程的一个标志性事件就是在 1957 年加拿大议会选举时一个华人候选人意外击败了一个不称职的部长。然而在西半球的大部分地方，华人在被这样广泛地接受之前都经历了很多兴衰变迁。

加勒比海地区和南美

19 世纪有大批中国移民通过“苦力贸易”的形式从葡萄牙人控制的澳门港口被运到西半球。这些人可能是所有中国移民中最悲惨的一批。这些中国苦力或移民劳工被描述为“更像是奴隶而不是移民”。这些名义上被称作自由移民的人事实上从他们在澳门被锁在枷锁中的时候起就已经是囚犯了。他们会以这种状态在古巴、秘鲁或拉丁美洲的其他地方的艰苦环境下多年从事合约劳动。虽然这些贫穷的目不识丁的华人确实有一些是自愿的，但是很多人都是被欺诈、被迷昏，或者被暴力强迫的。一旦加入苦力的行列，他们逃脱的机会就非常小。虽然有些人因为体力不够而被放掉。但是那些留在澳门的苦力贸易行列里的人要在没有自由的情况下工作很多年，而这期间他们还会受到鞭打和其他体罚。在澳门的枷锁里，人们看到这些华人“由于被惩罚而浑身滴血”。雇主还是会和这些苦力办理正式的法律手续，但是办理流程简直就是对这些手续的嘲弄。幸运的是，并非所有移民西半球的华人都在澳门上船，也并非所有人都生活在这种半奴隶的状态下。

虽然“苦力”这个词可以用来泛指华人移民劳工，但是这些移民劳工并非都是契约工人。比如，多数移民美国的华人就不是契约劳工。更重要的是，当中国和西方意识到半奴隶贸易的恐怖之处时，各国就开始禁止自己的船只参与这些贸易。英国人不允许在香港从事这种贸易。中国也在自己的各个港口关闭了这种贸易，同时苦力的招募者或绑架者可能会受到斩首的惩罚。一些被抓到的人直接被愤怒的中国民众私刑处决了。

到了 1859 年，只有中国南部海岸的葡萄牙控制的澳门港口还在从事这种类型的苦力贸易。从澳门出发，还是有成千上万的华人被运送到西半球。1849 年之后的 25 年，大约有 9 万华人从澳门被运送到秘鲁。在 1847 年到 1874 年之间，据估计有 12.5 万人被运送到古巴。多数人从此再也没有回到中国。虽然多数年轻男性都是在壮年时被送来的，但是很多人甚至没能活着完成他们的契约期限。被送到古巴的多数人都在完成他们的 8 年劳动合约之前死去了。

高死亡率主要是因为不健康的生活环境、野蛮的工作条件以及自杀。有人从澳门的枷锁时期就开始自杀，在去往美洲的长途旅行中有人自杀，被作为劳动力安置在种植园之后有人继续自杀。在 19 世纪的古巴，有时一年之内会有超过 100 名华人自杀。在秘鲁，种植园会安排保安监视，防止华人自杀。而这些华人要在闷热和恶臭的条件下把禽类的粪便铲起来装到袋子里作为肥料出口。

那些装载华人苦力从澳门到加勒比海地区和南美的船只设计得完全就是漂浮的监狱，门上装着铁条，加农炮指着这些门。人们拥挤得就像肮脏条件下的沙丁鱼，在通往秘鲁的 4 个月的航程里，许多华人死在途中。1860 年到 1870 年，共有 4.3 万人到达秘鲁的港口卡亚俄，其中有 4 600 人死亡。早期的死亡率非常高。1847年到1859年到达哈瓦那的古巴船只，从中国上船的每5万苦力就有7 700人死亡。这些在到达港口统计的死亡数据并没有将未达移居地而死在途中的人考虑在内。而途中死亡可能是自然原因，也可能是人为的祸患。华人也发生了一些哗变，有些人成功地迫使船只返航回到中国。而死亡人数也没有包括为了争夺这些船只的控制权而死在血腥斗争中的人。古巴和秘鲁的华人死亡率并非完全是当时航行的总体条件造成的。同一时代，将华人劳工从广东和香港运送到英属圭亚那的英国船只的死亡率就低得多。

在秘鲁，超过90%的男性在富有的秘鲁地主拥有的大种植园里工作。有些大地主会一次购买整船的苦力。在这里也是一样，这些人被锁起来，并且可能遭受鞭打和其他体罚。他们的合同允许他们每年有三天的假期，用于庆祝中国的春节。华人时不时会逃跑和反抗。1870年的一次大规模反抗涉及超过1 000名苦力。这些人扩散出种植园的范畴，开始在附近的社区里杀人。反抗最终被镇压，有150个华人和16个白人死亡。从澳门出口契约苦力的整个系统在1874年走向尾声。在古巴的华人的生活并没有太大的差别。从澳门出发的苦力贸易的结束时间也发生在同一年。古巴人同样鞭打华人，只是做出下述的一点儿小修改。

> 现在的做法是让受害者自己负责计数。如果他因为痛苦而数错了数，那么结果将会对他不利。

一个同时代的古巴记者观察了种植园以后宣称：“任何人都不能假装他们是除了奴隶的任何存在。”

虽然华人在西半球总体上受到的待遇并不像古巴和秘鲁那样恐怖，但是他们在美洲最好的生活也牵涉繁重的工作。到了19世纪晚期，华人开始从卑微的起点上获得经济上的崛起。1899年，在古巴有超过8 000名华人日工和超过2 700名华人用人，但是只有近2 000名商人。这些人很多都是流动的商贩或经营小餐馆的业主。华人在古巴的蔬菜种植和销售上成为主流，也拥有许多杂货店。在秘鲁，苦力的后代最终拥有首都利马所有杂货店的一半以上。因为没有华人女性被送到秘鲁，男性都在可能的情况下娶了秘鲁女性。他们的后代往往都有华裔、美洲原住民和白人血统。

虽然多数移民群体都会随着代次的增加获得人口的增长，但是西半球华人数量在很多国家都显著下降。19 世纪，有 12.5 万第一代华人被运送到古巴做合同劳工。但是到了 20 世纪中期，只有 1.4 万华人生活在那里。在英属圭亚那，在 60 年里有近 1.6 万华人到达那里。但是在 1911 年，只有 3 000 华人仍旧生活在那里。在美国，1890 年华人数量超过 10 万。但是到了 1920 年，华人人口下降到 6 万。很多因素造成了华人人口的下降。性别比例的严重失衡显然是一个主要原因，但是并不是一个决定性的因素。牙买加的华人也存在严重的性别失衡，但是那里的华人人口或多或少是平稳增长的。但是在和其他种族的女性通婚很少见的国家里，性别比例的严重失衡会产生与牙买加非常不同的后果。在牙买加，当地女性与华人通婚非常广泛。另外一个因素是大量华人在壮年时期就死了。尤其是在古巴或秘鲁这些国家，野蛮的工作和生活条件让那里的华人付出了巨大的代价。华人几乎没有人返回中国，这在很大程度上是因为绝大多数苦力没有能力攒下足够的钱负担跨越太平洋的旅行。所以这个因素对于人口下降的贡献非常小。无论如何，移民西半球的华人全部的命运都寄托在西半球了。

虽然只有古巴和秘鲁等国家主要通过犯罪和野蛮的形式将大量的华人带到西半球，但是总体上华人刚刚到达时的主要职业非常一致——农业劳工。不论是在古巴、秘鲁，还是在牙买加、特立尼达、苏里南、英属圭亚那，或者是在加勒比海地区和南美洲的其他国家都是如此。然而在随后的岁月里，华人逐渐成为这些区域的店主。

因为华人在零售业表现得如此突出，这个地区的杂货店常常被统称为“中国商店”。他们也在其他零售领域有突出的表现。在秘鲁，中国商人因所卖商品价格低廉而知名。在 1914 年的智利，虽然华人只有几千人，但是他们拥有 456 家企业。到了 1943 年，在英属圭亚那工作的华人有近 2/3 从事零售业。在牙买加，华人人口不到总人口的 1%，但是他们在零售贸易中同样十分突出。华人在西印度群岛的零售行业中遇到的竞争往往来自其他国际性的少数中间人，比如东印度人、犹太人、葡萄牙人，而不是西印度的克里奥尔人。牙买加和特立尼达的克里奥尔人的精英往往不愿意从事企业活动而青睐专业工作或政治。像在世界的其他地方一样，华人往往会忽略西印度群岛的本地政治。

到了 1943 年，牙买加生活着超过 1.2 万华人。其中超过一半是有其他血统的“有色”华人。到了 1960 年，华人人口增长到近 2.2 万，同样有一半左右是“有色”华人。随着时间的流逝，出生在中国的华人所占的比例从 1943 年的超过 1/5 降低到 1960 年的不足 1/10。到了 1960 年，性别比例已经基本平衡。而 1911 年性别比例还是男性领先的 5∶1。作为牙买加总人口的一部分，华人只占 1% 多一点儿。在圭亚那，华人人口的比例也低于 1%。大约有 3 000 名华人生活在苏里南。在特立尼达，华人在总人口中所占的比例同样低于 1%，绝对数量只有 8 000。但是这些华人对西印度群岛零售层面的货物分配行业的发展起到了重要的历史作用。

像在其他地方一样，加勒比海地区的华人也是高度城市化的。特立尼达超过 1/3 的华人生活在首都城市和主要的海港西班牙港。正是因为华人所占的人口比例非常低且不参与政治，特立尼达和圭亚那的加勒比海地区的人才愿意信任他们，让他们发挥中间人的作用。而黑人和东印度人相互的敌意让双方都不愿意相信对方。圭亚那的第一任总统是华人，特立尼达的第一任总督也是华人。

在其他地方的华人中观察到的特点在加勒比海地区的华人中也能被广泛地看到，比如家庭的核心地位、节俭、与周围社会同化的同时保持孤立，以及愿意牺牲现在争取未来。虽然西印度群岛的华人在外在文化上变得和克里奥尔人非常相似，但是他们的价值观和富裕程度是不一样的。华人不但更有企业家精神，而且教育程度更高。在牙买加和特立尼达，华人上中学的比例比其他任何群体都要高。因此，华人在专业领域、政府雇员和商业中所占的比例都比华人的人口比例高。在20世纪中期的牙买加，华人的平均收入是“有色的”牙买加人的3倍，是黑人牙买加人的5倍。

从居住角度看，生活在西印度群岛的华人往往居住得很分散。部分原因是他们的零售商店要服务各种不同的地区。更加富裕的人的后代往往居住在特立尼达、牙买加、圭亚那和苏里南的首都城市和周围的白人上层社区。

在早期的一些年里到达的基本都是男性，所以华人男性和“有色人种”女性之间的通婚很常见。因此在加勒比海地区，种族上属于混血的华人和纯种的华人几乎一样多。正因如此，中国社区对于通婚和混血华人的接受程度都非常高。尽管如此，华人还是生活在西印度社会的价值体系之外。他们并没有受到克里奥尔人引人注目的消费方式、慷慨的馈赠、对于欠款的宽容和其他阻碍商业成就等行为的影响。克里奥尔人的社会约束对于华人来说是没有效率的，从基本价值观的角度而言，华人生活在当地社会之外。虽然他们生活在这些社会中间，并且在语言、饮食、着装，甚至一定程度的生物学混血等表象上展现出当地的特点。

像在东南亚一样，加勒比海地区的华人在零售行业所取得的杰出成就受到同样的社会仇视和政治敌意。在牙买加历史的不同时期，很多毁坏华人店铺的暴行和纵火行为时有发生。1965年的一次暴动借口是一个黑人雇员遭到华人雇主的不公正对待，由此当地暴徒抢劫和烧毁了很多华人店铺。华人西印度裁判员在国际板球比赛中的决定同样在特立尼达、圭亚那和牙买加激起很多暴乱。然而，加勒比海地区的反华情绪远远低于东南亚的反华情绪。可能是因为这个地区在种族情绪上更加轻松，也可能因为这个地区还有其他人数更多或成就更加突出的少数中间人。前者如东印度人，后者如犹太人。这些人起到了分担华人作为本地人嫉妒和憎恨的目标的作用。

美国

美国第一个有书面记录的华人可以追溯到 18 世纪，但应该在更早的时候就已经有华人居住在那里了。然而直到 19 世纪中期才开始有大规模的华人移民，原因就是人们在加利福尼亚州发现了黄金。1850 年到 1882 年，超过 32.2 万华人进入美国。直到 1882 年美国突然立法阻止中国移民进入。然而这 32.2 万华人很多人后来回到了中国，所以 19 世纪居住在美国的华人数量远远小于这个数字。生活在美国的华人在 1880 年大约有 10.5 万，在 1890 年大约有 10.7 万。而到了 1920 年，华人人口经过长期的下降已经降到 6.2 万人。

从一个角度讲，这个数字可以反映出不断有华人移民返回中国，而作为替代的新移民则被禁止进入美国。从另外一个角度讲，这个数字反映了华人移民男女比例的不均衡。在 1860 年，华人群体的男女比例是 19∶1，到了 1890 年上升到顶点，为 27∶1。1882 年《排华法案》生效之前，很少有华人男性在美国居住得足够长或足够富裕，能够把自己的妻子从中国带过来，虽然他们超过 1/4 的人都有妻子。事实上，很多华人男性并没有赚到足够的钱回到中国。他们和生活在太平洋彼岸的妻子儿女永远地被隔离开。对于像华人这样以家庭为中心的群体来说，这样的打击格外沉重。很多人在这个通婚的希望非常微弱的国家里终其一生都是一个孤独的赤贫男性。华人婚姻非常少，因此能够取代上一代位置的新出生的华人孩子也非常少。随着上一代人的死去，美国华人人口在几十年里持续下降。

当第一批华人移民 19 世纪中期在美国登陆并受到美国人的大力欢迎时，没有任何征兆显示他们将要面临怎样悲惨的命运。然而最早的这些华人往往都是富裕的商人，还有有技术的艺术家、渔夫、酒店和餐馆老板。种族本身并不足以禁止他们参加旧金山的城市节日和庆典。在大批的华人苦力劳工到达时，美国人转变了他们的态度，变得消极和有敌意。然而这种变化并不是一夜之间发生的。在最初的一些年里，公众、政府官员，尤其是雇主，非常欢迎华人工人，因为华人往往以努力工作和可靠而著称。苦力移民在时间和空间上的集中增加了这种震撼感。到了 1851 年，有 2.5 万华人工作在加利福尼亚州。他们都集中在旧金山或其周围，“淘金热”的区域就在他们向东 100 英里左右的地方。1852 年几千华人零零散散地居住在淘金热的乡村，勤奋地工作且勤俭地生活。这两个品质让他们与周围粗鲁的美国淘金者形成鲜明的对比。美国人很大一部分是南方的白人，他们构成了被加利福尼亚州的黄金吸引的广大群体的 1/3。他们带来了内战之前南方恶毒的种族主义态度。在接下来的一些年里，这些态度在加利福尼亚州的法律和态度上都得到体现。在 19 世纪中期的加利福尼亚州，黑人和华人都在种族气氛的不利变化中承受着苦难。

华人一方面作为个体或采矿公司的雇员开采金矿，另外一方面他们还在这个矿产丰富的地区从事厨师、商贩和店主等职业。歧视性的行为往往伴随着淘金社区特有的暴力。歧视性法律和这些歧视性的行为让华人不敢和白人采矿者进行直接竞争。然而华人被允许进入白人采矿者因没有利润而放弃的地区。华人令人赞叹的耐心往往在这些地区得到回报。他们小心地在溪流中淘洗并认真地在灰尘中挑拣，寻找被粗心的白人采矿者忽略的细小的黄金。在淘金热的年代里，加利福尼亚州和后来的内华达州都出产了数量巨大的黄金。在这些年里，运气成分的巨大作用让黄金采矿者中的一部分人成为巨富，而另外一部分人生活在彻底的贫穷中。后者占到绝大多数。华人在经济上的具体表现我们不得而知。但是作为一个群体，他们在 1876 年一年就向广东省汇回大约 1 100 万美元，这使得广东成为中国最发达和最现代化的省份，广东是生活在美国的几乎所有华人的起源地。然而，华人移民也付出了高昂的个人代价。很多人没能找到黄金，最终生活得非常贫困，也有很多人在这个暴力的蛮荒之地死于非命。1862 年一年官方报告的谋杀案就有 88 起。甚至那些雇用了中国工人的雇主有时也会成为暴力的对象。

淘金热将旧金山从一个包括驻防军队在内只有1 000人左右的小城镇变成可以在人口上和东海岸其他城市相匹敌的城市。但是旧金山也是一个充满暴力的地方，谋杀案和私刑报复都非常多。20世纪50年代，生活在美国的华人有一半人居住在这里。华人在19世纪的旧金山从事各种各样的职业。1850年，旧金山市里只有700名华人。他们拥有餐馆、洗衣店和商店。一个被称为“小广东”的地方有33家零售商店、15家药店和5家餐馆，既服务华人也服务非华人顾客。1870年，大约2 000家华人洗衣店垄断了旧金山的洗衣店行业。华人也是木柴的主要供应商，同时还供应水果、蔬菜和鲜花。家用仆人对于华人的需求也很大。他们也广泛从事建筑业，从土地填埋到街道铺设，他们奠定了旧金山很多地方今天的样子。作为石匠和其他手工艺者，他们建造起这个城市的第一座石头建筑。值得一提的是，石料也来自中国。

随着时间的流逝，华人在19世纪在地理上更加分散，在职业上也更加多样化。横跨大陆的铁路在建造过程中就雇用了这个国家所有华人的1/4还多。开拓荒山建造铁路的工作繁重而充满风险。超过1 000名华人最后只有尸骨被送回中国。美国中央太平洋铁路公司总裁利兰·斯坦福在1869年敲下了具有历史意义的黄金轨钉，将美国的东部和西部用铁路连接起来。[①] 但是在犹他州的普罗蒙特里拍摄这张著名的照片时，出现在这张著名的照片里的人没有一个是华人。虽然美国中央太平洋铁路1.4万铁路工人有9/10是华人。然而，他们的历史贡献在那一天以及之后的岁月里一直被公众牢记着。

① 为了纪念东西铁路的大会合，加利福尼亚州一位名叫休斯的富商捐赠了一枚黄金轨钉，上面刻有斯坦福等对铁路建设有功者的名字。1869年5月10日下午，利兰·斯坦福敲下了黄金轨钉的第一锤。这一锤只是做出一种姿态，锤子掠过轨钉，落在铁轨旁边电报线的信号器上。信号器直通华盛顿，全美各地教堂都响起了钟声，庆祝这非凡的时刻。——译者注

像在世界上的其他国家一样，生活在美国的华人也遭到没有办法与他们进行竞争的其他人群越来越多的憎恨。这种情绪最早发生在20世纪50年代早期，来自白人工人。淘金热早期的矿工很早就掌控了法律这个工具，他们用暴力将华人赶出很多采矿区域。在几十年里，暴力袭击时有发生。这些暴力袭击常常来自城市或从事农业的白人工人。随着加利福尼亚州淘金热的消退，许多华人开始在新的职业和社区中寻求生计。他们的成功很快激起来自白人工人的反击。随着华人开始进入个体经营领域，他们也激起来自白人商人和小农的反击。像铁路及其他雇用了华人工人的白人拥有的大公司一样，雇用了许多华人苦力的大的土地所有者也联合起来在政治上反抗数量越来越多的排华立法。从政治角度看，反华的力量才是主流。从一个工业领域到另一个工业领域，法律不断地将华人排除在外，或者对华人进行限制。针对华人或雇用华人的雇主进行的暴力行为在这个州的各个社区时有发生。物理暴力成功地迫使很多雇主停止雇用华人。在反华煽动和政策制订过程中，有组织的工会表现得尤为活跃。加利福尼亚州数量众多的排华立法最终达到顶点，联邦立法切断了来自中国的后续移民。

在被排挤之前，华人在一些工业领域和地区是主要的劳动力。在某一时刻，他们在加利福尼亚州所有农业工人中所占比例超过4/5，包括葡萄园的工人。他们占据了加利福尼亚州捕虾行业所有劳动力的一半。1872年，俄勒冈州哥伦比亚河罐头厂领工资的工人有5/6是华人。直到1888年，他们还占到加利福尼亚州所有罐头工人的86%。1877年在旧金山的雪茄工厂里，从事这个行业的6 500名工人有5 500名是华人。而且半数的雪茄工厂都为华人所有。1873年，旧金山出产的一半的鞋子和靴子都是华人制作的，并且华人还拥有很多生产鞋子和靴子的工厂。然而在大的有工会的行业里，人们却很难见到华人的身影。美国劳工联合会不接受华人成为会员，而且美国劳工联合会的主席塞缪尔·龚帕斯本人就是《排华法案》的积极支持者。

华人被迫从很多阵地上做出经济上的撤退。最终他们只剩下两个主要的职业，洗衣店和餐馆的工人。在 1920 年，所有被雇用的华人超过一半从事这两个职业。小的华人手洗洗衣店通常是一个人经营的。在全美各地都出现了这样的美式机构。华人餐馆也是如此，常常出现在一个城镇的中国城附近。这些职业共有的特点是华人并不和白人形成直接的竞争。同样，华人在南方很多乡下的黑人社区设立小的零售商店，这样的经营行为不会和白人形成直接的竞争。

像在世界的其他地方一样，美国的华人对于压制性法案的反应是用各种各样的方法绕开它们。在 10 年左右的时间里，据保守估计，有超过 7 000 人被走私到美国。其中有很多自愿选择、被欺诈或被迫进入娼妓行业的女性。白人娼妓也出现在中国城。除了控制各种恶习的堂会之间时有发生的暴力冲突，毒品和赌博也是中国城常见的特征。这个时代的中国城在周围的社会中具有完全臭不可闻的名誉。

由于华人受到联邦法律的禁止不能入籍成为美国公民，加利福尼亚州和其他一些州能够规避《美利坚合众国宪法第十四条修正案》针对种族歧视的规定，从而通过法律限制“不适于成为公民”的所有人而不仅仅限于华人群体。这些法律被使用了很多年，剥夺了华人的很多机会和基本的权利。但是，这些法律的效用也不是无限的。和出生在东南亚的华人儿童不同，出生在美国的华人儿童会自动成为公民且不受《排华法案》的限制。这些出生在美国的华人数量很少但是在增加。至少早在 1910 年，生活在美国的多数华人女性都是美国出生的。到了 1940 年，所有华人群体的情况都是如此。华人群体在接下来的岁月里的地理分布也让他们变得不那么引人注意。

家庭生活的发展对于中国城的未来和华裔美国人群体的未来都有决定性的作用。孤独的男性时代的中国城身体的和社会的肮脏不再被华人家庭和华人社区的领袖接受。中国城的居民开始和警察合作清除犯罪和暴力，华人商人也开始拒绝交保护费。在这种情况下，堂会开始从事合法的业务。这些行动背后的社区组织也开始升级中国城的外观，让它们成为对于周围社会的参观者来说更加有吸引力的地方。当时的中国城成了比美国城市总体犯罪率更低的地方。

同时也有其他一些因素改善了华裔美国人的条件。他们退出与白人形成直接竞争的领域，这使得早期建立起来的反华仇恨没有办法维持在同样的情绪水平上。更重要的是，中国城从充满犯罪和毒品的地方成为安静多彩的游客胜地。华人社区形象和华人的收入都因此受益。最后，举止良好、学术认真的华人儿童受到公立学校老师的欢迎。20 世纪 30 年代日本入侵中国，美国人总体上对中国抱有一种更为同情的态度。尤其是在第二次世界大战中美国和中国成为同盟国之后。

所有这些都为 1882 年的《排华法案》在 1943 年被废除奠定了基础。重新开放、中国移民被再次接受后，新到的华人以女性为主。其中包括数以千计的生活在美国的华人男性的妻子。很多夫妻都在经历了几十年的分隔之后再次团聚。同时，住房障碍和其他障碍接踵而至。到了 20 世纪中期，多数华裔美国人都不再生活在中国城，而是搬到白人中产阶级社区。新一代出生在美国的华人开始进入大学和专业领域。他们的高等教育背景往往使他们能够在科学、会计或工程等薪资较高的行业里找到工作。到了 1959 年，华人家庭的收入事实上已经达到美国全国平均水平。10 年之后，华人的家庭收入超过美国平均水平。到了 1990 年，本地出生的华裔美国人的家庭收入中位数比本地出生的非亚裔美国人的家庭收入中位数高出 60%。

除了总体上的富足，华裔美国人也取得一些杰出的成就。1957 年，两个华裔美国人赢得诺贝尔物理学奖。1976 年，华裔美国人再次赢得同一个奖项。贝聿铭成为世界知名的建筑师。虽然多数华人拥有的商业在规模上仍旧不大，但是早在 1939 年加利福尼亚州就已经有了一个华人拥有的连锁商店，二战后出现了华人拥有的华尔街公司，还有华人成为世界上最大的个体船东之一，华裔美国人王安拥有一个跨国的计算机企业。

二战后出现了新一波从中国到美国的移民潮，这些移民行为常常是以香港为中转站进行的。他们中的许多人从底层做起，在中国城的餐馆和服装工厂里从事低薪的工作。他们每天工作很长时间，节俭度日并逐渐归还为了移民美国而借的贷款。他们对英语和美国社会了解甚少，所以被困在中国城且没有很多经济上的选择。这些战后移民的后代成长的时候，他们往往得不到长时间从事低收入工作的父母的监护。犯罪率再一次在中国城飙升。一些战后华人年轻人的帮派在很多不同的城市里都有分支，这些帮派从事着有组织的犯罪活动。

战后涌入的华人移民规模足以淹没出生在美国的华人群体。到了 20 世纪晚期，洛杉矶和旧金山超过一半的华人都出生在美国之外。在纽约这个比例高达 2/3。更重要的是，新移民和现有的华裔美国社区具有不同的区域和文化起源，所以无法和现有的华裔美国社区在社会上轻易地融合。1990 年，在之前的 10 年里到达的华人移民的家庭收入中位数要低于非亚裔美国人，而且只是在美国出生的华裔美国人的家庭收入中位数的一半。但是新移民也包括一些受过良好教育、富有甚至非常富裕的个体。如果海外华人的历史能给我们提供一点儿指导的话，我们会说，哪怕是处于较低经济水平的移民看起来也不会永远处于那个地位。哪怕是在纽约城下东区贫困潦倒的中国城里，华人银行的营业时间也远远长过纽约城任何其他银行。

总结

海外华人在各种高度不同的社会里从贫困中崛起，最后变得富足，这让我们很难将他们的成功归为特定地点和时间的独特之处。海外华人在全世界遭受了几乎同样的仇视和憎恨。如果说欧洲中心论对于“黄祸”的刻板印象是这个现象的核心，那么我们很难解释为什么某些亚洲国家对华人也有同样甚至更强烈的仇视和憎恨。

许多针对海外华人的指责都和实际发生的仇恨特征没有什么相关性。比如，有时仇恨者声称华人汇回中国的汇款会吸干本国的财富，有时他们声称华人是唯一一个没有在本地生根的旅居者。然而，随着时间的流逝，海外华人的汇款和归国现象都有所下降。但是对于海外华人的仇恨并没有消退。同样，仇恨者苦涩地抱怨说，华人没有被同化。但是在印度尼西亚这个海外华人同化程度可能最高的国家里，针对海外华人的仇恨也没有减少，而且这里在战后对华人的暴力活动反而更加盛行。

海外华人被仇视和憎恨的情况非常真实，但是这种憎恨和憎恨者给出的原因并没有什么关联。简单的嫉妒本身也不是一个足够的解释。其他本地和外来群体往往比华人群体富裕得多，但是他们并没有激起同样多的憎恨。让华人显得与众不同的特点主要有两个。首先，他们在海外的职业生涯从非常低的经济起点开始。其次，他们在上升的过程中所走的路径也有其特点。一方面，海外华人通常在特定的历史时期的特定国家里从赤贫状态起步。另一方面，哪怕早期移民和他们的后代已经实现富裕，在接下来的一些年里，仍旧有新的赤贫华人到达这个国家。所以本地人持续地用自己的双眼看着这个奇观，就是到达的时候比他们更穷的中国人最后反而超过他们。这样的故事在之后可能会带来很多启发和灵感，但是在当时他们让世界各个国家的很多人感到很难堪。这样的例子还有，尼日利亚的伊博人、斐济的印度人、西非的黎巴嫩人、东欧的犹太人和东南亚的华人所实现的从贫困到富足的崛起。在富足的环境下出生的人实现更大的富裕可能会激起人们的嫉妒感，但是不会像暴发户的成就那样伤害其他人的自尊心。

华人在他们的经济崛起过程中所采取的路径进一步增强了这种仇恨。不论是来自同样的种族群体还是不同的种族群体，少数中间人的行为常常被谴责为“剥削”其他不懂经济的人，其中也包括其他受过教育但是不懂经济的人。从生产者或供应商的手中购买货物，再用更高的价格将货物卖给消费者的行为，在很长的历史时期里都被认为是某种程度上的欺诈。而事实上，少数中间人为商品增加的价值并不是物理性的变化，而是地点和可及性的变化。而地点和可及性的变化往往不仅包含交通费用和存储风险，还包含长时间在店铺里工作为顾客提供便利。同样被误解的还有中间人的另外一项职能，就是通过放贷和分期付款的形式进行的赊欠购买。被迫交付超过借款金额的还款金额在很长一段时间里被很多人谴责为“高利贷”。这种商业活动常常遭到法律的禁止，尤其是在过去的几个世纪里。就像在商品零售领域一样，重要的错误是假设同样的事物被给予了两个不同的价值。人们自愿借贷这个事本身就说明，现在的钱和未来的钱并不是同样的。否则借贷者大可以等着积累起他们需要的钱，从而省下需要付出的利息。

一些对中间人的批评相对温和，这些批评承认他们确实发挥了对他人有价值的经济职能，否则他们就不会有客户了，但是谴责者认为他们为这一职能收取的费用“太高了”。同样的模糊的指责几乎可以用到从事任何行业的人的头上，从出租车司机到学校教师再到卖报纸的人。在海外华人所处的情况下，事实上，他们通常通过收取比他们的竞争对手更低的价格来建立自己在特定行业里的优势地位，以及通过收取更低的利息或要求更少的抵押来建立自己作为放贷人的优势地位。华人被指责从事“破坏性的”或“割喉式的”竞争的次数几乎和他们被指责收取更高价格的次数同样多。有时同样的人会同时用这两个罪名指责华人，虽然这两个指责是相互冲突的。

但是这些事实都不意味着海外华人是无可指责或可以被完全理解的。在讨价还价和尖锐的行为属于常态的社会里，买方和卖方都极力地想要占对方的便宜，而华人在这个游戏中技艺高超，游刃有余。然而，他们总是可靠地履行合同，甚至可靠地履行他们内部彼此的口头约定，这对于他们维护自己的借贷能力来说是至关重要的。离开这些借贷能力，多数小的商业都无法生存。确实如此，在更好的条款下借得更多的贷款是海外华人能够挤垮自己竞争对手的关键，这常常被称作一个“优势”。但是，如果这个词把表现相同的人所获得的不同收益和通过不同的表现获得的认可混淆起来，那么“优势”这个词会失去它本来的含义。

银行愿意贷更多的款给中国商人，因为事实证明给他们贷款风险更小。华人能够在更好的条款下获得贷款并转贷给其他人，这些是他们的竞争对手做不到的，因为他们用了更多的时间了解每个个体。在没有官方记录或法律依据的情况下，他们用自己的方式在社会中评估这些个体的偿还能力。

周围的人可能会找到各种各样的理由来反对海外华人的个人行为，即使友好、礼貌的马来人也会认为海外华人的这种行为是唐突甚至粗鲁的。在很多国家，特别是在过去的时代里，周围的社会可能会抱怨中国人生活在不卫生或没有美感的环境里，具有令人恶心的个人习惯。这种指责并不能被武断地归结为偏见，尤其是考虑到早期华人移民大多是赤贫的文盲这个事实。他们每天充满忧虑，为生存而挣扎，绝望地想要攒下一些钱维持以后的生活。菲律宾的华人生活就是一个例证。

> 在过去，华人店主和他们的华人雇员不论年轻还是年老都要每天工作 16 到 18 小时，即便在星期天也是如此。在这些繁忙的工作的间隙里，这些疲劳的男人尤其是上了年纪的男人总是会打瞌睡以缓解他们的疲劳。在他们睡觉的时候，他们会张着嘴，口水会流出来……对于菲律宾人来说，形容华人最贴切的词就是“中国猪”。“中国猪”的刻板印象说的是早期华人对于个人整洁和环境卫生缺乏关注。贫穷的华人苦力或商贩雄心勃勃地想着攒下更多的钱。

再一次，历史证明这些抱怨和仇视水平并不存在相关性。事实上，正是在第二次世界大战之后，越来越多的海外华人受过教育、成为专业人士、有着较高的举止标准的时候，歧视和针对他们的暴力变得更为显著了。

华人在东南亚的整个历史中，秘密社团或堂会的犯罪行为和暴力活动以及华人对公共官员的贿赂让他们的生活和他们周围的社会变得更加复杂。秘密社团的历史可以追溯到几个世纪之前。在满族统治时期，堂会因为其反对满族统治的抵抗运动而得到广泛的支持。像西西里的黑手党一样，秘密社团从这个角色演变成收取保护费的敲诈者，或者从事其他犯罪活动或暴力活动的专业人士。他们的影响在华人大规模移民的早期尤其突出。贿赂和腐败的程度随着政府整体政策有所不同，尤其和种族歧视政策相关。西班牙统治下的菲律宾和自由主义统治之下的美国相比，前者的政府官员被华人贿赂的程度就会高得多。在其他国家也是一样，政府官员的腐败程度随着他们掌握的经济或其他权力而变化。东南亚国家在刚刚独立之后，总体上都会加强政府在其经济生活中所占的地位，尤其是提升他们的反华政策。华人对此的对策就是一方面加强当前的贿赂，另一方面和政府官员建立更加持久的经济联系。

除了与政府官员这种实用性的关系，海外华人总体上对他们定居的各个国家的政治很少或基本上没有兴趣。虽然华人更加担心经济成就而不是政治成就，但是在20世纪他们开始对中国的政治表现出兴趣。孙中山的理想主义民族主义在海外华人中激起了反响。1911年的革命推翻了满族的统治也推翻了封建王朝统治，这在海外华人和国内中国人中都激起了爱国主义热情。这种感情具有非常实质性的表现形式，就是给孙中山的民族主义运动以及新建立的中华民国提供相当规模的捐款。新政府的货币实际上是在旧金山由海外华人印刷的。日本在20世纪30年代入侵中国，更加激起海外华人的爱国热情。他们组织起反对日本的抵抗运动，并且募集款项帮助中国进行抵抗。在后来日本入侵和占领东南亚很多地方的时候，这些行为为海外华人带来惨痛的报复。

从某种程度上说，中国的影响曾为海外华人带来某些不利的效果。20世纪初，中国宣布把海外华人当作中国公民。这在东南亚造成持续几十年的政治后坐力和法律后果。大约在同一时期，中国国家主义在海外华人中崛起。这为周围社会提供了这样一种认知，即他们是外来人。这在东南亚各国的大多数人中激起了反向的国家主义情绪。中国的国民党政府和后来的共产党政府在海外华人社区的政治和文化上都非常活跃。它们倡导即便永居海外也应热爱中国，并且将其渗透到学校和其他文化机构的宣传和教育中。但这些行为有时反而加大了本地人对海外华人的敌意。

在大规模移民时代的大多数现代史时期，中国都处于积贫积弱的状态，不能为海外华人提供太多的保护。美国政府在 1882 年突然切断了中国的移民活动。和后来削减日本移民时美国和日本之间的“君子协定”相比，这个做法更加彻底也更加单边。作为一个强大的国家，日本可以为生活在美国的日本男性争取到一项重大的妥协。他们的妻子可以到美国和他们会合，他们生活在日本的未婚妻可以进入美国与他们完婚。更重要的是，双边协定在本质上意味着日本没有受到公开的侮辱，不像被迫接受一个针对自己的国民的单边政策变更的中国。1949 年，中国在共产党的领导下实现统一，接下来极大地提升了自己的军事力量。但是这在东南亚国家产生的影响是，这些国家通常将中国视为一种威胁，而且把它们自己国家内部的华人群体当成潜在的间谍。中国当时的力量还没有强大到足以阻止针对海外华人的不公平对待的程度，但是已经强大到会激起这样的不公平对待的程度。

华人在全世界的很多国家从贫穷到富强的崛起都比爱尔兰之类的群体急剧得多，虽然后者积极地参与政治并取得了相当大的成功。更重要的是，在一些地方华人对于政治的参与确实更加积极，比如印度尼西亚。但是几乎没有证据能够表明，华人在这些国家比他们在远离政治的国家过得好。事实上，我们几乎可以得出这样的论断，那就是华人在印度尼西亚遭受了比在东南亚其他国家更差的待遇。华人在马来西亚表现出来的政治活跃性引发了种族暴乱，进而导致“新经济政策”以及在教育、政府和经济领域针对华人的广泛蔓延的官方歧视。不论更多的政治参与能够帮助海外华人这个论断听起来多么有道理，历史记录向我们展示的都是反过来的说法可能更接近事实。

在这种情况下，海外华人的成就和他们所遭受的仇恨一样令人震惊。

而这些仇恨者往往是得益于海外华人推动所在国家经济发展的人。这种反应可能是人类本性的冷酷映射。尤其值得一提的是，类似的规律在亚洲、欧洲、非洲或西半球其他少数中间人的历史上也被发现过。

第 6 章

犹太移民社群

无法安歇的影子和大屠杀唤醒的身份认同

1982 年，一个敖德萨的领唱者吟唱着，“所有的民族都生活在他们自己的土地上，犹太人却在全球游荡，就像一个无法安歇的影子，在哪里都得不到兄弟般的欢迎”。他的犹太观众开始抽泣。

——尤金·法玛

犹太人作为一个民族的悲惨历史和他们的成就一样令人注目，这可能和任何同样大小的人群相比都是独一无二的。他们曾经遭受长达几个世纪的迫害，在全世界范围内流浪。虽然在 20 世纪中叶他们建立了自己的现代国家以色列，但是即便是在此之后，世界上多数的犹太人也以犹太移民社群的方式存在着。

1990 年，世界范围内大约有 1 300 万犹太人。其中 90% 生活在 5 个国家里，3/4 生活在美国或以色列。大概有 900 万犹太人生活在犹太移民社群中，另外 400 万生活在他们历史上的故乡以色列。以色列的犹太人占到全世界犹太人总数的 31%。和很多其他民族不同，今天世界上的犹太人口要小于半个世纪之前的犹太人口，也就是大屠杀之前的人口。

犹太移民社群零散地分布在他们所生活的国家里。虽然美国的犹太人口是全世界最大的，但是犹太人在美国只占到总人口的 2%。犹太人的人口比例稍稍高一点儿的国家只有以色列。1990 年，世界范围内的犹太人口分布如表 6–1 所示。

表 6-1 1990 年世界范围内的犹太人口分布

美国	5 535 000
以色列	3 946 700
苏联	1 150 000
法国	530 000
英国	315 000
其他国家	1 329 700
总计	12 806 400

犹太移民社群并不是简简单单地分布在世界上。很多民族都广泛地散布于全世界，但是这个民族的大部分人通常会生活在自己的祖国。犹太社群在历史上的独特性有以下几点。首先，这个民族的绝大部分人生活在自己历史上的祖国之外。其次，他们在历史上和人口统计学上将这块土地输给了其他民族。再次，这个民族的人口在世界上的分布模式一直在变化。犹太人在世界上最大的集中地在一个时期曾经在欧洲，在另外一个时期曾经在伊斯兰国家，现在在美国。

如果海外华人是全世界数量最大的少数中间人，那么犹太人就是最著名的少数中间人。犹太人往往是典型的中间人形象。华人曾经被称为“东南亚的犹太人”，黎巴嫩人被称为“西非的犹太人”。莎士比亚笔下的威尼斯商人就是犹太人。犹太小贩、店主、当铺老板、商人和银行家在历史上创造了一种形象，而这种形象今天仍旧非常鲜活。虽然在很多国家当代犹太人更多是医生、律师或知识分子。历史上很多犹太人都是中间人的这个事实极大地影响了当代犹太人的形象，不论他们现在从事的行业是什么。

古代

在古时候，犹太人既不是中间人民族也不是没有自己国家的民族。在以色列建国的很多年以前，当地就已经存在犹太社区了，甚至比基督还早很多个世纪。亚述人在公元前 8 世纪占领了以色列，导致超过 2.7 万犹太人离开这个地区，成为“失落的民族”。他们不留一丝踪迹地消失在占领者的土地上。接下来的几个世纪里，各种占领者让越来越多的犹太人以犯人、难民或移民的身份分散开。但是犹太人保留了自己的身份和忠诚，一个例子就是这句广为流传的话：“啊！耶路撒冷，如果我忘记了你……”历史上不但有大规模的犹太人离去，还有大规模的返回。公元前 6 世纪来自巴比伦的波斯占领者允许犹太人迁回他们的祖国，并且重建耶路撒冷神庙。虽然 5 万人回到了耶路撒冷，但是很多人仍旧留在国外。但是这些犹太移民社群一直向耶路撒冷神庙做着经济捐赠，并且会去朝圣。

在公元前 1 世纪，罗马人占领了耶路撒冷。除了公元 1 世纪和 2 世纪发生过两次大规模反叛，罗马人在接下来的几个世纪里一直统治着这个城市。这导致神庙的损毁，以色列作为一个国家主体的废除和绝大部分犹太人的分散。犹太人变成没有祖国的民族，在接下来几乎两千年的时间里一直如此。他们在世界的任何地方都是少数民族，即便在原来的以色列的领土上也是如此。但是这片领土已经被重新命名为罗马的叙利亚 – 巴勒斯坦。

即便在以色列作为一个国家主体被废除以前，犹太人也已经广泛分布在罗马帝国里了。当时世界上的犹太人口据估计有 800 万，但是只有 250 万生活在巴勒斯坦。大约有 400 万生活在罗马帝国的其他地方，还有 100 万生活在巴比伦王国。犹太人大概占到罗马帝国人口的 10%，而他们倾向于聚集在城市地区，生活在罗马的犹太人就有 5 万人左右，而且犹太人占到亚历山大港人口的 40%。他们大多从事与小麦出口相关的贸易，既有船主也有水手。

这个时期犹太人能够选择的职业范围比接下来的中世纪要多。除了作为国际贸易商人，犹太人还可以做艺术家、农民和雇佣兵。虽然有钱的犹太人很引人注目，但是大部分犹太人事实上都很穷。多数人通过手工劳动谋生，有些人甚至是罗马和亚历山大港街头的乞丐。虽然犹太商人的成功推动了所在城市的经济发展，但是也在非犹太商人中激起了嫉妒和仇恨。在移民社群时代的早期，非犹太商人通常都是异教徒而不是基督教徒。

犹太人在罗马帝国和同时代的波斯帝国的兴衰变迁与他们之后在中世纪和现代社会遇到的麻烦完全不同。这两个帝国都是多民族和多宗教的。包容是帝国生存的必需。罗马帝国中生活的每一个主要群体都被要求尊重其他群体的权利和神明，并且效忠罗马帝国的统治者和神明。除此之外，他们可以自由地追求自己的宗教信仰和生活方式。

犹太人对于融入这样的罗马式的生活方式有一种特别的难处。其他民族都有属于自己的神明，犹太人有的却是统治整个宇宙的唯一的神明，即上帝。从一个角度讲，这种宗教说明全体人类都是兄弟。但是从另外一个角度讲，这种宗教认为其他所有宗教都是伪宗教。因此，以任何方式接受其他宗教的存在就是亵渎神灵，更何况还要对其正式效忠。正是犹太教的这一特点在罗马帝国激起了特别针对犹太人的政治问题。之后的基督教也以同样的原因为基督徒带来了政治问题。中东的第三大宗教也有同样的观点，这个宗教就是很久以后才发展起来的伊斯兰教。正是这种犹太教 - 基督教的传统将宗教上的不宽容引入罗马帝国以至现代社会。但是，在接下来的几个世纪里，因为这种宗教上的不宽容而遭受最大磨难的就是犹太人。

并非所有的反犹太仇恨都基于宗教，哪怕这些仇恨最终激起了宗教感情。当代最重要的例子就是纳粹，纳粹对犹太人的仇恨从哪个角度讲都不是宗教仇恨。不同民族之间的仇恨总是以这种方式追溯到人类的历史。比如，希腊人和犹太人之间的仇恨可以追溯到罗马时代在很多城市里发生的暴力冲突。罗马帝国认为这种冲突威胁到公共秩序以至帝国的稳定，因此采取强烈的手段来镇压这些冲突。

虽然一些特定的罗马统治者以各种方式冒犯了犹太人的宗教，但是从大体上说，罗马人还是试图迁就犹太人的这种特殊的宗教观点。然而，罗马统治在其他一些方面让人觉得非常难以忍受，其中就包括税收。而且罗马人对犹太人和其他民族的报复也非常无情。在耶路撒冷的第二次反叛之后，大量犹太人或被屠杀或被卖为奴隶。但是不分缘由地将犹太人专门挑出来实施特别的压迫和暴力事件是在几个世纪之后才发生的。

中世纪

公元 476 年，罗马帝国的最后一任皇帝被推翻。这标志着古代的结束和中世纪的开始。犹太人分散在地中海沿岸各地，最北到达欧洲，最南到达阿拉伯半岛。所有这些地区都注定在接下来的几个世纪里被伊斯兰教的追随者征服。在中世纪，多数犹太人生活在伊斯兰世界。伊斯兰世界从西班牙跨越北非和中东到达中亚。更重要的是这个世界还在成长，最终将会征服欧洲的巴尔干地区，在印度建立莫卧儿帝国，通过阿拉伯入侵者进入东南亚并让伊斯兰成为这个地区的宗教。这个地区就是后来的马来西亚和印度尼西亚。

像基督徒和其他的非穆斯林一样，生活在伊斯兰地区的犹太人在法律上处于非常劣势的地位。但是事实上，他们在伊斯兰世界受到的对待还是比在同时期的基督教世界受到的对待要好。然而，犹太人在不同的伊斯兰国家遭到的对待也不一样，在不同的基督教国家也是如此。这两个世界的另外一个共同点就是，犹太人受到的对待在不同时期是不一样的。在伊斯兰世界里，非穆斯林都不敢对穆斯林动手，哪怕是出于自我防卫的目的。仅仅语言上的咒骂也是很危险的。小孩子会像基督徒和犹太人扔石头而不受惩罚。当然在同时期的基督教世界中，犹太人也常常遭受这样的命运。自我保护是被禁止的，而且非常危险。伊斯兰国家对非穆斯林少数民族的保护完全取决于权威部门的执行情况和平民的态度。在基督教世界和伊斯兰世界里，宗教上的不同都是犹太人遭受仇恨的原因，但是在每个世界里犹太人所遭受的对待的巨大差别并不对应于宗教上的差别。在几个世纪里，两个文明对犹太人的态度的历史性反转显然不能轻易地归因于宗教。事实上，在基督教和伊斯兰教都还没有兴起的时候，北非和中东就已经发生过对犹太人的屠杀。

在中世纪早期，犹太人能够在伊斯兰地区得到相对较好的对待的影响因素有很多。其中一个因素就是，那里的犹太人并不引人注目，因为他们只是生活在伊斯兰世界的众多非穆斯林少数民族之一。但是在基督教世界里，他们作为唯一的非基督徒非常显眼。而在那个时候宗教的影响力非常巨大。更重要的是，早期的伊斯兰世界是一个非常自信且多样化的世界。这个世界在上千年的时间里持续扩张，多次在军事上战胜单独或联合的欧洲力量。奥斯曼帝国成为地球上最强大的军事力量。并非所有的成就都来自战争，伊斯兰世界的文化在很多方面都比同时期的欧洲更加先进和成熟，数学和哲学领域的成就都是重要的实例。在接下来的几个世纪里，历史的潮流开始偏向欧洲。奥斯曼帝国和伊斯兰世界都遭受了数不胜数的惨败，失去了其所占领的欧洲领土，眼看着北非和中东的穆斯林被征服。伴随着这个时代的战败和危险，奥斯曼帝国早期的世界大同的自信变成了对非穆斯林的残酷统治。而在非穆斯林中，犹太人是最脆弱的。

中世纪欧洲的犹太历史和伊斯兰世界的犹太历史完全朝着两个不同的方向发展。罗马帝国倾覆以后欧洲分崩离析，野蛮入侵者占领了很多犹太人从古代起就居住的土地。就像其他异教徒一样，这些野蛮入侵者对宗教差异非常宽容。因此犹太人得以生存，甚至在一些地区慢慢繁荣起来。几个世纪之后，这些野蛮人逐渐成为基督徒，并且和致力于维护基督教正统消除差异的国际教会联系起来。甚至在野蛮人变成基督徒之后的几个世纪里，社会的宽容度仍旧比较高，各种族相互交流也比较多。中世纪后期在欧洲广泛扩散的针对犹太人的迫害，一点儿前兆都没有。在充斥着无知和愚昧的黑暗时代，识字的犹太人往往在他们的基督徒邻居中广受尊敬。哪怕是犹太商贩也能为中世纪早期的欧洲地方社区带来外面世界的产品和观念。需要几个世纪针对犹太人的宗教宣传才能让公众下意识地将犹太人当成贱民。

在罗马帝国倾覆以后，犹太人作为艺术家、商贩和商人在欧洲城市社区的复兴方面发挥了巨大的作用。犹太人生活在很多欧洲城市里，包括罗马、法兰克福和里昂。他们在城市里的职业包括金匠和医生，而他们在乡村的职业包括农场主和葡萄酒厂主。犹太人是贵族的随行人员，他们常常为这些贵族提供来自东方的异域奢侈品。基督徒在那个时代与犹太人社交活动频繁，他们在犹太人家中进餐，甚至皈依犹太教。虽然犹太人皈依基督教的情况非常少。天主教堂意识到这种情况对基督教以及天主教堂这个机构造成的危险，因而从智力和政治等多个角度发起反击。结果就是有越来越多的政策、法律和现实力量将基督徒和犹太人分开，禁止基督徒皈依犹太教，并且限制和扰乱犹太人的宗教活动。具有讽刺意味的是，这些政策的效果非常好，将反对犹太人的仇恨推到了非常高的程度，以致继任的教皇不得不出台法令压制反犹太的暴力和诽谤。最臭名昭著的诽谤就是犹太人杀害基督徒儿童并喝他们的血。在早期，异教徒曾经用同样的方式诽谤基督徒。

虽然限制和迫害越来越多，但是很多犹太人还是能持续获得成功。事实上，犹太人在基督教世界和伊斯兰世界之间的国际贸易中非常活跃。这在某种程度上是因为双方都认为犹太人在当时的基督教和伊斯兰教之间的争斗中处于中立地位。这种中立地位让他们能够在两个世界同时发挥经济作用。基督徒遭穆斯林限制而穆斯林遭基督徒限制。欧洲的犹太人与他们的北非和中东同胞有联系，而这些北非和中东的犹太人通常也是商人。因此这些犹太人能够承担经济和文化中介的作用。

在这个时代以及接下来的几个世纪里，奴隶成了欧洲往伊斯兰世界出口的一种重要商品。在那个时代，欧洲的大地主通常都有农奴和奴隶，犹太地主也不例外。更重要的是，犹太人和非洲的阿拉伯人作为国际商人经营很多商品，他们的商品就包括奴隶。西欧的德国人侵入东部的斯拉夫地区，他们通常将征服的人口中的一些人作为奴隶卖给犹太人。犹太人又把这些奴隶转手卖到基督教世界或伊斯兰世界的其他地区。就像在其他贸易领域中一样，犹太人成了欧洲奴隶市场的主要经销商。基督教在欧洲的蔓延和其对世俗法律的影响让拥有基督徒奴隶逐渐成为非法的事情。而且逐渐地，犹太人对于土地的拥有变得越来越困难。基督徒、犹太人和穆斯林都禁止将自己人作为奴隶，但是每个群体都将其他人作为奴隶。在奥斯曼帝国，犹太人继续做了几个世纪的奴隶经销商，他们将欧洲的基督徒卖给穆斯林。犹太人还是 15 世纪奥斯曼帝国最主要的阉人提供商。阉人的输出地主要是高加索山脉地区。

在欧洲，基督教宗教权威机构和受其影响的人对犹太人的仇恨越来越深。与此同时，各国的统治者对犹太人采取了更加实用也更加摇摆的态度。犹太人的技术和企业家精神对国家发展做出了重要的经济贡献，他们的这些能力对于统治者的借贷和税收来说具有更加直接的意义。因而统治者经常会保护犹太人，让他们免遭暴民的攻击。但是与此同时，统治者发现让犹太人作为公众不满的替罪羊也是非常好的权宜之计。统治者的这种首鼠两端的行为的一个症状就是，犹太人有时会在被驱逐之后很快又被邀请回到同一片土地上。

除了使用宗教的不宽容性来搅乱公众对犹太人的感情，很多攻击、驱逐和没收还有更加实用的目的，比如借此摆脱债权人和自己的欠款。当法国的菲利普国王在 1306 年驱逐犹太人时，他给出的一个原因就是犹太人收取过高的利率。然而他并没有取消对犹太人的欠款，相反他将这些欠款收归己有。让他失望的是，他通过这种方式收到的钱还不及犹太人缴纳的税金多。更重要的是，当基督教的放贷人取代了犹太人以后，抱怨声四起，人们说这些基督徒收取的利息比犹太人收的更高。最终的结果就是犹太人被请回来。其他几个中世纪的德国城市发生过类似的循环，犹太人被驱逐之后又被请回来。持续时间更长的对犹太人的驱逐发生在 1290 年的英格兰和 1394 年的法国。很多其他城市和区域也驱逐过犹太人。比如，1424 年的科隆、1439 年的奥格斯堡和 1454 年的摩拉维亚。

欧洲的基督徒在巴勒斯坦进行的几次针对穆斯林的十字军战争导致了欧洲犹太人的悲剧。当十字军军团跨越欧洲大陆时，一些不服管教的成员停下来袭击犹太人。1096年的屠杀造成中欧地区1万名犹太人死亡。随后几次的十字军战争同样发生过类似的对于犹太人的攻击。14世纪的腺鼠疫也叫黑死病，造成了1/4到1/2的欧洲人的死亡。与此同时，人们再一次在对犹太人的仇恨中找到发泄口。谣言散播开来，说犹太人在某种程度上造成了黑死病。而这些谣言在几百个欧洲城市的犹太人聚集地引发了针对犹太人的有谋杀色彩的攻击。

这个时期的欧洲普罗大众的广泛无知无疑是这类针对犹太人的攻击的影响因素，但是那些受过教育的牧师通常是掀起这类反犹太情感的领导者。他们的目的就是巩固基督教的统治地位。而且这些受过教育的反犹太主义者通常要花上好几年才能让他们的思想在普罗大众之中扎根。在后面的时代里，这种模式还会被世俗的知识分子重演。他们也花费了很多年的时间和精力将反对犹太人的仇恨观点灌输到大众心里。

随着几个世纪的过去，不宽容性愈演愈烈。犹太人所能从事的职业领域开始变窄，他们居住地的选择也变得越来越少。甚至他们被允许穿的衣服的种类也越来越少。在中世纪欧洲的很多地方，土地所有者、军队职业和许多其他被逐渐显现的同业公会代表的职业都不再向犹太人开放。在一些国家，留给他们的职业只有处于封建社会外围的商贩、艺术家、不同规模的借贷人等等。在一些地区，犹太人变成了贵族地主的收租人或政府的收税人。这些角色让他们更加不受欢迎。统治者开始要求犹太人穿一些能够让他们从基督徒中被认出来的衣服，或者佩戴某些徽章。一些伊斯兰地区也规定犹太人要穿一些特定服饰，以帮助人们区分犹太人和穆斯林。在欧洲的一些地区，犹太人被要求生活在与基督徒隔绝开的街区里。有时这些街区是有墙的，而且禁止犹太人在夜晚离开。居留区这个词后来成了一个被广泛使用的名词，用来指代世界各地其他人群生活其中的飞地。

犹太人在同一片土地上和其他种族、拥有不同宗教、语言和文化的人共处了几个世纪，犹太文化的发展也反映了其周围所处文化的不同，同时也体现了这些文化给犹太人提供的机会与权利上的差异。语言就是最明显的证据。拜占庭帝国的犹太人通常说希腊语，阿拉伯地区的犹太人通常说阿拉伯语，而生活在欧洲不同地区的犹太人通常说当地的主流语言或基于当地主流语言衍生出来的犹太方言，比如从德语衍生出来的依地语和从西班牙语衍生出来的拉地诺语。

在自己的飞地里，犹太人通常有自己的自治机构，既包括世俗的机构也包括宗教机构。犹太人在其领袖的领导下作为一个整体和统治强权展开对话，接受命令，或者缴纳税金。在几个世纪里很多国家都有犹太人社区，这是一个非常狭窄的世界。这个世界和外面的欧洲基督教文化的发展存在严重的隔离，里面充斥的只有犹太人的传统和他们在那个时代遇到的新问题。犹太人群的受教育程度比生活在他们周围的很多基督教社区要高，但是他们的教育也和他们的生活一样受到局限。犹太社区通过犹太人中受教育程度更高的阶层和其他犹太社区断断续续地保持着联系。但是语言的障碍将犹太世界慢慢分割开来，这对于那些不会外语的犹太人来说尤其可怕。贸易将不同地区的犹太人联系起来，就像犹太人将敌对的国家通过贸易联系起来一样。而他们在贸易上所做的最大贡献就是将基督教的欧洲和伊斯兰世界联系起来。

犹太世界内部最大的区分在于德裔犹太人和西班牙系犹太人的差异。前者被称作“Ashkenazic”犹太人，后者被称作“Sephardic”犹太人。这两个词就是希伯来语里他们所居住的国家的名字。不过在犹太人离开这些国家很长时间之后，德裔犹太人和西班牙系犹太人的称呼仍旧被保留下来。比如 15 世纪晚期有两个历史原因造成大规模的人口迁移，一个就是德裔犹太人从德国迁居波兰，另外一个就是西班牙系犹太人从西班牙迁居地中海沿岸的伊斯兰国家。在犹太人社群形成的几个世纪里，他们在每个特定地区的生活环境可能好也可能坏。但是相同的一点是，这些环境都会发生突然而急剧的变化。比如，生活在拜占庭帝国的犹太人在经历了几个世纪的压迫之后，紧接着是一个新的包容的经济快速发展的时代，这让犹太社区在君士坦丁堡繁荣起来。其他地区的情况刚好相反，从包容和繁荣变得不包容和掠夺。西班牙经历的就是后一种循环，而且不止一次大规模地发生这种逆转。

西班牙

西哥特人公元 5 世纪在西班牙建立了一个王国。但是在此之前的几个世纪里，西班牙境内已经生活着大量富足的犹太人群体了。中世纪早期，在西班牙像在欧洲的其他地区一样，犹太人可以从事的职业比后面的时代要多得多。除了在国内和国际贸易中做商人，犹太人也在西哥特人的政府里做民事和军事官员。犹太人也有很多土地所有者和奴隶主。西哥特人开始遗弃异教徒的信仰变成基督徒。589 年西哥特国王雷卡雷德皈依基督教，标志着一个时代的开始。雷卡雷德和紧随其后的继任者并没有开始迫害犹太人。但是他的宗教转变和他的王国为接下来的国王在 7 世纪时对犹太人进行严厉的限制提供了宗教基础。这些限制通常出于政治或宗教原因。宗教本身通常不会推动一些事情发生，但是宗教让这些事情成为可能。多数信奉天主教的西哥特国王并没有采取反犹太人的政策，甚至到 7 世纪晚期还是如此。事实上，一些天主教牧师自己会继续非法地把基督徒奴隶卖给犹太人。

不论背后的原因是什么，西班牙对犹太人的限制越来越多、越来越广泛，也越来越严重。如果犹太人让一个基督徒改变了宗教信仰，那么这个犹太人会被判处死刑。犹太人被从管理基督徒的政府职位上开除。犹太人被禁止使用基督徒奴隶，这让奴隶主和土地所有者都遭受了经济打击。尤其是犹太人土地所有者，因为他们被禁止雇用基督徒雇员。国王西斯布特颁布了这些以及更多的反犹太法令。但是由于地方民政和教堂权威的拒绝、忽视以及规避，这些法令在全国的实施情况非常不均衡。最终国王直接下令犹太人要么改信基督教，要么离开这个国家。但是公元621年，当西斯布特的严酷政策还没有得到完全执行的时候，他就死了。他的继任者基本上逆转了西斯布特的反犹太政策。但是10年之后，这些反犹太政策在另外一个政权的统治下卷土重来。但是这些政策的执行过程仍旧存在很多问题。民事权威和宗教权威经常觉得犹太人的才华用起来得心应手。这些犹太人有时甚至会帮助天主教牧师管理教会财产。简而言之，这些针对犹太人的政策的真正执行情况反映了一种冲突，那就是犹太人的经济有用性和他们在政治、社会和宗教领域的不受欢迎。

即便如此，7世纪晚期很多犹太人仍旧留在西班牙境内，而且其中一些人仍旧从事已经被禁止但是非常赚钱的商业活动。他们非常欢迎8世纪早期入侵西班牙的摩尔人。摩尔人带给犹太人的不仅仅是延缓的对他们的迫害。西班牙现在变成广阔的伊斯兰世界的一部分。这个世界提供了更多的贸易机会。这些贸易机会不仅存在于伊斯兰世界内部，而且存在于伊斯兰世界和基督教欧洲之间。犹太人散落在两种文明里，而且生活在基督教国家的犹太人与生活在伊斯兰国家的犹太人有着很多联系。犹太人从而成了实现这些贸易的最佳人选。他们不但变成了贸易渠道，而且变成了两个敌对阵营之间知识和文化的交流渠道。

摩尔人统治西班牙的7个世纪里，有3个世纪通常被称作犹太人的“黄金年代”，即900—1200年。在这段时间里，犹太人不但取得了很大的经济成就，而且获得了知识和文化上的发展。这个时代的伊斯兰世界本身就在科学、诗歌和哲学领域百花齐放。摩尔人丰富的建筑传统在西班牙的历史上留下了丰碑。许多文化宝藏都是用阿拉伯语写成的，其中不仅包括中东和北非的经典著作，也包括希腊文明的经典著作，甚至也包括遥远的印度的经典著作。所有这些典籍都是用阿拉伯语写的，或者被翻译成了阿拉伯语。在这种情况下，一种新的起源于印度的数字系统到达欧洲并取代了笨重的罗马数字系统。这些数字通过阿拉伯人的传播来到欧洲，所以它们被错误的称为阿拉伯数字。同样，象棋也起源于印度，并通过阿拉伯征服者传播到欧洲。很多以阿拉伯语的形式到达西班牙的文化著作都被重新翻译成欧洲语言，并且成为欧洲文明文化传承的一部分。犹太人在这个翻译过程中发挥了重要的作用。

站在两个伟大文明的交叉点，犹太人特别擅长处理伊斯兰世界和基督教世界之间的观念和文化以及物质产品。当然，他们也会通过这个过程为自己谋求文化和物质上的发展。他们接收来自两个方向的知识，而且这两种文化的彼此冲撞激发了他们自己的思考以及犹太文化的发展。比如，伊斯兰世界对于自己的阿拉伯语的纯洁性的保持，激发了犹太人重新审视希伯来语的语法和风格。在几个世纪里，犹太人在智力方面的努力都集中在特定的犹太事物上，完全忽略了科学。现在，随着阿拉伯科学的脚步，在伊斯兰统治西班牙的几个世纪里，犹太人开始开展大量的科学工作。中世纪最著名的犹太哲学家迈蒙尼提斯就是在这种文化冲撞中成长起来的，他对希腊和阿拉伯的哲学家以及自己的犹太传统都耳熟能详。在犹太社区不那么高贵的阶层里，犹太文化同样受到来自伊斯兰和基督教文化的双重影响。

虽然伊斯兰在西班牙和葡萄牙的统治非常久也取得了非常多的成就，但是摩尔人从来都没有完全地占领伊比利亚半岛。一个由基督徒统治的带状区域穿过这个国家的北部边缘，并且成为后来基督教重新抢占这个区域而挑起的旷日持久的战争的基础。葡萄牙在12世纪获得独立。基督徒建立的西班牙王国在13世纪早期赢得了关键的胜利，并且控制了这个国家的大部分领土。但是摩尔人仍旧保持着南部的格拉纳达王国。西班牙的军事争端在15世纪的大部分时间里继续着。但是自13世纪开始，基督徒统治的西班牙就已经包含了绝大部分的西班牙系犹太人了。

这些犹太人多数都是手工艺者、店主或借贷人。但是其中一些人进入上一个社会阶层，成了塞维利亚、科尔多瓦和托莱多大纺织厂的主人，或者政府的财政官员或收税人。犹太人将这些被西班牙社会忽略的世俗技能用得炉火纯青。而这个事实在经济上让犹太人和西班牙社会都能够受益。

然而犹太人的繁荣和影响力越来越遭到西班牙民众的憎恨，只是这种憎恨被强有力的中央政府暂时压制下来。因为这个政府非常清楚它能够从犹太人的工作中得到益处。当席卷欧洲的腺鼠疫也就是黑死病到达西班牙的时候，在某种程度上这造成了社会动荡，削弱了西班牙君主的权力。1369 年到 1371 年的西班牙基督教内战同样削弱了政府的控制力。在这次秩序动荡的过程中，一波反犹太的暴力活动席卷了这个国家。在 1391 年到达顶点的时候，几万犹太人被迫改变了自己的信仰。教堂和政府都没能成功地控制住这些暴民的暴力行径和他们强迫犹太人皈依的行为。许多其他的犹太人虽然没有被暴动波及，但是他们自己选择成为基督徒，因为保持犹太信仰成了一件越来越危险的事情。

这些时间对犹太人的历史和西班牙的历史产生了深远的影响。现在犹太民族在宗教上分成三个群体：（1）转换了自己信仰的犹太人，现在信仰基督教，被称作“改宗者”；（2）表面上皈依了基督教但是私下里保持着犹太教仪式的犹太人，西班牙人愤恨地把这些人称为“马拉诺”；（3）公开保持自己犹太教信仰的犹太人。这三个群体进而有了不同的命运。

这些改宗者不再受到原来针对犹太人的歧视性法令的影响，因而变得更加繁荣和有影响力，甚至在教堂和政府中身居高位，而且可以和基督教贵族通婚。这些改宗者在地方政府中尤其具有影响力。虽然他们的法律、经济和社会身份都发生了变化，但是他们仍旧会激起民众的嫉妒和仇恨。这和他们还是犹太人时并没有什么本质的差别。1448 年，托莱多发生了针对改宗者的流血冲突。同样的事件也发生在 1468 年的赛普尔韦达、1473 年的科尔多瓦，以及 1474 年的塞哥维亚和哈恩。同时，社会上广泛存在着对于改宗者在西班牙生活中发挥着巨大作用的质疑。而且有人指责很多改宗者其实是马拉诺，暗地里还在信奉犹太教。来自基督教的宗教背叛的指控被带到西班牙的宗教法庭。虽然宗教法庭的力量非常强大且手段非常残忍，但是很多改宗者还是依靠他们的力量和影响力保住了自己的性命和大部分财产。

为了限制改宗者的繁荣和影响力，政府出台一系列举措，其核心就是将改宗者和生下来就在基督教社区的老基督徒在法律上区分开。为了自我防卫，改宗者坚持所有的基督徒要统一起来，不论是生来就是基督徒的人还是改宗者，也就是将改宗者和其他犹太人区分开。为了让这个论断有逻辑，也为了应对当时的社会危机，改宗者推动了很多反犹太的信仰和政策。虽然这个国家对于犹太人的仇恨已经达到顶点。王室和它的政府仍旧需要犹太人的技术、才华和财富，因为它们还处于和摩尔人的军事斗争中。1492 年格拉纳达沦陷，摩尔人在西班牙的统治正式结束，犹太人变成可以被抛弃的人。当年颁布的一份皇家法令将所有信奉犹太教的人驱逐出西班牙。和前面几个世纪发生在英格兰和法国相对小规模的驱逐不同，这次有成百上千的犹太人被要求在短时间内搬出西班牙。犹太人被迫留下的财富资助了当年进行的另外一项历史性事件，这个历史性事件就是哥伦布航海，而这项航海最终导致西半球被发现。

多数西班牙系犹太人迁居北非和中东的伊斯兰世界，特别是奥斯曼帝国。然而并非所有的西班牙系犹太人都定居在了奥斯曼帝国。很多人定居在了对犹太人比较宽容的欧洲国家，比如意大利、英格兰和荷兰。定居在荷兰的西班牙系犹太人帮助阿姆斯特丹发展成世界上最伟大的商业港口之一。他们最终甚至拥有了荷兰东印度公司 1/4 的股份。

原本分布在奥斯曼帝国广阔领土上的犹太社区不但在人口统计学上被从西班牙和欧洲其他地区大量涌入的犹太人淹没了，而且通过这些新来的犹太人得到了复兴。因为这些新来的人在知识和财富方面更加先进。西班牙系犹太人被驱逐之后，迅速在巴尔干地区崛起成为经济的主导力量。定居在法国南部的全球化的犹太人作为马拉诺在文化上取得很大的繁荣，得到更多的认同。相比之下，定居在法国东部贫穷、疏离、公开的德系犹太人则差很多，因为这些地区反犹太主义盛行。定居在阿尔及利亚的西班牙系犹太人成了当地犹太社区有威望的领袖，同时也是这个国家的经济领袖。虽然西班牙政府没收了西班牙系犹太人的财富，但是他们无法没收创造了这些财富的技能和品质。而这些人将会在其他国家重新创造财富，哪怕他们新到的国家像加勒比海地区那么遥远。

奥斯曼帝国

在15世纪晚期，奥斯曼帝国为犹太人提供的包容性和机会都比犹太人能够从任何其他基督教或伊斯兰地区获得的多得多。在这个节骨眼上，奥斯曼帝国是正在扩张之中的伊斯兰世界最强大的军事力量，比任何欧洲国家或帝国都更有力量。奥斯曼土耳其从一个游牧民族一跃成为世界强权，其顶点是1453年入侵拜占庭帝国并占领了拜占庭帝国的首都君士坦丁堡。奥斯曼帝国将这个城市重新命名为伊斯坦布尔，并作为自己的首都。占领了这个巨大且在民族和宗教上非常多样化的区域之后，奥斯曼帝国通过包容和精明的手段来管理这个地区。它欢迎从西班牙被赶出来的犹太人这件事就反映了它的精明。

西班牙系犹太人将很多技能带到奥斯曼帝国，其中就包括西方军事技术方面的知识和西方的语言以及政治。所有这些知识对于奥斯曼统治者来说都非常重要，因为他们在几个世纪的时间里都非常痛恨基督教欧洲。从感情上讲，比起基督徒，奥斯曼帝国更喜欢犹太人。比如，有的时候犹太人会被送到国外作为奥斯曼外交官的翻译，甚至作为非正式的外交使者。更重要的是，和奥斯曼帝国境内规模更大的基督教少数民族不同，犹太人不会整天被怀疑同情基督教国家。因为犹太人曾经在这些基督教国家遭受很多迫害。事实上，奥斯曼统治者经常作为一项政策把犹太人迁移到刚刚占领的基督教城市。一部分原因是这些城市因战争人口大量减少，还有一部分原因是他们想要稀释当地的基督教居民以免这些居民因不忠诚起事。奥斯曼帝国境内的犹太人被鼓励甚至被命令移居伊斯坦布尔。1477年，犹太人占到伊斯坦布尔这个城市人口的11%。随着更多从西班牙和意大利被驱逐的人的到来，到1535年伊斯坦布尔的犹太人口又增加了好几倍。但是也有很多其他人群移居伊斯坦布尔，所以人口比例上的变化很难确定。之后同样的政策也被用到战略性的港口城市萨洛尼卡。1519年在萨洛尼卡的犹太人口几乎可以忽略，但是在不到一个世纪里犹太人口增长到城市人口的2/3。

犹太人在奥斯曼帝国范围内被允许从事的经济活动比他们在同时代欧洲的很多地方能从事的经济活动要多得多。确实如此，因为帝国需要他们的很多技能。犹太小贩在加利波利和萨洛尼卡的城镇和附近的乡村都非常常见。这些小贩通常从事物物交换。在经济规模的另外一端，犹太人在国际贸易中也非常突出。尤其是当另外一个国家的国际贸易也有犹太人参与时。所以犹太人在奥斯曼帝国与意大利的贸易中发挥了重要作用，但是在奥斯曼帝国与波斯湾或印度的贸易中就没有那么重要了。奥斯曼的犹太人在国内贸易和国际贸易中经营的主要物品是纺织品、衣物、线和毛皮。犹太人在西班牙的时候就在纺织行业非常活跃，所以他们在奥斯曼帝国处于这个行业的领先地位。苏丹亲兵军团所穿的制服很大一部分就是这些犹太商人提供的。犹太人非常擅长海关服务，以至当时奥斯曼帝国的很多海关收据都是用希伯来语书写的。

在早期更加宽容的环境里，伊斯兰世界的犹太人在医疗行业和穆斯林或基督教医生是同事。15世纪犹太难民从西班牙、意大利和欧洲的其他地区大量涌入时，曾经在科学和医药方面领先于欧洲的伊斯兰世界已经落在了后面。作为携带了更先进的医学技术的人，犹太人成了伊斯兰世界医生中的领先者。有一些犹太人甚至成了奥斯曼帝国苏丹的医生。16世纪早期，宫廷的御医团队包括41个犹太人和21个穆斯林。但是随着时间的流逝，由于和西方发展中的医学技术失去了联系，犹太人逐渐丧失了他们的领先性，因为他们的领先性就是基于对西方药物的了解。第二代和第三代西班牙系犹太人逐渐落在了后面，最终被受过西方教育的希腊人取代。

总体上说，生活在奥斯曼帝国的基督教少数民族一直与基督教欧洲保持着联系。希腊人和亚美尼亚人就是如此，他们经常将自己的孩子送到基督教欧洲接受教育。因此奥斯曼帝国境内的基督徒更加了解西方的进步。他们保持了自己说西方语言的能力，也保持了与欧洲国家的联系。随着时间的流逝，奥斯曼帝国的犹太人的西方知识变得过时，因而一个领域接着一个领域地被基督徒取代。犹太医生不但被更有能力的希腊医生取代，犹太商人同样发现他们在国际贸易中的份额逐渐被基督徒挤占到了快要消失的地步。从18世纪晚期开始，亚美尼亚商人、店主、企业家和银行家在奥斯曼帝国的地位越来越高，与此相对应的是犹太人地位的下降。即便是在剧场里，犹太人早期的垄断地位也逐渐让位给亚美尼亚人。除了在各种各样的商业和专业领域用更领先的技术取代犹太人，基督教少数民族还在基督教欧洲和伊斯兰世界积极地散播对犹太人的仇恨。他们重新散布的一个谣言就是，犹太人杀死小孩子并喝他们的血。随着奥斯曼帝国的犹太人在经济和人口统计学上的衰落，他们越来越贫困也体现在教育水平低这个事实上。他们不但士气低落，受到的迫害也越来越多。法国大革命时代的欧洲文明新思潮对希腊人和亚美尼亚人造成的影响比对奥斯曼帝国的犹太人的影响要大得多。奥斯曼帝国的犹太人甚至不了解在同时代的欧洲犹太人中流行的思潮。

犹太人在奥斯曼帝国的地位逐渐下降。与此同时，帝国自身相对于它的主要对手基督教欧洲也在衰落。这代表着国际力量的急剧转变。这种国际局势的变化也带来相应的国内反响，这种反响对于非穆斯林少数民族来说有着非常冷酷的意味。在几个世纪的领土扩张之后，奥斯曼土耳其开始经历挫折和失败。在处于支配地位的时代，奥斯曼帝国不断地让欧洲遭受军事失败的打击，它占领了希腊和巴尔干地区，并在1529年包围了维也纳。欧洲的其他势力害怕土耳其人会席卷整个大陆，因此才出手支援勉勉强强地保住了维也纳。在几个世纪里伊斯兰世界在各个方面向外扩张，这不但让奥斯曼土耳其人对自己和自己的使命充满信心，而且让他们对欧洲的“异教徒”心存鄙视。他们曾经在科学和医药上保持领先优势，并且在战争中屡屡获胜。他们也曾经把大量的欧洲人作为奴隶使用。在几个世纪里，奥斯曼统治者甚至奥斯曼学者都对欧洲文化毫无兴趣。除了他们的近邻，他们甚至对欧洲大陆和生活其上的居民都没有基本的认识。简而言之，虽然奥斯曼学者对印度、中国和其他国家进行了很多研究，但是他们认为欧洲根本不值得他们注意。

奥斯曼帝国对欧洲一直抱有一种非常鄙视的态度，当它发现欧洲的军事力量使用更加先进的武器和战争技术将它打败时，一开始它非常震惊。1571 年，奥斯曼帝国在一次决定性的海战中败给了罗马教廷、西班牙和威尼斯的联合舰队。在陆地上，1664 年与哈布斯堡王朝的激战让奥斯曼帝国经历了第一场惨败。1683 年奥斯曼再次包围维也纳的时候，它不但遇到了抵抗而且在人数占优的情况下被打垮。这是两个帝国关系上的历史性转折点。更广义地说，这是基督教世界和伊斯兰世界关系上的历史性转折点。

奥斯曼帝国在漫长的领先时期对非穆斯林少数民族的包容到了这个时候变得荡然无存。奥斯曼帝国开始经历军事失败的震惊和欧洲民族的崛起，再加上欧洲人征服了北非和中东的穆斯林，这让奥斯曼帝国开始忧心自己的存亡。在这种四面楚歌的愤恨气氛下，非穆斯林总体上都显得不值得同情甚至可疑，他们就像帝国的薄弱环节或潜在的叛国者。在奥斯曼扩张更加国际化的时代里，限制非穆斯林行动的法律都执行得非常宽松或时断时续。而现在这些法律限制开始被严厉地实施。虽然基督徒比犹太人更加可疑，但是犹太人更加脆弱。一方面是因为犹太人人数较少，另一方面是因为犹太人没有能够为他们提供庇护的祖国。除了官方的歧视，犹太人和其他非穆斯林还会受到穆斯林的骚扰。而这些穆斯林并不会因此受到惩罚。而且穆斯林孩子还会向他们扔石头，朝他们吐口水，或者打他们。因为这些孩子知道被打的人是不会还击的，否则等待他们的只有死刑。这些变化不仅发生在奥斯曼帝国，而且扩散到整个伊斯兰世界，在世界的其他一些地方可能还会变本加厉地发生。

在摩洛哥的一部分地区，犹太人在离开自己的聚居区时必须光着脚。一个 18 世纪的犹太观光者到了摩洛哥，并且将他生活在那里的宗教同胞描述为“被压迫的可怜的生物，既不能向阿拉伯人还嘴，也不能昂首挺胸地生活”。犹太人甚至在安息日被拉出犹太教堂强制劳作。在19世纪的开罗，即便最贫贱的阿拉伯人也会毫不犹豫地因为犹太人胆敢在右边超过一个穆斯林这种小事而对其大打出手。在也门，犹太人被要求清理公共厕所，而犹太孤儿会被带走抚养成穆斯林。

具有讽刺意味的是，在欧洲帝国势力占领了北非和中东之后，生活在那里的犹太人发现自己反而比以前在穆斯林统治者治下生活得更好。虽然他们的祖先曾经逃离欧洲的迫害在伊斯兰的土地上找到了更多的安全。在过去的几个世纪里，欧洲发生了很多改变，就像伊斯兰世界发生了很多改变一样。在欧洲力量的压力之下，奥斯曼帝国开始改革和现代化，最终在1869年给予所有宗教信仰的人平等的公民身份。但是到那个时候，奥斯曼帝国的犹太人已经远远落后于世界上其他地方的犹太人了。

现代欧洲

在两个半球发现了彼此的存在并有了联系的时候，世界进入现代。但是对于欧洲的犹太人来说，现代意味着发展和悲剧都达到前所未有的程度。在现代化早期到来的时候，世界上多数犹太人仍旧生活在伊斯兰国家。在随后的几个世纪里，在没落的帝国中犹太人的地位每况愈下，这导致很多人移民欧洲。这个时候的欧洲看起来好像中世纪最严重的迫害已经过去了。从很多角度来看，欧洲的经济正在发展而政治体系也相对稳定。

在每个欧洲国家，犹太人都是人数少、脆弱且显眼的少数民族，因此法律和政令对他们来说格外重要。从总体上说，犹太人支持着欧洲正在出现和成长的民族国家。这些国家即便不提供平等的权利，至少也有力量为他们提供保护。寻求“民族自决”的分裂民族很少得到犹太人的支持。第一次世界大战之后哈布斯堡王朝和奥斯曼帝国相继瓦解，民族运动最终获得成功并建立了很多独立的国家。而这些民族一直保留着犹太人不肯出手相助的苦痛记忆，它们开始对犹太人进行报复。

在现代欧洲的早期，犹太人过着封闭的生活。一个标志就是以各种形式分布在这块大陆上的犹太人聚居区，这种分隔不仅是物理上的。基督徒和犹太人生活在不同的精神世界里，他们遵循着不同的传统，其中既包括宗教传统也包括风俗、穿着、语言、食物、教育和行为举止。而其中宗教对于双方都至关重要。十字军战争时代的激进的天主教教堂开启了基督徒和犹太人之间的隔离，这种隔离几乎贯穿了整个现代社会。但是犹太人所从事的从沿街小贩到国际金融家的职业让他们能够与基督徒一直保持联系和持续的交流。因而他们不可能完全不受身边欧洲世界正在发生的变化的影响。而这个世界正在推动着科学、哲学、技术和经济向前发展。那些生活在城市里、受过教育、从事专业工作的犹太人和欧洲文化的上层有着更多的接触。他们自然对这些社会变化以及这些变化背后的含义，有着比街头的犹太小贩和来自内陆农业地区以及小村镇的工匠更深的认识。而在这些内陆农业地区和小村镇上，生活似乎和时间一样一成不变。

欧洲不同区域的发展并不均衡。在整个现代历史的大部分时间里，欧洲文明进步的前沿都是西欧，其中包括英格兰、法国、荷兰和从北海一直延伸到今天的奥地利的德意志地区。在中世纪晚期，犹太人被迫离开这个区域。所以在现代社会的早期，欧洲犹太人的人口和文化中心都从西欧转移到东欧。多数德裔犹太人都不再生活在他们得以命名的德国，反而生活在东部的斯拉夫地区。更重要的是，犹太人在欧洲的落后地区都进入现代，而留在欧洲发达地区的犹太人很大程度上与先进的思想和文化隔开了。甚至在大部分欧洲犹太人聚居的波兰－立陶宛地区，更发达的西部和北部地区也被德国中产阶级占据了。而在更加落后的东部地区，犹太人则主导着贸易。

各种各样的现代化趋势开始慢慢地无情地侵蚀欧洲的基督徒和犹太人之间的隔阂，最终侵蚀掉了基督教和犹太教大部分的传统意义。中世纪晚期到现代社会早期的文艺复兴运动的一个副产品就是，人们重新产生了对古代世界进行学术研究的兴趣。其中一个研究领域就是被基督徒和犹太人共同奉为经典的《旧约全书》。与此相关的研究兴趣就转到了希伯来语和犹太的写作风格上。因此，基督教学者和犹太学者之间有了相互讨论的语言基础和哲学基础，虽然这种讨论一开始是犹豫的、零星的，并且遭到双方宗教同胞的反对。在政治和经济上，逐渐兴起的民族国家和欧洲的帝国觉得犹太人的技能、企业家精神和资本对巩固国家的军事力量非常有用。在1618年到1648年的三十年战争期间，许多针对犹太人的歧视性限制都被废除了。因为处于征战中的国家想要借助犹太金融家的力量继续彼此昂贵的战争。

基督教欧洲对犹太人限制的弱化伴随着自治的犹太社区的权威机构对每个犹太人控制的弱化。世俗的民族国家逐渐加强了它们对公民的直接统治，其代价就是贵族和宗教团体这些中间机构。同样，自治的犹太社区的权威机构的影响力也越来越多地被削弱。或多或少每个犹太个体都被吸引着偏离了犹太传统。这种偏离并不是说犹太人皈依了基督教，虽然确实有这种案例发生。但是更多的情况是，犹太人仍旧保持着自己的犹太信仰，但是接受了一些来自周围基督教世界的观念和行为。在一些地点和时间，人们对非犹太人的仇视减轻了。比如，17世纪下半叶欧洲的一些高级场所亲犹主义成为一种时尚。接触更广阔的文化或社交世界并不一定会让人产生背叛的感觉。然而，这个过程并不是无痛的。对于要在多大程度上引入外来元素，犹太社区不同群体的看法有着很大的不同，有时会有非常激烈的争论。

一些男性剃掉了他们的大胡子并放弃了他们的传统犹太服饰，以便在商业和专业领域和非犹太人更好地相处。一些拉比会赞同犹太人去非犹太人的剧场和歌剧院。一些有冒险精神的犹太人引入唱诗班、彩色玻璃窗，或者用其他从基督教教堂借鉴的外部装饰来装点他们的礼拜室。但是也有非常少的人会成为斯宾诺莎一样的人。斯宾诺莎否认犹太教的神圣传统，被赶出了阿姆斯特丹的西班牙系犹太人社区。

基督徒之间传统的宗教联系和规则的减弱也将处于两个社群边缘的人拉到了一起。发生在16世纪的天主教与新教之间的分歧以及它们为了争夺统治地位而进行的痛苦、令人绝望、最终却没有结果的战争让宗教包容显得更加有吸引力。当然对于一些人来说，这些事情让宗教本身变得没那么有吸引力了。为了让犹太人获得民事权利所进行的运动发端于18世纪早期的法国，进而蔓延至整个欧洲。尽管在几代人之后法律面前民权平等才得以实现，而且在欧洲大陆的不同地方实现的日期也各不相同。历史上有决定意义的事件发生在1791年的法国。随着法国大革命的发展，所有法国公民被赋予平等的民权。这是欧洲历史上的第一次，犹太人在法律面前被认为是平等的人群。这种民事平等随着拿破仑的征战大军传遍了欧洲大陆。虽然滑铁卢之战之后旧秩序的重建标志着犹太人平等民权的倒退，但是旧的规则并没有在每个地方被完全恢复。到了19世纪中期，犹太人的平等民权逐渐被更加广泛地接受。

随着要求个体之间民权平等运动的开展，对犹太传统的赞赏也出现了。两种趋势都来自基督教欧洲受过教育的精英阶层，也都遭到同时来自精英阶层和普罗大众可畏的阻碍。无论如何，基督徒和犹太人朝着相互理解所做的摸索本身和其产生的深远影响都是历史性的。弥尔顿和伦勃朗这样的非犹太世界的杰出个体对犹太传统表现出极大的尊敬和兴趣。伦勃朗事实上居住在阿姆斯特丹的犹太社区。在这种情况下，像摩西·门德尔松这样接触过广阔的欧洲世界的观念和哲学的犹太个体几乎不可避免地产生了。

和斯宾诺莎不同，放在18世纪启蒙运动和欧洲哲学的大背景下看，门德尔松一直是个犹太人，并且是犹太教的捍卫者。他是犹太人和基督教世界的历史性桥梁。这个评价不仅来自他所说和所做的事情，而且来自他在基督教世界中所受的尊敬和赞美，其中也包括来自伊曼努尔·康德的赞赏。非犹太人和犹太人都为他的死讯而悲伤，其他犹太人也追随他的脚步更加充分地参与到欧洲文化中，并且为其进一步发展做出贡献。门德尔松对宗教宽容和政教分离的呼吁在他死后仍旧在基督教徒中回响。他的儿子是柏林著名的银行家，而他的孙子是最伟大的古典音乐作曲家之一。

随着一个又一个世纪的流逝和一代又一代人的前进，更多的犹太人被载入史册。这些人不但对犹太传统做出了贡献，而且在西方文明和世界历史上享有声望。伟大的古典经济学家大卫·李嘉图是荷兰的西班牙系犹太人的后裔，虽然他本人生活在英格兰且不再遵从犹太教。19 世纪和 20 世纪很多知识领域的大师同样都是犹太人的后裔。其中最广为人知的就是马克思、弗洛伊德和爱因斯坦。虽然在 1905 年以前没有犹太人获得诺贝尔奖，但是在那之后的 70 年里，16% 的诺贝尔奖都被犹太人获得，虽然犹太人的人口不到世界人口的 1%。在更加世俗的层面上也如此，犹太人不但变成西方文明的一部分，而且成为西方文明发展过程中一个主要的影响力。在不同的国家，这种影响的天性和能量存在着很大的不同。尤其是在东欧和西欧，这种不同更为显著。不论是在普罗大众还是在精英阶层，东欧和西欧的犹太人的不同与日俱增。西欧的犹太人更加同化，成为他们周围更大的社会的一部分，而东欧的犹太人继续孤立在他们自己的传统和社交世界里。

在现代世界，反犹太的仇恨也产生了微妙但是注定的改变。在中世纪的欧洲和伊斯兰土地上，宗教是反犹太仇恨的重心。虽然这些仇恨背后的驱动力是对犹太人的成功的嫉妒和愤恨。然而，皈依基督教，或者在伊斯兰世界里皈依伊斯兰教的犹太人都能从这种无力状态中摆脱出来，尽管他们继续遵从犹太教信仰的同胞还是要受到这些制约。在一些特殊情况下，这些转变了信仰的人还是会在社会或法律上遇到一些障碍或限制。但是这些障碍和限制会随着一代又一代人的前进而逐渐消亡，不论在基督教世界还是在伊斯兰世界都是如此。中世纪西班牙的改宗者不是唯一通过改变宗教信仰而声名鹊起或身居高位的犹太人后裔，这种情况同样发生在伊斯兰世界。在 19 世纪的英国，虽然犹太人不被允许进入议会，但是迪斯累里却一度成为首相。相比之下，其后的反犹太主义集中在血统上，也就是犹太

“种族”的后裔。这种种族上的伪科学反犹太主义出现在19世纪晚期，也正是后来驱使希特勒和纳粹的观点。在纳粹大屠杀中，个人的宗教观点和非宗教观点对于他们来说并没有什么意义。这种与宗教差异相关性很小的对犹太这个民族的仇恨至少可以追溯到18世纪伏尔泰的时代。

东欧

在几个世纪里，东欧的国界发生了大范围的迁移，甚至包含了一些国家的出现和消失，比如波兰。所以犹太人在这个区域的某个特定国家的历史很难被追踪，即便追踪到了也没有太大的意义。在几代人的时间里，一个给定地区的犹太人可能曾经从属于几个不同的国家。而且犹太人聚居地的范围曾经在16世纪和17世纪随着波兰帝国的扩张而扩大。而很多犹太人又在沙皇夺取以前的波兰领土的过程中被划入俄国。同样，当奥斯曼帝国的国界被朝着土耳其的方向挤压时，一些奥斯曼犹太人在没有搬迁的情况下变成了东欧犹太人。除了一些地域差异，东欧犹太人的历史可以被视为一部地区历史而不是国家历史。

至少从中世纪开始，就有相当数量的犹太人生活在东欧。在十字军路过西欧时，一些不堪致命的大规模暴力的犹太人作为难民逃到东欧。另外，13世纪波兰统治者博莱斯拉夫曾经特意邀请犹太人到他的领土上定居，并且为他们提供保护和与基督徒的隔离。那个时候的东欧像后来一样在经济发展、教育、城市化、技能和普通人群的文化发展等方面都落后于西欧。虽然它的精英阶层出现了很多有世界声望的天才，比如托尔斯泰和陀思妥耶夫斯基。而犹太人被视为波兰缺乏的西欧技能的源泉。在东欧的其他地方，虽然没有这种对犹太人角色的官方认可，但是犹太人还是一样提供了当时所需的工匠技能，而且为落后的农业社会提供了商贩、商人、放贷者和生产制造者这些补充职业。作为以文盲为主的东欧社会识字的人，犹太人作为地主贵族的收租人和政府的收税人也同样有用。但是这两种身份都容易在普罗大众之中激起仇恨。

德裔犹太人在中世纪开始到达波兰的时候，基督教信仰和天主教堂在波兰人的生活里还都是比较新的事物，基于宗教而产生的对犹太人的仇恨还远远没有后面的几个世纪那么强烈。但是基督教的牧师最终成功地把波兰变成了欧洲反犹太主义最盛行的国家之一。与犹太人在同样的职业领域竞争的基督教商人、艺术家和其他专业人士也推动了波兰对犹太人的仇恨。文艺复兴和早期的现代主义思想到达东欧的时间很晚，其自由化精神的抵消作用也来得很慢。东欧在历史上一直处于欧洲文化的边缘，一个例子就是，在公元 10 世纪基督教才姗姗来迟地到达波兰。欧洲的两大区域在古代就开始出现事实上的差异。罗马帝国在整个西欧伸展且留下持久的文化影响。而东部的斯拉夫地区一直处于帝国的边界之外，在之后的很多个世纪里也一直在技术和观念上落后于西欧。犹太人只是西欧文化传播到东欧的渠道之一。

随着现代曙光的到来，欧洲犹太人口的大规模迁移开始了。从 15 世纪中期到 16 世纪晚期，发生在西欧很多地区的迫害、驱逐和暴力冲突导致很多犹太人向东部迁移。这些犹太人退到东欧以及奥斯曼帝国在巴尔干和中东的领土。虽然这些反犹太暴动的直接原因千差万别，巨大规模的犹太人离开东部且被西部接收的事实却反映了两个地区对犹太人的技能和才华的不同需求。

西欧地区有足够的基督教艺术家、商人、文职人员、放贷者和从事其他的犹太人擅长的职业的人。事实上，正是这些基督教的竞争者煽动了公众的仇恨，推动了针对犹太人的官方歧视。这种模式同样存在于西班牙。那里的基督教竞争者包含很多在 14 世纪和 15 世纪被迫从犹太教信仰改为基督教信仰的人。东欧和巴尔干地区对犹太人的特定技术和才华有相当大的需求。因此统治者觉得应该鼓励犹太人来定居，并且为他们提供保护以避免他们被社会上流行的仇恨吞没。

在 1500 年，大约有 3 万犹太人生活在波兰。到了 1575 年，波兰境内大约有 10 万到 15 万犹太人。随着大部分德裔犹太人迁居波兰，犹太人口还在继续快速增长。犹太移民并不是均匀地分布在波兰境内的，相反他们非常集中地分布在这个国家的东部。德国的艺术家和商人仍旧居住在波兰西部和北部的波罗的海地区。对于犹太人来说，波兰不仅意味着比他们了解的西欧迫害更少，而且向他们敞开的职业范围也广得多。犹太人成了制革工人、制皂工人、装玻璃工、毛革工人、酿酒工人、服装工人、经营农业产品的中间人和贵族的地产经理。波兰的珠宝行业基本上完全被犹太人掌握在手里。

从文化上讲，波兰成为犹太人世界的新首都。曾经遍布德国的塔木德学院现在大多转移到波兰，因为德裔犹太人迁居那里。波兰的犹太人识字率非常高，即便是贫穷的犹太人的孩子也能通过犹太社区的助学金上学。随着印刷术的普及，昂贵的手抄书本被便宜的印刷书籍取代。因此，即便是住在波兰或乌克兰偏远山区与世隔绝的村庄的家庭也会有一些犹太图书。在这些经济和学院背后的是犹太人尊重学习和知识的强大传统。他们会为了教育而做出很多个人和社区的牺牲。识字和对知识的重视让犹太人和他们周围的大部分都是文盲的波兰农民的差异更加巨大。他们基本上听不懂彼此的语言。波兰的德裔犹太人继续说着依地语。依地语是他们离开德国之前就开始使用的德国方言。生活在不同地区的犹太人的依地语可能不同程度地夹杂着一些希伯来语、斯拉夫语和其他语言的词语。

17 世纪波兰军队向东扩张，将犹太人带到乌克兰。在乌克兰，几千名犹太人从事小商贩、小贸易商人或手工业者的工作。其中一些人甚至作为波兰贵族的地产经理帮助他们管理新占领的土地。最终乌克兰人遭受的压迫导致了 1648 年的武装反抗。领导反抗的是哥萨克人，他们还得到克里米亚的鞑靼人的支持。渴求报复的哥萨克人进行了不分良莠的残酷屠杀，夺走了几千名波兰贵族、天主教教士和犹太人的生命。作为目标人群里人数最多的一群，犹太人承受了最为惨重的损失。对于犹太人来说，这次屠杀造成的死亡人数仅次于 3 个世纪后的纳粹大屠杀。但是犹太人在一代人的时间里就在人口统计学和经济上得到恢复。

17 世纪末，波兰－立陶宛联合王国境内共有约 35 万犹太人。在其他东欧国家，波希米亚－摩拉维亚大概有 5 万犹太人，匈牙利大概有 1 万犹太人。在 1700 年，布拉格一个城市就有 1.1 万犹太人，成为欧洲最大的德裔犹太人社区。像其他地方一样，生活在波西米亚的犹太人大部分都是贫穷的商贩和交易人。从总体上讲，东欧的犹太人往往生活在自治的社区里。这些自治社区管理内部事务且约束自己的成员，以免这些成员的浮华穿着、吵闹行为或不恰当的用语惹怒周围的人群。这样自治的犹太社区不仅存在于东欧，也存在于这块大陆的其他地方和伊斯兰世界。只是东欧犹太人的自我管理会更加严格一点儿。这意味着东欧犹太人更加封闭在自己的世界里，而和现代欧洲的知识潮流分隔开了。

在犹太人自己的世界里，他们产生了自己的流行和时尚。但是他们的潮流和外部的基督教世界几乎没有什么相关性。起源于东欧犹太人的弥赛亚运动之一是哈西德主义。哈西德主义强调犹太人灵魂上的归属，而不那么强调知识上的理解。因此，不论是 18 世纪的启蒙运动还是 19 世纪的社会融合与调解的努力，它们对欧洲犹太人的影响都没有对西欧犹太人的影响那么深。这意味着东欧犹太人不但继续疏远基督徒，而且在很大程度上疏远了他们生活在欧洲的正在变革中的宗教同胞。双方的犹太人都感觉到这种疏离。到了 19 世纪中期，东欧犹太人出现了自己的现代化“启蒙运动”。这个运动的追随者被他们更加传统的同胞讽刺性地称为“柏林小鸟”，也就是德国犹太人的模仿者。

波兰作为东欧犹太世界的心脏，在 18 世纪晚期从地图上消失了。因为俄国、普鲁士和奥地利瓜分了它的领土。俄国在接收波兰领土的同时接收了大量的犹太人。1795 年，俄国境内大约有 80 万犹太人。虽然这个国家在几个世纪里一直存在反犹太政策，叶卡捷琳娜一世还在 1727 年颁布法令禁止犹太人在俄国生活。沙皇政权并不希望新获得的犹太人口分布到全国各地，因此政府为犹太人划定了一个生活区域，其中包括一些原本位于波兰境内的领土和俄国南部的一些地区。这些地区被称作犹太定居点，犹太人不允许生活在定居点之外。莫斯科和圣彼得堡就在定居点之外，在历史的某个时期，华沙和基辅也在定居点之外。虽然犹太人在其他地方的城市化特点很明显，但是在沙皇俄国只有不到 20% 的犹太人生活在上万人的大城市里。

俄国政府也开启了一项长达几十年的运动来“俄国化”犹太人，它运用了一些非常重的手段，包括让犹太年轻人服超过 30 年的兵役。而同时期其他民族服兵役的时间是 25 年。在服兵役的过程中，他们被强制吃犹太教反对的食物、画十字架，以及做其他违背犹太教传统的事情。总之，他们被强迫在宗教上变成基督徒而在文化上变成俄国人。法律禁止犹太男性留大胡子和穿长袍，警察会拿着剪刀在街上巡逻，随时减掉他们遇见的违背这条禁令的犹太人的胡子。

沙皇俄国境内的犹太人被允许生活的一个不发达地区，就是黑海周边。因为这个区域是俄国刚刚从奥斯曼帝国抢过来的。犹太人和其他非俄罗斯少数民族定居在敖德萨港并推动了那里的经济发展，从而将其变成这个地区的发达港口。这个地区的农业殖民地生产出了俄国 1/4 的出口小麦。敖德萨的商人因为对金钱不屈不挠的追求而知名。那里的工人获得的工资比其他地方同一类型的工人要高很多。敖德萨成了亚洲货物进入欧洲市场的主要港口。像其他国籍的人一样，犹太人专注于一些职业领域，包括银行家、中介、经纪人、倒卖烟草和来自东方的货物的商人。到 1842 年，犹太人在敖德萨拥有 228 家商铺。人口上占到这个城市从事商贸的人口的一半以上。在这个发展中的边界地区，犹太人摆脱了很多禁令的约束，比如约束他们能够在哪里生活和从事哪些工作的禁令。然而，他们的成功反过来也害了他们。1871 年敖德萨发生了一起针对犹太人的暴动，背后煽风点火的就是他们的生意竞争对手。

俄国境内的反犹太政策在沙皇尼古拉斯一世（1825—1855 年在位）统治期间达到顶峰。他的儿子亚历山大二世即位后减轻或废除了一些反犹太法令。虽然他的统治早期让犹太人燃起了一些希望，但是他的政策的坚持时间比其他欧洲国家的“解放运动”和平权运动都要短。亚历山大二世在1881年被暗杀，暗杀组织成员就包括很多犹太人和其他的少数民族。反犹太暴乱再次在俄国兴起，新沙皇亚历山大三世开始了新一轮的反犹太政策。警察往往不会理会零星爆发的反犹太暴动，有时警察和士兵甚至会积极地参与这些暴乱。直到第一次世界大战爆发前的几十年里，这种暴乱事件甚至成了反复发生的常态事件。

19世纪80年代的大屠杀事件引起了巨大的社会震动，导致了历史上犹太人数量的减少。在1881年到1914年间，光从俄国移居到美国的犹太人就达到150万。同一时期从东欧所有地区迁移到美国的犹太人口超过200万。很多犹太人逃到其他欧洲国家或北非和欧、亚、非三洲连接地区。但是至少有3/4的犹太人迁移到美国，正如这个时期的移民中有3/4是犹太移民一样。

在两次世界大战之间，尤其是20世纪30年代，犹太人在东欧和中欧的政治、社会和经济地位急剧下降。古老的奥匈帝国在第一次世界大战中战败，因此这个地区产生了很多原本在奥匈帝国范围内的独立国家。在消失了一个多世纪之后，波兰再次崛起。捷克斯洛伐克、南斯拉夫和拉脱维亚就是胜利者在谈判桌前创造出来的主权国家。就像第二次世界大战之后出现的很多亚洲和非洲国家一样，这些东欧国家把它们新获得的权力指向了自己国内的少数民族，犹太人首当其冲。

这个地区的犹太人不可能都是非常富裕的，事实上很多人还非常穷困。但是这个地区的商业活动不成比例地被犹太人掌握，而且这些犹太人在其他专业领域和出版业也非常突出。1921年，波兰超过3/5的商业活动是犹太人进行的，而犹太人口只占总人口的11%。1931年，波兰一半以上私人诊所的医生是犹太人。犹太的工薪阶层基本都是造鞋工人、烘焙师和裁缝这样的手工业者。而在大工厂或矿井里工作的大多都是波兰人。在波兰从事商业活动的犹太人中，近4/5做的都是小店主这样的个人经营，而不是能够雇用工人的大规模经营。不过被波兰政府雇用的犹太人数量也很少。在 2.9 万名铁路工作人员中，犹太人不到 50 个。在政府雇用的学校教师中，犹太人不到 3%，波兰的大学里基本上没有听说过犹太人教授。犹太人医生不会被国家医院雇用，犹太人律师也不会被国家机构雇用。

在匈牙利，大部分情形也一样。在第一次世界大战前夕，在匈牙利的各种商人中，60% 是犹太人。在首都布达佩斯，42% 的记者、45% 的律师和 49% 的医生是犹太人。很多犹太人工作在重要的政府职位上，甚至有几百人有贵族头衔。到了 1920 年，一半的律师和 3/5 的医生是犹太人。而犹太人在人口中的比例只占 6%。虽然匈牙利也有很多穷困的犹太人，在更加富足的阶层里也有非常多的犹太人。匈牙利国内大约一半的工业企业是犹太人的，超过 3/5 的大型商业公司是犹太人的。多数匈牙利基督徒都在农业领域，而这个领域的犹太人只占犹太总人口的 4%。总而言之，匈牙利的犹太人和非犹太人表现出截然不同的商业分布模式。在罗马尼亚也是如此，大约 3/4 的非犹太人从事农业，同时有 4/5 的犹太人从事商业或工业。

犹太人在商业、工业和专业领域不成比例的分布通常说明这个国家或地区的落后。在波兰更加落后的东部地区，88% 的商业活动是犹太人经营的。而在原本属于德国的更发达的西部地区，只有不到 8% 的商业活动属于犹太人。在比波兰更加贫穷的立陶宛，犹太人代表了超过 3/4 的商业活动。罗马尼亚与波兰一样，越落后的地区犹太人在商业上的垄断性越强。少数真正富裕的犹太人往往生活在大的商业和工业中心，但在那些地方他们几乎永远不可能是主流民族。而更多的犹太商贩、小店主和其他处于经济下层的犹太人通常是很多落后的农业社区里唯一不从事农业生产的人。后一种犹太人在经济上的“垄断性”往往特别容易在无知的人群中激起嫉妒和反犹太主义情绪。

像很多其他有着先进的少数民族的落后国家一样，东欧新晋的本土中产阶级往往在针对犹太人的攻击中处于先锋位置。因为来自犹太人的竞争影响了他们的职业发展。在两次世界大战之间，东欧的大学成了反犹太主义和法西斯主义的中心。20 世纪 30 年代在波兰的一些大学里，犹太学生被强迫坐在教室的隔离区域，而且有可能遭到暴力对待，甚至发生了几起谋杀事件。1934 年纳粹的宣传部长约瑟夫·戈培尔在华沙大学做了一次演讲，参加的人包括一些波兰政要。通过各种不同方式，东欧各个大学犹太学生的比例下降了。

只有替代犹太人才能让正在出现的波兰中产阶级进一步发展，这成为一种广泛的观点。波兰政府因此出台了一系列政策控制犹太人主导的行业，比如烟草、酒水、盐和火柴。20 世纪 30 年代波兰出现了抵制犹太商业的活动，其中往往夹杂着对店主和顾客的暴力。这些行为导致犹太店铺不论在绝对数量上还是在相对比例上都下降了很多。职业证书法令和医学以及记者行业协会的条例将犹太人排除在很多职业之外。匈牙利在 20 世纪 30 年代也出台了类似的限制，虽然在执行上远不及波兰有效率。反犹太氛围的一个具有讽刺性的后果是反犹太的首相伊姆雷迪·贝洛被强迫辞职，因为他的政敌发现他的曾祖父是犹太人。

崛起中的本地中产阶级作为反犹太主义的政治基础发挥了关键作用。一个例子就是在这个阶级还没有产生的时间和地点，反犹太主义的情绪比较低，比如在 19 世纪晚期的匈牙利或不早于第一次世界大战之后几年的立陶宛。如果非犹太的中产阶级已经发展成熟能够处理和犹太人的竞争了，那么反犹太主义情绪会相对较低，比如在捷克斯洛伐克的波希米亚省和拉脱维亚。后一类中产阶级的成员大多来自德国的少数民族。这些人在 20 世纪 30 年代越来越受到纳粹德国的影响，也开始找犹太人的麻烦。虽然生活在捷克斯洛伐克、罗马尼亚和拉脱维亚等东欧地区的犹太人对德国语言和文化的融入程度非常高，但是这个事实并没有产生多大的帮助。匈牙利犹太人对周围社会的高度融入也没有帮上什么忙。更加广义地说，犹太人在文化和习俗上高度融入他们周围的社会这件事对他们最终的命运产生的影响微乎其微。

在第二次世界大战期间，大约有270万波兰犹太人被纳粹杀害，另外35万人逃到了苏联。1945年，生活在波兰的犹太人仅剩8.5万，生活在苏联的犹太人有23万。一些纳粹幸存者后来也死在波兰人的反犹太主义暴动中。“二战”后从苏联返回的犹太人一开始受益于在波兰建立的共产主义政府。虽然战前波兰超过300万犹太人里只有5 000多名共产党成员，但是这5 000多人占到共产党员的26%。所以在战后一段时间的波兰，这些人在政府和经济领域得到了非常重要的职位。

虽然这让犹太人得到了很多短期的物质利益，但是他们也成了波兰人对独裁政府仇恨的焦点。更何况这个政府还是他们历史上的宿敌俄国人强加给他们的。20世纪50年代和60年代爆发了大规模的反政府骚动和暴乱，犹太人成了特别的靶子。1950年到1958年，波兰超过一半的犹太人移居以色列。1969年到1970年，另外的1.7万人移居以色列。到了20世纪晚期，生活在波兰的犹太人和种族通婚的犹太后裔只有1万人左右。而在战前这个国家的犹太人超过300万。

波兰犹太人的悲惨命运在东欧和巴尔干的其他地区再次出现，但各地也有自己的一些特点。在匈牙利、罗马尼亚、捷克斯洛伐克和在波兰一样，从历史上看犹太人在共产党领导层的比例非常高。第一次世界大战之后，共产党执政开始出现在匈牙利。而在共产党政府的领导层中犹太人的比例非常高。所以，在共产党执政被推翻之后的一个政治反弹就是反犹太主义，这和德国一样。在匈牙利，民众的反应包括1920年对1 800名犹太人的谋杀，以及整个社会持续高涨的反犹太主义浪潮。在一代人之后的纳粹大屠杀中，一半甚至更多的匈牙利犹太人被杀害。虽然匈牙利政府进行了抵制，瑞典人罗尔·瓦伦堡也近乎英雄主义地协助犹太人逃脱。同样，战后社会主义国家在匈牙利的建立让很多犹太人成为显要。20世纪晚期匈牙利约有7.5万犹太人，不到战前犹太人口的10%。

战后的捷克斯洛伐克、罗马尼亚和其他东欧集团国家同样经历了犹太人财富的消长变化。这期间的重大影响事件包括（1）苏联卫星国的建立，

（2）20 世纪 40 年代晚期和 50 年代初期斯大林反犹太主义政策的实施和（3）以苏联为首的社会主义阵营对以色列和中东的伊斯兰国家的国际政策的变化。本地的反犹太主义也发挥了作用，虽然这种作用在不同国家和同一国家的不同地区都有不同。比如，捷克斯洛伐克落后的斯洛伐克就是一个特别的反犹太主义地区。而保加利亚在历史上反犹太主义的影响比较小，在二战中也是轴心国里犹太人存活率最高的国家。在东欧和巴尔干地区也一样，战后的犹太人口只是战前数字的很小一部分。而老龄化和通婚让这个数字进一步减少。

东欧最重要的国家当然是苏联。1917 年的布尔什维克革命创造了苏维埃社会主义共和国联盟，在它的领导层里犹太人占据了非常高的比例。托洛茨基就是其中最著名的一个。这让犹太人燃起了希望，觉得贯穿俄国历史的野蛮的反犹太主义终于可以结束了。苏共领导层的很多犹太人从那个时候就不再把自己当作一个犹太人来考虑了，不论在社会和文化的角度上还是在宗教的角度上都是如此。但是他们中的很多人后来震惊且幻灭地了解到，很多人甚至他们的同志仍旧把他们当作犹太人。

就像苏维埃社会主义共和国联盟的其他民族群体一样，20 世纪 20 年代犹太人也被允许有一定程度上的文化自治。但是 20 世纪 30 年代斯大林的肃反运动开始了，几千名犹太人被卷入文化肃反。

在《苏德互不侵犯条约》签订和纳粹入侵苏联的两年时间里，苏联占有东欧大片土地，生活在那里的人口包含约 200 万犹太人。这些人生活在苏德战争期间最激烈的战场上，也生活在纳粹占领区的集中营。因此犹太人的死亡率是苏联人口总体死亡率的好几倍。

针对“无家可归的世界主义者”的共产主义新闻运动停止了明显的反犹太主义，但是政府政策并没有。犹太文化机构被关闭。被肃反的犹太人往往以他们的犹太名字来称呼，哪怕他们有些人早就有了广为人知的苏联名字。苏联犹太人的文化领袖几乎都被以一些奇怪的罪名处决了。犹太人被禁止接受苏联外交服务，虽然他们曾经是这里的主体。许多犹太学生和教授从高等教育的机构里被清洗出来。

整个第二次世界大战期间以及战后俄国的爱国主义热情高涨，伴随着少数民族文化认同的作用。犹太人在这个大趋势下饱受折磨，同样在被隔离出来作为特殊靶子的过程中饱受折磨。苏联攻击的焦点主要是犹太身份而不是犹太血统。比如，和犹太人群没有联系且愿意仇视以色列的犹太人都能够生存下来并繁荣起来。这个时代最领先的苏联知识分子之一就是伊利亚·爱伦堡。他虽然有犹太血统，却宣称“世界上并不存在犹太人这种实体”。

因此有犹太血统的人得以继续在受过高等教育的阶层、苏共党员、医生和律师行业以及苏联科学院占据与人口不相称的比例。虽然遭到外交事务部和军队高层的禁止，苏联内部逐渐出现一个新的受过教育的阶层，其中就包括中亚人。这些人在能够进入的组织里提倡“民族平衡”的概念，而“民族平衡”对犹太人来说就意味着职业上的障碍。他们虽然能够取得很高的成就，但是并不能像斯拉夫人一样得到政治力量的保护。

虽然官方一直试图削弱犹太人的身份认同，但是以色列对苏联犹太人的影响是令人兴奋的。1948年以色列总理果尔达·梅厄第一次出现在莫斯科犹太教堂时，5万人公开出席表明自己的立场，而普通圣日活动的参与者只有2 000人。以色列的长期影响更为巨大。1968年1月到1973年6月，超过6.2万苏联犹太人移居以色列。在长达半个世纪的时间里，从苏联向外迁移的人口加起来都没有这么多。

苏联政府的反应是多层面的，它加强了移民限制，极大地降低了人口的向外流动。这制造出一个移民申请被拒的阶层，这个阶层被称为“被拒绝的移民者”。他们不允许离开，但是又因为曾经申请而遭到歧视和骚扰。在这些人中，最著名的就是安纳托利·夏兰斯基。在他可以自由地使用犹太名字之后，他更常用的名字是纳坦·夏兰斯基。苏联政府严格限制犹太人的各种机会。从1970年到1977年，被苏联的大学录取的犹太人数量减少了40%，从11.2万人降到6.7万人。几乎没有人被莫斯科州立大学录取。科学界尤其隔离犹太人。在莫斯科州立大学的数学系，犹太人在 20 世纪 40 年代晚期曾占到学生总数的 40%，但是在 20 世纪 70 年代早期只占到 1%。

这些压制性措施转而让苏联犹太人对欧洲产生了特殊的兴趣，特别是对西方媒体的兴趣。据估计苏联反对派运动领导者的 1/3 到一半都是犹太人。考虑到早期犹太人曾经站在最前沿在俄国和西方社会驱动共产主义，这个时候他们在反对派中的作用显得极具讽刺意味。

西欧

虽然中世纪晚期犹太人在西欧很多地区都遭到驱逐，但是很多人在现代社会早期又回到这些地区。1582 年德国的犹太人进行了一次集会，这说明这个时候德国很多城镇和城市已经有犹太社区了。大约在同一时期，犹太人也回到他们曾经被驱逐离开的法国、荷兰和托斯卡纳等地区。在威尼斯，生活在犹太社区里的犹太人从 1552 年的 900 人增长到 1586 年的 1 700 人。虽然西欧犹太人的数量越来越多，但是他们受到的限制相对较少。但是并不是每个地方的趋势都一样。西班牙直到 1670 年和 1671 年还没有收敛它的不包容。同样，犹太人也遭到维也纳和奥地利低地的驱逐。16 世纪中期意大利一些地区也存在驱逐犹太人的情况，虽然其他的意大利地区会欢迎这些被驱逐的人。无论如何，接下来的几个世纪的大趋势就是，犹太人在西欧越来越多也越来越重要。不仅在人口统计学上如此，在经济和知识领域也如此。

包含奥地利和德国各君主国在内的德意志土地成为西欧犹太人的中心。正是在这里，犹太人变得在文化上更加融合，在经济商业上更加繁荣。在一波又一波的迫害中，斯拉夫地区的犹太人作为难民逃往的地方也是德意志地区。到了第一次世界大战时，德国境内生活的犹太人大约有 61.7 万，而奥地利境内生活的犹太人大约有 220 万。远远超过法国的 10 万和英国的25万。在欧洲的土地上，犹太人更多的国家只有俄国，那里的犹太人有600万。同一时期，德国的犹太人是欧洲犹太人的领袖，他们也充满了爱国热情，把自己称作“马赛克信仰的德国人”。

甚至在多民族多文化的哈布斯堡王朝，多数犹太人也说德语。而且不仅仅在奥地利如此，在主要人口为捷克人或罗马尼亚人的地区也如此。相当数量的犹太人，尤其是受过教育的犹太人，即便在波兰加利西亚自治区或奥匈帝国的匈牙利也说德语。这个地区正是作为哈布斯堡王朝的疆域而为人所知的。这个现象表现出来的不仅仅是一种语言上的偏好，还有一种有意识的选择和加入。他们想要成为西欧社会文化进步的一部分，以逃避正统犹太人的狭隘传统。而且他们抛弃了东欧非犹太人的文化，选择了更加进步的德国文化。语言不仅仅是一个标志，语言的选择决定了一个人对整个哲学、科学和文学的接触。选择从根本上讲是文化性的，表现了一个人对于西欧文明的认可。这种内在的选择很多时候会和德语牵扯在一起，因为很多西欧犹太人都生活在德意志土地上。生活在英格兰的人也做了同样的选择，说英语且采用英国的生活方式。

法国的犹太人并不多，但在犹太历史上发挥了巨大的作用，其中既有积极作用也有消极作用。在欧洲的很多地方，犹太人第一次拥有平等的权利是伴随着拿破仑的征服发生的。拿破仑的征服将法国大革命的平等主义原则传遍欧洲。1815年滑铁卢之战拿破仑失败之后，旧的君主制和旧的政策在欧洲复苏。但是针对犹太人的民权平等概念并没有消失，而且在接下来的两代人中这个概念传遍了大部分欧洲。然而，在法国反犹太浪潮仍旧暗流汹涌。哪怕一些西欧国家历史上并没有发生过类似于东欧那样的大屠杀。在德雷福斯事件中，法国陆军犹太籍上尉军官被诬陷并被关押。这件事被曝光，成为一个重大的丑闻。更重要的是，在最初定罪时法国社会掀起了巨大的反犹太主义浪潮。对于德雷福斯的不幸的欣喜也体现了法国社会丑恶的暗流。一个更加残酷的后果就是，在二战中维希政府的合作者将法国犹太人交给了纳粹。法国人热衷于查获犹太人送到纳粹的集中营，与之形成鲜明对比的是其他西欧国家的人往往竭力帮助和隐藏犹太人。后者比如荷兰、丹麦、挪威，甚至希特勒的军事联盟意大利。

英格兰的犹太人口虽然多于法国，但是在世界犹太人的历史上发挥的作用却没有法国那么巨大。至少在第一次世界大战之前是这样的。很多犹太人在英格兰获得很好的发展，一些人甚至升至高位。其中既包括经济学家李嘉图和作家以及政治领袖迪斯累里这样的改宗者，也包括莱昂内尔·内森·罗斯柴尔德男爵这样实打实的犹太人。后者是国际金融家，并在1858年成为第一个获得议会席位的犹太人。但是英国对于世界犹太人的历史贡献一直到1915年才得以实现。当时英国在对奥斯曼帝国的军事行动中获胜，并且占领了巴勒斯坦。随后的《贝尔福宣言》宣布犹太人有权在巴勒斯坦定居。犹太定居者的回流改变了这个地区，用丘吉尔的话说就是“让沙漠繁荣起来”。这一事件也为后来的以色列建国奠定了基础。

一方面西欧现代化的潮流为犹太人开启了新的机会。另一方面，想要在文化和宗教上保留古老的犹太传统的犹太人也在和现代化主义者争夺对犹太社区的控制权。这些守旧者想要保留传统的穿着、谈吐和行为方式。他们从荷兰到哈布斯堡王朝，取得了不同程度的胜利。这种文化上的战争也延续到大洋彼岸的美国和澳大利亚。但是在一些国家这种文化上的挣扎并没有那么急切，因为控制自治的犹太社区不再是一个问题。随着时间的推移，中世纪分隔犹太社区的政治和法律机构逐渐被瓦解，取而代之的是现代化的行政体系。犹太人的文化差异随之被解决，因为这些不同都变成了个人和社会的选择，而不再是对政治权威和文化一致性的追求。

犹太人内部文化差异的去政治化让隔离的犹太社区能够在社会和宗教上取得发展。这些社区在包括美国在内的很多国家都可以被发现，比如德国犹太人和东欧犹太人就不同。从广义的历史角度讲，这些不同不仅体现了早期的社区和个人选择，也体现了地理、历史和生物的偶然性。在澳大利亚，文化适应的西化的犹太人往往来自英国和德国。而这些人和东欧犹太人形成鲜明的对比。后者形成了传统的社区，前者往往定居悉尼，而后者往往定居墨尔本。在纽约，这种不同体现在“上城犹太人”和“下城犹太人”之间。前者往往来自德国，而后者往往保留着东欧旧的生活方式。这样的邻里之间的不同也存在于芝加哥。

哈布斯堡王朝在地域和文化上都横跨西欧和东欧，哈布斯堡王朝的犹太人也是如此。维也纳有着贵族头衔的有钱的犹太人成为西化理想的缩影，萨洛蒙·罗斯柴尔德男爵就是其中的杰出代表。另外一端就是能否在欧洲找到一个真正的家的绝望，其标志就是犹太复国主义。这个信仰是出生在匈牙利的西奥多·赫茨尔于19世纪晚期在维也纳制造出来的。西欧的犹太人领袖广泛地排斥这种观点，但是这种观点在东欧犹太人中引起了共鸣。这些东欧犹太人也成为犹太复国主义的主要支持者。但是在维也纳，犹太复国主义这个词却不能出现在赫茨尔为之写作的犹太报纸上。

维也纳这个城市有着独特的历史。总体上讲这个城市在大部分时间里都是禁止犹太人进入的，但是又有个别犹太人作为特例生活在那里，并且在民族经济中占据着重要地位，对政治产生着影响。“被包容”的犹太人甚至有一些被帝王封为贵族。这些富有且有着较高社会地位的犹太人是完全西化的，他们有着德意志的文化和城市化的外表，并且对弗兰茨·约瑟夫一世和哈布斯堡王朝完全忠心。因为他们的特权和保护都来自皇帝和他的王朝。在维也纳长期定居的犹太人非常少。直到1847年，这个城市的犹太人口还不到2 000。在几十年里，大量犹太人通过合法和非法的渠道进入维也纳。但是这些历史上“被包容”的特殊犹太家庭仍旧保持着他们的特殊性。他们的全部生活方式都和哈布斯堡王朝的犹太人存在巨大的差异，他们的信仰也是现代化的改革了的犹太教。甚至一些人已经改宗成为基督徒。然而这些少数的富有的维也纳犹太人在接下来的时间里继续获得不成比例的关注，还有憎恨。这些关注和憎恨来自其他奥地利人，其中就包括一个贫穷怨愤的年轻人，这个年轻人叫阿道夫·希特勒。

除了生活在维也纳有贵族头衔的犹太巨富和生活在东部落后地区的穷困犹太人，还有大量从事中产阶级职业的犹太人。这些人在中产阶级中的比例远远超过犹太人在整个人口中的比例。1857 年犹太人大约占到维也纳人口的 1%，1869 年这个比例变成 6%。到了 1890 年，按照老城的边界计算，犹太人占到维也纳人口的 12%。但是在 1880 年，犹太人占到维也纳所有法学学生的 1/5 以上，以及所有医学学生的 1/3 以上。在 1890 年，犹太学生占到所有大学生的 1/3 左右。在一战之前的一代人中，犹太人拥有维也纳大部分主流报纸。他们同时包揽了这个城市的文化生活，其中的杰出人物包括古斯塔夫·马勒和西格蒙德·弗洛伊德。很多哈布斯堡的城市和地区都有类似的故事，比如布拉格市和布科维纳地区。

同样的事情发生在德意志欧洲的其他地方。犹太人在柏林的学校和普鲁士的大学里的比例都在统计学上过高。虽然 1895 年柏林的犹太人口只占总人口的 6%，但是他们垄断了这个城市的新闻业。融入德国主流生活的犹太人发现他们得到的待遇在不同地点、不同时间、不同阶层和不同行为上有很大的不同。从 1790 年开始，犹太人就可以和其他学生一样平等地进入德国的大学。但是即便在 100 年之后，犹太学生还是很难得到和教员预约沟通的机会。然而在 1870 年到 1933 年间，不论是从血统的角度讲还是从宗教的角度讲，在德国大学里犹太人学生和教授的比例都非常高。

19 世纪早期德国还是一个农业国家，在经济上落后于一些其他西欧国家。相应地，德国的犹太人在经济上也比不过生活在荷兰等地的西班牙系犹太人。德国经济在 19 世纪迅速崛起，德国犹太人也随之崛起。他们和其他德国人一样，对这个国家崛起为欧洲乃至世界领先国家这件事充满了骄傲。1871 年德国统一就是这个过程的一个里程碑。德国犹太人因为其爱国主义精神和对德国的成就和文化的骄傲而知名，不论在德国境内还是在世界范围内都是如此。

19 世纪早期，德国犹太人试图重新获取他们在拿破仑战争期间获得的平等民权。他们在服装、习俗和外表上的异域性和其他因素一起成了其在社会融入和法律平等方面的障碍。一些比较富裕、同化程度比较高的犹太人干脆皈依基督教，把原来的犹太生活抛诸脑后。另外一些人提倡通过努力减少犹太人和非犹太人外表上的不同，但是保持犹太教的本质和犹太社区。革新犹太教正是脱胎于这些努力。犹太教堂服务开始采用德语，并且采用混音合唱、管风琴以及其他来自基督教堂的元素。对于很多人来说，“教堂”这个词代替了“犹太教堂”。传统的食物和个人行为的约束也在放松。

这些变化对于正统犹太人来说非常可憎，因而在东欧成效甚微。但是革新犹太教在 19 世纪早期迅速散播开来，甚至传到美国。在不同国家之间革新犹太教与正统犹太教的差别也有不同。在不同国家，这两种宗教以及介乎其间的保守犹太教之间的相对比例也有不同。在德国犹太人中，革新犹太教代表了广泛的同化倾向，而德国犹太人正是犹太人总体上同化过程的一个缩影。虽然很多维也纳犹太人已经被完全同化，但是哈布斯堡王朝为数众多的东欧犹太人并非如此。

19 世纪末，德国大约有 60 万犹太人。他们总体上比较富裕，说德语，超过一半在商业领域，1/5 在工业和贸易领域，6% 左右在专业领域或政府部门。哪怕是最正统的犹太人也把自己当作德国人，即便这些人移民其他国家仍旧会这样认为。19 世纪生活在美国、智利、捷克斯洛伐克的德国犹太移民常常会参加这些国家德国社区的文化生活，虽然他们还是会保持自己的宗教机构。通过“马赛克信仰的德国人”这个词，德国犹太人找到一个术语来形容他们的社会现实。但是东欧犹太人并没有使用类似的词语，因为在哪些地区作为一个犹太人就意味着完全生活在非犹太人的社交世界之外。

在 20 世纪的第一个 10 年，德国 1/4 的法学学生和医学学生是犹太人。虽然犹太人只占总人口的 1%。哲学研究生里有 1/3 是犹太人。在一些德国城市里，绝大部分医生都是犹太人。1905 年犹太人只占到柏林人口的 5%，但是他们缴纳的所得税占到城市所得税收入的 31%。和清教徒或天主教徒相比，他们的人均所得税纳税额是后者的两倍以上。在很多其他城市，犹太人的纳税额是其他公民纳税额的 3 倍到 9 倍。从德国的整体上看，犹太人的收入是国家平均收入的 3 倍以上。犹太人不仅从社会上而且从经济上融入了德国生活。20 世纪 20 年代，德国结婚的犹太人近一半和非犹太人通婚。几千人皈依基督教，放弃了犹太教或脱离了犹太社区。悲剧性的讽刺现实是，在纳粹掌权的 10 年之前，德国的犹太人在全世界犹太人中同化程度最高，被接受程度也最高。

虽然德国的犹太人口非常少且在下降，但是犹太人可见度非常高也非常容易被仇视。原因有很多。他们集中在城市地区且集中在少数几个行业里，他们往往在这几个行业里处于垄断地位。20 世纪 30 年代早期，就在希特勒掌权之前，德国一半的剧院导演是犹太人，上演的剧目 3/4 是犹太人写的。犹太人拥有 4 000 家大型纺织批发企业，占到德国所有同类企业的 40%。他们同时掌握了 60% 的服装批发和零售企业。犹太政治家长期在左翼占据重要地位，他们的政见通常比犹太选民更左。第一次世界大战德国失败之后，犹太人占据高位的政府并不受人民的欢迎。纳粹和其他人在后来的反犹太主义宣传中长期利用了这一点。

其他一些历史发展因素也增加了犹太人的不受欢迎。犹太人主导的左翼强烈批评德国参加一战的行为，德国国会大厦的一些人甚至投票反对军事拨款。这同样在其他德国人心里留下痛苦的记忆。尤其是在第一次世界大战惨败之后，德国遭受了国际性的羞辱和惨痛的经济灾难。将犹太人描绘成不爱国的危险分子是一个简单的政治选择，这些人认为犹太人在德国背后捅了一刀，想要借此建立共产主义政权。纳粹将这些论调发挥到极致。发生在东欧的事件对于德国的犹太人来说无疑是雪上加霜。第一次世界大战之后，大量来自东方的犹太难民涌入德国。和德国的犹太人相比，这些人教育水平低、钱少、同化程度也低得多。到了 1933 年，生活在德国的犹太人 1/5 来自外国。在这些移民中，很多人让德国犹太人觉得很丢脸，因此一些人提倡移民限制。东欧的犹太人通常被笼统地称为“波兰佬”，不论犹太人还是非犹太人都会使用这种没礼貌的称呼。

反犹太主义一直是德国政治生活的一个特色，但是以反犹太主义为基本观点的政党通常在选举中占不到便宜。而纳粹的政治观点反对的不仅是犹太主义，反犹太主义也不是它的基本观点。纳粹实际上试图涵盖各种人群的各个方面，在其掌权之前甚至还有一些犹太追随者。更重要的是，在20世纪20年代纳粹党并不是一个严肃的政治选手，虽然它通过蛊惑民心和暴力活动激起了很多民众的情绪。在这个阶段，很多德国人把纳粹党当作一个笑话。在1928年的选举中，纳粹只在3 100万选民中赢得不到100万张选票。

在大萧条的几年中，由年迈的战争英雄保罗·冯·兴登堡领导的德国政府极其低效，这给了希特勒机会。虽然1928年他们获得的票数不足3%，在1930年他们的票数蹿升到18%，而1932年这个数字增长到37%。这是在自由选举中纳粹所获得的最高的得票率，同样也是德国所有政党得票率最高的一个。1933年1月，希特勒成为德国总理。15个月之后，他通过投票获得了独裁的权力。

反犹太主义迅速兴起并被逐步推进。纳粹通过法律禁止犹太人从事很多专业工作，并且通过无数的法令限制让犹太人的生活无比痛苦。同时犹太人还会时不时地遭到纳粹暴徒的骚扰和暴力攻击。但是希特勒精明地避免超出公众支持的范畴。1933年的一起抵制犹太商业的行动没有得到预期的支持程度，纳粹在4天之后就取消了这个行动。但是到了1935年，在经历了大规模的反犹太主义宣传之后，希特勒颁布了《纽伦堡法令》。这个法令剥夺了犹太人作为德国公民的权利，并开启了新的禁止和限制。在他开始实施臭名昭著的水晶之夜暴动时，他第一次严重失算了。一个德国军官被一个犹太青年刺杀。作为对此事件的回应，1938年11月纳粹发动了水晶之夜暴动。这个时间的名字源于当晚被打碎的玻璃。这个事件被报道为德国人因对犹太人的愤怒而发生的“自发性”暴动，但是事实上，它是纳粹精心策划和实施的针对犹太人家庭和财产的暴力活动和蓄意破坏。

一个初步的研究报告显示，有超过100个家庭被纵火焚毁，超过100

个犹太教堂被烧掉，几百家店铺被损毁，同时还发生了好几十起针对犹太人的谋杀。后来的估计得到的数字比这个要大得多，比如被抢劫的店铺有上千家而不是几百家。这个灾难的实际规模可能永远也无法明确地为人所知。但是纳粹领导者很快意识到，他们错误地估计了公共的反应。公众对此强烈反感，甚至一些纳粹党成员也产生了类似的情绪。因此，纳粹之后的反犹太行为都进行得非常机密，并且一步步精打细算，所以很多犹太人自己都没有意识到正在发生的事情的性质。当他们意识到的时候，一切都太晚了。德国人听到的都是传言，和战时的很多其他传言混杂在一起。纳粹德国集中营存在了很多年，有犹太人集中营也有其他集中营。二战期间很多这类集中营变成了灭绝集中营，但是所有亲眼看见大规模屠杀的人都受到死亡威胁，禁止他们告诉任何其他人。

虽然纳粹宣传将反犹太主义暴动描述成全体德国人对犹太人的正义的怒火，但是整个希特勒时代的纳粹内部文件都在抱怨对反犹太主义政策的不当支持和合作。虽然经历了多年的洗脑仍旧如此。一些勇敢的人甚至积极反对和破坏这些政策，虽然这会让个人和家庭都承受巨大的风险，一不留神就会遭到严厉的惩罚。在这种严峻的背景下，仍旧有一些犹太人被其他德国人藏了起来，这不禁让人为之动容。据估计，在柏林这类情况就发生过上千起。但是多数德国人就像多数其他人一样并不是英雄。德国民众和纳粹政府在态度上仍旧存在巨大的不同。虽然二战前犹太人在纳粹德国就得不到法律的保护，但是犹太人在德国并没有像在东欧或伊斯兰世界的一些地方那样遭受来自大众的屠杀。

在大屠杀之前发生的一些官方迫害就足以让大部分犹太人离开德国了。1933 年到 1938 年，生活在德国的 50 万犹太人约有 15 万移民其他地方。在二战开始前的 1939 年，同样数量的犹太人离开了德国。这些迁移让大部分德国犹太人摆脱了死亡的命运，但欧洲被占领区的犹太人就没那么幸运了。被纳粹屠杀的几百万犹太人，只有不到 20 万是德国犹太人。无论如何，对于留下来的犹太人的屠杀在纳粹前时代摧毁了 1/3 的德国犹太人。同样，大屠杀摧毁了全世界1/3的犹太人。这样针对没有反抗的男人、女人和儿童的惊人屠杀并不能让纳粹满意，他们随后进行了无孔不入的灭绝人性的大规模屠杀和焚尸。如果人类历史上有一个事件能够被分离出来作为人类文明的最低点，那么一定是这场大屠杀。确实如此，这场大屠杀几乎是对人类文明这个词的苦涩嘲笑。

二战后，德国剩余的犹太人不到2.5万。和10年之前的德国犹太人口相比，不足5%。全世界很多犹太人痛苦地认为，在大屠杀之后德国没有任何留下的犹太人了。几千人从德国移民以色列或美国并定居下来。二战后刚开始时一些犹太人在民主德国升至很高的位置。斯大林在20世纪50年代早期的反犹太主义政策在民主德国引发了"反犹太复国主义"的回响。从1952年到1961年，大约5 000名民主德国犹太人回到联邦德国。与此同时，全世界返回联邦德国的犹太人共有2万左右。

以色列代表纳粹受害者向民主德国和联邦德国同时发表声明要求赔偿。很多受害者定居在以色列，以色列政府为之付出了巨大的代价。民主德国拒绝了这个要求，但是联邦德国在20年的时间里向这些人直接支付了超过100亿美元，同时以赔偿的名义向以色列提供了大量的机器和供给。而以色列作为一个新成立的国家，急需这些资源。二战后，一些德国年轻人作为一种象征性的表示到以色列工作。也许这背后的象征意义超越了德国人和犹太人，它象征着在邪恶的大背景下人们共同坚持的人性光辉。

大屠杀的持续影响可以在很多方面被观察到，比如人口统计学方面的差异。在第二次世界大战之前，全世界犹太人口是1 700万左右。但是到了战争末期，这个总数降到1 100万。直到半个世纪之后，犹太人口还没有恢复到战前的水平，只有1 300万。更重要的是，欧洲犹太人的优势地位不存在了。1939年，世界上一半以上的犹太人生活在欧洲，但是到了1991年，世界上的犹太人口只有不到1/6生活在欧洲。更多犹太人现在生活在西半球。

西半球

在 20 世纪，西半球的犹太人基本上意味着美国的犹太人。但是犹太人在新世界的第一个定居点其实是拉丁美洲。13 个北美殖民地最早的犹太社区来自 1654 年的巴西。拉丁美洲的犹太社区非常古老，虽然不一定非常大。更重要的是，犹太人对很多拉丁美洲国家的商业和工业发展做出了不成比例的贡献。

15 世纪和 16 世纪发生在西班牙和葡萄牙的迫害让很多犹太人逃到其他地方。这些地方不仅包括包容性更高的国家，也包括西半球的殖民地。即便是在西班牙和葡萄牙的殖民地，不包容的政策也很难被实施。犹太人也定居在荷兰殖民地，这些殖民地体现了荷兰宗教包容的特点。17 世纪中期荷兰殖民下的巴西，据估计，白人人口的一半左右都是犹太人。虽然这里的白人人口本来就很少。在另外一个荷兰殖民地库拉索，犹太人大概构成了总人口的 36%。在荷兰国内也有很多西班牙系犹太人。

除了这些公开犹太信仰的犹太人，还有很多前几个世纪在西班牙和葡萄牙被迫皈依基督教的犹太人的后裔也定居在拉丁美洲。一些人或公开或隐蔽地恢复了犹太教信仰，而另外一些人继续做天主教徒。后者往往和西班牙人以及葡萄牙人通婚。不过这些改宗的犹太人大体上拥有和他们传统信仰的同胞相同的经济模式。他们同样面对着各种各样的政治禁令。这些禁令禁止犹太人占据高位，甚至禁止犹太人定居在一些殖民地。一些人以皈依基督教之后继续保持犹太教信仰的罪名遭到宗教法庭的审讯。至少一个人因为这样的罪名受到火刑。

犹太人和改宗的犹太人拥有的技术通常在拉丁美洲殖民地有很大的需求。被秘鲁宗教法庭审讯的改宗犹太人大多为商人和商业旅行者。被巴西巴伊亚（萨尔瓦多）宗教法庭调查的葡萄牙改宗者近 1/3 在专业领域工作，其中也包括律师和法官。巴伊亚的改宗犹太人只有 12% 是工薪阶层。这些工薪阶层包括制鞋匠、音乐家和其他技术工人。超过 1/3 是坐商或行商。

早在 17 世纪，犹太人就在巴西的北海岸拥有几十个制糖厂，占这一地区所有制糖厂的一半。

在殖民地时代，犹太人经历了一段被宗教法庭迫害的惨痛历史。但是随后犹太人就在拉丁美洲的很多国家获得了宗教上的包容和经济上的机会。一些国家甚至在刚刚获得独立之后会主动吸引欧洲移民。19 世纪来到拉丁美洲的犹太移民带来了工业、科学以及企业方面的技术。这些技术恰好都是移民输入国非常需要的。在阿根廷、巴西、智利、墨西哥、秘鲁和库拉索，经济活跃的犹太人主要从事零售业，他们在阿根廷、巴西、秘鲁和危地马拉的工业企业中表现也非常突出。在里约热内卢，犹太人是宝石贸易的垄断力量。在秘鲁他们也遵循同样的职业路径。直到 1889 年，生活在拉丁美洲的犹太人总共也就几千人，虽然他们在一些特定的工业领域和高水平职业中非常突出。但是从社会的角度讲，这些犹太人内部并非完全一致，他们来自不同国家，与现在生活的环境的同化程度也不同。

巴西和墨西哥的法国犹太人几乎被完全同化了，圣多明各和哥伦比亚的西班牙系犹太人也是如此。但是库拉索的西班牙系犹太人在 17 世纪中期到达库拉索时就生活在一个独立的社群里。他们通常内部通婚，因此很多家庭都彼此联系。这个模式一直存在于库拉索，直到生在 20 世纪早期的一代人在 20 世纪 30 年代和 40 年代到达适婚年龄。18 世纪和 19 世纪生活在巴西的西班牙系犹太人，和自己的表兄妹结婚与在纽约一样普遍。在几个世纪里，拉丁美洲很多犹太人在生物学上融入了更大的社会。因此 20 世纪末，很多拉美裔都宣称自己有犹太血统，一方面因为早期的犹太人很有声望，另一方面宣称自己是白种人。因为在拉美国家的社会里，与印度人和非洲人混居的现象非常常见。

即便是在继续遵从犹太人传统的犹太人中，西班牙系犹太人和德裔犹太人之间的社会差别也从欧洲被带到拉丁美洲。库拉索的西班牙系犹太人对后来的德裔犹太人态度非常冷淡。而后者最终成了一个更大的社群。即便在二战中西班牙系犹太人的对外通婚现象变得非常普遍的情况下，其婚姻模式也通常是库拉索的女性西班牙系犹太人嫁给荷兰男性，或者男性西班牙系犹太人娶拉丁女性。另外值得一提的是，说阿拉伯语的西班牙系犹太人通常被称为“东方犹太人”，他们是拉丁美洲另外一个社群。

虽然外界总是笼统地把他们都称作犹太人，但是内部的各种分隔对于犹太人自己来说非常重要。他们是不同的存在，使用不同的犹太教堂和不同的墓地。在拉丁美洲，这种情况直到20世纪晚期仍旧存在。来自中东和北非的犹太人并不能享受西班牙系犹太人所享受的声望，有些时候他们甚至会让阿根廷的西班牙系犹太人社区的声望大打折扣。总体而言，从经济水平的角度讲，阿根廷的西班牙系犹太人具有和阿根廷的德裔犹太人一样的声望。甚至在布宜诺斯艾利斯的西班牙系犹太人内部，来自摩洛哥的犹太人也会与来自土耳其和叙利亚的犹太人集中在不同的社区，而他们通常都会有自己独立的组织结构。

在拉丁美洲和美国，在殖民地时期或19世纪80年代之前到达的犹太人与在19世纪最后两个10年以及之后来自东欧的犹太人都存在很大的不同。而且后者在数量上远超前者。在美国和拉丁美洲，很多来自东欧的犹太移民带来了服装工业的技术。服装工业的扩散改变了西半球两个区域穷困的工作阶层的服装模式。大规模生产的成衣与19世纪晚期服装工业大规模扩散之前的规则有很大的不同。关键因素主要有两个，一个是缝纫设备的完善，另外一个是大规模犹太移民的到达。

小康阶层可以通过男女裁缝定制衣服，而穷困的工薪阶层通常穿着自己家庭制作的衣服，或者穿着从更富裕的阶层淘汰下来的二手衣服。19世纪欧洲和西半球一样，收购、改造和售卖二手衣服都是一种主要的经济行为。最晚到1880年，美国男装中成衣的比例不到一半，拉丁美洲的情况也是一样。缝纫设备和布料裁剪设备为大规模服装生产提供了技术基础，但是从东欧来的大量的犹太移民为这个行业提供了劳动力、技术和企业家。在西半球的两个地区，工人的微薄收入和“血汗工厂”所有者不稳定的利润是服装价格低廉的基础。劳苦大众从而也能够获得负担得起的服装。第一次世界大战前后，即便是在拉丁美洲，成衣也已经在大部分人那里取代了二手的、家庭制作的或裁缝制作的衣服。

在拉丁美洲，犹太人愿意无休止地长时间从事任何工作的习惯与周围人的懒散生活方式形成鲜明对比。在 20 世纪早期到达拉丁美洲的各个共和国的犹太人中，很大一部分人在新世界的第一份工作是小商贩。很多零售工作就是商贩将他们的货物背在背上走街串巷地去卖。有时他们从事这样的工作是因为找不到其他的工作。在一些地方和一些时间里，这种商贩和乞丐并没有显著的差异。

虽然他们的起点如此卑微，但是犹太人在 20 世纪对西半球的经济发展做出的贡献和之前的时代一样令人注目。他们创造了美国、智利、巴西和阿根廷很多服装和纺织企业，创办了哥伦比亚的哥伦比亚国家航空公司，培养出墨西哥一些最著名的工程师和医生，建立了委内瑞拉的几百家工厂。虽然犹太社区作为一个社会团体在拉丁美洲发展壮大，但是这些团体的宗教属性并不十分突出。据估计，在巴西的犹太人对外通婚的比例在 25%~30%。

虽然拉丁美洲的一些地区零星出现了一些反犹太主义事件，但是这个区域新独立的国家一点儿都不想延续西班牙宗教法庭时期的迫害传统。犹太人不但获得了经济上的繁荣，而且获得了非常大程度的社会接受。他们中的一些人获得了非常高的社会地位，比如巴拿马的副总统、智利的空军司令和巴西军队的将军。尽管如此，当二战前夕满载着从欧洲的纳粹迫害中逃出来的犹太难民的船只到达西半球时，它们很多还是被拒绝了。这些装着犹太难民的船只最著名的是客轮圣路易斯号。这艘船在古巴和美国被拒绝，不得不返回欧洲。最终荷兰、英格兰和法国各接收了一部分难民。另外一些船只在乌拉圭和巴拉圭被拒绝，短暂停留在波多黎各，并且很快被驱逐。这在一定程度上体现了一些国家不愿意接收更多的移民。很多拉丁美洲国家接收了其他的移民和难民，但是拒绝了犹太人。

阿根廷

阿根廷殖民地在 16 世纪和 17 世纪受到西班牙宗教法庭的管辖，而后者判处了很多犹太人和改宗犹太人死刑。在整个殖民地时期，犹太人都生活在一种不稳定的包容性里。甚至在阿根廷独立之后，直到 1860 年之后布宜诺斯艾利斯才出现第一个犹太婚礼。而且犹太人为了这个婚礼进行了大量的法律和政治动员。但是到了 19 世纪晚期，阿根廷开始鼓励来自欧洲的移民，也包括犹太人移民。这意味着这个国家有着更大的宗教包容性。但是到了这个时候，殖民时代为数不多的犹太人早已被同化吸收到更大的人群中了。1888 年，据估计整个国家的犹太人口只有 1 500 人。一年之后，一艘船到达布宜诺斯艾利斯的港口，上面载着 800 名犹太人。这个事件标志着犹太人向阿根廷的移民进入现代。

今天生活在阿根廷的犹太人可以追溯到大规模移民时代，也就是从 1889 年到第一次世界大战期间的 1/4 个世纪。虽然刚开始时这个国家的犹太人只有不到 2 000 人，但是到了 1895 年这里的犹太人口就上升到 1 万人，并在第一次世界大战期间上升到 10 万，到了 20 世纪 20 年代末期，这里的犹太人口超过 20 万。和之前西班牙系犹太人的定居方式不同，后来的社群都是德裔犹太人社群，而且大部分来自东欧。第一次俄国移民潮的 10 年之后，阿根廷的犹太人超过 90% 来自东欧。最晚到 1936 年，布宜诺斯艾利斯的犹太人有一半出生在东欧。这些东欧出生的犹太人占到国外出生的犹太人总数的 4/5 以上，超过本地出生的犹太人的 2 倍。

在移民刚开始时，很多移民定居在莫里斯 · 希尔施男爵在西半球为犹太人建立的众多农业聚居区里。希尔施男爵是一个富有的巴伐利亚犹太人，他认为解决犹太人在城市里遇到的古老问题的办法就是农业。希尔施男爵捐赠了 4 亿美元用于保证每一个在这些农业聚居区里开始新生活的犹太家庭都能有一栋房子、185~370 英亩土地、第一年的花费、种子、农具、耕畜和牲畜。随后这些土地被按照低于市场价值的价格卖给这些犹太人。1909年，有超过1.9万犹太人生活在位于阿根廷的这些农业聚居区里。相比之下，只有1.7万犹太人生活在布宜诺斯艾利斯，1.3万犹太人生活在这个国家的其他地方。

希尔施男爵的农业聚居区分布在阿根廷不同的地方，而且有一小部分位于巴西、美国和加拿大。男爵和定居在这些聚居区的犹太人都不怎么了解农业。他购买的土地通常并不适合农业生产，而早期的定居者经常闹出非常低级的农耕错误。因为他们之前并不知道怎样从事农业生产。第一批犹太定居者经常需要附近的阿根廷农民来教他们怎样耕种土地。直到20世纪20年代的最初几十年里，农业聚居区的人口一直在增加。但是人口的增加隐藏了一个巨大的转变，那就是很多人回归到他们更加熟悉的城市生活。而这些人往往会被刚到达阿根廷的数量巨大的新的犹太移民代替。

从某种程度上讲，这些农业聚居区成功了，但是从另外一个角度看，这个尝试失败了。最终这些定居者变成更优秀的农民，并且引入新的农作物和新的技术。这让这些犹太人变得非常富足，也为阿根廷的国内消费和出口提供了新的农产品。如果考虑到这些聚居区的原始目的，即为犹太人提供一种农业生活方式，那么他们失败了。在第一次世界大战小麦需求非常高的时期，这些定居者以非常高的价格出售了他们的土地，搬到了城市。在这个过程中，他们通常会和那些聚居区缺乏同情心的管理员发生冲突，并带着苦痛的记忆离开。

到了20世纪晚期，这些聚居区都处于年久失修的状态。生活其中的犹太家庭不足1 000户。西半球其他犹太农业聚居区都失败了，这个里程碑式的事件说明，要想从上而下人为改变一个民族的生活方式是非常困难的。离开了这些聚居区的犹太人尤其是年轻人很多都进入专业领域，他们在几个世纪里都非常擅长这些领域。一些阿根廷的犹太家庭都有这样的谚语，“种下小麦收获医生”。

一些农民卖了自己的土地，用获得的钱在布宜诺斯艾利斯开启了自己的生意。到了 20 世纪 30 年代中期，阿根廷只有 11% 的犹太人口还留在农业聚居区。不过在接下来的一些年里，从纳粹德国逃出来的移民重新填充了这些聚居区。在几代人的时间里，人口的大规模变化反映了这些农业聚居区的起起落落。在 1896 年这些聚居区只有不到 7 000 人。但是 1925 年这些聚居区的人口达到一个峰值，2 万人。随后在 1961 年跌到了 6 000 人。这个数字的下跌继续持续，因为阿根廷的犹太人越来越城市化。早在第一次世界大战期间，阿根廷超过半数的犹太人都生活在布宜诺斯艾利斯，阿根廷 11 万犹太人中有 6.5 万人生活在这个城市。

在大规模移民的时代，绝大部分来到拉丁美洲的犹太人乘坐的是船舶最低等级的舱位。很多人刚到阿根廷时生活在赤贫状态中。生活在布宜诺斯艾利斯和其他城市的很多甚至大多数犹太人的第一份工作往往是小商贩，整个拉丁美洲都是如此。在阿根廷，他们在不需要质押物的情况下愿意让本地人赊欠购买，这给了他们很大的优势。而阿根廷的零售商往往要求现金支付，并且追求很大的利润空间。

在这些经济不稳定的时期，一些犹太女性被拉进妓女行业，她们通常都是受到犹太皮条客的欺骗和拐卖的女性。他们在东欧招募女孩到布宜诺斯艾利斯工作，而布宜诺斯艾利斯是当时世界上娼妓行业的一个中心。在 1909 年的布宜诺斯艾利斯，大约一半的妓院是犹太人开的。这个城市超过 500 名注册在案的娼妓，大约一半是犹太人。这些皮条客和娼妓通常不会和官方起冲突，他们往往会贿赂官员。但是他们通常会遭到其他愤怒的犹太人的治安攻击，这些犹太人对于正在发生的事情充满了愤怒，并且担心这些事情可能会影响到阿根廷人对犹太社群整体的态度。

虽然早期犹太人像其他移民一样生活在经济和社会的最底层，但是他们带来了很多技能和经验。其中既包括过时落伍的艺术技能，也包括对那个时代的阿根廷经济非常有价值的技能。哪怕是最底层的街头商贩，他们也有很多零售方面的经验。从这个角度讲，他们和很多来自意大利或西班牙的移民不同，和本地阿根廷人也不同。1895 年到 1930 年，在犹太工人中，最大的职业类别是技术工人，他们占到那个时代犹太工人的绝大多数。在很多兴衰变迁之后，这些技能最终得到回报，而这些犹太人变成服装行业的主力。他们还变成制鞋匠、珠宝匠、银行家、制表匠和家具制作者。除此之外，犹太人最终成为阿根廷重工业的主力，比如在机械、化学、汽车和电子设备行业。这方面和犹太人在美国的经历存在不同，因为在美国犹太人对这个经济领域的影响非常小。

犹太人获得的成功，哪怕是非常普通的成功，也遭到了忌恨。而这种忌恨被蛊惑民心的政客利用。早在1910年阿根廷的暴徒就在布宜诺斯艾利斯的犹太街区肆虐，他们攻击和强奸犹太人。1919年甚至发生了更加残酷的暴动，几百个犹太人被劫掠和谋杀，而警察只是漠然地站在一边。

更加文雅的阿根廷人通过语言在新闻、小说或戏剧里攻击犹太人。据说阿根廷“最伟大的商店”空无一人，而犹太人的店铺“总是挤满了顾客”。这是阿根廷人对经济上崛起的移民的反应的一部分。他们特别针对那些小的店主，比如犹太人和黎凡特人。他们认为这些人不能满足任何社会需求，只是“将很多已经存在的店铺挤垮”。但是他们没有解释如果不是因为这些人为阿根廷人提供了更物美价廉的服务，那么他们又怎么能做到这一点。一些最严厉的批评直接指向犹太人的农业聚居区，虽然这些聚居区并没有和阿根廷人形成竞争，甚至没有和外界存在足够多的接触造成所谓的“剥削”。其实这里的批评本质上是说犹太人自我封闭不与外界同化。

阿根廷的犹太人在经济上崛起的过程绝不能说是平稳的，而且也不持久。根据布宜诺斯艾利斯犹太社区组织的记录，20世纪初期从工薪阶层上升为商人的阿根廷犹太人，很多人在1945年又变成了工薪阶层。不论如何，随着一代又一代人的演化，犹太人总体上是上升的。犹太人和商贩对于很多阿根廷人来说是可以互换使用的。这些一度无处不在的犹太商贩逐渐消失了，因为犹太人找到了其他职业，并且在不同的商业领域创建了自己的生意。1909年，第一家犹太人的锯木厂开张了。到了1940年，布宜诺斯艾利斯大约一半的锯木厂都属于犹太人。和在美国一样，阿根廷的犹太移民将自己在东欧学到的服装和纺织行业的技能加以应用。他们先是开启小型的“血汗工厂”，最终发展成大规模的企业，并且延伸到零售行业售卖服装、皮毛和皮制器物。1960 年工作，从事制造行业的阿根廷犹太人大约有一半在服装和纺织制造行业工作。同一时期，1/4 的犹太男性拥有店铺，超过 1/3 的犹太人在某些方面从事商业活动，另外的 10% 是执行管理人员，大约有 20% 是工厂工人。即便这些人从事的往往也是技术工种，比如零售商、皮毛裁缝、制鞋匠、电工和精密仪器生产商。大约有 8% 的犹太人从事专业工作，最主要的就是医生，其次是建筑师和工程师。犹太艺术家和作家的数量是犹太厨师和家庭用人的 10 倍以上。犹太人中的无产阶级事实上在阿根廷消失了。

当和阿根廷人总体做比较时，犹太人的经济地位尤其突出。从事制造业的犹太人有 45% 在服装和纺织行业，但是从事制造业的阿根廷人只有 13% 在这些领域。20 世纪 30 年代到达的德裔犹太人难民到了 20 世纪 50 年代已经在运营一些这个国家最大的服装工厂了。来自不同国家的犹太人在不同的行业处于领先地位。1961 年，大约 41%~60% 的阿根廷人被归类为下层，但是归类到这一阶层的犹太人不足 4%。

虽然犹太人总体上的社会经济水平远远高于阿根廷人，但是这在某种程度上也反映了一个事实，那就是阿根廷犹太男性的平均年龄要高于这个国家的总体平均值。前者是 42 岁，而后者是 36 岁。不过这并不能解释犹太人所有的杰出成就。这些成就不但体现在他们获得成功的商业领域，也体现在他们成功的程度上。

犹太人对工业、商业、专业和技术的参与，帮助阿根廷成为拉丁美洲最现代化、工业化水平最高、国民收入最高的国家。但是在阿根廷和其他地方一样，犹太人回避政治，尤其是民族社区政治。他们甚至公开反对其他人对犹太社区进行的政治呼吁。在阿根廷存在的犹太政治活动往往是普世论的和左翼的，不论是温和的左翼还是激进的左翼。从美国到南非，这种政治观点的倾向也是一种普遍模式。对于阿根廷犹太人来说，政治权力基本上是一个不用考虑的问题，因为犹太人口只占全国人口的 2%。而在犹太人集中的布宜诺斯艾利斯，犹太人口也只占总人口的 5%。20 世纪晚期，估计阿根廷的犹太人口约 50 万。不过这个数字不确定性很大，争议也很大。其他的估计认为犹太人口不足 25 万。

阿根廷的反犹太主义总是起起伏伏。具有讽刺意味的是，亲法西斯并为纳粹罪犯说话的总统胡安·庇隆倒是比他之前甚至之后的几任政府在反犹太主义上都更加温和。他的保护主义政策让犹太制造商受益。在庇隆乖僻的执政方式之下，庇隆政府的一个犹太财政部长因为稳定阿根廷的经济和货币而广受赞誉。在一个新的军政府掌权之后，这个财政部长遭到驱逐，而阿根廷迅速进入通货膨胀期。

1980 年，据统计有超过 1 000 名犹太人被逮捕或拘留。其中最著名的就是雅各布·提莫曼，但这并不能说明反犹太主义的盛行。因为在这个国家，这种压制超出了犹太人的范畴。提莫曼和民主政治回到阿根廷是一个充满希望的象征。尽管如此，布宜诺斯艾利斯犹太国际服务组织的一个首脑还是会说，民主政治“迅速让这个国家进入无政府状态”。他还说，“这是我们的危机”。

没有人比犹太人更加希望阿根廷能够恢复稳定和秩序。他们的财产和他们在知识和商业领域的杰出成就让他们成了煽动人心的政客、暴徒和其他想要寻找替罪羊的人群的靶子。虽然犹太人口只占阿根廷总人口的 1% 左右，但是他们在大学生群体中占到 20%。

美国

第一批到达美国殖民地的犹太人是一小群西班牙系犹太人，他们和其他乘坐圣卡塔琳娜号的乘客一样在 1654 年从巴西来到美国。当统治巴西的荷兰人被葡萄牙人取代以后，荷兰的宗教宽容特点也被葡萄牙的宗教迫害特点取代。因此很多犹太人逃散到其他的移居地，其中就包括北美的殖民地。圣卡塔琳娜号将第一批西班牙系犹太人送达两年之后，第一个犹太人教会团体在新阿姆斯特丹的荷兰殖民地被建立，这个地区就是后来的纽约。21 年后，另一个教会团体在罗得岛的纽波特被建立起来，18 世纪中期之前，在萨凡纳、费城和查尔斯敦也有一些教会团体成立。

第一批来自欧洲德意志地区的德裔犹太人在 1702 年到达，但是在几十年之后才出现第一座德裔犹太人的教堂。与此同时，这些为数甚少的犹太人成为更大的西班牙系犹太人的教众，并且逐渐调整适应了西班牙系犹太人的宗教习俗。开始时西班牙系犹太人看不起他们的德裔教友。如果他们的孩子和德裔犹太人结婚，那么一些西班牙系犹太人家庭甚至会剥夺这些孩子的继承权。但是最终德裔犹太人建立起自己的地位，一些人甚至被选举成为教会团体的领袖。同时德裔犹太人和西班牙系犹太人的通婚也变得更加常见，但是两个群体的规模都非常小。在美国独立战争时期，美国殖民地的犹太人只有 2 000 人左右。

在美国殖民地的任何一个角落，犹太人都没能享受和基督徒平等的民权。但第一个西班牙系犹太人在新阿姆斯特丹上岸的时候，那块殖民地的总督彼德·史蒂文森拒绝让他们定居。但是这块殖民地事实上被位于荷兰的荷兰东印度公司控制，而这家公司的董事会里就有西班牙系犹太人，因此史蒂文森的拒绝没有成功。但是从总体上讲，殖民地的反犹太主义情绪从来没有达到欧洲的规模。美国的犹太人只是众多移民团体里的一个，但是在欧洲，犹太人在几个世纪里都是唯一一个引人注目的少数群体。美国的犹太人在人口密度上非常低，他们散落在人群里，并且适应了美国的穿着和习惯。因此他们被广泛地接受，并且有时候会成为官方和私人殖民地机构的官员。

1774 年，第一个犹太人被选举担任美国的公共职位，成了南卡罗来纳州的州议会代表。他可能还是整个现代世界第一个被选举担任公职的犹太人。受到美国独立战争和它所倡导的共同价值观的影响，针对犹太人的最后一点儿政治限制开始崩溃。在 19 世纪中期以前，第一个犹太人代表佛罗里达州被选举成为美国参议员。

随着时间的推移，更多的移民来到美国。德裔犹太人成为美国犹太人的主流。不但在数量上如此，在所取得的成就上也是如此。他们通常起于美国定居点或前沿地区的商贩。虽然人口密度非常低，但是他们在零售行业中发挥着重要作用。一些比较成功的人会从背包或推车升级到一匹马拉着的四轮马车，或者升级到一家店铺。而其中少数更加成功的犹太人最终建立起一些举世闻名的商场，比如纽约的梅西百货、金贝尔、亚伯拉罕 & 斯特劳斯、布鲁明戴尔、阿特曼（Altman）、萨克斯（Saks），新泽西的班伯格（Bamberger），波士顿的法林百货和华盛顿特区的赫克特（Hecht）。可能最具戏剧化的崛起就是加利福尼亚州淘金潮时期的推车小贩李维·斯特劳斯。他为矿工生产的耐磨裤子最终让他变成一个百万富翁，并且让李维斯成为一个全球知名的品牌。另外一个德裔犹太人朱利叶斯·罗森沃尔德改造了西尔斯公司，使之成为美国最大的服装零售企业。

对于早期的犹太人来说，家族关系是一个重要的成功因素。通过家族关系，一个生活在落后地区的贫穷的犹太小贩可以从已经获得一定成功的生活在大城市的亲戚那里赊到一些货物，而陌生人通常是得不到这种信任的。在殖民地时期和建国初期的美国，商贩是一种重要的经济职能。那个时候大城市之外的商场非常少见，而频繁往来城镇和偏僻的农场又非常困难——既耗时又危险。送货上门的商贩非常受欢迎，因为他们既能带来人们需要的生活用品，又能带来关于外面世界的消息。这些商贩的宗教信仰通常不是人们考虑的问题。德国商贩通常比他们所取代的北方人更受欢迎。

19 世纪，移民的德裔犹太人大部分在到达美国之前都接受过小学或小学以上的教育。就像这个时期生活在其他地方的犹太人一样，他们对德国文化既骄傲又忠诚。因此他们在美国的其他德国人建立的机构和文化生活中都非常受欢迎。在犹太社区内部，布道是用德语进行的，犹太人相互使用德语并创办了德语报纸。随着一代又一代人的演变，德裔犹太人逐渐美国化，就像他们曾经德国化一样。19 世纪 60 年代和 70 年代，德语和英语在犹太社区里进行了激烈的交锋。这次交锋在某种程度上也是不同代人的交锋，这场交战最终以年青一代的胜利而告终。

德裔犹太人在美国犹太人中占据主导的时代一直持续到19世纪80年代。来自东欧的规模巨大的犹太移民淹没了美国之前的犹太社区。然而德裔犹太人继续在美国生活的很多方面留下自己的印记，他们建立起很多著名的企业，比如浩狮迈服饰、贝奇、富乐绅、库恩－洛布公司、高盛、西蒙－舒斯特出版公司。音乐领域有杰罗姆·科恩和奥斯卡·汉默斯坦，出版领域有约瑟夫·普利策和《纽约时报》的所有人阿道夫·奥克斯，科学领域有阿尔伯特·亚伯拉罕·迈克尔逊和阿尔伯特·爱因斯坦。他们只是那些为美国人的生活做出不可磨灭的贡献的众多德裔犹太人中的一部分。

从19世纪80年代早期到第一次世界大战开始的1914年，超过200万东欧犹太移民来到美国。超过4/5来自沙皇俄国，其中包括来自波兰和立陶宛的犹太人以及波兰和立陶宛被吞并之前生活在俄国的犹太人。从总体上讲，原本生活的东欧的犹太人有1/3进行了移民，90%移民美国，其中很大一部分定居在纽约。曼哈顿的下东区成了东欧犹太人的主要定居点，也成了这个城市人口密度最大的地区。在很长一段时间里，三个人或更多人睡在一个房间里是这个社区的常态。

从很多角度上讲，下东区就是一个典型的贫民窟，那里建筑密度过大，建筑物年久失修。很多公寓楼里一层只有两个厕所，另外一些公寓楼使用的则是户外院子里的厕所。院子里的厕所要么由卫生部门定期清理，要么通过露天的沟渠流出。不论是哪一种形式，都会造成污秽的蔓延。芝加哥也存在类似的情形。

生活在曼哈顿下东区贫民窟里的人通常不适应城市生活，他们大多来自东欧农业地区的村庄或城镇。这些说着意第绪语的犹太人生活在隔离的、贫穷的、狭窄的世界里，和生活在上城受过教育、富有、都市化的德裔犹太人全然不同。“下城”犹太人这些引人注目的举止、装束和认知让“上城”犹太人感觉非常尴尬。他们想要让“下城”犹太人说英语，变得整洁、轻声细语且内敛。芝加哥的德裔犹太人和东欧犹太人之间也存在着非常类似的关系。

在这两个城市里，德裔犹太人都会提供慈善并为他们的东欧同胞做义工。但是他们同时会和后者保持社交上的距离，有时甚至表现出厌恶。当东欧犹太人搬到芝加哥的霍尔斯特德街时，德裔犹太人就搬了出来。通常情况下，生活在纽约和芝加哥的东欧犹太人是没有经济条件住到德裔犹太人通常生活其中的中产阶级社区的。著名的乐队领唱本尼·古德曼曾经描述过早期移民的生活。他追忆了年少时生活在芝加哥的东欧犹太人社区的场景。

> 我记得我们曾经在冬天住在一个没有供暖的地下室里。有几次我们甚至连吃的都没有。我不是说没什么可吃的，我是说没有任何东西。这不是你会轻易忘记的往事。我从来都没有忘记过。

虽然宗教将德裔犹太人和东欧犹太人联系起来，但是从另外一个角度讲，宗教又将他们分隔开。东欧的正统犹太教教义更加严格，服务更加传统，在生活中的地位更加核心。这些都和德裔犹太人信仰的革新犹太教有很大的不同。革新犹太教被正统犹太教批评为“模仿基督教”，因为他们使用非常像基督教堂的神庙而不是犹太教堂，而且将安息日定在星期天而不是星期六。东欧的犹太人也并非全部宗教至上，很多人在星期六工作且不严格遵守饮食戒律。但是不论宗教在他们生活中的地位如何，他们所信奉的宗教都是正统犹太教。东欧犹太人和非犹太人通婚的情况很少。事实上，东欧犹太人和德裔犹太人之间的通婚也不常见。

在大规模移民时代来到美国的犹太移民，他们的经济水平和职业技能与之前就生活在美国的犹太人有非常大的不同。但是这些新来的犹太人相较于同时代其他很多移民团体还是拥有更多的技能。虽然拥有专业技能的东欧犹太人如凤毛麟角，但是他们成为没有技术的劳工的更少。他们有很多工匠技能，很多人的技能在服装行业或相关领域，比如制鞋。1899 年到 1914 年来到美国的犹太移民 2/3 是技术工人，这些人一半以上在服装行业工作。虽然其中并不包括皮革制品和动物制品，但是确实有相当数量的犹太人拥有鞋和毛皮的生产和销售技能。事实上，在这个时代的移民中，3/4 的皮革商是犹太人。

从总体上讲，东欧犹太人的技能和德裔犹太人的工业聚集有很大的契合度。1880 年美国大部分犹太人仍旧是德裔犹太人时，犹太企业的一半左右都在服装或相关领域。更重要的是，犹太企业在这些领域都占据垄断地位。到了 19 世纪末，德裔犹太人拥有纽约城所有零售服装商店的 80% 和大规模服装贸易的 90%。在这之前的几十年，犹太人就已经拥有这个国家最大的鞋类批发企业了。东欧犹太人的技能和德裔犹太人对这些行业的垄断恰好契合，这造成两个人群在经济上的象征性关系。在以纽约为中心的服装行业里，东欧犹太人作为德裔犹太人的职员是非常常见的模式。更重要的是，移民的大规模涌入为这个行业的快速扩张做出了贡献。19 世纪 80 年代，纽约的男装工厂数量翻了不止一番。另外，很多服装生产工作被外包给生活在下东区公寓里的家庭，这些家庭被称作“血汗工厂”。

这些广受批评的“血汗工厂”在犹太移民的生活中占据重要地位，通常全家人每天都要工作很长时间，从事单件价格非常低的工作。这些工作是犹太移民刚到美国一无所有的情况下能立刻获得的。这些工作通常是在家里完成的，而他们的家通常在说意第绪语的社区里，所以他们通常没有必要学习英语和美国习俗，甚至没有必要学习怎么工作。家长们不需要把孩子留在家里自己出去工作。孩子们通常也习惯了参与工作，所以他们不会跑到大街上四处乱窜惹麻烦。更重要的是，长时间的工作和在贫穷拥挤的环境里生活不仅仅是因为贫穷。广为人知的新闻业改革者雅各布·里斯声称，下东区公寓里的犹太人所挣的大部分钱都存了起来。很多人储蓄的目的是把他们生活在欧洲的家庭成员接过来。这个时期到达美国的东欧犹太移民 2/3 都是靠他们的家庭成员支付船票的。一些血汗工厂的工人其储蓄目的是有一天开启自己的生意，并且为自己的孩子提供更好的人生机会，让孩子在美国比自己在欧洲过得好一些。

这些理想通常都实现了。下东区犹太人的崛起和他们生活在芝加哥和其他地区的同胞的崛起成了美国式成功的英雄事迹。经过多年默默无闻的打拼，甚至经过很多痛苦和悲惨的经历，东欧犹太人开始在职业上崛起。最早是在商业领域，然后在专业领域和其他领域。很多新移民都是从推车商贩做起的。随着他们进入更加有前景的职业领域，推车商贩的数量快速下降。最开始犹太儿童在学业上很挣扎，就像很多来自其他语言和文化的孩子一样。但是他们最终在高中毕业生和大学生中占据了不成比例的数量。纽约的免费城市大学成了犹太人这样的群体的特殊福利。因为他们有源远流长的教育传统，但是在东欧却一直没有获得追求更高教育水平的机会。

在这些机构中，最负盛名的就是纽约城市大学，它被称为“穷人的哈佛”。最终这个学校近 3/4 的学生都是犹太人。到了 20 世纪 30 年代晚期，纽约超过一半的医生是犹太人，近 2/3 的牙医和律师是犹太人。这组数据并没有对比德裔犹太人和东欧犹太人之间的不同。但是鉴于东欧犹太人在美国犹太人中占据了绝对的数量，如果他们没有实现富裕，那么这样的数字是不可能取得的。德裔美国犹太人曾经害怕东欧犹太人的大规模移民会给美国犹太人这个整体带来灾祸。回头想一想，我们都觉得这个观点很滑稽。但是和在其他国家一样，当显而易见的外来犹太人给周围社会带来一种负面影响时，反犹太主义往往会升级。随着一代又一代人的变迁，这些人不再是外来人的时候，他们作为犹太人这个事实并不足以支撑起同样规模的反犹太主义。

到了 1969 年，犹太人的平均家庭收入比美国整体高出 80%。犹太家庭的家长通常年纪比较大，平均为 50 岁。华裔美国人家庭家长的平均年龄是 44 岁，而波多黎各家庭家长的平均年龄是 36 岁。年龄意味着更多的工作经验。除了年龄，教育在美国犹太人的富裕中也是一个重要因素。多数美国犹太人已经不再是中间人了。到了 1990 年，25 岁以上的犹太人多数已经完成大学教育，这些人的一半左右已经进入研究生教育阶段。作为对比，这个年龄范围的美国白人只有12%完成了大学教育。顺理成章地，近40%的犹太工作者工作在专业领域，另外17%工作在管理岗位上。

澳大利亚

犹太人在1788年随着第一批定居者一起来到澳大利亚。和那个时代到达的大部分人一样，他们都是来自英国的罪犯。最晚到1841年，罪犯和前罪犯还占到新南威尔士人口的一半以上。同样，那个时候的犹太人也是罪犯或前罪犯。1841年澳大利亚的犹太人只有近1 000人，到了1851年还不足2 000人。然而在19世纪中期的淘金热时代，犹太移民迅速增长。和其他拥挤在金矿里的人不同，犹太人的首要目的并非成为淘金者或矿工，他们往往销售必需品和小商品给淘金者。澳大利亚的犹太人口1861年增长到5 000人，1891年增长到近1.4万人。很多殖民地时代的早期犹太定居者都是零售商，其中既包括在乡野间工作的商贩，也包括城市里的店主，甚至偶尔也有富裕的商人。就像在美国一样，一些人从商贩做起，最终拥有了自己的商店甚至连锁商店。犹太人往往成为经销酒类的商人和酒馆管理员。他们自己对酒类的消费非常少，所以他们往往相对其他人有竞争优势。其他人往往无法抵挡自己的商品的诱惑。1828年，超过1/3的澳大利亚犹太人是商人，但是只有1/5是劳工。1845年，墨尔本有25家犹太人所有的服装店，而其他人所有的服装店只有21家。

像很多前沿社会一样，澳大利亚殖民地男性的数量超过了女性。性别比例的不平衡和犹太男性分布在非犹太人中间的这个事实导致很多通婚以及背离犹太教现象的发生，虽然这些现象并不占多数。对于女性来说，独自移民澳大利亚是非常危险的，在没有其他人保护的情况下她们往往会受到来自男性的恶意关注。但是越来越多的非罪犯的自由家庭移民澳大利亚，从而让犹太人口达到接近男女平衡的比例。到了1861年，澳大利亚犹太女性达到犹太男性的2/3。这个比例在不同地区有相当大的差异，在南澳大利亚男女比例接近1，但是在维多利亚男性仍旧占多数，大约是女性的2倍。随着时间的推移，男女不平衡逐渐变得不那么明显，因此犹太社区的延续从人口统计学上成为可能。而让犹太移民的文化和宗教得以延续的事实是，即便是很小的很隔绝的犹太群体，也总是试图保持他们的传统和社区。比如，早在1817年，澳大利亚就有了一个犹太墓地。犹太社区的延续也有赖于一个事实，那就是在澳大利亚和在很多其他国家一样，犹太人往往集中在城市中心。早在1833年，定居在新南威尔士的犹太人2/3以上居住在悉尼。

澳大利亚社会的特点为早期犹太人提供了极大的社会包容、法律自由和经济机会。作为一个有着大量前罪犯的前沿社会，澳大利亚并不是一个有着严谨社会秩序的地方。而且这个社会也不会严格地审查每个人的背景。作为英国的海外殖民地，澳大利亚继承了自由社会的法律传统，并且倾向于将这个传统更加自由化。一个具体的例子就是，在犹太人还不能合法地进入伦敦议会的时候，他们就可以作为殖民地议会的成员了。早期来到澳大利亚的犹太移民大多来自英国，因此在文化上也很英国化，非常容易融入其他人群。这开启了一种犹太文化的同化、宗教上的分化和对澳大利亚公共事务广泛参与的模式。

关于犹太人对澳大利亚社会的融入，我们可以找到很多指标。比如，犹太人常常会成为共济会会员，并且在共济会团体里拥有比较高的职位。一些人甚至建立起自己的共济会组织。高比例的通婚也是社会包容度更高的指标。还有另外一个在全世界犹太人中非常少见的现象，那就是犹太人在19世纪澳大利亚政治和公共生活中所获得的代表超过了他们的人口比例。1836年，南澳大利亚殖民地建立时一个犹太人被任命为执行官之一。在这段时间里，墨尔本出现了7位犹太市长。同时在阿德莱德、沃里克和其他社区也出现过犹太市长。1860年到1901年，维多利亚州议会的犹太成员超过 12 人。在新南威尔士，犹太人在不同时期从事过议会发言人和首席法官这样的州职位。在国家层面，第一个澳大利亚出生的总督是犹太人。但是这种政治上的胜利几乎很少来自犹太人的投票权，因为犹太人在澳大利亚人口中所占的比例从来没有超出 1%。

虽然很多活跃在公共生活中的澳大利亚犹太人在他们的宗教团体和犹太社区里也非常活跃，但是犹太社区自己通常会保持低调，尽量在文化和社会上融入当地，这不仅仅是对外面世界的谨慎。同化往往也发生在犹太社区内部。就像西欧的犹太人一样，澳大利亚的犹太人把自己看作马赛克信仰的英国人。换言之，他们认为自己是一个宗教上的“教派”，而不是作为一个单独的文化和政治实体存在的“国家”。更重要的是，他们在社会生活中对犹太教并没有热忱的信念。对于饮食戒律的违背广泛存在，同样犹太人拥有的店铺也往往在安息日开放。到犹太教堂礼拜的人们常常注意力不那么集中，甚至出现在礼拜过程中交谈和参观等现象。在 19 世纪的澳大利亚，多数犹太儿童都在非犹太学校里接受教育。

19 世纪，随着时间的推移，澳大利亚犹太人的内部构成开始发生变化。随着这个变化，犹太人的宗教和文化规律也开始变化。直到 19 世纪中期，英国犹太人仍旧构成澳大利亚犹太人口的 90%。然而，淘金热从欧洲大陆带来大量犹太人。到了 1861 年，英裔犹太人只占澳大利亚犹太人口的一半，而且这个比例还在下降。德国和奥地利的犹太人在新的犹太移民潮中占绝大多数，但是东欧、巴勒斯坦和其他犹太人也定居澳大利亚。德国犹太人和奥地利犹太人与英裔犹太人具有类似的“现代性”和社会同化特点。但是来自东欧的传统犹太人无法达到类似的融入度，不论是从融入澳大利亚社会的角度讲，还是从融入现有的犹太社区角度讲。

19 世纪 90 年代，由于欧洲的大屠杀，相当规模的东欧犹太人到达澳大利亚。对于他们来说，犹太教不仅仅是一种宗教“教派”。他们完全生活在犹太人的生活方式里，说意第绪语、留大胡子、穿着东欧非常常见的长袍。他们习惯于非常传统的宗教服务，而不是像说着英语的礼拜仪式、混音合唱，以及穿得像英国牧师一样把下巴剃得干干净净的拉比这样的事物。澳大利亚的犹太教起初都是正统犹太教而不是革新犹太教，但是这里发生的很多创新让他们的犹太教更像美国的保守犹太教而不是美国的正统犹太教。早在 1878 年，东欧犹太人就开始在悉尼建立他们自己的宗教团体。在那里，他们的礼拜形式更传统也更带有感情。

像在世界的其他地方一样，东欧犹太人作为外国人来到一个新的地方总是会引起反犹太主义的高涨。而高涨的反犹太主义会让所有犹太人遭殃。澳大利亚的犹太人之间存在很多内部分歧和冲突，这些分歧和冲突甚至造成不同群体的日渐分离。其中的一个表现就是英裔犹太人的领导者完全排斥犹太复国主义，但是东欧犹太人非常欢迎这个思想。和在其他国家一样，当地人对于刚来的东欧犹太人总是有很多抱怨，比如他们经常大喊大叫、惹人注目，而且不喜欢用水和肥皂。也像在其他国家一样，西方化的澳大利亚犹太人试图改造这些东欧犹太移民，但是遭到后者的愤恨。这并不是移民中的普遍问题，而是发生在东欧犹太人特别是波兰犹太人身上的特例。德国和奥地利的犹太人非常容易被同化。他们不但很好地融入澳大利亚的犹太社区，建立了一些改良的犹太教堂，而且更好地融入澳大利亚社会。一些人或他们的孩子有时甚至会成为基督徒。

犹太人群不但分化到不同的职业领域，而且在社会和宗教上发生了分化。波兰犹太人倾向于聚居在墨尔本城市里或城市周围，但是巴勒斯坦犹太人更常见的移居地是珀斯，奥地利犹太人则集中在悉尼。来自国外特定地点的人们聚集在澳大利亚特定地点的现象体现在各个级别上。来自国外特定省份或城市的犹太人聚居在澳大利亚的特定城市，有时甚至聚居在特定的街区。但是澳大利亚的犹太人并没有形成犹太人社区，不论是按照输出国划分的犹太人社区，还是广义上的犹太人社区。希腊人和意大利人往往和来自各个国家的犹太人混居在一起。澳大利亚的犹太人显然不像一些美国犹太人社区那样集中。虽然在美国一些犹太人社区里，非犹太人的数量往往也超过犹太人。来自世界各地的犹太人很少在澳大利亚从事农业或非技术工种，但是他们的职业分布和他们的输出国有很大的相关性。1881 年到 1920 年，30% 的俄国犹太人在纺织行业工作，但是在这个行业工作的德国犹太人只有 6%，而非犹太澳大利亚人在这个行业工作的比例更低。

随着 20 世纪的到来，澳大利亚的犹太人达到 1.5 万人。这个数字在 1921 年上升到 2 万。虽然这期间来到澳大利亚的犹太人的输出国和殖民时代相比更加丰富多样，但是 1881 年到第一次世界大战爆发之前的 1914 年，移民澳大利亚的 6 000 名犹太人只有不到一半来自东欧。1830 年到 1880 年也是如此，移民如果不是来自英国，那么大多来自欧洲的德意志地区。这个地区包括德国和奥地利，后者的狭义定义就是哈布斯堡王朝除东欧以外的区域，第一次世界大战之后，移民开始复苏。20 世纪 20 年代，移民澳大利亚的 1 000 多犹太人大部分来自东欧，而且超过半数定居墨尔本。定居墨尔本的这些宗教上更加正统化、文化上更加传统的犹太人继续和生活在悉尼的城市化且保守的犹太人形成对比。有一个说法是，悉尼这个温暖的城市住满了冰冷的犹太人，而墨尔本这个冰冷的城市住满了温暖的犹太人。

虽然澳大利亚的犹太人多样化越来越严重，但是他们最杰出的领袖往往还是来自被称作英裔犹太人的群体。虽然被称作英裔犹太人，但是这个群体在这个阶段文化上已经完全是澳大利亚而不是英国特色了。最著名的澳大利亚犹太人也是这个国家最负盛名的军事领袖约翰·莫纳什爵士就来自英裔犹太人这个群体。莫纳什和很多 19 世纪的犹太人一样，在公立学校接受教育，然后成为一名工程师，又成为一名军官。莫纳什将军是第一次世界大战期间在欧洲作战的澳大利亚军队的总司令。作为澳大利亚的国家英雄，他被封为骑士并获得无数的奖章。当他 1931 年去世时，大约 25 万人参加了他的葬礼。这明显是一个全国性的悼念活动，因为这个数字是澳大利亚犹太人口的好几倍。墨尔本附近的莫纳什大学就是用莫纳什爵士的名字命名的。

20 世纪 30 年代，来到澳大利亚的犹太移民的输出国构成再一次发生变化。在这 10 年里，随着纳粹在德国和奥地利的崛起，大部分犹太人都来自这两个国家。第二次世界大战之后，移民再次活跃起来，输出国构成又一次发生变化。东欧犹太人再一次成为来到澳大利亚的犹太移民的主力。随着移民数量的增加，这个变化也在逐渐发生。到了 1947 年，澳大利亚的犹太人口增长到 3 万。和这个世纪刚开始的时候相比，犹太人口增加了一倍。到了 1981 年，这个数字几乎又增加了一倍。人口的巨大增长主要是因为移民而不是自然增长。从历史上看，澳大利亚犹太人家庭的子女数量一直低于国家的平均值。从 1948 年开始，生活在澳大利亚的犹太人多数都不是澳大利亚出生的。到了 1984 年，生活在澳大利亚的成年犹太人有 2/3 曾经生活在纳粹占领的欧洲。简而言之，二战后澳大利亚的犹太人口构成和一个世纪之前的人口构成有很大的差别，甚至和半个世纪之前的人口构成也有很大的不同。

可以说，战后的一代是生活在不一样的澳大利亚的不一样的犹太人。欧洲犹太人，尤其是东欧犹太人，已经从老一辈的英裔犹太人精英的手中夺过了犹太生活的控制权。更重要的是，大屠杀和以色列的建立将所有犹太人联系在一起，他们强调一种身份和目的性的认同。战后其他群体大规模涌入澳大利亚，让犹太人不再承受作为唯一一个显眼的少数群体所面临的危险。他们成了一个多种文化百花齐放的社会里的宗教马赛克的一部分。战后一代建立了很多犹太教堂和犹太学校。到了 20 世纪 80 年代中期，澳大利亚犹太儿童有 3/5 接受的是犹太日间教育。在墨尔本，这个数字是 4/5。一个有 2 500 个学生的日间学校可能是犹太社群里最大的犹太学校了。

澳大利亚犹太人身份认同的复苏、犹太人口的增加和犹太人口集中在少数几个城市的事实造成一个结果，那就是通婚率非常低。1971 年，澳大利亚绝大多数犹太人的结婚对象也是犹太人。这个比例比 50 年前还要高。这看起来反映的是一种选择而不是社会对犹太群体的排斥。参加问卷调查的多数犹太人都声称，他们在澳大利亚没有经历过反犹太主义。犹太社会福利结构和在其他国家一样，为澳大利亚犹太人提供传统的便利服务。而且犹太人一直积极资助慈善，为整个澳大利亚做着贡献。生活在澳大利亚的每个犹太人几乎都会为犹太相关的事物捐助金钱。

总而言之，澳大利亚的犹太社区繁荣且教育程度高。在 16 岁到 22 岁的年轻人中，近 3/4 的犹太人是全日制学生。而在整个人群里，这个比例只有 20%。从总体上讲，从事法律或医疗专业的人口只占澳大利亚总人口的 0.5%，但是来自英国和澳大利亚的犹太人有 15% 从事这两个行业。澳大利亚的犹太人超过 2/3 或是雇主或从事个体经营，但是在全部人口中这个比例只有 10%。酗酒、违法和犯罪在澳大利亚的犹太人中几乎是闻所未闻的。

关于犹太人在澳大利亚被接受的程度我们可以找到很多证据。战后的犹太人在澳大利亚杰出的公众人物中能找到的代表不像早些年英裔犹太精英兴旺时那么多。据估计，那时悉尼和墨尔本的法律顾问有 10% 是犹太人，内阁成员至少会有一两个犹太人，1977 年到 1982 年的澳大利亚总督也是犹太人。20 世纪 80 年代，澳大利亚排名前 200 的富豪约有 1/4 是犹太人。对澳大利亚犹太人的少数批评声有一些来自他们自己接受了高等教育的年青一代。这些人把自己的父辈称作“粗野和粗糙的暴发户”。不论这些描述的优点和缺点是什么，能够公开表达这些看法的自由是另外一个指示剂，它说明了犹太人在澳大利亚拥有的安全感。

总结

犹太人散落在世界各地，生活在很多非常不同的社会里。但是他们身上体现了一些社会、经济和文化特点。犹太社群在几个世纪里被定性为商业民族，他们小到推车商贩，大到个别的国际银行家。像其他少数中间人一样，随着时间的推移，犹太人往往会在商业成功后，为子女提供更高等的教育和职业培训机会。一个古老的关于学习的宗教传统在很多个世纪里被翻译成世俗的知识主义。在75年的时间里，全球所有诺贝尔奖获得者有16%是犹太人，犹太人占全部经济学奖项获得者的1/3。但是犹太人口只占世界人口的不到1%。除了以色列，犹太人口在任何一个其他国家所占的比例都不超过3%。世界上的犹太人的数量比哈萨克人或斯里兰卡人还少。

犹太人在大学、商业、工业和专业领域的成就同样与他们的人口不成比例。这让他们在中世纪的西班牙、俄国、澳大利亚、阿根廷、波兰、美国和很多其他社会中留下了不可磨灭的历史印记，虽然这些社会是如此不同。这些成就只是全世界犹太人不断重复的共同特征的一部分。比如，在波兰、加拿大、普鲁士、澳大利亚和美国的犹太学生中，我们都发现了非常低的饮酒率。不论是在欧洲、南非，抑或西半球或澳大利亚，广泛的慈善也是犹太人的一大特点。

虽然在他们所生活的国家犹太人的收入通常高于国家平均水平，但是犹太人的政治立场通常是左翼的，不论是温和的左翼还是激进的左翼。他们在南非反对种族隔离制度，在西班牙反对佛朗哥，在法国、德国、美国、澳大利亚和以色列提倡福利社会。苏联和其他共产主义国家的建立很大程度上都得益于犹太人的努力。犹太人作为左翼对立面的杰出代表的例子非常少，法国的雷蒙·阿隆、美国的米尔顿·弗里德曼和新保守主义运动的领导者是为数不多的例子。

在工薪阶层和在商业、知识、政治阶层都一样，犹太人长久以来都有一个不同的规律。他们的艺术才能和技术才能范围很广泛，从制鞋到珠宝切割、服装裁剪和很多其他服装贸易技能。有时候犹太移民刚刚到达一个国家时一无所有，受教育程度很低，对这个国家的语言也一无所知，但是他们无一例外地随身携带着未来成功的要素。即便他们自己不能享受这些成功，他们的孩子总会享受到。

当然，犹太人的历史不仅是一段取得成就的历史，也是一段忍受和灾难的历史。他们的成就和他们的痛苦不无关系。像其他很多取得了比周围的人大得多的成就的人群一样，犹太人被憎恨、被仇视，成为政客和暴徒的靶子。以东欧或阿拉伯国家为例，犹太人拥有的技能在周围的人群里非常稀缺，因此他们特别被仇视。对于犹太人特别包容的国家以英国、斯堪的纳维亚、荷兰、美国和澳大利亚为代表，这些国家通常自己的人群并不缺乏技能和才华。简而言之，越是在那些对犹太人所具备的特殊技能急需的国家，反犹太主义仇恨越严重。

纳粹德国的反犹太主义表现出另外一种现象，那就是现代化的大规模宣传鼓动的力量。在一个极权主义的国家里，这种宣传的力量能够铸造出一大批狂热分子。这些狂热分子既不能代表这个国家的历史，也不能在对立观点能够自由表达的情况下继续保持他们的影响力。让大屠杀变得独一无二的地方就在于纳粹掌握的技术和组织资源。这些资源让一小部分德国人能够利用这些大规模的手段屠杀其他人，而历史上其他的大屠杀都是一个接一个地完成的，执行者也大多是普通民众。比如发生在中世纪欧洲的对犹太人的屠杀，发生在东南亚的对华人的屠杀，发生在尼日利亚的对伊博人的屠杀和发生在奥斯曼帝国的对亚美尼亚人的屠杀。

犹太人的内部特点在不同地点和不同时间差别也很大。当反犹太主义力量最强大最难以平息的时候，犹太人在语言和文化上的同化程度也往往最低。东欧在这方面是一个典型的例子。当社会接受程度更高的时候，犹太人往往更容易在文化上被同化，成为这个国家的公民和爱国主义者，西欧、北美以及澳大利亚的衍生社会都是如此。

没有什么比大屠杀更能在全世界范围内重新唤醒犹太人的身份认同了。第二次世界大战之前的很多代犹太人，在被各个国家的文化同化之后，往往会逐渐偏离原本犹太人的宗教、文化和社区。一些通婚的人和他们的后代往往完全失去了和犹太人群的联系。在马克思主义者中，人们会有意识地摒弃这样的部落联系，而倾向于和意识形态相近的政治同志之间保持联系。但是纳粹造成的恐怖让犹太人内部的各种社会、国家、政治和其他的不同都变得毫不重要。几个世纪以来，西班牙系犹太人和德裔犹太人之间的不同、世俗和宗教的不同、贫富之间的不同等等，都没有在这个世界上消失。但是和奥斯威辛或布痕瓦尔德的历史背景比起来，这些不同都缩小到一个非常小的等级上。全世界犹太人这种统一性的一个成果就是以色列这个国家。

第 7 章

印度裔

印度的印度人 vs 海外的印度人

海外的印度人不再是印度的印度人。

——休·汀克

“印度人”可能是含义最多变、最不确定的人群的代称了。这个词最直接的含义就是生活在印度的人。但是在西半球，这个词的变种“印第安人”通常用来指美洲原住民，因为哥伦布曾经错误地把他们当成“印度人”。关于东印度人，一些定义把生活在太平洋岛屿上的人也容纳进来。同样，生活在各种大西洋岛屿上的人被称为西印度人，或者“西印第安人”。虽然这些人和世界其他地方的“印第安人”并没有什么联系。更重要的是，所有生活在印度次大陆上的居民都曾经被称为印度人。但是独立之后的印度公民、巴基斯坦公民和孟加拉国公民都被给予了不同的代称。为了避免混淆，这里要多说一句，来自印度的人在西半球被称作“东印度人”，在非洲往往被称为“亚洲人”。而“亚洲人”这个词在美国往往会让人脑海中浮现出中国人或日本人的形象。在这里，“海外的印度裔”这个词说的是来自移民发生的特定时代的印度这个国家的人。换言之，在殖民时代，我们说的是所有来自印度次大陆的人；在独立时代，我们说的是来自印度这个国家的人。

印度多样的人口拥有截然不同的种族、语言、文化和宗教。根据 1981 年的统计，出生在印度但是生活在印度之外的人口有 1 300 万。其中超过 40 万生活在美国，44 万生活在特立尼达，50 万生活在英国，80 万生活在南非，缅甸和马来西亚各有 100 万，还有超过 300 万生活在尼泊尔。

海外印度人的规模、构成和移居地在不同时间点有非常大的不同。在1920年之前，特立尼达和圭亚那分别接收了超过10万印度移民。但是美国和沙特阿拉伯或阿拉伯联合酋长国等中东国家并没有接受任何印度移民，或者接收的印度移民数量非常少几乎可以忽略不计。但是到了20世纪70年代，到特立尼达和圭亚那的印度移民几乎停止了。而美国和一些中东国家在10年之中接收的印度移民几乎能赶上特立尼达和圭亚那在一个世纪左右接收的所有印度移民。殖民地时代曾经有大规模的印度移民来到东非，但是这个移民潮在20世纪60年代达到尾声。肯尼亚、乌干达和坦桑尼亚在独立之后在净数量上是印度移民的输出国，同时这些国家还广泛存在着对印度人的歧视。

印度移民的构成和他们的数量以及移居地一样多样。19世纪的印度移民有很多作为契约工人被送到锡兰、马来亚、斐济、特立尼达、英属圭亚那和毛里求斯等地的种植园。斐济、英属圭亚那、毛里求斯和特立尼达的糖种植工人至少4/5来自印度。印度工人同样在锡兰的茶种植园以及马来亚的橡胶种植园的工人中占多数。然而在19世纪和低等种姓劳工群体一起移民并且在20世纪的印度移民潮中逐渐占据更大比重的，还有来自印度其他种姓和其他地区的中间人群体，他们从事的中间人职业包括街道商贩、小店主等。

到了20世纪晚期，印度商人在钻石贸易中崛起并处于世界领先地位，在该领域仅次于犹太人。印度人宗派中的耆那教徒在纽约、特拉维夫和安特卫普这样的钻石中心工作。他们作为买家购买了1/3所有未加工的钻石。海外印度人借以实现富裕的行业和职业往往和犹太人借以实现富裕的行业和职业相同，比如饰品、房地产、贸易、金融、娱乐和钻石。另外，海外印度人逐渐在计算机这样的技术行业成为主流。超过一半的印度理工学院毕业生在海外工作。在美国工作的印度工程师超过2万名。在中国香港，印度人拥有天星小轮航线。天星小轮航线连接着香港的两个主要地区，香港岛和九龙半岛。在英国生活着超过300名印度百万富翁。在全世界范围内，海外印度人拥有总价值约1 000亿美元的房地产。

随着时间的流逝，印度人不但进入更高的职业阶层，而且印度移民中的劳工和中间人的相对比例也和生活在海外的印度人口中两者的比例产生了极大的不同。在印度大规模输出移民的时代，大量劳工返回自己的家乡。他们最初的契约合同往往包含了预付回家路费的条款。虽然成千上万的印度劳工被带到东非的维多利亚湖畔修铁路，但是在项目完成之后，大多数人会选择返乡，还留在当地的多数是来自印度西部的古吉拉特企业家。在一些国家里，最初的移民和后来的海外印度人都是农业工人，他们是个体私营者，或者为其他人工作，斐济和圭亚那就是这样的例子。

印度人口的多样性也反映在他们的移民群体中。不同的群体往往在不同国家的印度人口中占据主流。古吉拉特人是分散在非洲印度洋海岸广大地区的印度人的主要构成部分。这个区域从肯尼亚一直延伸到南非。在历史上，印度南部的泰米尔人绝大多数就是长期在马来亚和锡兰的种植园里工作的非技术劳工。从印度输出到西半球以及特立尼达和圭亚那的英国殖民地的种植园工人则来自印度东北部地区的恒河盆地。这些印度人在海外的经济命运在很大程度上反映了他们在印度的起源地。这些特点对于来自印度的小群体也一样。比如，齐智种姓放贷人在缅甸、锡兰和马来亚等国家还是放贷人。耆那人在海外的钻石贸易中地位突出，他们常常把钻石送回印度进行切割。

海外印度人口的内部构成往往更加复杂，这取决于他们所移民的国家的特点，他们的职业分布跨度也非常大。20世纪晚期，有近75万海外印度人定居在现代的工业化国家，其中44%生活在英国。在这些印度人中，高技术的专业人士占到一半左右。但是在移民更加贫穷或更“欠发达”国家的印度人中，这种高级人才只占到10%左右。在美国，印度移民从事专业和技术职业的比例在很大程度上要超过其在美国总人口中所占的比例。但是，多数海外印度人在不发达国家工作，大概占到海外印度人总数的4/5。他们的技能和职业分布也和发达国家的印度人完全不同。以马来西亚为例，在专业、技术、管理或行政职业中工作的印度移民加在一起也不到印度移民总数的10%。1981年，近100万印度人生活在中东，但是只有10%的人从事这些类型的工作。

从绝对数量上说，印度移民数量巨大。从各个国家的总人口来说，印度移民只占这些国家人口的中等比例。从永久定居海外的印度人的比例上说，这个比例相当低。一个“非常粗略”的估计告诉我们，19世纪30年代中期到20世纪30年代晚期的这个时间段里，大约有3 000万印度人离开印度，同时有2 400万印度人回到印度。在1971年，生活在海外的印度人口只占印度总人口的1%，但是生活在欧洲之外的欧洲裔占欧洲总人口的40%，生活在英国之外的英国裔比英国总人口多67%。如果将海外的印度裔定义为在印度出生在其他国家生活的人，那么这个数字在1981年是500万。如果将海外的印度裔定义为生活在国外有印度血统的人，那么这个数字超过1 300万。但是不论用哪一种定义方式，这个数字和印度庞大的人口比起来都是九牛一毛。印度人口几十年的增量就超过这个国家输出的移民总数的好几倍。

和印度人口相比，海外印度人的数量可能会显得非常小。但是在全世界很多有印度人定居的小国家里，海外印度人已经成为当地人口的重要组成部分。1960年前后，印度人已经超过特立尼达和苏里南人口的1/3，接近圭亚那和斐济人口的一半，以及毛里求斯人口的2/3。他们在这些国家的经济上的角色往往比他们的人口比例更大。

像海外华人一样，印度人也来自一个历史上曾经辉煌但是后来很贫困的国家。但是他们在其他国家生活时，往往能够在本地人还十分贫困的情况下实现富裕。比如，事实上基本没有什么有钱的印度人会从印度移民非洲，但是很多印度人在各种各样的非洲国家获得了巨大的财富。许多离开印度的人都是作为契约工人来到这些地方的。在一些国家，可以说多数印度人都是通过这种方式到达的。几乎千篇一律的情况是，他们刚刚到达时既穷困又没有文化和技术。海外印度裔的故事往往就是他们在各种各样的国家里实现了繁荣，有时甚至过上了富裕生活，偶尔还能积累大量的财富。海外印度裔的故事的另一个侧面就是，他们在获得自身成功的过程中改变了他们所在的国家。

非洲

印度人在好几个世纪里都和非洲进行贸易。印度贸易商在非洲的记录能追溯到公元 2 世纪。但是这种记录并不能说明发生过移民或永久定居。然而印度的贸易社区已经在非洲存在了几百年，哪怕生活在这些社区里的人都是家人还留在印度的旅居者。到了 19 世纪，离非洲海岸不远的桑给巴尔岛成了印度人的前哨站。1860 年的一份官方报告说，“桑给巴尔的所有店主和艺术家都是印度人”。岛上生活着大约 5 000 名“英属印度人”，几乎所有的对外贸易都是经由他们进行的。在桑给巴尔，甚至还有一些非常大的印度金融机构。1872 年，岛上的一个美国贸易商欠了印度金融家大约 200 万美元，一个单独的法国商行欠了他们至少 400 万美元。卢比在东非的很多地方成为主要货币。所有这些都发生在印度人大规模移民非洲大陆和内陆之前。

19 世纪，印度贸易商在东非的多个主要港口都有前哨站。印度商人因为他们的“勤奋、节俭和不屈不挠”“按时付款和诚实”“商业上的可靠性”“整日工作很少享受午睡”的特点而闻名。印度商人为戴维·利文斯通的著名探险提供了装备，还向出发搜索利文斯通的亨利·斯坦利售卖了物资。一位英国贵族在游览了多个东非港口之后说，“每个店主都是印度人”这个规则只有屈指可数的几个例外。在传统上被认为是东非的乌干达、肯尼亚和坦噶尼喀等地确实如此，但是在更加靠南的赞比亚、马拉维和罗得西亚，情况则有所不同。开始的时候，欧洲人垄断了这些地区的贸易，而后印度人开始成为他们的补充，直到限制性法令将印度人挡在门外。在更南的地方，印度人被带到南非的纳塔尔省，主要作为糖种植园的契约劳工。在这里许多人后来成了小商户，尤其是很多人从事庭院经济。

英国修建的铁路线从肯尼亚的蒙巴萨港一直延伸到乌干达的维多利亚湖，从而打通了非洲的内陆地区。在此之前，印度人在非洲的活动还局限在东非一些沿海地区和桑给巴尔岛。东非铁路从 19 世纪晚期开始修建。铁路修建过程的各个时间点一直都有约 1.6 万劳工，其中约 1.5 万是印度人，他们多数都是契约“苦力”。但是他们价格很高，他们的薪水比他们在印度可能获得的薪水要多，他们往返跨越印度洋的旅程都是雇主支付的，而且英国人还要负责他们的伙食和医疗费用。这样的花销在某种程度上证明，在雇主眼里他们的价值比当地非洲工人要高得多。非洲人往往从他们自己所有的土地上获得他们的主要收入。这些人往往只愿意工作一小段时间。一旦觉得自己工作的需求或欲望得到满足，他们就会辞职回家。

东非铁路的建造标志着到印度人到非洲的大规模移民的开始。大量印度人被雇用建造铁路，但是其中的多数返回了印度。同时，和这项工程相关的辅助服务，铁路建造完成后的维护运营，以及铁路建造后所提供的更广阔的贸易机会也吸引了相当数量的印度移民。铁路的建造被描述为“将一个由印度人组成的两英里宽的楔子打入东非”。但是实施这个项目的贫穷且不识字的印度苦力只是前锋，紧随他们之后来到东非的是更大规模的不同印度移民群体。在接下来的几代人里，非洲的印度社区出现了截然不同的两个群体。一个是英国人带来的“契约”印度人的后裔，另外一个是自己支付船资的“乘客”印度人。

东非铁路的工作很辛苦，而且存在很大的风险。超过半数印度工人和全部欧洲职员都在不同阶段生过病。有一种说法，铁路工人就是“一个巨大的移动医院”。超过 2 000 名印度人死在当地，另外超过 6 000 名印度人因为疾病丧失了劳动能力被送回印度。在契约合同到期之后，不到 1/6 的印度人签订了另外一项工作。加上替补工人，共有 3.2 万印度人被迁移建造铁路，其中只有不到 7 000 人留下来定居非洲。

铁路工人并不是这个时间段被带到非洲的唯一的印度人群体。即便是在铁路建造过程中，印度军队也被用来平定非洲的暴动和叛乱。更重要的是，在铁路修建完成后，运营铁路的技术岗位多数都落到印度人手里。印度人，主要是来自果阿邦的印度人，在整个东非都被当作英国帝国机构的下级行政雇员。在中非和南非一样，种植园主会引入印度人作为契约用人。当时的德国殖民地主要在今天的坦桑尼亚境内。在这些殖民地里，印度移民得到鼓励。在超过 2 000 英里的海岸线上人们花费了很大的精力引进印度人，这再一次说明印度人和当地非洲人在工作能力上有着巨大差别。

许多非洲人拒绝在东非铁路工作。这也是一个可以理解的决定，因为原来被带到这里经过挑选的年轻印度人有超过 1/4 要么死亡，要么失去了劳动能力。非洲人不愿意从事印度人从事的很多工作的态度不仅仅局限于东非。南非的祖鲁人被认为“在智力和力量上都有很好的条件”，但是他们不愿意长期从事劳动，而且他们在决定返回自己的部落村庄时既不会通知雇主，也不会告诉雇主自己什么时候回来。

非洲的印度人并不是一个单一的人群，他们内部在语言、宗教和种姓上都可以分成很多类别。生活在东非的多数印度人都来自古吉拉特邦，说古吉拉特语，他们多数都是印度教徒。他们在种姓上的差别并没有完整地在旅途中保存下来并移植到非洲，但是仍旧有着巨大的影响。到了 20 世纪晚期，很多人已经开始否认种姓制度仍旧存在这个事实了。但是跨种姓的通婚仍旧非常罕见。在印度，古吉拉特人曾经而且仍旧以商人这个职业著称。东非的印度人大约有 70% 是古吉拉特人。但是那些垄断了殖民地民事服务的印度人则是来自果阿邦的葡萄牙殖民地的天主教徒。这些人已经完全西化了，并且在一开始就把自己称作葡萄牙人而不是印度人。也有一些印度人来自旁遮普地区，少量的来自印度的其他地区，比如锡兰和现在巴基斯坦所在的地区。

即便是在同一个国家里，来自印度不同地区的人口的比例上也不相同。

在南非的印度人主要集中在纳塔尔省。1936 年纳塔尔省 80% 的印度人是印度教徒，而德兰士瓦省的印度人有一半多一点儿是穆斯林。生活在开普省的印度人从宗教的角度看有 29% 的印度教徒、44% 的穆斯林、19% 的基督徒，以及超过 1 000 人的佛教徒。生活在南非的印度人的语言差别同样惊人。生活在纳塔尔省的印度教徒有近一半说泰米尔语，超过 1/3 说印地语，还有相当数量的人说泰卢固语。在南非的穆斯林中，乌尔都语和古吉拉特语是三个省份的两种主要的语言。前者主要在纳塔尔省和好望角省使用，而后者主要在德兰士瓦省使用。种姓之间的差别超越了宗教和语言上的差别，因此一些父母会从印度同种姓和宗教背景相同的人中为自己的子女选择配偶，而不是在南非不同种姓或不同宗教背景的人中选择。不同的文化群体往往生活在印度社区内部相互隔离的不同定居区域。

乌干达

修建乌干达第一条铁路的印度工人吸引来了印度店主，这些店主售卖商品给这些工人。在铁路完成之后这些印度店主留在了那里，他们的客人不仅包括他们的同胞，也包括英国人和大量非洲当地人。在很多情况下，这些印度店铺是这些非洲村民生平遇见的第一个永久性商业零售设施。东非的亚洲人也是第一个进口和售卖谷物的。他们作为中间人在现场用现金收购非洲农民的产品，并且负责这些产品的市场宣传。虽然当地也有一些欧洲批发商，但是印度人运营着非洲当地人大部分的零售贸易。他们将东非由一个自给自足和易货交易的地区转变成一个货币经济市场。直到 19 世纪和 20 世纪之交，乌干达的税都是用实物支付的，在那之后的支付方式换成了货币卢比。

年轻的温斯顿·丘吉尔在游览了非洲之后将非洲的印度贸易商描述为，“在各种各样的白人不愿意去的地方建立和维护自己的地位”。肯尼亚一份 1905 年的报告宣称，“从总体上讲，这个国家 80% 的资本和商业能量都来自印度人”。肯尼亚一份1919年的报告宣称，印度人在所有主要的城镇和地区“建立起自己牢固的地位”。印度人收集和购买了乌干达几乎所有的棉花作物。到了1919年,他们在乌干达架起了17个轧棉机。他们还在肯尼亚建立了面粉磨坊，一个印度贸易商能出口20吨肯尼亚玉米。1948年，印度人拥有乌干达所有轧棉机的90%左右。

数不胜数的同时代观察家评论说，不论是在城市里还是在丛林中，欧洲人都无法与小的印度贸易商竞争。在整个东非，印度人都以一种非常微薄的利润空间经营着自己的事业。他们生活极度节俭，冒着风险允许赊账，并且长时间在偏远的地方工作。他们的生活和工作条件对欧洲人来说几乎是不能忍受的。简而言之，他们在这些地方扮演着一种其他人无法扮演的经济角色。很多不同的同时代评论家也得出这样的观点。一位英国观察家在20世纪20年代曾经这样描述印度人驾驶的卡车，他说这些车常常“没有灯、没有刹车，而且明显没有轮胎，车的引擎看起来随时都会发生故障。他们就是用这样的车在几乎不可能到达的地方进行着贸易”。

生活在乌干达的多数印度人一直扮演着小零售商、小额贷款放贷人等类似的角色。但是在这个国家的大型企业中，印度人所占的比例也远远超出他们的人口比例。两个最大的印度集团公司，马德瓦尼钢铁公司和梅塔家族公司，原本主要生产糖制品。但是前者的业务逐渐扩展到玉米面、肥皂、人造奶油、啤酒、玻璃等产品的生产领域，而后者的业务扩展为茶叶、钢铁、工程产品和电气设备等。两家公司都从乌干达的棉花产品做起，然后扩展出国界线并扩展到其他工业领域。没有哪一家非洲企业能够达到类似的产品范围或重量级。

印度与非洲之间的商务和金融关系能够追溯到几个世纪之前，而且很多生活在非洲的印度商人都有家人、贸易和银行关系在印度。尽管如此，非洲富有的印度商人也不是单纯地把财富从印度转移到非洲。事实上，几乎所有生活在非洲的富有的印度商人都是在非洲积累下财富的。他们的起点通常非常卑微，有的人甚至是从契约劳工做起的。

非洲大陆上最早的商业巨头之一亚力低拿·卫斯兰从一个小的旅行商队做起，最终建起在东非有30多个分支机构的商业帝国。其商业范围从坦噶尼喀的达累斯萨拉姆到肯尼亚的蒙巴萨港，并且延伸几百英里一直到维多利亚湖上的乌干达港口恩德培。他在肯尼亚和乌干达早期每个发展中的城镇几乎都有土地投资，在维多利亚湖上也有自己的船队。他还是早期马车运输服务的先驱。这些财富并非“能够自我延续的财富”这个事实在他死后得到证实。他的金融帝国的未来并不光明。在两代人之后，他的企业破产了，他的家庭成员开始向政府寻求经济救助。

生活在乌干达的印度人在经济水平上完全无法和马德瓦尼斯或梅塔相提并论，但是他们还是比非洲人当地人更加富足。乌干达一半左右的印度人有自己的生意。

考虑到印度人在东非国家的人口中所占的微弱比重，他们在东非的经济变革中发挥的巨大经济作用就显得格外令人赞叹。20世纪60年代晚期，他们在乌干达的人口达到高峰。即便是那个时候在乌干达这个人口超过800万的国家里，印度人、巴基斯坦人和果阿人加起来也不到10万人。他们只占总人口的1%多一点儿。在更早的年份里，亚洲人口肯定更少。人口的快速增长既得益于自然增长，也得益于持续的移民。后来的移民很大程度上都是通过已经定居在非洲的人将自己的家人带过来的方式进行的。20世纪20年代早期，在乌干达生活的亚洲人口大约在5 000到6 000之间。在第二次世界大战之后的1948年，乌干达的亚洲人口是3.5万，到了1956年增长到6.3万。换言之，人口在10年左右增加了一倍以上。

像中国人、犹太人和世界上其他少数中间人群体一样，生活在非洲的印度人在经济上做出的贡献和获得的成功，与他们在社会和政治上受到的压迫形成鲜明的对比。欧洲定居者在印度人之后逐渐到达乌干达。他们是印度人最早也是最直言不讳的批评者。第一次世界大战期间，欧洲人成功地让政府对棉花工业进行了管控和限制，最终的结果就是让原本很难与印度人竞争的欧洲人受益。乌干达反亚洲人的情绪总体上要比肯尼亚弱，但是这种敌意持续增长。随着时间的流逝，乌干达逐渐出现一些小的本地的非洲商人和一些受过教育的非洲人。这两组人都非常希望获得已经被印度人占据了的经济和民事服务职位。这两组非洲人都在外观上展现出一种反印度的架势，并且试图鼓动其他非洲人针对印度人。

1952年，乌干达非洲贸易商的数量超过印度贸易商的两倍。但是据估计，以印度人为主的非非洲贸易商的业务量是非洲人的3倍左右。而且政府法规还妨碍非非洲人在一些地点设立店铺。同一时期，印度人拥有乌干达约90%的轧棉机。这些轧棉机很多都是在两次世界大战之间欧洲人出现财务问题时他们从欧洲人手里购买的。乌干达生产的多数棉花都出口到孟买。乌干达34个棉花籽油磨坊都归印度人所有。同样，乌干达所有工厂的3/4也归印度人所有。在政府雇用的岗位上，印度人绝对是少数群体。欧洲人垄断了高级民事职位，而非洲人垄断了初级民事职位。印度人所占据的职位只占到初级民事职位的1/5。

非洲贸易商数量上的优势在经济上的作用可能微乎其微，但是这个优势让他们能够在政治上激起一种反对印度人的情绪。非洲贸易商业务失败的比例非常高，这让他们更加仇视印度人。而印度人在早期曾经遭遇较高的业务失败比例早就被人们忘得一干二净了。20世纪50年代中期之后，非洲人产生了一种对印度人公开的仇视。这种仇视有时会明确地通过破坏和抢劫的方式表现出来。东非第一次重要的针对印度贸易的抵制发生在1959年的乌干达，持续了7个月左右。中间发生了种族骚乱，暴徒烧毁了一些不愿意参加抵制印度人运动的非洲农民的农场。但是这些都只是接下来的10年里将要发生的事件的预演。

乌干达在1962年独立，在之后的一些年里发生了很多反对亚洲人的暴动。之前的暴力事件以及这些暴动让印度人的总体前景变得很模糊，他们能否立刻获得公民身份的决定尤其不明朗。他们可以申请乌干达公民身份，或者通过各种途径寻求英国的保护，或者保持无国籍的状态。大约3万亚洲人根据1962年的《独立宪法》申请乌干达的公民身份，但是年复一年，超过半数人的申请仍旧悬而未决。乌干达1967年的《共和宪法》包含一个“祖父条款”。在这个条款的约束下，即便是出生在乌干达的人也不能获得公民身份，除非这个人的父母或祖父母之一是乌干达公民。这明显是为了阻碍印度人获得公民身份而设立的障碍。与此同时，政府还设立一系列禁令，限制非公民在政府部门和私营经济中被雇用。其目的就是按照盛行的后独立时代的意识形态将乌干达“非洲化”。

亚洲人在乌干达民事机构中的数量从1961年的2 000人下降到1968年的1 300人。与之形成对比的是，乌干达官僚主义盛行，政府机构急剧膨胀。政府还下达禁令限制每个移民能带出这个国家的金钱的数量。

政府职位的待遇尤其丰厚，政府部门的薪资比私营企业的平均水平高出很多。但是在两个领域都一样，亚洲人的收入要比非洲人高出好几倍，即便是在乌干达独立之后也是如此。但是亚洲人的收入还是要比欧洲人低很多。尽管如此，亚洲人的数量还是比欧洲人多出很多。所以非洲人通过取代亚洲人所能获得的工作机会要比取代欧洲人多很多。亚洲人无处可去，也没有可以寻求庇护的政府，所以他们成了比较容易对付的目标。当印度还是大不列颠的殖民地的时候，印度的英国殖民地政府会毫不犹豫地代表生活在非洲的印度人出面干预。但是印度独立之后，印度政府成为第三世界国家的国际领袖之一。碍于这个身份，印度不愿意为了保护生活在非洲的印度人的利益而得罪非洲或其他第三世界国家的政府。

随着伊迪·阿明的崛起，生活在乌干达的印度人的终极悲剧开始上演。他通过暴力将自己的粗劣和屠夫本性加在乌干达人身上。但是世界的大部分地方尤其是非洲的领导人都拥有一种出于好意的包容，他们将阿明当作能够和白人抗衡的反殖民地斗士。一个记者曾经写道：“世界窃笑着，非洲人鼓着掌，而乌干达人正在死去。乌干达人以每天100到150人的速度死亡。”

阿明对于亚洲人尤其恶毒。他为亚洲人加上很多罪名，其中就包括“高价竞争”和“低价竞争”。他警告说，如果亚洲人不一起做出努力修正他们的行为，他们就需要承受悲惨的后果。1972 年 8 月，他下令驱逐 5 万亚洲人，不论他们是不是乌干达公民。而且他下令严格控制被驱逐的人可以带走的金钱的数量，每人最高 55 英镑。乌干达的亚洲人口在 1968 年时曾经达到 9.6 万，到了 1972 年年末，据估计只有 1 000 人左右。很多人一无所有地到达英格兰或者任何愿意接收他们的国家。

如果我们看一看印度人离开以后乌干达发生的事情，那么我们也许能更好地欣赏印度人在乌干达的经济中发挥的作用，乌干达的经济完全崩溃了。亚洲商店通常简单地被转到阿明的亲信手上，而这些人往往卖空一切之后就关掉这些商店。充公的财富并没有简单地被重新分配，整个国家的总财富降低了。在农业领域，亚洲人的咖啡和茶的种植庄园需要持续维护。但是在他们被驱逐之后，这些种植园被遗忘并成了致命的舌蝇的滋生土壤。偷窃了这些咖啡的乌干达士兵穿过乌干达将这些产品卖到肯尼亚，造成了昏睡病的扩散。昏睡病再一次成为这个地区的主要健康危害。

1972 年，乌干达国民生产总值的至少 35% 是亚洲人生产出来的，一些估计认为这个比例甚至超过一半。将亚洲人驱逐出乌干达的 20 年之后，乌干达的经济始终没有从大驱逐所造成的浩劫中恢复过来。根据乌干达自己的商务部首脑的说法，获得之前亚洲商业经营权的非洲人都“没有接受过培训”，因而造成了“经营失败”。在首都坎帕拉到处都是碎裂和坍塌的街道。1972 年施工建设的工地仍旧一动不动地矗立在那里。经济上的绝望和来自世界银行以及其他西方援助机构的压力让乌干达政府寻求亚洲商人的回归。用来吸引这些被驱逐的商人的努力，集中在退回原本属于他们的成千上万的被没收的资产上。但是相对之下，只有少数印度人和巴基斯坦人从国外返回乌干达认领他们的商业资产。

乌干达的仇视环境让这里成为一个没有吸引力的选择。驱逐亚洲人的结果就是乌干达人承受了巨大的经济损失。尽管如此，当地人对印度人和巴基斯坦人的仇视情绪还是很高。除了这种或多或少自发的敌意，接管了亚洲人业务的非洲人也有组织地反对亚洲人回归。乌干达非洲贸易运动发布了一封公开信平静地陈述，说它的成员“将会在乌干达全境发动一场针对任何亚洲回归者的残酷的战争”。为了避免有任何的怀疑，这封公开信继续说：

> 如果他们不立刻离开我们的土地，我们将会用伤害、残害的方式为他们带来很多苦难，甚至用史无前例的卑鄙手段杀害他们……

和在很多其他情形下一样，经济生产力激起政治敌意，这对少数中间人来说尤其如此。

肯尼亚

从历史上看，肯尼亚的印度人比乌干达或东非和中非的任何其他国家都要多。但是哪怕在肯尼亚，亚洲人在其高峰的 1962 年也只占肯尼亚总人口的 2%。那时肯尼亚总人口超出 800 万人，大约有 17.7 万亚洲人，他们多数都出生在这个国家。肯尼亚的印度人口虽然相对较少，但是从 1931 年以来还是有非常大的增长。1931 年，肯尼亚的印度人口只有 4.4 万，而且只有一半出生在这个殖民地。人口虽少，但是他们对当时的时代和历史的影响一点儿都不小。他们在现代城市经济中的巨大作用可以用下面的事实说明。他们占到内罗毕城市人口的 1/3，而且他们的业务占据了这个城市的主要街道。内罗毕在印度人的影响力方面并不是特例。东非整个沿海地区的港口一直以来都有一个特色，那就是它们更多地体现出的是印度文化特色，而不是它们各自所在的非洲国家的内陆文化特色。

19 世纪末，东非铁路将第一波大规模印度移民带到非洲大陆，起点就是肯尼亚的蒙巴萨港。那个时候，多数非洲人都不愿意长时间工作。他们愿意接受的最长的劳动时限也就一两个月，因为一两个月的工资就够他们付税金了。而且非洲人对于到市场上销售自己的农作物几乎没有什么兴趣。

在这种情况下，印度人建立了他们勤奋工作和有经济竞争力的名声。在建造从肯尼亚到乌干达的铁路的工人中，印度人是主流。不但如此，印度人还填充了多数殖民地办公室的下属职位。在肯尼亚、乌干达、桑给巴尔等英属东非领土内，印度人还填充了政府中层的文书、收纳、打字员、技工、木匠、警察和很多下属但是重要的职位。

在私营领域也是一样，印度人成了肯尼亚技术劳工和非技术劳工中的主流，从事着石匠、铁匠、裁缝、建筑工和鞋匠等工作。但是比这些都更常见的是印度人作为贸易商人的存在。这些贸易商人多数都是城市、城镇或偏远的非洲小村庄里的小零售商。由于很多非洲人都定居在丛林深处，很多时候这些贸易商为他们提供了"第一个微薄的与外界沟通的机会"。印度零售商成功路上的一个助力是他们"愿意到欧洲人不屑于去的小地方做生意"，20 世纪 20 年代的一份报告就这样指出过。

肯尼亚西部的高地气候温和，特别吸引欧洲人。所以这个地区成了欧洲人的自留地，迅速吸引了一大批欧洲定居者。随着他们来到这个地区的还有他们对印度人的仇视。不论是在私营领域还是在公共领域，欧洲人都没有办法和印度人竞争。在这两个领域，印度人都能用更低的成本生产出更多的成果。欧洲的轧棉机厂给非洲棉花种植者的价格远远比不上印度轧棉机厂。一个同时代的报告说："欧洲人无法像印度人那样在微薄的利润空间下做小规模的交易还能维持自己的生活，而非洲人还不具备操作这种交易的先进水平。"印度人在小零售行业的完全垄断可以用下面这个小例子来说明。直到 1966 年，内罗毕的肯雅塔街上才出现第一家非洲人所有的商店。微薄的利润和极度节俭的生活一直是印度贸易商的标志。

欧洲人为了自己的利益以及在名义上为了非洲人的利益反对印度人。印度人被描述为"不公平竞争者"。这些欧洲人还宣称，"亚洲人将所有的收入带回自己的国家"。但是他们没有解释，如果亚洲人将收入都带回了本国，那么他们又是怎样在非洲扩大自己的商业利益的？欧洲定居者发起声势越来越浩大的运动将印度人排斥在肯尼亚高地之外，将印度人排斥在城市特定居住区域之外。如果有可能，他们还希望将印度人排斥在整个肯尼亚之外。印度人被公开指责为“大吹大擂的推销商和放高利贷者”。白人传教士宣扬着印度人与非洲人的交易造成的“恶果”。然而，温斯顿·丘吉尔在20世纪早期访问了肯尼亚，他这样说：

> 是印度劳工修建了一条重要的铁路，其他的一切才成为可能。是印度的银行家提供了对于当前的商业和企业来说最大的一部分资本。白人定居者在向这些资本寻求金融求助的时候并没有犹豫过。印度人在这里的时间比第一个英国官员来这里的时间要早得多。白人定居者在这里生活了多少年，印度人就在沿海和内陆的实用工业领域服务了多少代人。尤其是最近从南非来的代表，他们在非洲生活的时间比任何人都长。任何对人与人之间的诚实贸易还有一点点尊重的政府都不会推出一项政策，有意地将他们从他们自己生活的地方排挤出去。更何况他们生活在这里的基础就是对公共安全的信任。

无论如何，总的来说，生活在肯尼亚的欧洲定居者成功地建立了针对亚洲人的歧视性法案和政策。肯尼亚高地成了白人的地界，一些城镇的一些区域通过间接方法只允许欧洲人购买土地，欧洲人和亚洲人的案件的审判流程也有不同，亚洲人还被禁止从事一些特定的政府工作。20世纪早期，内罗毕暴发了一场霍乱，导致一个印度市场因为“极端不卫生的条件”而被烧毁。很多观察家包括一些印度人记载了印度贸易商所采取的“尖锐行动”，尤其是在早些年和偏远村庄里和没什么经验的非洲人做生意的时候。更重要的是，如果以欧洲人的观点看，多数印度人仍旧生活得很贫穷。他们施工草率、缺乏美感，而且不卫生的城市定居点对于白人来说简直就是有碍观瞻。然而，在更早的一些年里印度移民还非常受欢迎的时候，这些因素也都存在。现在不同的是，印度人已经进步到可以和欧洲人竞争的程度了。

在最初的一些年里，印度人对政治非常冷漠。这一点和其他很多少数中间人是一样的。后来欧洲定居者的政治组织成功地从英国殖民地官方那里获得了一些在肯尼亚境内的歧视性特权。这个事件鼓励印度人成立自己的政治组织，以争取平等的权利。但是这些印度组织一直都不太有效，直到第一次世界大战之后越来越多的歧视性政策激起越来越多的印度人给予越来越大的关注和努力。这个时候印度人也开始帮助发生在东非的早期的非洲人抗议运动。他们为年轻的基库尤人的协会等组织提供办公室，在印度出版物上为它们提供报纸版面，并且为它们提供印度的印刷设施。半个世纪之后，这些非洲政治运动在取得了国家独立之后转而针对印度人。印度人对此怀有极大的愤恨。

虽然印度人在肯尼亚遭受了越来越多的政治挫折，但是他们在经济方面继续进步。越来越多的人开始脱离小额贸易领域成为具有相当规模的商人，涉猎木材厂、建筑和生产领域。其他人则开始遵循少数中间人群体常见的模式，就是使用自己经营业务攒下的财产教育自己的下一代从事专业职业。

和在乌干达一样，肯尼亚政府也开始打着公平或阻止“不正当竞争”的旗号对经济进行越来越多的干涉。实际效果就是削弱了印度人在市场竞争中的地位。20世纪30年代，他们主要通过商业许可和政府市场设施的方式降低印度中间人的作用。《运输许可法》保护了现有的铁路，降低了来自汽车运输的竞争。而印度人长久以来都有大量的资金投资在汽车运输上。政府开始征收所得税，从表面上看和其他政策一样，这个措施是一个种族中性的措施。但是事实上，这个措施对印度人的打击很大，因为印度人在包括教育在内的公共服务领域所获得的政府花费低于人均水平。直到20世纪50年代，殖民地政府每年花在每个欧洲孩子教育上的费用是180美元，但是每年花在每个亚洲孩子身上的费用是65美元，花在每个非洲孩子身上的费用只有5美元。

随着时间的流逝，欧洲人和欧洲殖民政府的权力越来越多地受到崛起的非洲国家主义者的挑战。很多非洲国家主义背后都有来自亚洲人的政治、知识和金融支持。一位印度律师参与了乔莫·肯雅塔的法律辩护。一位印度商人在乔莫·肯雅塔入狱期间养育了他的女儿。尽管如此，亚洲人和非洲人还是保持着隔离、距离、怀疑和对彼此的恨意。他们之间的经济和社会地位差距一直非常大。随着独立的到来，印度人取得的经济成就成了非洲人眼中的政治奖励。更重要的是，双方都意识到这一点。和在乌干达一样，肯尼亚亚洲人的平均收入是非洲人平均收入的好几倍。不过亚洲人的平均收入还不到欧洲人的一半。尽管如此，亚洲人在数量上还是比欧洲人多得多。而且他们的工作和业务也更接近受过教育的非洲人能努力达到的水平。

印度人为非洲政治行动所提供的大规模捐赠在非洲人那里打了折扣，被当作在看到未来前景的情况下的一种贿赂。印度人与非洲人之间的关系一直以来都是正式的而不是私人的。他们的关系往往是买家和卖家的关系，或者是非洲用人和亚洲雇主的关系。两群人发生的最亲密的关系就是亚洲男性和非洲情妇之间的关系，但是很少有反过来的情况。通婚几乎是不可能发生的。虽然最初几代印度移民几乎都是男性，但是整个东非所有国家加起来也不会有超过 5 000 个亚非混血。不过多数亚非混血后裔都是这个时候出现的。

亚洲人并不欣赏非洲文化、非洲习俗或非洲人的外表。这并不是肯尼亚或东非特有的现象。虽然有虔诚的公开的第三世界政治“联合”，但是一个印度代表在著名的第三世界国家万隆会议上这样对一名印度作家总结了亚洲人和非洲人的关系，“我们和非洲人谁也不把对方当回事”。

随着肯尼亚独立的临近，亚洲人开始持续不断地将他们的资本转移出这个国家。他们对肯尼亚的未来缺乏信心，其中的一个体现就是他们迟迟不愿意获得肯尼亚的公民身份。肯尼亚在 1962 年独立的前提是一份在伦敦制定的《宪法》，《宪法》保证不同种族一律享有平等的权利。即便如此，“非洲化”的政治压力也被证明是不可抗拒的。虽然没有明确地使用种族主义这个词，但是在独立之后的《宪法修正案》里加入“公民”和“非公民”

的差别被区分得极为明确，只有“公民”才能享受平等的权利。而且出生在肯尼亚并不能保证一个人获得公民身份。像非洲的其他地方一样，许多印度人不愿意在国家独立之后在他们的未来还不明确的情况下立刻获得本地公民的身份。之后，肯尼亚对外国人的入籍进行了很多限制，这使得获得公民权这件事越来越困难。没有公民权的保护，很多亚洲人在政治趋势面前十分脆弱。

肯尼亚政府将几千家为“非公民”的亚洲人所有的店铺充公，同时禁止这些“非公民”亚洲人在乡村从事商业活动。一位政府官员声称，“亚洲人应该自己回家”。很多亚洲人既不是印度公民也不是巴基斯坦公民，肯尼亚是他们所知的唯一的家乡，但是没有人会保护他们的权利。代表他们向肯尼亚施加外部压力的往往是英国，而不是印度。英国极力避免涌入更多的亚洲难民。英国政府与肯尼亚谈判，要求后者控制自己不要赶出太多的亚洲人。而印度要暂时接收1.5万难民。然而这些“暂时性的”难民有超过90%留在了印度。1972年发生在乌干达的对印度人的大规模驱逐为邻近的肯尼亚带来了政治压力。虽然肯尼亚没有完全效仿乌干达的做法，但是它确实施加压力让越来越多的亚洲人离开了这个国家。

1962年肯尼亚的亚洲人口超出17.6万，但是到了1975年这个数字降到大约2.5万。留下来的人几乎全是专业人员或技术工人。曾经在建造肯尼亚经济的过程中发挥了巨大作用的印度商人现在被赶出肯尼亚。

南非

从1860年开始，印度人作为契约工人被带到南非。他们的数量迅速增长。到了1875年，纳塔尔殖民地生活着1万名印度人。19世纪和20世纪之交，这个数量增长到10万。南非的印度人往往集中在纳塔尔省，只有一小部分人生活在德兰士瓦省。20世纪中期，生活在南非的印度人有40%居住在德班。而德班所在的纳塔尔省生活着南非全部印度人口的80%。

印度居民人口的增长从来不是南非白人官员希望看到的，因此它受到官方政策的阻挠。但是只有奥兰治自由邦成功阻止了印度人口的定居，也是因为那里没有任何的契约劳工。在纳塔尔省，契约劳工经常在合同到期之后还留在那里。哪怕他们手里已经有了一张免费的返回印度的船票。南非对于印度劳工有很大的需求，但是这种需求并不在印度社区里。一开始印度人的契约合同是 5 年，之后他们需要继续在南非工作 5 年填充当地的劳动力市场，然后他们就有权获得一张免费返回印度的船票，或者有权在南非获得一块土地。有很多印度人选择了土地，所以后来这个选项就被废除了。契约到期后想继续留在南非的印度人需要从政府手里购买一个通行证，以他们的收入来说，这个价格是他们难以承受的。更重要的是，法律没有规定印度人怎样才能入籍成为一个南非公民。南非没有制定更加严苛的法律或者将没有返回印度的人作为罪犯判刑，唯一的原因就是为了安抚印度的英国殖民地政府。

虽然许多印度人确实返回了印度，但是也有很多人没有返回。后者要么付出了巨大的经济代价购买了通行证，要么简单地规避了这项法律。虽然德兰士瓦省没有从印度引入契约劳工，但是一些人在合同到期后从纳塔尔省迁移到德兰士瓦省。他们的职业通常是小的贸易商。亲属所获得的成功让其他人从印度直接坐船来到德兰士瓦省。随着印度移民人口的增长，生活在德兰士瓦省的白人制造了政治压力，要求对印度人实行限制。奥兰治自由邦完全禁止印度人入境，只有微乎其微的少数人冒犯法律定居在那里。19 世纪，好望角殖民地对亚洲移民没有任何限制，但是很少有人去那里。真正迁居好望角省的印度人往往也是从纳塔尔省或德兰士瓦省过去的，而不是从印度去的。

紧随合约劳工潮之后，自费的印度“乘客”也来到南非。因此印度移民的地理和社会起源都发生了变化。早期的契约移民大多是来自马德拉斯和加尔各答的移民，但是在后一波移民潮里作为商业贸易者到来的印度人往往来自印度西部，并以古吉拉特人为主。哪怕是这些“乘客”印度人，按照西方的标准他们也是穷人，他们的商业活动往往从挨家挨户卖廉价水果和蔬菜的小贩开始。南非的印度人往往从事各种各样的职业。会说英语的人可以做厨师、服务员、初级文书或司机，其他人往往做建筑、绘画、捕鱼和贸易等其他工作。在沉重的手工劳动方面，他们无法与身材高大且强壮的非洲人竞争。

在农业上，生活在纳塔尔省的印度人常常将欧洲人或非洲人废弃的土地和未使用的土地开发成小园子。他们使用这些园子生产水果和蔬菜，并到当地的市场上贩卖。早在1886年，一个官方的报告就曾经这样说：

> 在自由的印度人口到达之前，彼得马里茨堡和德班的城镇里并没有水果、蔬菜和鱼肉供应。现在，所有这些都能够足量供应。来自欧洲的移民没有人表现出一点点兴趣想要成为市场上的园丁或渔夫。

早期的印度园丁大多数都是文盲。他们生活在简陋的小木屋里，提着一篮子产品挨家挨户叫卖，借此勉强维持生计。他们因为长时间没日没夜地工作而广为人知。随着时间的流逝，他们一点一点地积累财富，逐渐过上中等生活水平。在很多情况下，他们最终买了一个卡车来运送他们的产品，或者他们可能会从简陋的小木屋搬到一个小房子里。

对于种植园劳工来说，农业是一个自然的选择，但是古吉拉特人往往刚一来南非就开始从事商业。他们在纳塔尔省、德兰士瓦省和奥兰治自由邦建起自己的小生意，并且与白人竞争。像在其他地方一样，印度人愿意根据自己顾客的特殊需求调整自己的交易。他们在那里的顾客通常是贫穷的非洲人。印度店铺往往营业时间更长，价格也比欧洲店铺低，并且愿意赊账。许多印度人会学习一门非洲语言，或者雇用一个非洲帮工。他们常常遭到欧洲人的嫉恨，欧洲人认为这是“不公平”的竞争，非洲人也会把他们当成“剥削者”。

白人开始通过特别限制和税收，实行旨在遏制印度经济活动和个人生活的政策。政府部门对印度雇员的歧视是最严重的。这里的宗旨是不能让任何欧洲人做非欧洲人的下属，因此印度人只能从事最低级的工作。政府对于颁发各种各样的贸易经营牌照的控制同样存在对印度人的歧视，但是也没有把他们完全排斥在这些活动之外。政府同样限制印度人购买土地的权利。同样的歧视性行为也在政府服务的一些领域得到体现，最明显的就是教育领域。一个叫莫罕达斯·甘地的年轻印度律师阻止印度人抵制歧视性政策，他的政治生涯和非暴力抵抗运动在南非开始得比印度还要早。总而言之，对印度人以及其他一些人群的压制，仍旧是南非一个重要的特点，尤其是在种族隔离制度之后。

印度人与非洲黑人之间的关系往往也充满敌意。在 1949 年的德班，一个年轻黑人和一个印度店主的冲突升级成一场大规模的骚乱。这场骚乱造成 142 人死亡。虽然黑人和印度人双方都反对种族隔离制度，但是两者都没有办法为了共同的政治目标而取得一致。虽然后来确实逐渐出现了一些合作。具有讽刺意味的是，黑人和印度人对于种族隔离制度的反抗也是按照种族分别进行的。另一场非洲人和印度人之间的骚乱发生在 1985 年的德班。非洲暴徒抢劫了印度人的商店并毁坏了印度人的房屋。

生活在南非的亚洲人主要是印度人。他们在历史上一直以来占据着南非总人口的 2%~3%，其城市化程度和白人相仿。南非的亚洲家庭的平均收入在历史上一直超过非洲黑人的两倍，但是不到白人的 1/3。像在其他国家一样，不考虑区域差别和城乡差别只讨论不同人群之间的收入对比，可能会非常有误导性。因为家庭收入本身经常忽略家庭的规模。1951 年，德班的印度人的人均收入稍低于德班的非洲人，显著地低于德班的“有色人种”，而且只有德班白人人均收入的 1/7。1982 年，亚洲人——几乎全部是印度人——在南非的平均月收入仍旧只有白人的一半多一点儿，并且只比黑人高出 1/3。

像在其他地方一样，种姓体系没有完全在南非的海外印度裔中保存下来，但是种姓体系也没有完全消失或完全失去其重要性。种姓制度在印度教的古吉拉特人中影响最大。古吉拉特人也是迄今为止在南非的各种印度人群中平均收入最高的，比在家里说英语的印度人高出60%，比在家说乌尔都语、印地语、泰米尔语和泰卢固语的印度人高出一倍多。

南非多数印度人将英语作为自己的语言之一，因为英语是多语言社区的通用语言。少数印度人在家里也说英语，尤其是年青一代。像在其他群体和其他社会里一样，知识分子是印度文化最有意识的提倡者，但他们自己往往是被完全西化的。

就像在印度或世界的其他地方一样，印度人内部的不同在南非非常明显。南非的印度人说不同语言的人很少通婚。印度教徒和穆斯林之间的通婚尤其少见。内有各种各样的分隔，外有来自黑人和白人的敌意，生活在南非的印度人极度脆弱。不论是在白人是少数派统治的时期，还是在随后的黑人统治时期都是如此。

西半球

移民西半球的印度人大多生活在加勒比海及其附近地区。这些移民主要发生在19世纪中期到第一次世界大战的时间段里。这段时间，有超过2万印度人移民牙买加，分别有3万到4万人移民苏里南和瓜达鲁佩，超过10万人移民特立尼达，超过20万人移民当时被称作英属圭亚那的地方。从在当地人口中所占比重的角度讲，印度人占到牙买加、马提尼克和瓜达鲁佩人口的2%~4%，以及特立尼达、圭亚那和苏里南人口的1/3到一半。从20世纪60年代开始，相当数量的人从印度移民美国。但是这些移民的数量还远远不能达到美国人口的1%。大约有4万印度人从加勒比海地区重新移民加拿大。在加拿大，这些从加勒比海地区再移民去的印度人的社交生活和来自印度的印度人很大程度上是相互隔离的。

像在非洲一样，印度的种姓体系在西半球的重要性显著下降。因为这里并不存在维护种姓制度的条件。对于早期作为契约用人从印度来到这里的人来说，拥挤的越洋之旅和拥挤的棚户生活开始打破种姓制度上的区别。更重要的是，西半球的种植园在给印度人分配工作时并不会考虑他们在印度的种姓起源。像在非洲一样，不受上述这些条件制约的“乘客”印度人保持了更多的种姓传统。但是他们在西半球印度人口中所占的比例非常小。对于生活在圭亚那和特立尼达的印度人来说，跨越种姓的婚姻是常见的事情而不是特例。

从某种程度上讲，印度人在西半球生活的历史和他们在非洲的历史非常类似。但是从另一些角度来看，两者又有非常大的差别。最初移民西半球的人的角色往往是手工劳动者，其中很多是契约用人。这和非洲的情况非常类似，他们被大规模地从很远的地方引入，其原因就是人们更愿意雇用他们而不是本地的黑人。在圭亚那和特立尼达殖民地，他们通常被称作“东印度人”，以便和美洲原住民加以区别。在奴隶制时代结束之后，他们大规模地取代了种植园里的黑人。“东印度人”通常被认为更加努力工作，而且很少惹麻烦。

这里的情形和非洲的情形的差别令人震惊。西半球印度人往往会继续做乡村的农业工人，而不是像非洲的印度人那样城市化。更重要的是，特立尼达的黑人的平均收入要比印度人高。部分解释是来自印度不同地区的人移民世界的不同地方。移民非洲的多数印度人都是来自印度西部的古吉拉特人，但是移民西半球的人多数来自次大陆东部的恒河盆地。在印度内部，不同人群存在巨大的差别。古吉拉特人在商业和受过教育的职业领域工作的比例远远超过他们的人口比例。像来自其他国家的人一样，这些内部的差别往往会在他们重新定居的国家持续几代人的时间。

圭亚那

在殖民地时代，英属圭亚那是南美大陆上唯一一个英国殖民地。从英属印度到英属圭亚那的契约移民从 1838 年就开始了，那个时候奴隶制才刚刚被废除。大量外国工人被带到这里，从事原本由非洲裔美洲奴隶从事的糖种植园里的工作。印度人就是这些外国工人的一部分，另外还有葡萄牙人和华人。以前的奴隶在获得解放之后往往工作地很没有规律。他们只愿意工作很少的一些天来满足自己的生活需求。在热带国家，食物往往可以从自然界直接获得。服装和房屋的需求也不大。即便是在被种植园雇用的时候，许多人仍旧会在自己的一小块土地上继续工作。

1838 年到 1917 年，大约有 23.9 万劳工从印度到达这里。印度人往往是更加勤奋且更加稳定的工人，这在一定程度上是因为他们 5 年契约合同的严苛条款让他们没有很多选择。他们不但习惯了自己的工作，甚至也习惯了奴隶制时代的严厉管控。在开始的一些年里，被鞭打是很常见的现象。19 世纪的一份官方报告指出，印度人常常被鞭打到出血。由于虐待和暴露在新的疾病中，生活在圭亚那的印度人在 1839 年的死亡率高达 12%。同时我们还要考虑移民过来的人往往正值壮年。

契约用人所经受的残酷统治并不能完全解释印度人的生产效率。被引进从事同样工作的葡萄牙人和西印度人都被证明并不像来自马德拉斯的印度人那样令人满意。由于技术或力量的原因，留下来的印度人也并非种植园劳动力的主要支柱。黑人才是种植园技术工人的主力，并且被当作更加强壮也更好的工人。当然，一切的前提是他们选择做这份工作。

有证据表明，印度人是英属圭亚那种植园主最好的选择之一。同样，英属圭亚那也是来自恒河盆地的印度人的最佳选择。虽然契约工人的生活条件非常艰辛，但是移民潮还是持续了几十年。19 世纪 80 年代和 90 年代，英属圭亚那是印度移民的首要海外移居地。

在早期的一些年里，圭亚那对印度契约劳工非常残暴，而且臭名昭著，以致印度的英国殖民地政府拒绝继续送出劳工。但是随后的各种保证和各种被迫的改革让契约移民在 1844 年得以恢复。在 19 世纪 50 年代的一段时间里，一个代表印度契约工人福利的英国官员工作非常上心，以至种植园主们利用自己的政治影响力干扰了他的工作并削弱了他的权威。虽然这个官员最终重新获得了自己的独立性和权威，但是这个故事也显示出种植园主的政治力量。相形之下，印度人的脆弱性可想而知。

种植园主的政治力量还体现在严苛的流浪法等方面。他们通过法案提高了政府所有的土地的价格，而且这些土地只能以很大面积为单位进行销售。所有这些措施都是为了减少黑人和印度工人的选择，施加压力让他们不得不到白人的种植园里工作。

1890 年，生活在英属圭亚那的 10 万印度人至少有 7 万人生活在糖种植园里。只有 5% 左右生活在城市里。大约在同一时期，他们的孩子只有 10% 能够上小学。殖民地的第一个强制教育法案豁免了印度人，因为他们不想让自己的孩子在基督徒传教士管理的学校里改变宗教信仰。但是英属圭亚那并没有世俗的学校。

随着时间的流逝和契约合同的到期，越来越多原本作为契约劳工从印度来到这里的人开始作为自由的农民生活在英属圭亚那。只有 1/3 左右的人回到印度。像世界其他地方一样，生活在英属圭亚那的印度人也因为他们的节俭而著称。他们能从被非洲裔美洲人认为过低的工资中节省出钱来。虽然印度人在节俭上具有优势，但是圭亚那黑人却在教育上具有优势。非洲裔美洲人是强制教育的主要受益者，他们迅速填充了殖民地教师教授、民事和技术贸易等岗位。

1925 年，印度人口稍稍超过非洲裔美洲人口，分别占到总人口的 42% 和 39%。但是殖民地办公机构的雇员有 85% 是黑人。1931 年，印度人只占到所有教师职位的 7% 和民事岗位的 8%。缺乏教育是他们长久以来的缺陷，最晚到 1946 年，只有一半的印度人能够用英语读写。而英语对他们中的很多人来说是唯一的语言。

虽然英属圭亚那的印度人仍旧集中在农业领域，但是他们在这个领域是重要的组成部分。19 世纪黑人被解放之后大规模地撤离种植园，这导致英属圭亚那糖工业的崩溃。而印度人的到达重新振兴了这个地区处于崩溃中的糖工业。作为自由农民，印度人在发展这个国家的水稻生产方面也发挥了重要作用。20 世纪后半叶，圭亚那作为一个独立国家的总出口的 42% 就是由这两种农产品构成的。

虽然 1920 年还有一些契约合同没有到期，但是多数印度人在此之前早已摆脱契约劳工的身份。1911 年，英属圭亚那一半的印度人都脱离了糖产业。在糖产业中工作的人也不全是契约工人。甚至在契约到期之后，也有大量印度人继续在糖产业庄园里生活。1931 年，这些人构成了所有生活在糖产业庄园的人口的 4/5。他们在这些地区和其他地区的分布大致上是均等的。许多人生活在种植园附近的村庄里。

英属圭亚那的印度人从 19 世纪中期的不到 8 000 人增长到 1886 年的超过 10 万人，而且在 1948 年进一步增长到 18 万人。印度人口在总人口中的占比从 1851 年的 6% 增长到 1893 年的 40%。1917 年，印度人口超过非洲裔美洲人。到了 1964 年，印度人口稍稍超过圭亚那国家总人口的一半。当时，圭亚那还有 6% 的人口是欧洲人、中国人，或者美洲原住民。从历史的角度讲，印度人的出生率是所有群体中最高的，除了在一些年里被当地人超越。但是当地人的死亡率也高得多。简而言之，印度人不但从人口上比他们的主要竞争对手黑人多，而且他们还是总人口中增长最快的组成部分。如果考虑到历史上印度人性别比例严重失衡的问题，这个结果就会显得更加引人注目。1880 年，在印度人口中，每 100 个男性对应不到 50 个女性。即便是到了 1917 年，每 100 个男性对应的女性也只有 70 个。

从历史上讲，在英属圭亚那从事商业的印度人比在政府中工作的人要多得多。但是他们从来没有像非洲的印度人那样成为贸易商或零售商中的多数雇员。葡萄牙人和华人垄断了英属圭亚那的商业贸易。印度人只有少数古吉拉特人能够挑战葡萄牙人和华人的垄断地位。然而印度人继续在农业领域占据多数。1968 年，印度人占到自由农民的 70%，也占到糖产业工人的 70%。即便是在农业领域，非洲人和印度人也发挥着非常不同的职能。印度人主要投身于商品农业，特别是生产糖和水稻这两种最主要的经济作物。非洲裔美洲人则主要是以维持生计为主的农民。这在某种程度上反映了印度人能省钱的习惯，这让他们能够买得起从事商品农业所需的大量土地。

和在非洲或加勒比海地区岛屿上一样，非洲裔和印度裔之间的关系非常差，有时甚至会互相仇恨。两个人群在居住、就业、社交和政治上往往都是相互隔离的。即便是 20 世纪后半叶也是如此，近一半的非洲裔圭亚那人生活在城市里，近 9/10 的印度裔圭亚那人生活在乡村。

两群人在城乡分布上的差异仅仅是他们的隔离存在的一个因素。生活在非洲裔美洲人中的少量印度人往往会遭遇冲突，反过来也是如此。因为 20 世纪 60 年代的一次种族冲突，村庄里的种族混居情况比以往更少了。在法属安的列斯群岛、苏里南和特立尼达，两个群体之间类似的隔离居住情况同样很常见。在牙买加印度人非常少，不能形成独立居住的社群，也无力抵御外界的文化同化。尽管如此，印度人和非洲裔美洲牙买加人还是存在仇视现象。

虽然非洲裔群体和印度裔群体之间存在广泛的摩擦和冲突，但是他们的文化差异和其他差异并没有造成持续或固定的争执。

殖民地时代从居住和职业的角度讲，隔离最极端的时期，两群人反而没有那么严重的分化。事实上，当时他们形成一个多种族的运动组织来寻求独立。等到独立快要实现时，这个运动组织开始分裂。为了权力而进行的政治争斗拉开了序幕。

殖民地英属圭亚那的经济和社会发展状况与加勒比海地区、非洲或亚洲的英国殖民地在很多方面都有相似之处。少量白人殖民地贵族控制着政府和商业经济，并让自己的文化成为殖民地其他人群发展的标准。同时，殖民地人群逐渐产生一小部分中产阶级。这些受过英语教育或者能使用英语的人开始在殖民地政府中任职。随着时间的流逝，这些人逐渐获得民事和政治权利，最终领导了这个国家对独立的要求。在英属圭亚那，殖民地时期的主要人群并不是美洲原住民，而是从非洲或印度来到殖民地的人群的后裔。到了 1940 年，非洲裔人口在高等民事职位中占到 15%，但是还没有印度人达到这个层级。可领取养老金的人只有 10% 是印度人，67% 都是非洲裔美洲人。殖民地的印度人和非洲人在崛起，白人少数派统治的结束已经很明确了。

印度人和非洲人团结起来支持独立。独立运动的两个领袖分别是契迪 · 贾根博士和福布斯 · 伯翰。前者是组织这项运动的印度裔马克思主义者，后者是一个后来加入的非洲裔美洲人。两个人都在海外接受教育。贾根在美国，伯翰在英国。两个种族的联合领导导致人民进步党在 1950 年的选举中大获全胜。在英属圭亚那殖民地朝着独立的圭亚那国家发展的过程中，这场胜利被视为逐步建立自治政府的阶段性运动的一部分。1950 年到 1953 年的阶段被称作“圭亚那种族和谐的黄金年代”。但是这个黄金年代注定坚持不过 5 年。像在其他国家一样，种族和谐会在政治的作用下转变成种族分化。

随着其他第三世界国家逐渐获得独立，政府职位上的种族“不平衡”成为一个重要的争论点。最晚到 1957 年，占人口一半左右的印度人只占到政府职位的 1/3。而且他们在警察和其他警戒部队中所占的比例尤其低，只占到 1/5 左右。

契迪 · 贾根政府的激进主张包括对外国公司的国有化等，导致英国暂停了《圭亚那宪法》并将他的党派从政府驱逐出去。当时契迪 · 贾根政府的执政时间还不到 6 个月。这场危机将人民进步党撕裂成两翼，激进的一翼仍旧由契迪 · 贾根领导，更加温和的一翼则由福布斯 · 伯翰领导。这种意识形态上的分歧很快便成了一种种族上的分歧。印度人多数支持贾根，而黑人多数支持伯翰。随着 1957 年选举的临近，草根阶层广泛使用种族诉求作为选举手段。对于圭亚那的未来来说，诉诸种族的做法比选举结果本身更具决定性意义。

契迪 · 贾根获得了选举的胜利。但是他发现自己领导的政府里的黑人职员是反对他的，而政府的警戒部队的可靠性对他来说也是令人质疑的。罢工、游行示威和分裂让贾根政府头疼不已。种族暴动需要英国军队来维护秩序。当伯翰在 1964 年当选时，贾根团队和他的印度支持者通过类似的罢工和抵制进行报复。但是伯翰政府出动了黑人警戒部队，这让这些罢工变得很容易对付。

伯翰政府实施独裁控制，包括在不审判的情况下长时间拘留。这种种族分化阻碍了圭亚那的独立进程。20 世纪 60 年代早期，不同人群间的暴力冲突让这个国家充满不安，代表对立种族的政党让新国家宪法提案的讨论变成死结。英国解决悬而未决的宪法问题的方式损害了契迪·贾根的政党。而贾根政党在议会中的代表数量超过了投票支持他们的人口。

在 1964 年第一次按照人口比例进行的选举中，贾根在议会中的支持率急剧下降，一直降到接近他的政党的支持率的水平，也就是 46% 左右。尽管如此，他还是拥有支持率最高的单一政党。与此同时，伯翰以非洲裔美洲人为基本盘的政党领导了一个同盟，并且得到反对贾根的激进主义的其他政党的支持，因而赢得了选举。两个主要的敌对政党都把 1964 年的选举看作对未来有决定性的一场选举，也是打破他们在宪法上的死结的选举。每个政党都把在 1966 年独立时掌权看作决定未来的政治力量的一件大事，每个政党都不想放弃，因此结果就变成最后我们看到的样子。

灾难性的经济政策导致水稻产量降低到之前水平的一半。但是处于统治地位的非洲裔美洲人将他们自己的立场与正在形成中的多数人群进行了整合，从而赢得了 1968 年、1973 年和 1980 年的选举。与此同时，黑人在这个国家的总人口中仍旧占少数比例。1980 年，黑人在总人口中占 30%，但是印度人占到 51%。这些选举的诚实性被广泛质疑。更重要的是，或者因为反对贾根，或者因为偶然了解到执政党不大可能失去权力，一些印度人转而支持另一边。无论如何，虽然政府对印度人有了一些象征性的让步，而且印度人一直是这个国家最大的一个民族，但是执政党的领袖仍旧绝大多数都是非洲裔美洲人。有一个指标能够证明统治圭亚那的政府是警察和附属武装力量的政府，那就是 1964 年这两股力量只有 4 000 人，但是到了 1977 年这个数字增长到 2.1 万。

外部压力和首相福布斯・伯翰在 1985 年的死亡导致圭亚那发生了巨大的政治和经济变革。经济恶化的副作用之一是婴儿死亡率的升高。与此同时，圭亚那已经没有能力偿还外部债务。这两件事加在一起为伯翰的继任者德斯蒙德・霍伊特带来巨大的压力，人们要求他重新调整经济结构并且组织有诚意的选举。由于需要国际金融援助，政府接受了这些要求。圭亚那启动了一个项目，将政府所有的企业私有化，并且准备开展具有国际可信度的选举。当选举最终在 1992 年成为现实时，由人民进步党领导的同盟在选举中获胜。这场胜利让契迪・贾根再次当权。这时距离他上次当权已经过去几十年了，贾根的人民进步党已经不再激进地追求马克思主义意识形态和支持苏联的姿态。从民族的观点上说，占到圭亚那人口 48% 的东印度裔已经不再毫无政治权力，而权力也不再垄断在占人口 32% 的非洲裔领袖的手里。

特立尼达

在特立尼达和在圭亚那一样，印度人往往生活在乡村而黑人往往生活在城市里。在这两个国家，有关印度人的传说都是从契约印度种植园劳工时代开始的。长久以来，甘蔗地里的工人大多都是印度人。1845 年到 1917 年，大约有 14.3 万契约工人从印度被带到特立尼达。契约劳工制度在 1917 年被废除。1921 年的印度居民人口是 12.2 万左右，其中只有 3.7 万出生在印度。特立尼达的总人口约为 36.6 万。生活在特立尼达的印度人长久以来就被切断了与自己文化的联系，所以他们在很大程度上吸收了加勒比海地区的外向型文化。但是他们还是保持了一些自己的内在价值观，比如节俭以及在性上的严谨。更重要的是，很多他们保持的印度传统事实上在印度已经改变了。种姓制度没有完整地在特立尼达保存下来，但是作为一种社会元素也没有完全在特立尼达的印度人中消失。不论生活在特立尼达的印度人和生活在印度的印度人有多大的差别，他们都和其他特立尼达人存在着差别。生活在特立尼达的印度人保持着一种居住和社交上的独立，这在加勒比海地区也很常见。1950年，特立尼达有50所隔离的印度学校。

从一开始，印度人就有一种节俭的名声。他们在1890年到1912年寄回印度的汇款总额超过6.5万英镑。在20世纪早期的10年里，印度人购买的土地的总价值超过72 837英镑，每年的储蓄总额在6万到8万英镑之间。但是他们每天的工资收入只有0.25英镑。

印度人口不但规模很大，而且一直在快速增长。1946年，印度人口是20万，占到特立尼达总人口的35%。到了1962年，他们占到特立尼达总人口的40%。然而印度人的政治影响力要比他们的人口比例低很多。像移居其他国家的印度人一样，他们往往对政治很冷漠，内部有很多分裂，而且缺乏强有力的领导。一个结果就是他们掌握的政治权力非常小。特立尼达的印度人在民事岗位中只占到11%，而在警察系统中不到3%。他们在私营领域的表现比在政治领域要好得多。他们构成了34%的医生和42%的律师。在第二次世界大战之后的20年里，印度裔医生的数量增加了超过5倍。但是生活在特立尼达的印度人多数都生活在乡村，这意味着他们总体上受教育水平比较低，而且经济收入比较低。1960年，25%的印度人收入水平低于黑人，而且只占到白人收入水平的1/6。

特立尼达的黑人和印度人之间的关系总体上是相互仇视的，尤其是20世纪60年代黑人权力意识形态崛起之后。20世纪50年代，特立尼达已经开始接近独立。当时特立尼达的政治领袖是黑人知识分子埃里克·威廉姆斯，他提倡的政治日程总体上代表了所有的“无产阶级”，而不是特定的种族或民族。特立尼达在1962年获得独立。随后威廉姆斯的政党就在本质上变成黑人的政党，而他们的主要反对党就是一个本质上是印度人的政党。

国际知名印度作家奈保尔曾写道，他的祖国特立尼达“在一场种族战争的边缘上摇摆”。奈保尔认为，特立尼达黑人的价值观就是“白人在偏见最严重时的帝国主义价值观”，认为印度人“看不起黑人只是因为黑人不是印度人”。我们可以使用各种各样的修辞手法来表达这两个种族相互的敌意，但是存在于特立尼达的这种敌意和存在于其他国家的情形并没有太大差别，哪怕那些国家距离特立尼达几千英里。

美国

上规模的人从印度次大陆迁居美国的事情还是相当近期的现象。从1946年到1964年，从印度迁移到美国的人口不足7 000人。到了1970年和1971年，生活在美国的印度人、巴基斯坦人和孟加拉人加起来只有3.2万左右。后来，1977年一年就有3.2万移民到达美国。

能够追溯的19世纪生活在美国的印度移民非常少。但是在20世纪的第一个10年里，有近5 000人从印度移民美国。20世纪20年代开始的严格的美国移民法律和政策将整个20世纪30年代的移民数量降低到不足500人。20世纪60年代晚期生效的新的美国移民法律和政策造成印度到美国的移民数量的极大增长。在随后的几十年里，移民数量持续增长。

在新的移民潮中，最早从印度来到美国的是锡克人和旁遮普人，他们很多人进入农业领域。随着美国南亚人口的增长，这些人的地理和社会起源结构发生了很大的变化。1980年的美国人口普查显示，有超过38.7万人出生在印度或有印度血统，性别比例很均衡，显示他们是永久性定居。他们半数从事专业性、技术性或类似的工作。从整体上讲，生活在美国的印度男性的收入比白人美国男性的收入平均高10%。鉴于3/4的印度移民都是在10年之内到达美国的，所以这个现象显得格外令人注目。

10年之后1990年的人口普查显示，生活在美国的亚洲印度人口已经超过78.6万。他们绝大多数都出生在美国之外，多数人都是在过去的10年中进入这个国家的。生活在美国的亚洲印度人只有1/4多一点儿加入了美国国籍。虽然他们是近期才到美国的，但是印度人的家庭收入还是要高于本国出生的美国人。本国出生的美国人的家庭收入中位数在1990年是3.5

万美元，1980 年到 1990 年到达美国的印度人的家庭收入中位数超过 4.0 万美元，而 1980 年之前到达美国的印度人的家庭收入中位数超过 6.0 万美元。印度人在美国的富足很明显和他们的受教育水平和职业水平较高有关。1980 年，在职的印度人有 2/3 是大学毕业生，其受教育的平均年限也要比在职的白人美国人多出 4 年。但是在同等教育水平或多数行业里，白人的收入都高于印度人。只有当印度人获得的教育认证比白人高出很多时，他们的总体收入才会高出白人。他们在政治上建树甚少，虽然 1956 年出现了第一个印度裔美国国会议员。在美国的印度人的人口远远超过韩国人或越南人。但是印度人作为一个社会群体并没有很大的发言权，甚至不是一个引人注目的群体。

印度人非常密集的行业是技术和医药行业。20 世纪 70 年代早期到 80 年代中期，超过 1.5 万工程师和超过 1.5 万医生从印度移民美国。这还不算在美国接受这些专业教育的印度学生。他们的专业往往集中在电气工程领域。到了 20 世纪 80 年代末期，仅加利福尼亚州的硅谷一个地方就有 5 000 名印度工程师。从全美来看，印度工程师的数量超过 2 万人。印度工程师在太阳微系统公司等计算机企业的建立过程中发挥了重要作用，有些人在这些过程中成为百万富翁。另外还有 2.8 万来自印度的医生在美国工作，包括这个国家的所有麻醉医师的 10%。来自印度的人在商业领域也有很好的表现，他们拥有美国所有小汽车旅馆的 40%，包括戴斯酒店连锁品牌的 1/4。这些印度汽车旅馆的所有者多数都是古吉拉特人。

亚洲

在过去的几个世纪里，印度的人口和文化在东南亚广泛扩散。虽然印度人和印度文化在东南亚国家都有很长的历史，但是从次大陆向其他国家大规模移民的事件都发生在欧洲殖民地政府建立，以及这个地区的港口、工业和商品农业得到发展之后。但是自从移民开始之后，从印度到亚洲其他地区的移民就达到令人印象深刻的比例。19世纪80年代，大约有14万印度人移民马来亚，16.5万印度人移民缅甸，近50万人移民锡兰。到了20世纪晚期，印度人在亚洲最大的两个聚集地就是斯里兰卡和马来西亚。印度人一直以来都是缅甸一个重要的少数民族，而且在泰国、印度支那和印度尼西亚是人数较少但是非常重要的少数中间人。

生活在泰国和印度尼西亚的多数印度人在历史上就是商人。在缅甸、马来西亚和印度支那的一些印度人曾经是著名的放贷人。两种职业都让印度人在当地显得很恶毒，甚至受到严厉的忌恨。尽管如此，生活在这些国家的绝大多数印度人仍是劳工群体的一部分。比如在缅甸、马来西亚或苏门答腊。但是印度人的政治形象就是富有的精英阶层。缅甸首相吴努曾经将他们描述为，“大腹便便的齐智人”。印度人在1931年占到仰光总人口的一半以上。这些人的地理集中特点造成了人们对他们的扭曲认知。

就像在印度本国一样，被统一用“印度人”这个广义的称呼指代的群体事实上高度多样化。而这种多样化跟随着他们来到其他国家。来自印度南部的齐智人在缅甸、马来亚和印度支那的放贷人中占据多数。来自印度北部的锡克人则是马来亚放贷人中的主流。20世纪初，仅马来联邦就有大约1万名锡克人从事这一职业。但是在一战前的马来亚，5/6的印度人是来自印度南部的泰米尔人。在锡兰，也就是现在的斯里兰卡，绝大多数印度人也是泰米尔人。1980年，生活在马来西亚的印度人4/5是泰米尔人。在战前的马来亚，印度南方人往往是橡胶园里的劳工，而印度北方人往往从事商业和专业工作。直到20世纪中期，马来亚的大部分泰米尔人都没有接受过教育。与此同时，新加坡的印度儿童的入学率往往比华人儿童或马来儿童高很多。新加坡的成年印度人主要从事商业或专业工作。

泰国的印度人往往是旅居者而不是定居者。但是在马来亚和印度尼西亚，半数印度人都出生在当地。生活在一战前的缅甸的上百万印度人，也有半数以上出生在当地。20世纪30年代，印度人只占缅甸劳动力的8%，但是他们在缅甸的经济中发挥了重要的作用。1931 年，缅甸的所得税纳税人一半左右是印度人。10 年之后，这个国家的医生、商人和银行家有一半是印度人，港口工人和铁路员工超过 2/3 是印度人。和生活在类似环境里的其他群体一样，印度人在缅甸是被仇恨的对象。1938 年的暴力事件夺去超过 200 个生命，印度人还被大规模地从这个国家驱逐出去。虽然人们常常谴责外国放贷人让本地人陷入穷困，但是缅甸放贷人取代了齐智人之后往往会收取更高的利息。

马来西亚

印度人到达马来西亚的时间要比欧洲人早好几个世纪，印度文化的很多方面到达马来西亚的时间也是如此。这些文化往往被统治马来西亚的精英阶层借鉴。尽管如此，20 世纪生活在马来西亚的印度人并不是在古时候到达这里的印度人的后裔。据估计，在过去的 2 000 年里，从印度移居马来亚的人有 95% 是在 18 世纪晚期之后到达的。英国人 1786 年建立了槟城港口，随后 1819 年建立了新加坡。这些事件对来自印度和中国的移民至关重要，它们将马来亚从一个遍布森林和沼泽的地方变成一个发达的经济体。在这个过程中，马来人基本上没有发挥任何作用。

哪怕是没有技术的劳工也需要从国外引进。马来人往往拥有土地或从事渔业，他们既没有需求也没有兴趣成为雇用工人，为其他人从事不熟悉的繁重劳动。印度人在马来亚的经济发展中发挥了重要作用，他们多数都是没有技术的劳工。马来亚也就是后来的马来西亚。生活在这里的印度泰米尔人从来没能像生活在非洲的古吉拉特人或生活在缅甸的齐智人那样，在经济尤其是商业上占据主要地位。马来亚绝大部分印度人都是作为劳工来到这里的，其中许多人一直是劳工，而且在返回印度之后也从事同样的工作。在印度人中，区域和社会起源的重要性还有另外一个例证，那就是孟加拉人、锡克人、齐智人和泰米尔人在历史上就集中在马来西亚的不同职业上。但是占据数量优势的是泰米尔人。

许多在 19 世纪到达马来亚的印度人都在马来亚的种植园里工作。他们要么是契约劳工，要么是通过和中介签订合同或口头约定来这里做劳工的。少数人自己支付路费移民并且来这儿找工作。被称作“帮工”的移民就包含大量这种自己支付路费作为独立个体来到马来亚的人。这些早期移民几乎都是男性。直到 1901 年，生活在马来亚的每 1 000 个印度男性只对应 171 个印度女性。19 世纪，印度劳工每天的工作基本上都要持续 9~10 小时，而且每周要工作 6 天。雇主们往往通过鞭打来维持秩序。另外，印度工人往往在很多年里都深陷债务之中。他们在最初的契约期满之后的很长时间内仍旧不能返乡。

当时的契约工人往往受到欺诈，欠下种植园主或劳工合同商很多债务。尽管条件艰苦且有这些弊端，印度人仍旧涌入马来亚。尤其是来自印度南部穷困潦倒的泰米尔区域的移民。1844 年到 1941 年，从印度移民马来亚的总人口超过 270 万。马来亚的工资比印度南部地区高很多——可能达到两倍的水平，工作也不像后者那样繁重。20 世纪 30 年代的“大萧条”在马来亚造成了大规模的失业，薪资水平也非常低。尽管如此，橡胶种植园的复兴仍带来大量印度移民的涌入。这些印度人并不是不清楚马来亚的经济状况。虽然不识字，但是他们非常清楚马来亚的情况。即便是在他们被雇用的印度南部地区也是如此。

从槟城港口建立的 1786 年到马来亚独立的 1957 年，超过 420 万印度人来到这个国家。然而，在马来亚生活的印度居民的数量并没有随之变化，因为大量在种植园工作的印度工人会在合同期满之后回到印度。1786 年到 1957 年到达的 420 万印度人，超过 300 万回到了印度。1957 年，生活在马来西亚的印度居民不到 100 万，只有 82 万。在一个特定的时间点，从印度来到马来亚的新移民的数量远远小于马来亚的印度人口。移民返乡并不是造成这个事实的唯一原因，种植园里的高死亡率也是一个原因。

在一些种植园里，一半左右的工人会死在第一年里。超负荷劳作、缺乏营养、疟疾、蛇和其他野生动物都是造成这些死亡的原因。其他的原因还有：很多印度劳工不讲究卫生；为了省下钱来喝酒或抽烟，往往吃得也很少。日本侵略者在第二次世界大战期间在这里进行了残酷的统治，也造成了大约 5 万印度劳工的死亡。战争结束之后，1947 年生活在马来亚的印度人还比不上 1931 年的数量。

随着时间的流逝，生活在马来亚的印度人逐渐不再做旅居者，而成了本地出生的人。最晚到 1921 年，生活在马来亚的印度人只有 12% 出生在这里，但是到了 1947 年这个比例上升到 50%，到了 1967 年，据估计 70% 的印度人出生在当地。印度人也变成一个更加城市化的人群。城市化比例从 1911 年的 24% 上升到 1957 年的 47%。然而从事农业的人群仍旧占马来亚印度人口最大的比例，虽然总比例从 1931 年的 61% 下降到 1965 年的 45%。印度人作为橡胶种植园工人发挥了巨大的历史作用，使得马来亚成为世界领先的橡胶生产国。1937 年橡胶工业雇用了 30 万印度人和 20 万华人，形成对比的是只有 3 万马来人。直到 1957 年，印度人仍旧占到橡胶种植园工人的一半以上，直到 1970 年还占到 41%。

到了 20 世纪，虽然马来半岛的印度人口仍旧在增长，但是他们在总人口中的比例在持续下降。1921 年，生活在马来半岛的印度人——包括巴基斯坦人和锡兰人——共有 43.9 万。这个数字到 1970 年几乎翻了一番，达到 93.3 万。但是印度人在总人口中的比重从 15% 下降到 11%。

从经济上讲，直到 20 世纪晚期，生活在马来西亚的印度人的收入仍旧处于马来人和华人之间。1957 年到 1958 年，印度家庭的收入比马来家庭高 70%，比华人家庭低 21%。1970 年，印度人的收入比马来人高 75%，同时比华人低 22%。1970 年马来家庭在数量上是印度家庭的 5 倍，但是在高收入群体里印度家庭的绝对数量要高于马来家庭。这三个群体在经济上的相对位置在很长一段时间里一直是这个次序。但是在不同的年份和不同的调查报告里比例会有变动。从教育上讲，科学和技术领域的排列顺序基本上和上面相似。在马来亚大学 1962—1963 学年工程学科里，中国学生的数量远远超过马来学生。印度学生数量虽然是三个群体里最少的，但是在科学学科和工程学科中还是远远超过马来学生的数量。在科学领域，印度学生和马来学生的比例是 41∶16，在工程领域这个比例是 24∶5。但是马来学生在文科领域的数量远远超过印度学生，比例是 247∶90。所有的这些都还没有考虑马来亚大学在招生和奖学金上对马来学生的倾斜。

在最初的一些年里，生活在马来西亚的印度男性比印度女性要多得多。直到 1932 年男女比例仍旧在 2∶1 左右。尽管如此，三个群体之间的通婚现象仍然非常罕见。不过生活在城市的泰米尔穆斯林与大部分都是穆斯林的马来人之间有着或多或少的通婚。生活在马来西亚的大多数印度人都是印度教徒。在印度社区内部，种姓之间的差别不再像在印度时那么严格。

发生在 1969 年 5 月的排外暴动主要针对的是华人，印度人仍旧被留在门内。几个星期之后，开始有一些印度人被马来暴徒袭击和杀害。在这些包括之后的政治后果里，马来人仍旧获得了比印度人和华人更多的特权。以国家的大学为例，注册学位课程的印度学生从 1970 年的 7% 下降到 1980 年的 6%。但是这和华人遭遇的情况比起来算不上一个极大的落后。同一时期，注册学位课程的华人学生从 49% 下降到 26%。在十几年里，马来西亚在经济上对马来人的偏好越来越多。因此，从 1976 年开始，印度人在收入上开始落后于马来人。

斯里兰卡

世界上海外印度裔人口最多的国家就是位于印度东南海岸不远的岛国斯里兰卡。在这个曾经被称作锡兰的国家，生活着超过 250 万海外印度裔。虽然斯里兰卡也是一个第三世界国家，但是生活在这里的 1 500 万人在物质上比生活在印度的人要好很多。斯里兰卡人的预期寿命比印度人高 17 年，婴儿死亡率只有印度的 1/3，同时成年人的识字率比印度高出两倍多。

好几个世纪之前，锡兰岛上就生活着很多印度人，但是这些人都是来自印度不同地方的不同人群。最初构成大约 3/4 人口的僧伽罗人来自印度北部地区，他们在公元前的几个世纪里就来到这里了。肤色较黑的泰米尔人群体构成了印度人口的近 1/5。他们来自印度东南部的泰米尔纳德邦，距离锡兰岛只有 20 英里的水域。除了种姓和阶级的差别，斯里兰卡的泰米尔人长久以来就分为两个全然不同的群体。他们分别被称为“锡兰泰米尔人”和“斯里兰卡泰米尔人”。两个群体都在这个岛上生活了很多个世纪，即便不早于僧伽罗人，也和他们的历史差不多长。而且两个群体都是斯里兰卡公民。这个国家大约 1/3 的泰米尔人被称作“印度泰米尔人”，他们大多是 19 世纪 30 年代到 20 世纪 30 年代到达的印度移民的后裔。这里还生活着一些人口更少的少数民族。

在相当大的程度上，斯里兰卡的这三个主要人群在地理上是分隔的。锡兰泰米尔人的数量在 1981 年大概有 190 万。他们生活的地方距离印度的泰米尔纳德邦非常近，主要集中在岛屿的北部海角，以及沿着斯里兰卡东部海岸向下连续的条状地带。在这里的一些区域，锡兰泰米尔人的数量甚至大大超过占据国家人口多数的僧伽罗人。印度泰米尔人大约有 120 万。他们在历史上就集中在中南部地区，主要在咖啡、茶和橡胶种植园里做农业劳工。作为人口多数的僧伽罗人大概超过 900 万人。他们几乎在任何其他地方都是多数，在国家总体的政治上也占多数。

三个群体在历史和文化上存在着很大的差异。多数僧伽罗人都是佛教徒，而多数泰米尔人都是印度教徒。僧伽罗语是僧伽罗人的语言，而锡兰泰米尔人和印度泰米尔人都说泰米尔语。在葡萄牙和荷兰殖民地的管制之后，英国在 18 世纪末和 19 世纪初控制了锡兰。传教士开始建立学校，最早就建在锡兰泰米尔人聚居的北部地区。这个历史事件为锡兰泰米尔人带来历史性的教育优势。像在其他国家的其他历史优势一样，这个优势被证明在后面的几代人中产生了持续性的影响。后来在僧伽罗人生活的地区也出现了学校。而在种植园里工作的印度泰米尔人的教育则是被遗忘得最彻底也最久的。直到 1929 年，才有一半的种植园泰米尔儿童开始上学，1950

年这个比例才达到 60%。

锡兰殖民地泰米尔移民社区的成长和中南部地区英国种植园的发展密切相关。1837 年，有 5 000 英亩土地被用于种植咖啡，1 万名以泰米尔人为主的印度移民被雇用。然而，这些泰米尔移民社区和锡兰泰米尔人存在着很大的不同。来自印度的锡兰泰米尔人已经与印度的生活隔开了几个世纪，这意味着生活在两个国家的泰米尔人已经产生了文化上的差异。锡兰的地理分隔进一步增强了他们的差异和分隔。英国人之所以招募泰米尔人而不是其他印度人群，一方面是因为印度的泰米尔地区离得很近，另一方面是因为他们更喜欢雇用泰米尔人从事这些工作。在更远的马来亚情况也是一样，人们更喜欢雇用泰米尔人从事种植园里高度系统化的工作，因为这些人往往更习惯于服从命令。锡兰泰米尔人在马来亚被安排在更高的职位上。

由于从印度到锡兰的旅途很短，因此种姓体系在锡兰的印度人中比在更远地方的印度人中保留得更完整。在更远的地方，旅途本身就削弱了种姓分隔和饮食安排。更重要的是，大的种植园提供了各种各样的职业，能够允许不同种姓从事他们的传统职业。事实上，除了婆罗门，其他所有种姓都有相当数量的人移民锡兰，但是早期移民有多达一半是低种姓人。最晚到 1930 年，低种姓人仍旧占到锡兰种植园印度移民的 38%。印度种姓传统的维持让锡兰的英国种植园在管理上变得很复杂。在独立之后也是如此，哪怕是非常简单的工作也会因此变得非常复杂。尽管如此，种姓习俗在锡兰的实施程度和在印度仍是不一样的。

从印度到锡兰的第一波大规模移民发生在 18 世纪，并且导致 19 世纪的移民潮继续增长。1839 年移民的泰米尔劳工不到 3 000 人，但是到了 1843 年移民人数达到 3.6 万。1865 年，有近 9 万泰米尔人移民锡兰。早期移民绝大多数都是男性。直到 1847 年，女性移民的数量才超过每年 1 000 人。从 1839 年到 1859 年，超过 90 万泰米尔人移民锡兰，但是只有 7% 是女性，另外 2% 是儿童。女性移民和儿童移民的比例在接下来的一些年里有所增长，但是在1860年和1870年还是只占到19%。

种植园的工作条件非常艰苦。不能完成预期生产任务的工人大多都遭受过肉体惩罚和从微薄的工资里克扣罚款。来自劳工合同商和种植园管理方的欺诈也时有发生。但是印度的贫穷还是足以让移民潮继续进行甚至有所增长。1910年有超过10万印度移民来到锡兰，1925年和1930年的移民数量都超过20万。虽然在印度种植园工人招募和发放薪水的过程中都存在欺诈行为，但是印度人继续向锡兰移民且规模越来越大。劳工自身的原因也不能忽略，因为1923年招募到锡兰种植园的印度工人有一半都去过那里。从那个时候开始，印度移民的多数都是返回来的人，而不是首次移民的人。

19世纪早期移民的多数都是合同劳工，他们在合同期满之后可以自由地返回印度。1839年到1859年，有近50万泰米尔人返回印度。这个数量几乎达到这个时间段移民锡兰的人口的一半。1860年到1870年也有超过50万人离开锡兰，超过这个时间段到达的人口的2/3。与此同时，定居锡兰的印度泰米尔人的数量开始增长。增长的原因不仅仅是迁入人口比迁出人口多，自然增长也发挥了很大的作用。女性离开的比例比男性要低得多。在各种移民类型中，女性移民往往标志着永久性移民比例的上升。尽管如此，即便是出生在锡兰的印度泰米尔人的后裔仍旧被称作印度泰米尔人，而且往往与锡兰泰米尔人居住在相互隔离的社区里。他们和锡兰社会也是相互隔离的。1911年逐渐增多的印度泰米尔人首次在人数上稍稍超过锡兰泰米尔人，而且一直持续到1953年。1971年锡兰泰米尔人再一次成为斯里兰卡泰米尔人口中最大的组成部分。

印度泰米尔人作为锡兰中南部种植园劳工的历史作用延续了几代人的时间。最晚1971年，在斯里兰卡种植园里工作的超过100万劳工仍旧有超过4/5是印度泰米尔人。反过来说，斯里兰卡所有印度泰米尔人约4/5在种植园工作。但是斯里兰卡仍旧有超过24万印度泰米尔人不是种植园工人。一些人是劳工、用人、黄包车车夫或从事其他类似非技术工种的人。

一些印度人是贸易商、商人和放贷人。像在东非、加勒比海地区和斐济一样，历史上这些企业家性质的群体往往在印度劳工之后出现。像在其他国家一样，在锡兰这些印度商人往往来自在印度历史上常常从事类似工作的种姓和民族。但是他们的客户绝对不局限于印度人。

古吉拉特人是各种各样不同规模的商人，而齐智人是放贷人。在某一时刻，锡兰的当铺老板借出的40%的贷款都是齐智人借出的。进口到锡兰的近90%的大米是印度人经手的，其余的是欧洲人经手的。1945年，据估计锡兰有大约750家齐智人的企业，总资本高达750万英镑。纺织贸易大部分都控制在印度人手里，零售、批发和进口行业也一样。虽然多数印度泰米尔人都是非常谦卑的人，但是僧伽罗人看到经济的主要部门都掌握在印度人手里，便开始憎恨他们。

锡兰泰米尔人在经济上的表现也要优于僧伽罗人，但是方式有所不同。锡兰泰米尔人集中在并不特别适合农业的北方地区，这个地区自然资源非常有限。因而这些锡兰泰米尔人对教育的兴趣非常大，这导致他们开始在殖民政府中任职。殖民地民事机构的高级官员主要是英国人，而僧伽罗人是锡兰本地民事机构官员中的多数，但是锡兰泰米尔人在民事机构官员中所占的比例远远超过他们在锡兰人口中的比例。1942年，为僧伽罗人开办的学校出现之后，只占人口11%的锡兰泰米尔人在锡兰大学的学生中所占的比例仍旧超过30%。在独立两年之后的1946年，锡兰泰米尔人占据了锡兰民事机构职位的30%和法律机构职位的40%。在大学里，泰米尔人在科学和技术上尤其成功，因为锡兰泰米尔人在这些方面受过非常扎实的基础教育。1948年，政府水利部门40%的工程师是泰米尔人。

简而言之，泰米尔人在商业和专业领域获得的成功足以让僧伽罗人产生嫉妒和愤恨。僧伽罗政客很快把他们的这些情绪付诸行动。在英国殖民地时期的1938年，他们通过了限制印度商人行动的法案以及建立锡兰雇员比例限额的法案。在后来的一些年里，针对印度商人的新的限制和歧视政策陆续出台。即便如此，1955年某个僧伽罗政客也在抱怨，“在城镇和村庄里，商业设施和时装店里工作的多数人仍旧是说泰米尔语的人”。

在殖民地阶段的大部分时间里，虽然僧伽罗人和泰米尔人在文化上存在很多不同，在经济上也有很大的分歧，但是他们基本上还能和平甚至友善地共处。一群非常西方化的中产阶层在两个群体中迅速崛起。这两个群体的中产阶层外观十分相似，说英语，从事殖民地民事机构工作，并且在英国商务工作中并肩工作。他们一起在英语学校接受教育。西方化的僧伽罗人和西方化的泰米尔人都不和他们各自的民族社区生活在一起，不论是居住地点还是其他方面都是如此。更重要的是，两群人都认为鄙视民族沙文主义是现代性的体现。在城市里，西方化的僧伽罗人和西方化的泰米尔人混居在一起。但是他们彼此的良好关系并没有亲密到通婚的程度。在这种背景下人们很乐观，即使国家独立也不会退化到群体冲突的程度。独立之后发生的最早的内部纠纷也并非发生在僧伽罗人和泰米尔人之间，但是分化很快就朝着这个方向发展了。

像在很多其他第三世界国家一样，不同人群之间斗争的焦点是对白领政府职位的争夺。一方面，这种职位的薪资比本地人能在市场上挣到的工资要高很多。另一方面，这种职位还有着非手工劳动的特点和在殖民地时期建立起来的优越性。在获取这些职位以及在这些职位上的代表性等方面，不同群体存在着很大的不同。这种不同也不单单是僧伽罗人和泰米尔人之间的不同。

被称为“市民”的有着欧洲血统的锡兰人群体往往都有荷兰血统。从历史上讲，他们最早开始在殖民地民事机构中任职，在这些机构中所占的比例也最大。1870 年，殖民地政府雇用的绝大多数锡兰内科医生或外科医生都是这些欧亚混血市民，虽然这些人在锡兰总人口中的比例还不到 1%。这在某种程度上体现了一个事实，就是绝大多数欧亚混血市民说英语，而说英语是在英国殖民地政府任职的关键前提。1911 年，超过 3/4 的欧亚混血说英语。相比之下，来自康提高地的僧伽罗人说英语的比例不到 1%，来自低地的僧伽罗人说英语的比例只有 4%，锡兰泰米尔人说英语的比例只有 6%。生活在高地的康提僧伽罗人反抗英国殖民统治的时间最长，一直坚持到 1815 年。因此，他们暴露在英国文化中的时间也最短。这个事实持续地体现在后来的一些事件中，比如他们在接受高等教育和从事高等职业时所占的比例一直非常低，直到一个世纪之后斯里兰卡获得独立时也没什么变化。

随着时间的流逝，占人口比例非常小的欧亚混血市民在政府雇用中逐渐被更大的群体取代。在这些更大的群体中，他们在殖民地时代的同化程度，尤其是说英语的能力，仍旧在他们的教育和就业特点中占据绝对重要的地位。1921 年，康提僧伽罗人在锡兰律师中所占的比例只有 4%，而低地僧伽罗人所占的比例高达 46%。同时在人口上，康提僧伽罗人几乎是低地僧伽罗人的一半。锡兰泰米尔人在人口上只占到康提僧伽罗人的一半，但是在所有锡兰律师中占到 28% 的比例。并不存在印度泰米尔人律师，虽然当时印度泰米尔人在人口上已经稍稍超过锡兰泰米尔人。在医疗专业领域，锡兰泰米尔人处于领先地位，占据了 44% 的比例。相比之下，僧伽罗人一共占据了 34% 的比例，其中只有 1/10 是康提僧伽罗医生或执业医师。同时，12% 是欧亚混血市民，1% 是锡兰摩尔人，其中并没有印度泰米尔人。

在市场上，欧洲同化程度尤其是英语并不那样重要，不同群体之间的代表性也和民事以及专业领域存在很大的不同。比如在 1921 年的锡兰布商和服装商中，44% 是锡兰摩尔人，15% 是低地僧伽罗人，9% 是锡兰泰米尔人，0.5% 是康提僧伽罗人，没有印度泰米尔人。在种植园所有者和监工中，89% 是低地僧伽罗人，4% 是康提僧伽罗人，4% 是锡兰摩尔人，3% 是锡兰泰米尔人。和前面一样，不存在印度泰米尔人。简而言之，每个民族群体都有自己独特的职业聚集性。他们要么从事个体经营，要么被他人雇用。印度泰米尔人集中的职业就是种植园劳工，这个职业既不需要英语也不需要技术或资本。印度泰米尔人生活在隔绝的世界中，在周围的经济和政治事务中并不发挥任何积极的作用。

独立之后，一小部分高度西方化、说英语、受过教育、往往信仰基督教的精英获得了权力、财富和特权地位。但是这个国家的多数人是佛教徒，说僧伽罗语，最重要的少数民族是印度教徒，说泰米尔语。激进的爱国主义者反抗当前的状况，呼吁新的领导人要强调本地的文化、宗教和语言。随着受过教育但是不讲英语的僧伽罗人的增加，这种反对西方文化、语言和宗教的反应也得到广泛蔓延。佛教徒的极端主义者痛恨基督教会学校的广泛影响力，以及政府给予这类学校的高额拨款。他们还有一个要求，就是锡兰人的政府事务不再用英语处理，而是用锡兰人民“自己的语言”处理。这会显著改变他们在令人垂涎的政府职位中的竞争力。

在这个日益浮现的国家主义和宗教强权的趋势中掌握了领导权的是班达拉奈克，一个在牛津接受教育的基督教徒。他的教父就是英国殖民地的总督。虽然是僧伽罗贵族，但是他在成长的过程中并不会说僧伽罗语。在这个过程中，他和很多其他僧伽罗政客一样成了佛教徒，开始说僧伽罗语，并且成了语言、宗教和僧伽罗文化方面的一个极端主义者。1956 年他被选举为首相，这标志着这个国家开始朝着宗教和语言极端主义以及民族分化主义的道路上前进。虽然政治口号里说他们想要“自己的语言”而不是英语，但是锡兰人并没有“自己的语言”。两种主要的语言代表着两个主要的人群。“自己的语言”这个政治口号开始逐渐变成“僧伽罗至上”。他们试图通过给予占人口多数的僧伽罗人一些优待，来矫正从殖民地时代继承下来的民族不平衡现象。从国家主义发端的政治趋势演变成民族分化，现在问题成了一个僧伽罗人对泰米尔人的问题。

1948 年独立之后，第一个分化主义的受害者就是印度泰米尔人。他们是所有人群中最贫困的一群。殖民主义带给他们的唯一机会就是他们可以在锡兰的种植园里做劳工。随着锡兰于 1948 年独立，接踵而来的一个任务就是划分公民以及重新分配曾经被英国殖民政府把控的警察权力。印度泰米尔人被划定在公民群体之外，而且被剥夺了投票权。结果有 8 个泰米尔成员立刻从议会中被驱逐出去。在与印度进行协商之后，超过 50 万的印度泰米尔人在接下来的一些年里被遣返回国。随着这些遣返行为的进行，锡兰泰米尔人再一次成了锡兰泰米尔居民中的多数。

其实并不仅限于印度泰米尔人的政治权利，政府将科伦坡的港口设施国有化之后，大量的印度泰米尔人港口工人都被僧伽罗人取代。在独立之后的斯里兰卡政府治下，在种植园里工作的印度泰米尔人的儿童能够接受教育的学校数量和英国殖民政府治下相比有所下降。

1958 年，泰米尔人游行示威反对新的语言政策。但是僧伽罗人对此的反应很快升级成广泛扩散甚至致命的暴力。僧伽罗暴徒拦下汽车和火车，并且杀害里面的泰米尔乘客。泰米尔人还在房子里的时候房子就被纵火烧毁。在军队重建秩序之前，上百人在这场种族冲突中丧生。其中多数是泰米尔人。像在其他国家或其他历史时期一样，沙文主义会催生反向的沙文主义。温和的锡兰泰米尔政党几乎彻底输给了更加军事主义的政党。这些政党人士要求在锡兰泰米尔地区实行自治，并最终建立一个独立的国家。

无论如何，占人口多数的僧伽罗人的确获得了更多的优待政策。大学成了一个政治阵地，入学政策从学术专家的手里被夺出来，掌握在内阁层面的政治决策者手中。1969 年，入学政策还没有政治化之前，泰米尔人占到所有大学入学名额的 15%。但是在科学学科上占到 40%，其中还包括工程领域的 48% 和医学领域的 49%。1972 年，锡兰推行了一套新的入学考试评分系统，根据民族和地区给予不同的比重。两年之后又加入名额政策。泰米尔学生所占的比例迅速下降。到了 1975 年，泰米尔学生在工程专业入学名额中的比例只有 14%。政府雇员的比例也发生了类似的变化。泰米尔人从 1949 年文员总数的 40% 下降到 1978 年至 1981 年的 5%。新雇用的教师只有 6% 是泰米尔人，而新招募的警察不到 5% 是泰米尔人。从 1956 年到 1970 年，在武装部队中泰米尔人从 40% 下降到 1%。然而，在与科学和技术更加相关的职位中，泰米尔人保住了自己的职位。

围绕这些政策发生了越来越多的僧伽罗人和泰米尔人之间的分化。在 1977 年的选举中，泰米尔人将自己超过 2/3 的选票投给一个呼吁独立国家的政党。1977 年还爆发了两个群体之间的暴力冲突，官方统计的死亡数字是 97 个泰米尔人和 24 个僧伽罗人。这次冲突还将超过 1.4 万人变成难民。1978 年，年轻的泰米尔人组成一个叫猛虎解放组织的军事团体，这个团体声称为 11 次暗杀负责。对公民自由的限制并没有阻止暴力事件的发生。

斯里兰卡 1977 年的选举第一次成为僧伽罗人和泰米尔人之间的问题不是首要问题的选举。在斯里兰卡的免费福利州，政府拥有超过 90% 的商业。这个州发生了无法控制的通货膨胀，失业率高达 24%，很多有才能的本地人移民其他国家。选民对这些政策的嫌弃导致一个新的政府开始当权。这届政府给予自由经济行为更大的自由度，从而降低了通货膨胀和失业率，并极大地增加了人均实际收入。同时，组建这届政府的政党在历史上就是不那么僧伽罗军事沙文主义的政党，也有很多来自泰米尔选民的支持。1978 年，这届政府试图通过赋予泰米尔语一些官方认证来改良语言问题，同时做出一些行政方面的表示给予泰米尔人一些本地自治权。

加之在脱离政府的问题上泰米尔人缺乏统一性，这些政策看起来提供了一个将种族分化问题降温的方案。印度商人在自由市场条件下重新变得富裕起来。僧伽罗商业竞争者开始愤恨，他们怀疑这届政府并不像上届政府那样狂热地支持僧伽罗人的特权。这种情况带来一种政治上的激烈抵制。更重要的是，一些泰米尔人极端分子认为有必要通过恐怖暴力来干扰双方的共同努力。这些恐怖主义行为肯定也增加了民族分化。

1983 年 6 月和 7 月，僧伽罗人和泰米尔人组织了本地的暴力活动。僧伽罗人的暴力对象是泰米尔商业，从方法上讲，他们主要是进行有组织的抢劫和纵火而不是自发的暴动。泰米尔人的暴力方式是伏击僧伽罗士兵，从而引发了来自僧伽罗的军事和民事暴力。

僧伽罗人和泰米尔人之间这些新爆发的暴力事件在 1983 年夺走了几百条生命，并且造成成千上万人无家可归。受害者绝大多数都是泰米尔人。许多残杀都是以可怕且残忍的方式进行的，现场留下大量被烧得残缺不全的尸体。然而，还是有一些僧伽罗人冒着生命危险将泰米尔人在暴徒的眼前藏起来。但是这样的高尚而勇敢的个人行为在盛行的政治分化面前并非主流。

暴动、暗杀和其他暴力行为不再是零星事件，它们形成了连续性不断发生的事件。报复和反报复此起彼伏，形成了连续的势头。主要由僧伽罗人构成的国家军队被派到北方的泰米尔地区重建秩序，但是事实上这种行为只是进一步扩大了不稳定性。作为对泰米尔游击队的伏击和致命的地雷爆炸的报复，他们不分良莠地杀害了大量泰米尔平民。比如，在 1983 年的一次伏击中，泰米尔游击队杀死 13 名士兵，僧伽罗军队的报复方式是将 20 名泰米尔人拖在公交车后面杀害。当僧伽罗军队由于地雷爆炸发生大规模死伤的时候，他们有时会屠杀整个泰米尔人定居点，或者至少杀死所有的年轻男性。同时，很多泰米尔游击队互相争斗以争夺北方的政治霸权，而一个僧伽罗人极端组织正在南方形成并进行着自己的恐怖主义活动。

除了这些军事和准军事的冲突，暴徒继续在僧伽罗人为主的南部地区进行针对泰米尔人的暴力活动。这些行为在 1983 年夏天发生的大规模暴动中达到高潮。泰米尔游击队在北方城市贾夫纳轰炸了一个军事巡逻队，并且射杀了幸存者。随后，北方的首都科伦坡的僧伽罗暴徒发起了针对生活在那里的泰米尔人的暴力行动。死亡人数上升到几千人，这个城市绝大部分泰米尔人都成了难民。之后这场暴力行动超出科伦坡的范畴，沿着海岸线到达高地地区。这些暴力行动被认为达到了“不能回头的地步”，将零星的暴力行动升级成彻底的内战。

几千名泰米尔人逃到南方的难民营，其他人逃到北方的泰米尔地区，另外一些人逃到印度尤其是印度东南部的泰米尔地区。大规模的难民涌入印度，他们四处讲述广泛蔓延的暴行，超过 5 000 万印度的泰米尔公民对此充满同情。在这种情况下，印度政府面临着一些压力要求它“做点儿什么”。印度政府试图一边调和斯里兰卡的不同派系，一边用一种几乎不是秘密的方式在印度的土壤上武装和训练泰米尔游击队。1987 年，斯里兰卡政府军包围了贾夫纳城，印度飞机空投了很多食物和装备给坚持的泰米尔人。

最终，印度强迫斯里兰卡政府接受一个“条约”，同意其派遣大约 5 万名印度军人入驻斯里兰卡的泰米尔地区。目的是帮助斯里兰卡政府军维护北部泰米尔地区的秩序，以及解除那里的游击队的武装。泰米尔人被承诺获得更大的自治权，但是没有获得独立权。

这个条约被多数僧伽罗人尤其是佛教徒中的极端分子愤恨，这导致南部出现新的恐怖主义和暗杀。在条约签订一年之后，僧伽罗极端分子杀害了至少 200 名支持这个条约的人，而且差一点儿就完成了对总统本人的暗杀计划。同时，北方的泰米尔人极端分子也反对这个条约。因为这个条约没有答应他们的独立要求，不但阻碍了他们自己在泰米尔地区追求政治霸权，而且想要解除他们的武装。最终新的游击队战争爆发了，这次他们反对的是印度的占领军。这次的战争同样丑陋和恶毒，几千名平民被杀。一些人被反对派当作人肉盾牌，另一些被印度军队不分良莠地射杀和轰炸。

所有这些复杂和悲惨的事件发生的根源都非常简单，就是群体分化。鼓动群体分化的优待政策设计之初只是为了一个人在 1956 年当选斯里兰卡首相。这个叫作班达拉奈克的人自己既不是种族狂热者也不是宗教狂热者。他只是想利用当时的民众情绪帮助自己当选首相。在当选之后，他准备和泰米尔人协商一系列更加合理的政策。他释放了狂热主义，却不能控制狂热主义。他之后想要和泰米尔人和解的尝试导致他被一个佛教徒极端主义分子暗杀。大家普遍认为，印度首相拉吉夫・甘地在 1991 年被暗杀的事件促进了印度对斯里兰卡的干预。虽然一开始斯里兰卡的泰米尔人是把印度军队当作拯救者来欢迎的，但是他们很快对印度军队针对他们的暴行感到苦痛失望。

为了扭转泰米尔人在斯里兰卡的经济优势所进行的政治尝试导致了看起来不可逆转的分化和仇恨的升级。在这个过程中，每个群体最终都是失败者。虽然泰米尔人承受了最早的也是最严重的损失，但是每个人都承受了国家经济损毁而造成的损失。这种损失一方面来自战争本身，另一方面来自战争导致的旅游业收入的下降。国家紧急状态被当成独裁的借口，这让一个非常腐败的政党在不用竞选的情况下掌权超过 10 年，从而造成人们政治自由的丧失。从经济上讲，在 6 年的暴乱期中，国家蒙受的损失据估计相当于这个国家年生产总值的 2/3。最具讽刺意味的是，这一切都发生在一个曾经被视为和谐种群关系范本的国家里。

温和派的泰米尔领导人接受了政府在和解方面的努力，而泰米尔分裂分子一直在诋毁和睦。现在两边都有一些想要重新挑起冲突的人，因为回归和平与和睦的状态意味着他们的重要性和权力将被削弱。

斐济

南太平洋热带岛屿斐济在 1874 年被英国吞并。英国的糖种植园、棉花种植园和咖啡种植园的所有者曾经尝试使用斐济工人和波利尼西亚工人。这些尝试失败之后，他们开始从印度招募契约工人。在第一个 10 年里，他们从印度招募了超过 7 000 人。随后招募的数量越来越大。1900 年到 1911 年，每年有超过 3 000 名印度人到达斐济。其中只有不到 10% 是自己付船票的，其余的都是契约工人。每年返回印度的人不到 500 人。从 1878 年开始直到 1916 年契约劳工制度被废除，超过 6 万人以契约工人的形式从印度来到斐济。他们 3/4 来自印度东北部地区，也就是现在的北方邦和比哈尔邦，其余的人来自印度南部。

从理论上讲，每个人的合同条款都已经在印度讲过了，而且本地的法官会认证合同，保证合同合法。但是事实上，这种要求在一个以文盲为主的群体中是不容易被满足的，地方法官对他们的福利的兴趣也各不相同。劳工招募中介所收的费用是按照他们招募的契约工人的数量付的，所以这些人对劳工的知情权并不关心。一些人甚至告诉不识字的人，斐济就在加尔各答附近，而事实上斐济在加尔各答东南方向 7 000 英里的地方，比纽约到莫斯科或耶路撒冷还要远。

像其他类似的劳工长距离旅行一样，旅途本身拥挤的生活和饮食环境削弱了人们离开印度时还存在的种姓区隔。在斐济雇用他们的企业也往往把他们当作没有区别的一个大的群体。在斐济，不同的家庭或群体生活在大的兵营似的建筑物的小格子里。

种植园的工作既漫长又繁重，而且是在热带太阳的暴晒下进行的。种植园用肉体惩罚来管控纪律，用罚款甚至法律迫害来惩罚不能完成生产任务的人。小种植园情况往往更糟，因为这些种植园往往需要在微薄的利润空间下生存。

虽然政府要求从印度来的每一艘船上都必须有40%的女性，但是并不是每一艘船都能达到这个要求。直到1912年，生活在斐济的印度人只有30%是女性。契约劳工时代从1879年一直持续到1916年。这期间，种植园里的娼妓非常猖獗。同样猖獗的还有暴力，暴力不但发生在拥挤的棚屋里的工人之间，也发生在工人对监工进行报复的时候。也许最能告诉我们情况有多糟糕的是生活在斐济的印度人的自杀率。这里的自杀率几乎是同时代其他同样雇用契约工人的社会的两倍，比如英属圭亚那、特立尼达和牙买加。这里的自杀率是这些契约工人起源的印度地区的15倍。

在契约合同结束的时候，工人们可以自由地返回印度，但是要自己付船票。在第二个契约期结束的时候，他们可以不用自己付旅费回到印度。但是在艰苦的条件下工作更长的时间这件事情并没有什么吸引力，虽然很多人能够通过做契约工人攒下相当数量的钱。从总体上看，在契约时代一共有超过6万人离开印度来到斐济，大约有2.5万人返回印度。多数留下来的人都成了佃农，他们从本地的斐济人手里租种土地。按照法律规定，斐济人不能出售自己的土地。

完成了契约开始租种土地的印度人的第一所房子往往是斐济风格的木屋，或者用包装纸、煤油罐和旧的生锈的铁以及木制框架建造得非常原始的窝棚。这些居所往往在建造、卫生和水供应方面还比不上他们离开的种植园棚屋，但是这些居所是私人的，而且是一个家。生活条件随着时间的推移而有所改善，自由印度人逐渐在经济上建立起自己的地位。他们租种的多数土地都像种植园一样种植了糖。但是印度人还种植水稻，他们把这些水稻卖到种植园作为劳工的食物。到了 1911 年，生活在斐济的印度人一共拥有超过 1 万头牛，几乎占到斐济所有牛的数量的 1/3。当印度社群在斐济出现的时候，这个社群既不是这些成员原生的印度社群的复制，也不是一个没有阶层分化的社群。但是这个社群确实和本地斐济人的社群非常不同。这些印度人很少和本地斐济人通婚。最开始，刚刚获得自由的种植园劳工会租种他们能获得的任何土地，所以他们的居住模式或多或少非常随机，和他们在印度的背景并没有太大的关系。随着时间的流逝和租种土地的转手，他们开始按照血缘、宗教或语言关系聚集在一起。

但是印度人内部的社群模式并没有完全得到复制。在经历了旅途和种植园的拥挤生活环境之后，种姓区别已经被消磨。印度寡妇可以再嫁给斐济人，印度教徒和穆斯林也在共同经历磨难之后变得亲近起来。斐济建立第一所清真寺的钱，大多是印度教徒捐赠的。而且人们已经不再像印度那样严格遵守不同种姓之间的通婚关系模式了。随着印度特色的社群区隔的减少，一些斐济特色的社群区隔开始出现，并变成本地社群模式的重要部分。契约印度人不被当成自由印度人的同类，尤其是一些自由印度人农民在 20 世纪早期开始雇用契约劳工之后。另外，大的佃农和小的佃农也有区别。政府划定了一小部分土地允许印度人彻底购买。能够拥有一小块这种土地的少数人则是更加富有的阶层。

随着时间的流逝，所有的契约印度人的生活条件都有所改善。部分原因是斐济和印度的殖民地政府向种植园主施加的压力，以及来自伦敦的殖民地官员的压力。糖的利润率的上升助力了这些改进。改进的一个标志就是契约工人死亡率的下降，从 1895 年的 53‰ 下降到 1910 年的 38‰ 和 1912 年的 22‰。但是生活在斐济的非契约工人的死亡率在 1912 年只有 9‰。

随着时间的流逝，斐济的印度社区的规模有了相当程度的增长，内部结构也发生了变化。1891 年生活在斐济的近 8 000 名印度人中，契约工人的比例超过一半。但是到了 1901 年，自由印度人占据了多数。1911 年，大约有超过 4.4 万印度人生活在斐济岛，其中 2/3 是自由印度人。越来越多且越来越大比例的印度人出生在斐济。1911 年这个比例是 27%，到了 1921 年这个比例达到 44%。除了契约劳工、前契约劳工和他们的后代，印度社区还包含数量不大但是增长中的“自由移民”。这些“自由移民”也就是自己付船费来到斐济的印度人。这些人通常没有做过种植园劳工，而是在城镇工作。他们通常是商贩或店主，或者在这个国家里租种土地。这些自由移民包括锡克人和古吉拉特人，后者成为斐济主要的贸易商。古吉拉特人广为人知的特点就是节俭和勤劳，而且他们对彼此非常忠诚。在某种程度上，古吉拉特人和他们的成功为其他印度人带来骄傲并提供了领袖。然而从社交上讲，古吉拉特人基本上只和自己的小圈子来往。

性别不平衡的情况随着时间的流逝逐渐得到缓解。除了性别变得越来越平衡以及在斐济出生的印度人越来越多，来自印度的移民继续以男性为主。最晚 1921 年，生活在斐济的印度人女性只有 39%。很多暴力事件甚至谋杀都起源于性上的不忠或追求者之间的矛盾爆发。然而，随着时间的流逝，性别上的不均衡主要局限在年纪较大的一辈印度人中。适婚年纪的印度人男女比例更加均衡，这导致本地出生的儿童的增加。

斐济的印度人不但在绝对数量上有所增加，在总人口中的比例也在增加。1881 年，印度人口只占斐济人口的 1%，而本地斐济人占 90%。到了 1901 年，印度人口在斐济的占比升至 14%。仅仅 10 年之后，这个比例增加了一倍还要多，达到 29%。到了 1946 年，印度人口超过本地斐济人口，比例分别是 46% 和 45%。欧洲人、华人和其他人群填充了剩余的比例。在接下来的几十年里，生活在斐济的印度人一直稍稍领先于斐济人。直到 20 世纪 80 年代晚期，斐济人才再一次成为人口中最大的群体。

在斐济岛乡村和城市的商业经济上，印度人绝对超过了斐济人。早在 1936 年，据估计斐济 90% 的甘蔗都是印度人种植的。制糖是这个殖民地最主要的工业，在独立之后也是如此。印度人同样在斐济的零售、运输和其他小商业领域处于优势地位，而欧洲人和华人在大的企业方面占优势。20 世纪 60 年代中期，印度人的平均货币收入远远超过斐济人。但是如果把货币收入和实物收入算在一起，差别就很小了。生活在传统村庄里的斐济人每周工作两到三天就能过得非常舒适。而且斐济社区拥有大部分土地的所有权，这保证他们能够从印度佃农手里获得很多的租金收入。因为税收是基于货币收入的，所以斐济人交的税只占国家个税的 5%。而印度人交的税占到 40%，欧洲人交的税占到 49%。

像在很多其他第三世界国家一样，群体间在教育和政府雇用职员方面的差异激发了斐济的种族分化。直到 1916 年，英国殖民政府毫不关心斐济人或印度人的教育。鉴于自己在斐济的土地上做佃农的脆弱身份，印度人特别急切地想利用教育机会和这些教育机会能够带来的政府雇佣机会。印度人花了很多钱改善学校的条件，印度学生在学校、大学和公务员考试中的表现也领先于斐济学生。这些不同都是持续性的。

第二次世界大战之后，印度人开始取代欧洲人担任高级职务。同时，斐济学生在升入更高等的教育机构时往往会遭受更多的消耗。1968 年，共有 643 人获得大学学位，其中 464 人是印度人，只有 77 人是斐济人。后者只比获得学位的 63 个华人的数量多出一点儿，但是华人在斐济总人口中是一个比例非常小的少数族群。印度人在教育上的优势一开始体现在民事机构高比例的印度雇员上。然而在独立之后，斐济政府实施了雇佣过程中的种族“平衡”政策，这导致斐济人在政府雇员中成为多数。虽然印度人在民事机构的入职考试和中期考试中都表现得更好。在大学里也是一样，斐济学生的入学标准比印度学生需要满足的入学标准低得多。

在政治上，从殖民地时代开始斐济的投票系统就让斐济人成为政治上的多数，虽然印度人在很多年里都是人口上的多数。毫不令人吃惊的结果就是，本地斐济人在政府中处于一种垄断地位，不论在民事上还是在军事上都是如此。这种状况从 1970 年独立开始一直持续到 1987 年 4 月一个印度人主导的政府开始当权。然而不到一个月，斐济人主导的军队就实行了军事政变，用武装重新夺取了政治优势。另外还发生了斐济人针对印度人的平民暴力行动。随着这些不安定因素的增多，旅游业大幅下降，这既减少了经济收入，也减少了政府收入。斐济的实际人均收入降低，政府赤字上升。受过教育和有技术的人开始离开这个国家。这些人多数是印度人，但是也有一些斐济人和侨民。

斐济在很长一段时间里都被视为一个和谐的地方，教皇圣·若望·保禄二世将其称为“世界希望的象征”。在这种情况下，这类事件就成了格外具有讽刺意味的悲剧。

总结

印度人在世界不同国家的移民历史，无论从哪个角度说都是不一样的。在一些国家里，印度人的收入和职业水平在多数人群之上。不但在肯尼亚、乌干达和坦桑尼亚等非洲国家是这样，在分隔很远的马来西亚、斐济和美国也是如此。但圭亚那是一个例外，在历史上那里的本地非洲裔美洲人一直在经济上领先于印度人，虽然 1967 年后这个情况发生了一些变化。而对于南非的印度人来说，虽然他们在经济上领先于那里的非洲多数人群，却远远落后于很长时间以来一直处于统治地位的白人少数人群。印度人在这些不同国家遭受的不同命运一定程度上反映了这些国家自己的状态和政策，南非尤其如此。或者，这也反映了印度人自己的城市化水平。比如在圭亚那，印度人主要聚集在乡村的事实无疑对印度人的收入和城市职业状态产生了明显的消极影响。

从总体上说，海外印度裔的经济地位反映了印度不同群体在印度国内的经济地位。古吉拉特人令人震惊的商业成功在孟买和东非都很明显，古吉拉特人在圭亚那、斐济和南非同样作为商人在经济上超越了其他印度人。

齐智人将他们作为银行家、放贷人和贸易商的杰出性从印度南部地区和锡兰延伸到缅甸、马来西亚、泰国、印度尼西亚和毛里求斯。泰米尔人在斯里兰卡和马来西亚的种植园印度移民中占据主流。他们在这些国家并没有留下作为企业家获得成功的记录。同样，他们在印度本国的这些领域中也不能和古吉拉特人或齐智人相比。和生活在马来半岛的印度人相比，生活在新加坡的印度人在经济上取得了更加优越的地位。其根源可以追溯到殖民地时代，这同样反映在印度人群长久以来一直存在着的类似的不同上。生活在圭亚那的印度人来自印度东北部的赤贫地区，他们在国外也没有取得和从事商业的古吉拉特人以及从事贷款的齐智人一样令人震惊的经济成就。

简而言之，一些国家的印度人是少数中间人，而另外一些国家的印度人不是。当他们从事商业活动时，他们的商业成功在不同程度上能够反映出受教育程度是随着时间在提高的，而且他们逐渐转移到专业领域。这个特点和海外华人以及犹太人类似。同样，像其他少数中间人一样，从事这些角色的印度人往往在政治上并不活跃。海外的印度裔很少有人将自己的职业生涯投入政治领域。政治对他们在外国土地上发展成为有影响力的群体没有贡献或贡献甚少。很多时候，政治对他们的崛起是一种障碍。尤其是在独立之后的非洲和亚洲，政治威胁到他们已经在经济上取得的地位。伊迪·阿明从乌干达残酷地驱逐了 5 万名印度人和巴基斯坦人。这是敌对的政治过程中最坏最极端的例子。在后殖民地时代的非洲和缅甸，事情往往发生得更加微妙和潜移默化。马来西亚和斐济也发生了类似的情况，但是程度要轻一些。海外印度裔经历的兴衰变迁和海外华人、犹太人、亚美尼亚人、尼日利亚的伊博人、西非的黎巴嫩人以及其他的少数中间人一直以来的历史，遵循着同样的规律。

虽然存在很多悲剧和不公平，但是看起来海外印度裔的遭遇并不像其他主要的少数中间人群体那样严重。要么是历史的偶然性，要么是印度人自身行为上的不同。然而，像海外华人和犹太人一样，海外印度裔总体上将自己和周围的人群隔绝开来，而且对周围的人群漠不关心。事实上，印度人比华人更加抗拒与周围人群的通婚。常常被重复的论断是，对犹太人、华人和其他少数中间人的敌意总是因为他们在内部抱团。海外印度人更喜欢抱团，但是他们并没有像犹太人、华人和其他人那样激起那么多的敌意。更重要的是，虽然在非洲的时候，阿迦汗特意做出决定让他的伊斯玛仪追随者适应周围社会的语言和文化，并寻求成为当地的公民，但是这些伊斯玛伊人还是没有摆脱和生活在非洲的其他海外印度人一样的命运。

甚至在不是少数中间人的海外印度人中，人们也能看到一种特定的韧性、坚持不懈和节俭的特性。来自自古以来艰难地维持生计的土地上的民族大多都有这种特点，比如苏格兰人和日本人。在移民斐济或马来西亚这些更容易生存的国家之后，这些印度人最终超越这些国家的本地人。而他们的生活方式也在更加有利的生存环境下发生了演化。

为什么在印度这个国家一贫如洗的时候，印度人能够在世界的其他国家实现富裕？这仍旧是一个没有答案的问题。虽然许多富裕的印度群体在印度国内同样富裕。以东非殖民地为例，印度人并没有简单地将自己的财富转移到这些国家。相反，他们常常从一个非常谦卑甚至不稳定的经济水平起步，逐渐变得富足，甚至实现富裕。虽然生活在圭亚那的印度人取得的经济成就比较有限，但是和他们最初的境遇，那种比奴隶好不了多少的种植园劳工的起点相比，他们还是有了相当大的进步。

在海外繁荣在家乡贫困的现象可能反映了简单的选择性移民，也可能反映了印度社会为经济进步设置的障碍。这个问题超出理论研究的范畴。事实上，这个问题具有非常重要的现实意义。我们知道的是，1981年世界范围内从事专业、技术、管理和行政职位的海外印度人加起来超过25万。因为从事这种职业的人在印度的失业率非常高，我们很难知道具有这些技术和才能的人在家乡印度是不是能学有所用。印度的医生和工程师都有相当数量的人在海外寻找工作机会。

印度官方做了一些努力想要吸引更多的印度人从海外返回印度协助建

设他们的祖国，为他们的投资提供比非印度公民或生活在印度的公民更加优惠的待遇。尽管如此，这些努力还是收效甚微。与此同时，海外印度人的汇款在1981年超过50亿美元，多于印度在当年获得的所有外国援助的总和。虽然没有回到自己的祖国，但是海外印度人从这个角度为自己的祖国做出了巨大贡献。在很多情况下，他们对移居国的发展做出的贡献甚至更大。

第 8 章

历史和文化

解决当代自大的解药

学习历史是对抗当代自大的解药。它谦逊地告诉我们，有很多我们看起来很新颖很有可能的肤浅假设，事实上都曾经被历史检验过。这种检验发生过不止一次，可能发生在数不清的各种情形下。人们为这些检验付出了巨大的代价，结果是人们发现这些假设根本就是错误的。

——保罗 · 约翰逊

历史并不能为当前的困境提供现成的答案，因为在一个时代和另一个时代之间存在着太多的变量。虽然历史不能提供答案，但是它至少能够帮助我们定义问题。在有些情况下它能够最终打破一些似是而非的理论，这些理论可能在特定狭隘的时间和地点条件下很像是真的。历史是现实海洋里的船锚，帮助我们抵御时代思潮的修辞之风。比如，在对世界上的多个种族和民族的历史研究中，我们发现一个明显的事实，那就是一些群体在不同的职业、行业、收入水平和教育机构里所获得的“代表性”往往存在着统计学上的偏离。这种偏离并非特例，而是我们生活其上的地球的规律。更重要的是，很多这样的偏离往往持续多代人甚至多个世纪。

本书描述的历史并非唯一讲述这种无处不在的差别化的文化特点和经济成就的例子。法国历史学家费尔南 · 布罗代尔在他的《文明史》（*A History of Civilizations*）一书中曾经这样描述这个现象：“各个地区和各个人群都均衡发展的国家是不存在的。”以 1900 年的奥地利帝国为例，文盲率从波西米亚的 3% 到达尔马提亚的 73% 不等。同一时代，前者的人均收入是后者的3倍左右。在1926年的尼日利亚，小学生只有10%来自这个国家的北部地区，虽然这个国家的人口大部分都在北部地区。随后在20世纪一项针对国际化军队和警察的调查发现，在任何一个多民族国家里，这两个权力机构的人口构成都不能代表该国家的人口构成。另外一项针对多民族社会的全球性调查发现，在社会经济的各个阶层和各个领域，能够大致获得和总人口构成类似的人口构成的社会即便有，也非常少。

曾经拥有或者管理一个或一些特定国家特定行业一半以上活动的少数种族、少数民族或少数人群，不仅仅包括本书描述的六个群体，还有西非的黎巴嫩人、奥斯曼帝国的希腊人、阿根廷的不列颠人、俄国的比利时人和智利的西班牙人。用布罗代尔的话说，移民才是“创建现代化的巴西、现代化的阿根廷和现代化的智利”的人。在地区层面，少数人垄断特定行业或特定职业的情况也很常见。比如，在19世纪早期的亚历山大，叙利亚人控制着超过一半的报业。在19世纪的沙皇俄国，亚美尼亚人拥有阿斯特拉罕省250家棉服厂的209家。从20世纪60年代开始，澳大利亚悉尼大多数地下电缆的安装工人都是爱尔兰人。20世纪90年代，加利福尼亚州甜甜圈店铺有4/5都归有柬埔寨血统的人所有。

有时并非某个特定的种族、民族，或者来自某个特定国家的人垄断了一个行业或一种职业，而是外来人口整体上垄断了这个行业或职业。进而将这个国家人口的多数变成各个经济部门的少数群体或完全不存在的群体。在历史的不同时期，秘鲁、马来西亚、阿根廷、瑞士、俄国、巴尔干的大部分地区、中东、东南亚等地的多数群体都遇到过这种状况。事实上，这是一种全球化现象。不但在欠发达国家非常常见，在经济发达的国家也时有发生。

城市在人口统计学或经济上被一个特定的民族垄断，而周围的乡村被另外一个民族占据，这几乎是再平常不过的事情了。一个例子就是在过去漫长的几个世纪里，布拉格、克拉科夫和里加都被德国人占据，而周围的人群分别是捷克人、波兰人和拉脱维亚人。在世界的另一边，华人占据了金边、西贡和新加坡，而周围的人群分别是柬埔寨人、越南人和马来人。印度人也一度在肯尼亚的首都内罗毕和缅甸故都仰光占据多数。

在与军事相关的事务上也是如此，在一些国家，外国人曾经在各个层面上不成比例地成为代表。15 世纪到 17 世纪，葡萄牙战船上的士兵要么是佛兰德人，要么是德意志人。20 世纪，据估计马来西亚空军飞行员大约 50% 是华人。在奥斯曼帝国，意大利人、希腊人和加泰罗尼亚人遍布海军舰队，德意志人遍布炮兵部队。土耳其帝国的精英步兵部队耶尼切里军团（苏丹亲兵）也有很多非土耳其人。在军事技术领域，外国人将加农炮技术带到中国、西班牙、俄国和其他国家。同样，外国人帮助美国建造了第一个核武器。

这些世界范围内跨越历史时期的惊人规律的背后，有一个简单的事实，就是技能从来都不是均匀或随机地分布在不同的民族、国家、地区或文明里的。德国人发展了高度现代化的光学技术。这不但体现在老牌德国光学企业蔡司、施耐德和福伦达上，也体现在德国移民和由他们的后代所引领的美国光学行业上。美国领先的照相机企业伊士曼柯达公司生产的第一台照相机使用的镜头就是美国领先的光学企业博士伦生产的，而博士伦是德国移民建立的。在二战前以及战后的一小段时间里，柯达公司质量最好、价格最高的一些产品也是在德国生产的，其中最广为人知的例子就是雷汀娜。20 世纪中期，柯达公司有一款质量非常高的胶卷照相机——金奖。这款照相机最早是在二战期间生产的。虽然这个时期柯达没有办法接近德国的光学行业，但是金奖的镜头是之前德国设计的一款镜头的改版。20 世纪中期的一些美国新闻照相机和反光照相机都使用了美国生产的万伦莎镜头，而万伦莎这个名字正是源于建立这家生产镜头和其他照相设备的企业的德国移民。20 世纪晚期，领先的瑞典照相机企业哈苏公司就使用了德国蔡司公司生产的镜头。

德国人在高质量镜头领域事实上的垄断地位在 20 世纪中期被崛起的日本企业打破。这些日本企业成了领先的照相机镜头制造商。同一时期，能够和这两个国家的镜头制造商相匹敌的对手几乎是不存在的。在早一点儿的年代里，虽然美国人设计和生产了一些高质量的镜头，但是其中很大一部分要么是由德国血统的美国人生产的，要么是德国镜头的变种。事实上，在更早的几个世纪里，光学技术的领军者在其他国家，比如文艺复兴时期的意大利北部地区。我在这里想说的是，并非某个国家或种族能一直拥有最先进的光学技术，这些技术从来都不是随机或均匀分布的。相反，这些技术的集中程度非常高，只是在不同的世纪里可能会集中在不同的地方。同样，光学技术在这方面也不是一个特例。光学技术的例子描述了这样一种存在于很多其他领域的常规特点。

物理环境的均匀性或随机性并不比在这些环境里生活发展的人群更高。亚洲海拔超过 2 万英尺[①]的山峰共有 76 座，非洲一座都没有。欧洲超过 1/3 的陆地是岛屿或半岛，而南美这样的地形只有 1%。一位知名地理学家说过下面的话：

> 对于物理环境或人群来说，没有什么是均匀分布的。并不存在一个将人类和环境因素均匀地压在地球表面的铲子。如果人类和人口、资源、自然条件，比如气候等环境因素都是均匀分布的，那么世界上所有的地区和人口都会有完全相同的发展潜力。如果没有不同，就不会有贸易，也不会有交换货物和思想的必要性。

人们生活其间、文化发展其间的地理环境的不同，仅仅是这种均匀性不可能存在的一个原因。移民群体的历史上没有任何事物是均匀或随机的。他们的地理来源或移居地不是随机的，他们的技能和天资也不是随机的。这些技能和天资往往和他们的来处和去处一样具体。我们如果能够从这些

① 1 英尺 =0.304 8 米。——编者注

历史中得出什么规律，那就是每个人群都有他们自己的文化特点。而这些文化特点并不会因为他们跨越了一条国境线，或者跨越了一个海洋就消失了。这些特点也并非总和一个国家群体或种族群体同在。以印度移民为例，泰米尔人不论在国内还是国外，从来都没有获得过和古吉拉特人同样的经历。不论在阿根廷、澳大利亚、美国，还是在意大利本土，意大利北部人和南部人都存在很大的不同。在历史上，波兰犹太人在经济上和波兰本地人也有非常大的差别，不论是在波兰还是在海外都是如此。当然，波兰犹太人和德国犹太人或英国犹太人也有着不同的历史。

从历史的角度看，对于人群之间的不同的遗传解释法和地理解释法都会遇到严重的问题。海外华人、犹太移民社群和海外印度人这些少数中间人群体在很多国家的经历都有惊人的相似性，而这些种族彼此全然不同。其他的少数中间人群体，比如生活在美国的韩国人、生活在尼日利亚的伊博人和生活在全世界的黎巴嫩人，也表现出类似的中间人特征。但是他们在种族上彼此分隔，并且和本书研究的三种少数中间人均存在差异。在历史的长河中，不同民族和国家的相对技能水平发生了剧烈的变迁。因此我们很难得出类似于基因决定论这样的结论。中国人在一千多年前要比欧洲领先很多，但是在过去的几个世纪里事情却是全然相反的。同样，两千年前欧洲东南部比西北部要发达得多，但是在现代工业社会里情形却完全相反。

很多人试图用环境因素解释社会经济学上的不同，比如人群的特点和他们的经济命运是由“社会”决定的。这些人武断地将环境限定为他们当前生活期间的社会，但是事实上，他们的文化发源地可能在他们现在生活的社会的几千英里之外。当前社会对人群有多大的影响是一个经验性的问题，而不是一个必然结果。在一些极端的例子里，人群之前的文化对他们的命运几乎没有影响，比如奴隶或种族灭绝。但是幸运的是，这种例子非常罕见。即便是在不那么极端的情况下，结果也非常明显。比如斯里兰卡的大学不肯接受泰米尔人，或者马来西亚的大学不肯接受华人的系统化偏见。同样，还有斯大林时期的苏联对德国人的排斥和两次世界大战之间波兰对犹太人的排斥。这些事件都让涉事双方付出了自己的代价。总体上的历史规律都是建议性的，而不全是决定性的。

周围的环境和周围社会的历史是决定因素，这样的观点应该被修正为内部文化规律是决定因素这样的观点。但是这两者的关系并不能总结成什么先验性的公式。这就是为什么历史要一点一点地研究，而不能用一个理论进行推导。特殊的事件、特定的领导者、一时的热情和环境的偶然会合都会让历史变得更加复杂，超出社会、地理或其他作用力所能决定的范畴。无论如何，构成一个人群的文化的技能、习惯和价值观通常都会在这个人群的最终经验方面发挥塑造性的重大作用。“怪罪受害者”和“怪罪社会”都很流行，但是错误的二分法忽略了一些无法指责的因素。显然，没有人应该因为他出生之前就已经发生的文化发展而被指责，或者因为这些文化发展其间的地理环境而受指责。

世界上多数城市都位于可以疏导的河道周围，所以非洲是城市化水平最低的大陆几乎是不可避免的事情。因为非洲既缺乏可疏导的河流，也缺乏天然的港口。世界上很多伟大的城市都位于或者靠近伟大的河流汇入空阔的大海的地方，比如纽约、伦敦、鹿特丹、布宜诺斯艾利斯和上海；或者位于湖泊和内海周边，比如日内瓦、芝加哥、底特律和敖德萨；或者靠近开阔海面的伟大港口，比如悉尼、新加坡、香港、旧金山、多伦多和里约热内卢。这些城市所具备的地理先决条件在非洲大陆的大部分地区都不存在，尤其对撒哈拉沙漠以南地区来说。所以非洲的大部分地区并没有发展出其他人群带到新世界的城市化和工业化技能。不论对非洲人还是对他们的后代所生活的西半球的城市化社会来说，这都不是一个该指责谁的问题。哪怕非洲人是自愿迁移到西半球的，我们也没有办法期望这些黑人群体能够具备和白人群体一样的经济历史。何况白人的不同群体之间也存在如此鲜明的差别。这些差别体现了他们所来自的欧洲不同区域在地理上的优势和劣势。

期望相似性这件事在根本上与处于移民核心的差异性是不一致的。如果大洋两边都是一样的，那么人们为什么要跨越大洋呢？如果人们在他们现在所在的地方和他们将要去的地方的生产力没有差别，那么为什么他们要承受移民的高花费和高风险呢？哪怕是难民，他们移民的原因也是不同地点安全性上的差别。当人们从不同的世界移民同一个地方时，不难预料他们将会在新世界有不同的表现。这些不同不总是能降低到社会可以消化或者政策制定者能够解决的水平。像地理环境这样的因素过去总是在政策制定者可及的范围之外，虽然政策往往可以平复或激化这些因素所产生的后果。虽然社会罪责往往会像个人指责一样毫不相干，但是许多摒弃了智力遗传性的人往往会提倡集体的罪责。

当然，一种特定的文化不会贯穿历史一直烙印在一个人群身上，但是这个文化也不会在一些年之后或一代人之后就凭空消失。更重要的是，文化并不是一个标记，可以像蝴蝶那样被保存在琥珀里。它的位置不在博物馆，而在日常生活的实际行动中，并且在与其他目标或其他文化的竞争压力下演化发展。文化的存在性不在于等待庆祝的静态的“不同”，它的存在性在于与其他文化竞争，比较谁才是更好或更差的做事方式。判别哪种文化更好或更差的裁判员并不是旁观者，而是参与其中的人群。他们在坚忍不拔的生活现实中应对和获得灵感。当一个民族面对选择时，册页装帧的书籍几乎不可避免地会取代卷轴形式，枪械几乎不可避免地会取代弓箭。但这并不是说有一个旁观者宣布前者是道德福音。武器当然会引起伤害，这是武器之为武器的本质。书籍也可以带来伤害，一个典型的例子就是希特勒的《我的奋斗》。这里的观点非常特别。文化相对论既没有阐述力，也不能解释这个世界上很多不同人群的行为的历史相关性。它最大的作用在于礼貌性地规避，否则不同人群在表现上的差异性会让人尴尬。而文化相对论最差的地方在于，它分散了人们的注意力，让我们不能集中精力找到其他人好运背后所隐藏的必要的人力资本。而且它让我们憎恨那些好运，将一切归因于“剥削”其他人。

从我们所研究的历史的角度看，政治特别是抗议政治，从推动经济发展的角度看没有起到什么作用。德国人和华人这样特别成功的人群总是在世界各地表现出对政治的冷漠，意大利人也如此。印度移民在美国的政治生活中几乎是隐形的，虽然他们的人数和他们的富裕程度在20世纪晚期都获得了显著的进步。在一些国家里，犹太人成了杰出的选举代表。比如19世纪的澳大利亚和20世纪的美国。但是即便是在那个时间和地点，犹太官员往往也是广泛的政治选民的代表而不是民族领袖。海外日本人只在夏威夷的政治中表现活跃。事实上，日裔美国人在美国大陆上获得的经济成就更加突出，但是他们在美国大陆上的政治力量几乎可以被忽略。20世纪90年代，一个有日本血统的人在秘鲁两次当选总统，但是这同样因为他是一个广泛的选民代表而不是一个民族领袖。

文化资本

我们在二十多个国家调查了十几个人群，但是这只能代表在几个世纪里跨越我们所生活的星球进行移民的广大群体的一小部分。我们通过这个调查所描绘的文化历史，让我们能够瞥见文化传承的巨大作用和它们所产生的深远影响。文化覆盖了人类所思所想的广泛领域，浅到人们的穿着样式，深到一个人愿意为什么献身。一些人对文化或“高雅文化”的理解仅限于艺术、音乐和文学。但是一种特定的文化涵盖是包括技能、价值观、传统，以及思维和行动的不可言表的习惯的巨大图谱，而这些“高雅文化”只是其中很小的一部分。

文化不仅仅是能够引发人们情绪依赖的习俗，也不仅仅是让人们可以捶胸顿足的“身份”徽章，文化是完成基本生活活动的方式。这些基本生活活动可能包括物种的繁衍，知识的传递，对变化和死亡冲击的消化吸收，等等。文化的重要性在时间、噪声、安全、清洁、暴力、节俭、知识、性和艺术等不同领域各不相同。而这些不同反过来体现为社会选择、经济效率和政治稳定性的不同。虽然文化跨越种族，但是显然，特定的文化往往和特定的种族或民族相关联。不论地理怎么说，澳大利亚人都是欧洲人。不仅仅因为他们的语言和外貌特征，还因为他们的生育模式、技术、哲学、社会习俗和政府结构。这些特点让他们成为存在于1万英里以外的一个文化的一部分，并且与他们的邻居巴布亚新几内亚或印度尼西亚的文化区别开。

当文化不仅仅被看作人群之间的不同之处时，我们就能更好地把它们当作人力资本的巨大集合来欣赏了。西欧在罗马帝国崩塌之后怎样退化，花了多少个世纪才恢复到罗马时代的经济水平、物理基础，社会与政治是否存在一致性，要弄清这些问题就需要看清一代人或一个种族是怎样沦落到一种令人惭愧的程度的。在罗马帝国崩塌之后，西欧的种族还是以前的种族，但是文化机构的解体让这些人能取得的物质和文化资源比他们的祖先要少得多。城市和城镇萎缩了，一些甚至消失了，工业消失了，法律和秩序崩溃了。在一些地方，文盲甚至成为常态，即便在贵族中也是如此。中世纪的欧洲为我们展现出一幅阴冷的图景。

> 一千年前，西欧的大部分地区都被森林覆盖着。野生动物遍布整个森林。根据当时人的想象，森林里还有精灵、矮人和邪恶的灵魂。森林中有无数的沼泽向四处蔓延。在南部虐蚊创造出一种令人压抑的痛苦和死亡的氛围。零零星星的城镇散落在古罗马帝国的领土范围内，它们看起来更像是村庄而不是城镇。而其他地方连城镇都没有，只有屈指可数的狭小肮脏的村庄。

欧洲内部从未属于罗马帝国一部分的区域，甚至更落后。中世纪东欧的城镇比西欧的更少。在中世纪涌入中欧东部和巴尔干地区的斯拉夫人不但是文盲，而且没有自己的文字，他们根本就不存在识字的基础。

从一些文化层面来说，欧洲从罗马帝国的崩塌中恢复过来花费了几个世纪。但是从另外一些层面来说，这个过程花费了一千多年的时间。直到19世纪还有一种说法，认为欧洲没有哪个城市的供水系统像罗马时代那样可靠。这种大规模悲剧性的倒退是一个清醒的提示，告诉我们一种文明的文化资本有多么重要，个人的“能力”甚至一整代人的努力和才华与此相比是那么微不足道。毋庸置疑，个人的头脑容量还是和以前一样大，降生在欧洲最黑暗时代有潜力的天才和降生在取得伟大成就时代的天才一样多。人们缺乏的只是“利用国家和时代这个大银行和大资本的可能性”——柏克在另外一种情景下做了这样的描述。随着罗马社会的崩塌，这样的文化传播机构随之消失了。

反过来讲，文化资本的快速积累同样创造出巨大的经济和社会变化。在通常情况下，这种快速积累只能通过借鉴其他文化来获取，至少刚开始是这样的。苏格兰人在几个世纪里都处于欧洲文明的落后位置。但是在现代社会，苏格兰人迅速崛起，在18世纪的很多领域里成为世界舞台上的领导力量。这同样为我们阐述了文化进步的力量。日本同样在仅仅一个世纪里平地崛起，冲到经济和技术的前沿。这说明即便是在一个缺乏自发发生现代化所需的大多数自然资源的国家里，人们也能够通过获取一种新的文化资本获得巨大的力量。这种历史性的进步能够让我们从心底感受到人类隐藏的能力。但是不论我们的感受多么强烈，我们都需要面对一个事实，即这种能力可能会隐藏相当长的时间并造成非常严重的后果。

我们可以说文化只是不同，在任何角度上都没有优劣之分，只是观察角度和个人喜好不同，这听起来很高尚。但是这种论调本身就是自相矛盾的，因为它认为一种看待文化差异的方式比其他看待文化差异的方式好。换言之，这种论调认为当代一小部分知识分子喜好的文化相对论比几个世纪以来全世界绝大多数人喜好的文化观点要好。

说文化不同无关紧要，这几乎就是说因果关系无关紧要。瘟疫从远古时代就纠缠着人类。想要躲避疾病带来的绝望，人们必须要么自己具备现代医学科学的文化资本，要么能够找到具备这种文化资本的其他人。当欧洲其他地区的人已经通过接种疫苗将天花控制住之后，东欧和巴尔干的人还在继续忍受天花的肆虐。因为疫苗接种技术就是欧洲其他地区的人所具备的文化资本中的一种，而这种文化资本对东欧和巴尔干人来说，是姗姗来迟的。当欧洲的穷人也能获得现代药物时，同样的疾病继续折磨着远离西方医药成就中心的穷人。这不仅仅是一个观察角度和个人喜好的问题。

文化资本数量和种类的广泛差异让不同人群和国家之间的经济和社会差别在事实上不可避免。从政治的角度看，人们往往会忽略历史造就的文化资本上的差异，而在当前社会的失败中寻找造成这种经济和社会差别的原因。比如，美国主要黑人民权运动组织的领袖在 1994 年这样说：

> 大约有一半非洲裔美国儿童生活在贫困中。黑人的失业率是白人的两倍。许多黑人社区的婴儿死亡率和很多第三世界国家相当。住房、犯罪和教育的统计学数据向我们传达了一个悲惨的陈述，让我们看到绝望和不平等。与此同时，在一些调查中，超过 60% 的白人说黑人现在有平等的机会了。

这些差异很有可能是由影响行为和态度的文化差异造成的，也很有可能是由带到工作场所的人力资本造成的，而不是当前的社会行为造成的。但是不论是在这个演讲中，还是在媒体或学术世界的文章中，这种可能性基本上都没有得到什么关注。更何况，有大学学位的美国黑人夫妇的收入水平其实和有大学学位的美国白人夫妇是一样的。甚至在 25 年前，在有图书和图书馆借阅卡的家庭成长起来的黑人男性的收入也已经和在有类似优势和类似教育背景的家庭里成长起来的白人男性相同了。虽然从总体上讲黑人婴儿的死亡率比白人婴儿要高，但是完整黑人家庭婴儿的死亡率事实上要低于白人单亲母亲家庭，哪怕这个白人母亲的教育程度比和自己的丈夫生活在一起的黑人母亲高。简而言之，生活方式上的不同对社会不幸有着重要的影响。虽然人们在考虑这些社会不幸时并不总是考虑这些生活方式上的不同。这些问题远远超越了责怪一个群体，或者将罪过归咎于社会的水平。未来的改善取决于当前的努力有多少被用于开发一个人群的内部资源，又有多少被用于寻求周围社会的政治变革。

文化发展和文化差异不仅影响不同人群在经济发展程度上的不同，也影响着经济发展过程所牵扯的种族和种族主义。接下来我们将探讨一下这些问题。

人群间的差异

一个国家或全世界各个国家的不同移民群体可能快速地从贫穷变得富有。这种转变削弱了一种观念，那就是“有产阶级”和“无产阶级”作为持久性的社会阶层将人们冻结在他们自己的社会和经济地位上。事实上，我们前面几个章节回顾的历史提示我们，更加有意义的二分法是“做事情的人”和“不做事情的人”。多数人群和国家都曾经在其历史的不同时期扮演过不同的角色，问题在于为什么在一些情况下这些人群和国家创造了额外的财富，而在另外一些情况下则不能，他们又是怎么做到的。但是考虑这个问题就意味着我们要抛弃另外一些考虑财富分配的知识和政治问题。在这些问题里，财富的创造就好像被视为理所当然会发生的事物，就好像财富在不同国家之间和一个国家的不同地区的不均匀分布只是因为邪恶的力量或险恶的阴谋。创造财富的内在先决条件一旦确定了，我们就会发现这种不均匀既不令人讶异，也不存在内在的可疑性。因为我们没有理由期待这些先决条件会均匀分布，我们不能以种族、阶级、性别或其他社群这些强加的影响因素取代学术标准、雇佣标准和其他标准。

虽然文化之间相互竞争，而且这种竞争会导致不同文化产品产生输赢，但是这并不意味着那些拥有不再发挥作用的文化产品的有血有肉的人在这个过程中必将成为失败者。事实刚好相反，很多时候这些人主动欣赏和拥抱更加广阔的文化，并获得了更高的生活水平。这个过程不但表现出观察者的价值观，而且通过该人群的行为揭示了他们的偏好。因为他们放弃了他们传统的做事方式，选择了在其他文化中发现的新方式。这也不是现代社会才有的特殊行为，在已知的最早的文明中就存在着广泛的彼此借鉴。在基督诞生的几千年之前，中东的冶金技术扩散到中亚的大草原。中亚发展出来的骑马技术和乐器传播到中国。在几个世纪里，火药、造纸、印刷、瓷器、丝绸、运河水闸、手推车、大小船只上的方向舵和纸牌等产品和工具从中国流向欧洲。与此相对应，古希腊和古罗马的艺术风格也沿着丝绸之路传播到中国。古代朝鲜的文化基本上都源于中国。

并不是说所有的文化交流都有快乐的结局。一些群体因为不肯放弃自己的文化，在好几代甚至好几个世纪里以各种方式遭受着压迫。这是犹太人在欧洲和中亚的命运，不论是在沙俄时期还是在苏联时期都是如此。我们讨论的目的并不是评估是不是多数的文化竞争都有快乐或不快乐的结局，相反，我们讨论的目的是想说明文化的竞争既发生在不同社会之间，也发生在同一个社会之内。

文化竞争发生在不同的水平上。最明显的竞争形式就是战争，征服战争的结果决定在接下来的几个世纪里双方的后人说什么样的语言，运用什么样的思维逻辑，用什么样的价值观管理他们的道德世界。西半球成了欧洲文明的前哨站，因为欧洲人在世界的这个区域赢得了征服战争。今天，即便是西半球痛恨欧洲文明的人，也要用欧洲的语言来表达他们的愤恨，并且用欧洲的道德观来阐述欧洲文明的不道德。他们所提议的其他解决方案往往也遵从欧洲的观念。比如，泛非主义并不是一种非洲观点，而是一种用来阐述非洲问题的欧洲观点。同样的观念还有泛斯拉夫主义和泛德意志主义，但是这两种观念和非洲强烈的地区和部落忠诚比较起来，其共性要差很多。后独立时代的一代非洲领导人大都在欧洲或美国接受教育。他们都宣扬泛非主义，试图将因部落竞争造成社会撕裂的国家统一在一起。

战争只是文化竞争的一种形式。更持久也更普遍存在的竞争存在于为人类服务的实用的文化领域，比如食物的种植和对星球运动轨迹的理解。农业技术和天文学是从一种文化传播到另一种文化，进而对全世界造成影响的多种事物中的两个。哪怕一种文化比另外一种文化高级，这种文化也很难在各个方面都令人满意。所以，为被抛弃的文化丢失的美好面而悲痛惋惜既常见也非常值得理解。但是我们没有必要为了愁绪而否定历史，或者利用公共财富复活已经被摒弃的文化，更没有必要强求他人出于义务欣赏那些被摒弃的文化。归根结底，我们没有必要鼓励那些通过文化借鉴取得进步的人退化到他们本来文化的角落里。外界广阔的世界早就已经成了人类、社会，乃至整个文明的文化源泉，我们没有必要让这些人承受巨大的压力，考验他们在与世隔绝的文化条件下能够取得多大的进步。

移民长久以来一直是文化扩散的一个重要组成部分。然而，人群间的差异不仅仅是文化交流和经济发展的机会，还会带来很多消极的后果。这些消极的后果既包括社会隔阂，也包括疾病传播，甚至整个社会的不和谐。哪怕移民群体能够为他们到达的国家的经济发展带来巨大的贡献，他们的生活也往往含有犯罪因素。他们对法律执行机构的毁坏和腐化会影响周围更大的社会。海外华人的堂会和意大利移民的黑手党就是非常典型的例子。隐藏在欧洲和美国的穆斯林移民中的国际恐怖分子则是近期的例子。

移民传播疾病的历史很长。比如，19 世纪的俄国移民通常从德国的不来梅港出发开始他们跨大西洋的旅程。1892 年，他们将令人绝望的霍乱带到不来梅，造成上万人死亡。在这个世纪的早期，中亚的商队将祸乱带到欧洲，而欧洲人对这种疾病远没有生活在疾病发源地的亚洲人那么强的抵抗力。在东非也一样，奴隶被从他们世代生存的土地上押运到他们被出售的地方。人群的移动沿着他们的线路将霍乱和天花传播给各种各样的其他人。在所有的传播疾病的移民事件中，最具灾难性的就是欧洲人移民西半球的事件，疾病毁灭了大部分本地人。对于加勒比海地区的一些地方来说，这次事件事实上毁灭了所有的本地人。现代社会同样不能幸免于来自不同疾病环境的人群流动所造成的生物学后果。20 世纪晚期，很多事实上已经在美国人群中消除了的疾病再次在美国大陆流行起来，其传播媒介就是来自这些疾病仍旧盛行的国家的移民，比如肺结核、麻风病、麻疹、霍乱和疟疾。在历史的不同时期和不同地点，内部的移民同样会传播疾病。最典型的例子是逃避瘟疫的难民往往将瘟疫传播给其他人。

动物和人类一样，都会在迁徙中造成疾病的传播。13 世纪，一种疾病从西班牙传播到诺森伯兰郡，其罪魁祸首就是在超过 1/4 个世纪里一种家畜传染病在英国的传播。18 世纪的西欧，牛瘟造成大量牛的死亡。这种病随后传播到非洲的一些地区，给那里的野生动物和家养动物带去令人绝望的灾难。然而从另外一个角度来说，将动物迁移到捕食者少动物疾病也不盛行的环境里通常会带来高于常规的生存率。新的土地更加适宜的生存环境也会为植物和人类的健康和生存带来类似的益处。特拉华州的小麦，新西兰的羊群，马萨诸塞州、澳大利亚和新西兰的英国人，都在新的土地上获得了比输出地更好的发展。

移民的积极作用和消极作用彼此交错，让拥有不同文化背景、不同特长、不同戒律和不同行事规则的人形成了社会的不同层面。移民可能在很多方面和他们现在生活的国家的人们存在不同，从他们看待彼此的方式的不同到他们对噪声的反应的不同，或者他们丢垃圾的方式的不同。一个足够连贯的外来移民群体可能会给他们定居的国家的领土完整性带来挑战。19 世纪早期，定居在墨西哥的一个地区的美国人同意接受墨西哥的法律、语言、宗教信仰和国籍。但是事实上，后来他们开始反叛和脱离墨西哥，最终加入美国。在古代，野蛮人和平地在罗马帝国的部分地区定居下来。但是这为他们后来攻击罗马帝国并让后者毁于一旦奏响了序曲。现代以色列的建立完全出于之前几个世纪大规模迁移到中东这部分地区的人的要求和起义。我们要讨论的问题并不是评判这些特定的事件是好事还是坏事，而是想说移民可能会显著地影响一个社会的构造，甚至最终消融那些将一个国家绑定在一起的社会关系。

即便没有领土要求的移民也可能会造成国家的割裂和冲突。事实上，提出要求的可能并非移民本身。比如在英国、美国、加拿大和澳大利亚，在本地人中“多元文化”的倡导者提出一系列项目来保存外来人口的文化和语言，其中多多少少都带有对本国机构和传统的仇恨。在美国，许多移民都在法律上有权利通过“平权法案”享受优惠待遇。这些“平权法案”从表面上看建立的初衷是补偿发生在当代移民之前的历史性错误。不论是多元文化还是“平权法案”，都增大了消化移民所需的代价，这种代价不仅仅限于增加了本地人对外来移民的仇恨。

政府提供的优惠政策从总体上讲让移民消化吸收的代价更高，而且这些政策还有可能吸引更多的移民，或者减少移民的选择性。政府如果不提供帮助或者提供很少的帮助，其中的很多人可能就没有动机或野心进行移民。西欧和美国的福利社会都生发出一种反对移民的感情和运动。不幸的是，对于将提倡移民作为一种标志性行为的意识形态狂热者来说，来自大众的憎恨只是让他们更加确定自己的道德优越感。他们并不把这些憎恨当作一种社会警告，告诉他们宽松的移民法、来自福利社会的优待和让外来人口保持他们自己的文化独特性这些行为正酝酿着一种可能爆发的冲突。

迫害和武装冲突在世界各地造成大量的难民，这些难民四处寻求避难所，却发现这样的避难所越来越难找到。在这样的一个时代里，发生社会冲突将尤其悲惨。当绝望的难民在国境线上被拒绝时，当这种拒绝不仅来自对移民本身的反对，还来自对意识形态主义者所提倡的社会和政治福利的反对时，这样的人间惨剧将会加倍惨痛。这些被反对的意识形态主义者将移民当作他们对自己社会的价值观和传统的反抗。

就像移民事件同时包含积极和消极的影响一样，移民全体内部也有很大的不同。20 世纪晚期到达美国的英国人和德国人因为福利移民的不到 5%，但是在越南移民中这个比例超过 1/4，而在柬埔寨移民中这个比例接近一半。国内的意识形态特点可能会让来自不同国家的移民的选择性难以实现，因此这些移民输入国要么失去了对边境的控制，要么总体上对移民采取了严格控制的政策。

过去和未来

移民在历史性上起到了将技能、技术和人力从资源相对充沛的地区转移到稀缺地区的作用，并且带来里程碑式的结果。然而，这些成果的取得不仅仅是通过肉体的转移实现的。知识、技能和技术的转移至关重要。随着时间的推移和现代工业以及即时电子通信的发展，知识、技能和技术的转移越来越不依赖于肉体的转移。但是时间和工业以及通信的发展又使得肉体的转移变得如此便宜，因而使更大规模、更大跨度的移民成为可能，也使移民越来越没有选择性。

移民事实上是不是更加没有选择性这件事情很难确定，特别是在野心和毅力这些选择性因素不可量化而教育这样的选择性因素又很模糊的情况下。以 20 世纪 80 年代来到美国的移民为例，他们接受教育的时间在增长，但是和美国人接受教育的时间的差距也在扩大。因为这个时期，美国教育的发展更快。更重要的是，如果我们把正规的学校教育和人力资本等同起来，我们就犯了一个重大的错误。很多将整个国家带往现代化的商业世界的移民刚刚到达时都没有或很少接受过正规的学校教育。比如西非的黎巴嫩人和东南亚的中国人。反过来说，很多学校教育并不能培育技能。虽然有时这些教育会抬高预期甚至增加政治不稳定性，在一些第三世界国家尤其如此。在一些特定国家的特定时间段里，移民的质量可能有一些经验性的事实。无论如何，肉体的转移和人力资本的扩散变得越来越可分割。所以移民在历史上所扮演的推动一个国家的发展的职责在未来可能不再存在。那些能够为世界其他地区提供最多人力资本的国家的对外移民数量将越来越小。世界上已经不存在和20世纪晚期日本移民和德国移民相匹敌的大规模移民。像过去的犹太人或胡格诺派那样具有宝贵的人力成本的难民移民仅仅是为了躲避迫害，因此他们会让奥斯曼帝国、瑞士、英格兰或美国这样的移民输入国受益。但是很多其他难民并没有这样的人力资本，20世纪晚期到达美国的很多难民依赖于社会福利的时间通常比美国公民或其他移民长得多。

简而言之，国际移民从转移人力资本的角度讲，已经成为一种越来越没有效率的手段。尤其是在和其他正在兴起或正在变得重要的手段相比时。在世界范围内共享人力资本的一个方式就是国际贸易，以及在彼此的国家设立企业。以日本为例，这个国家事实上几乎是不允许移民的，但是它成了世界上最领先的国际贸易中心之一。其方式就是在全世界不同国家建立日本企业，推出用日本的方法生产的日本产品。以1992年为例，丰田汽车在美国生产了超过34.5万辆汽车，本田生产了超过45万辆。同时，通用汽车在世界范围内销售的轿车只有一半左右是在美国生产的。不论是技术类还是管理类的人力资本，都不再需要通过大规模的移民来扩散。

即便是在过去的一些世纪中，旅居者也可以在不成为永久性居民的情况下为国家的经济发展做出至关重要的贡献。当英国是世界领先的工业国家时，英国的技术人员和工程师在19世纪早期将英国的技术带到德国和美国，并在19世纪晚期将这些技术带到日本。技术转移为这些国家之后的崛起奠定了基础，让它们成为主导工业力量，并最终遮盖了英国的光芒。在其他国家也一样，英国的铁路和英国的纺织机在印度、非洲和南美洲都成为行业标准。来自各个国家的旅居者都来到英国吸取人力资本，用以推动他们自己国家的经济发展。在之后的时代里，这些旅居者也到美国、德国和其他工业国家从事类似的学习。这种人力资本不仅包括技术知识，而且包括将技术转化为产品，并在经济上可行的企业中生产这些产品所需的科学知识和组织管理技能。正是这些科学知识将技术转变成产品，并在经济上可运转的企业里生产了这些产品。足够的人力资本一旦通过这种方式转移到另外的国家，这些国家的人就可以培训其他人，从而在国际发展中保持领先地位。

历史上通过移民传递人力资本的一个重要的方式，就是旅居者在更加发达的社会里学习了知识、技术和态度之后返乡。但是相比允许移民自由进入的移民输入国，这对允许移民自由离开的移民输出国更加有利。随着时间的推移，这种转移人力资本的方式变得更重要。20 世纪晚期，在美国的大学中获得博士学位的外国人的比例在很多领域都有提高，尤其是在数学和工程领域。1993 年，美国公民只获得了美国颁发的工程博士学位的 39%。除了通过教育传播技术，专业书籍和杂志、跨国公司、国际计算机网络、咨询公司和政府部门都在人力资本的国际转移中发挥了促进作用，而这些方式都不牵扯永久性的迁移。

以各种形式发生的移民历史是人类发展史的重要组成部分。对于移民输入国来说，大规模移民本身不再是一个紧迫的需求，因为出现了越来越多更加节省资源且更利于避免社会冲突的转移人力资本的方式。即便如此，移民的原因和结果不论对现在还是未来也具有重大的意义。移民起于贫贱并终获富足，他们提高了他们周围社会的经济水平。当很多人都在担心财富的分配时，移民的历史将人们的关注点重新聚焦于创造财富的重要性。这些移民不但为我们提供了经济发展的宝贵样本，而且为我们带来了人类的灵感。

致谢

本书是前面两本书所研究的项目的核心部分，所以我必须感谢对这三本书都做出很大贡献的个体和机构。我最需要感谢的是胡佛研究所。它不仅资助了我的国际旅行，而且资助了大量的书籍、报告和学术杂志等文献，也资助了这些年我和我的研究助手刘娜的研究工作，并为我安排了和我一起工作多年的秘书阿格尼丝·佩奇。我们无法准确计算这个项目的花费，因为我们不可能准确地区分出这些年我们三个人的时间在这个项目和其他同时进行的项目中是怎样分配的。当然，这也可能是一件好事。尽管如此，但是写作本书所进行的研究的花费可能不会低于50万美元，而且很有可能是这个数字的两倍。虽然我对我们取得的成就感到骄傲，但是当考虑到没有多少人有机会从事类似的事情时，我的骄傲感就会大打折扣。

其他人做出的非经济类的贡献同样非常大。本书有上千条注释，这些注释给出了一些让我的工作成为可能的信息和见解。但是还有很多没有被引用的数据，这些数据至少做出了相同的贡献。这些没有被引用的数据不但验证了引用的数据源，而且提供了经济和其他方面的知识基础，帮助我们从杂乱的数量巨大的信息中理出头绪来。除了这些从总体的知识角度需要感谢的事物，还有来自世界各地的大量的学者、图书管理员、记者和官员为我个人提供了慷慨的帮助，因而我有义务表达我更加直接的感谢。我要感谢美国劳工部助理部长伯纳德·安德森博士、珀斯西澳大利亚大学的雷金纳德·阿普尔亚德教授、墨尔本澳大利亚多元文化事务研究所的阿瓦基安博士、巴黎法国社会科学高等研究院的亚历山大·本尼希森博士、德里大学的安德尔·贝泰耶博士、埃默里大学的兰多·卡梅伦教授、孟买塔塔社会科学研究所的须摩·奇尼斯博士、斯坦福大学的格雷戈里·克拉克教授、康涅狄格州三一学院的沃尔克·康纳教授、得克萨斯大学的约翰·康奈尔、新德里《今日印度》的苏曼·杜贝先生、斯坦福大学胡佛研究所的彼得·杜伊格南博士、夏威夷大学东西方研究中心主任杰姆斯·福西特教授、新西兰奥塔哥大学的杰姆斯·弗林教授、斯坦福大学胡佛研究所的刘易斯·甘恩博士、牙买加私营部门组织的胡·金特尔斯先生、墨尔本澳大利亚多元文化事务研究所的彼得·乔治乌先生、萨克拉门托的加利福尼亚州立大学的玛格丽特·吉布森教授、莫罗出版社的哈维·金斯伯格先生、哈佛大学的内森·格莱泽教授、牛津大学的安东尼·霍普金斯教授、杜克大学的唐纳德·霍洛威茨教授、堪培拉澳大利亚国立大学的詹姆斯·贾普教授、坎贝尔澳大利亚国防学院的沃尔夫冈·卡斯珀教授、南非纳塔尔大学的罗伯特·凯利高德教授、哈德逊研究所的莱斯利·伦科夫斯基先生、悉尼独立研究中心的格雷格·林赛先生、斯坦福大学的西摩·马丁·利普塞特教授、澳大利亚莫纳士大学的约翰·麦凯教授、孟买塔塔社会科学研究所的拉特纳·穆迪、堪培拉澳大利亚国立大学的查尔斯·普赖斯教授、斯坦福大学胡佛研究所的阿尔文·拉布什卡博士、新德里美国信息服务的索欣德·拉纳先生、马萨诸塞州史密斯学院的彼得·罗斯教授、香港《亚洲华尔街日报》的克劳迪娅·罗塞特女士、巴黎法国社会科学高等研究院的多米尼克·施纳佩尔博士、新加坡东南亚研究院的沙伦·西迪基博士和凯尼亚·桑多·辛格博士、以色列海法大学的萨米·斯穆哈教授、新加坡国立大学的莱奥·瑟亚迪那塔教授、英格兰埃克塞特大学的马尔科姆·托德教授、内布拉斯加州美国俄罗斯系德国人历史研究协会的玛丽·琳恩·塔克女士、加拿大卡尔加里大学的菲利普·弗农教授、麻省理工学院的威伦·韦纳教授和史蒂文·威尔金森先生，以及慕尼黑自由欧洲电台的恩德斯·温布什博士。

注释

第 1 章　移民的文化

1. Myron Weiner, *The Global Migration Crisis: Challenge to States and to Human Rights* (New York: HarperCollins, 1995), p. 2.
2. Dariusz Stola, "Forced Migrations in Central European History," *International Migration Review*, Vol. XXVI, No. 2 (Summer 1992), p. 324.
3. Carlo M. Cipolla, *Clocks and Culture: 1300–1700* (New York: Norton, 1978), pp. 64–69.
4. See Carlo M. Cipolla, *Literacy and Development in the West* (New York: Penguin, 1969), pp. 17, 51, 115; Robert J. Kaiser, *The Geography of Nationalism in Russia and the USSR* (Princeton, N.J.: Princeton University Press, 1994), p. 70; Piotr S. Wandycz, *The Lands of Partitioned Poland, 1795–1918* (Seattle: University of Washington Press, 1974), p. 185.
5. Carlo M. Cipolla, *Literacy and Development in the West*, pp. 84–85.
6. Walter Nugent, *Crossings: The Great Transatlantic Migrations, 1870–1914* (Bloomington: Indiana University Press, 1992), p. 62.
7. Ibid., p. 99.
8. Helen Ware, *A Profile of the Italian Community in Australia* (Melbourne: Australian Institute of Multicultural Affairs and Co.As.It. Italian Assistance Association, 1981), p. 12.
9. Leela Gulati, "The Impact on the Family of Male Migration to the Middle East," *Asian Labor Migration: Pipeline to the Middle East*, edited by Fred Arnold and Nasra M. Shah (Boulder, Colo.: Westview Press, 1986), p. 196.
10. Myron Weiner, *The Global Migration Crisis*, p. 37; *The World Almanac and Book of Facts: 1995* (Mahwah, N.J.: Funk and Wagnalls, 1994), p. 775.
11. Carlo M. Cipolla, *Literacy and Development in the West*, pp. 95–96.
12. Louise L'Estrange Fawcett, "Lebanese, Palestinians and Syrians in Colombia," *The Lebanese in the World: A Century of Emigration*, edited by Albert Hourani and Nadim Shehadi (London: I. B. Tauris & Co., Ltd., 1992), p. 368.
13. Ibid., p. 513; H. L. van der Laan, *The Lebanese Traders in Sierra Leone* (The Hague: Mouton, 1975), pp. 236–237, 239.
14. Charles A. Price, *Southern Europeans in Australia* (Melbourne: Australian National University, 1979), p. 282.
15. Ibid., pp. 31–32.
16. Ibid., p. 110.
17. Ibid., p. 132.
18. Robert C. Ostergren, "Prairie Bound: Migration Patterns to a Swedish Settlement on the Dakota Frontier," *Ethnicity on the Great Plains*, edited by Frederick C. Luebke (Lincoln: University of Nebraska Press, 1980), pp. 84–88; Charles A. Price, *Southern Europeans in Australia*, p. 114; Yasuo Wakatsuki, "Japanese Emigration to the United States, 1866–1924: A Monograph," *Perspectives in American History*, Vol. XII (1979), p. 428.
19. Charles A. Price, *Southern Europeans in Australia*, p. 161.
20. Yuan-li Wu and Chun-hsi Wu, *Economic Development in Southeast Asia: The Chinese Dimension* (Stanford, Calif.: Hoover Institution Press, 1980), pp. 60–61.
21. Moses Rischin, *The Promised City: New York's Jews, 1870–1914* (Cambridge, Mass.: Harvard University Press, 1962), pp. 76, 78.
22. Samuel L. Bailey, "The Adjustment of Italian Immigrants in Buenos Aires and New York," *American Historical Review*, April 1983, p. 291; Robert F. Foerster, *The Italian Emigration of Our Times* (New York: Arno Press, 1969), p. 393; Dino Cinel, *From Italy to San Francisco: The Immigrant Experience* (Stanford, Calif.: Stanford University Press, 1982), p. 28; John E. Zucchi, *Italians in Toronto: Development of a National Identity, 1875–1935* (Kingston, Ontario: McGill-Queen's University Press, 1988), pp. 41, 53–55, 58.
23. Seamus Grimes, "Friendship Patterns and Social Networks Among Post-War Irish Migrants in Sydney," *The Irish World Wide*, Volume 1: *Patterns of Migration*, edited by Patrick O'Sullivan, pp. 169–171.
24. Mary Fainsod Katzenstein, *Ethnicity and Equality: The Shiv Sena Party and Preferential Policies in Bombay* (Ithaca, N.Y.: Cornell University Press, 1979), pp. 31–32.
25. U.S. Commission on Civil Rights, *The Economic Status of Americans of Southern and Eastern European Ancestry* (Washington, D.C.: U.S. Commission on Civil Rights, 1986), p. 25.
26. Peter Xenos, Herbert Barringer, and Michael J. Levin, *Asian Indians in the United States: A 1980 Census Profile* (Honolulu: East-West Population Institute, 1989), p. 22.
27. Oliver MacDonagh, "The Irish Famine Emigration to the United States," *Perspectives in American History*, Vol. X (1976), pp. 394–395.
28. Patrick McKenna, "Irish Immigration to Argentina," *The Irish World Wide*, Volume I: *Patterns of Migration*, edited by Patrick O'Sullivan, p. 71.
29. See, for example, H. L. van der Laan, *The Lebanese Traders in Sierra Leone* (The Hague: Mouton, 1975), pp. 242–243; Floyd Dotson and Lillian O. Dotson, *The Indian Minority of Zambia, Rhodesia, and Malawi* (New Haven, Conn.: Yale University Press, 1968), pp. 73–75; Robert G. Gregory, *South Asians in East Africa: An Economic and Social History* (Boulder, Colo.: Westview Press, 1993), p. 300; Edgar Wickberg, *The Chinese in Philippine Life: 1850–1898* (New Haven, Conn.: Yale University Press, 1965), p. 172; Ng Bickleen Fong, *The Chinese in New Zealand: A Study in Assimilation* (Hong Hong: Hong Kong University Press, 1959), pp. 15, 172.
30. Charles A. Price, *Southern Europeans in Australia*, p. 109.
31. See ibid., pp. 248, 251.
32. Madhullike S. Khandelwal, "Indian Immigrants in Queens, New York City: Patterns of Spatial Concentration and Distribution, 1965–1990," *Nation and Migration: The Politics of Space in the South Asian Diaspora*, edited by Peter van der Veer (Philadelphia: University of Pennsylvania Press, 1995), p. 184.
33. Caroline Golab, *Immigrant Destinations* (Philadelphia: Temple University Press, 1977), pp. 24–25.
34. Ibid., p. 132.
35. Louis Wirth, *The Ghetto* (Chicago: University of Chicago Press, 1958), p. 229.
36. Charles A. Price, *Southern Europeans in Australia*, p. 111.
37. Albert Hourani, "Introduction," *The Lebanese in the World*, p. 5.
38. Ibid., p. 6.
39. Ibid., p. 8. See also Trevor Batrowney, "The Lebanese in Australia, 1880–1989," ibid., pp. 432, 434–435; Michael Humphrey, "Sectarianism and the Politics of Identity: The Lebanese in Sydney," ibid., pp. 444, 449; H. L. van der Laan, *The Lebanese Traders in Sierra Leone*, p. 245.
40. James A. Haetner, "Market Gardening in Thailand: The Origins of an Ethnic Chinese Monopoly," *The Chinese in Southeast Asia*, edited by Linda Y. C. Lim and L. A. Peter Gosling (Singapore: Maruzen Asia, 1983), Volume I: *Ethnicity and Economic Activity*, p. 40.
41. Fernand Braudel, *The Mediterranean and the Mediterranean World in the Age of Philip II*, translated by Sian Reynolds, Volume I (New York: Harper & Row, 1972), pp. 238, 241–243. See also John R. Lampe, "Imperial Borderlands or Capitalist Periphery? Redefining Balkan Backwardness, 1520–1914," *The Origins of Backwardness in Eastern Europe: Economics and Politics from the Middle Ages until the Early Twentieth Century*, edited by Daniel Chirot (Berkeley: University of California Press, 1989), p. 180.
42. J. R. McNeill, *The Mountains of the Mediterranean World: An Environmental History* (Cambridge: Cambridge University Press, 1992), p. 47.
43. Ibid., p. 29.
44. Ibid., p. 206; William H. McNeill, *The Age of Gunpowder Empires: 1450–1800* (Washington, D.C.: American Historical Association, 1989), p. 38.
45. J. R. McNeill, *The Mountains of the Mediterranean*, p. 143.
46. Ibid., pp. 27, 54.
47. Ibid., p. 46.
48. See, for example, ibid., p. 110.
49. Ibid., pp. 142–143.
50. Ibid., pp. 116–117, 139.
51. Ellen Churchill Semple, *Influences of Geographic Environment* (New York: Holt, 1911), pp. 578–579.
52. William S. Brockington, "Scottish Military Emigrants in the Early Modern Era," *Proceedings of the South Carolina Historical Association*

(1991), pp. 95–101.
53. Byron Farwell, *The Gurkhas* (New York: Norton, 1984).
54. Fernand Braudel, *The Mediterranean and the Mediterranean World in the Age of Philip II,* Volume I, pp. 48–49.
55. J. R. McNeill, *The Mountains of the Mediterranean,* pp. 205–206.
56. Gary Snyder, "Beyond Cathay: The Hill Tribes of China," *Mountain People,* edited by Michael Tobias (Norman: University of Oklahoma Press, 1986), pp. 150–151.
57. N. J. G. Pounds, *An Historical Geography of Europe: 1500–1840* (Cambridge: Cambridge University Press, 1988), p. 102.
58. J. R. McNeill, *The Mountains of the Mediterranean,* pp. 119, 213.
59. N. J. G. Pounds, *An Historical Geography of Europe: 1500–1840,* p. 102.
60. Ellen Churchill Semple, *Influences of Geographic Environment,* pp. 586–588.
61. David Hackett Fischer, *Albion's Seed: Four British Folkways in America* (New York: Oxford University Press, 1989), p. 767.
62. J. R. McNeill, *The Mountains of the Mediterranean,* pp. 48, 205, 206; Ellen Churchill Semple, *Influences of Geographical Environment,* pp. 592, 599.
63. See, for example, William H. McNeill, *The Age of Gunpowder Empires: 1450–1800* (Washington, D.C.: American Historical Association, 1989), p. 4; Jean W. Sedlar, *East Central Europe in the Middle Ages, 1000–1500* (Seattle: University of Washington Press, 1994), pp. 115, 126, 131; Wolfgang von Hagen, *The German People in America,* pp. 75–76.
64. J. R. McNeill, *The Mountains of the Mediterranean,* pp. 20, 35, 41.
65. Ibid., p. 31.
66. H. J. de Blij and Peter O. Mueller, *Physical Geography of the Global Environment* (New York: Wiley, 1993), pp. 132–133.
67. Ellen Churchill Semple, *Influences of Geographical Environment,* pp. 542–543.
68. Ibid., pp. 532–533.
69. Ibid., Chapter VIII.
70. Ibid., p. 272.
71. Peter F. Sugar, *Southeastern Europe under Ottoman Rule, 1354–1804* (Seattle: University of Washington Press, 1993), pp. 178–183; Jean W. Sedlar, *East Central Europe in the Middle Ages, 1000–1500,* pp. 454–457.
72. Francois Renault, "The Structures of the Slave Trade in Central Africa in the 19th Century," *The Economics of the Indian Ocean Slave Trade in the Nineteenth Century,* edited by William Gervase Clarence-Smith (London: Frank Cass & Co., Ltd., 1989), pp. 148–149; James S. Coleman, *Nigeria: Background to Nationalism* (Berkeley: University of California Press, 1971), p. 65.
73. Ellen Churchill Semple, *Influences of Geographic Environment,* p. 276.
74. Jean W. Sedlar, *East Central Europe in the Middle Ages, 1000–1500,* p. 84.
75. Fernand Braudel, *The Mediterranean and the Mediterranean World in the Age of Philip II,* Volume I, p. 84.
76. Jean W. Sedlar, *East Central Europe in the Middle Ages, 1000–1500,* pp. 3–13.
77. The Amazon, for example, is by far the world's greatest river but the soils in its region have been characterized as "startlingly poor" and it has led to no great cities being established along its banks. See Jonathan B. Tourtellot, "The Amazon: Sailing a Jungle Sea," *Great Rivers of the World,* edited by Margaret Sedeen (Washington, D.C.: National Geographic Society, 1984), p. 302.
78. William L. Blackwell, *The Industrialization of Russia: A Historical Perspective,* third edition (Arlington Heights, Ill.: Harland Davidson, 1994), p. 2.
79. Ellen Churchill Semple, *Influences of Geographic Environment,* pp. 263, 283.
80. Josip Roglic, "The Geographical Setting of Medieval Dubrovnik," *Geographical Essays on Eastern Europe,* edited by Norman J. G. Pounds (Bloomington: Indiana University Press, 1961), p. 147.
81. James Vicens Vives, *An Economic History of Spain* (Princeton, N.J.: Princeton University Press, 1969), p. 365.
82. Constance Cronin, *The Sting of Change: Sicilians in Sicily and Australia* (Chicago: University of Chicago Press, 1970), p. 35.
83. U.S. Commission on Civil Rights, *The Economic Status of Americans of Southern and Eastern European Ancestry* (Washington, D.C.: U.S. Commission on Civil Rights, 1986), p. 15. It also took the immigrants from southern and eastern Europe, and from Ireland and the French-speaking regions of Canada, more years to reach the average income of native-born Americans. Barry R. Chiswick, "The Economic Progress of Immigrants: Some Apparently Universal Patterns," *The Gateway: U.S. Immigration Issues and Policies* (Washington, D.C.: The American Enterprise Institute, 1982), p. 147.
84. Stanley Lieberson, *Ethnic Patterns in American Cities* (New York: Free Press of Glencoe, 1963), p. 72.
85. See, for example, Peter Fox, *The Poles in America* (New York: Arno Press, 1970), p. 96; Leonard P. Ayres, *Laggards in Our Schools: A Study of Retardation and Elimination in City School Systems* (New York: Russell Sage Foundation, 1909), pp. 107–108; *Reports of the Immigration Commission,* 61st Congress, 3rd Session, Volume I: *The Children of Immigrants in Schools* (Washington, D.C.: U.S. Government Printing Office, 1911), pp. 48–49, 89, 90.
86. Thomas Sowell, "Race and I.Q. Reconsidered," *Essays and Data on American Ethnic Groups,* edited by Thomas Sowell (Washington, D.C.: The Urban Institute, 1978), p. 207.
87. Charles A. Price, *Southern Europeans in Australia,* p. 58.
88. Ibid., p. 24. See also pp. 16, 17n.
89. Helen Ware, *A Profile of the Italian Community in Australia* (Melbourne: Australian Institute of Multicultural Affairs, 1981), p. 68.
90. Ibid., p. 47.
91. Ibid., p. 63.
92. John K. Fairbank, Edwin O. Reischauer, and Albert M. Craig, *East Asia: Tradition and Transformation* (Boston: Houghton-Mifflin, 1989), pp. 133, 135.
93. John K. Fairbank et al., *East Asia,* pp. 143, 174.
94. Ellen Churchill Semple, *Influences of Geographic Environment,* pp. 266–271.
95. N. J. G. Pounds, *An Historical Geography of Europe: 1500–1840,* p. 86.
96. Walter Nugent, *Crossings,* p. 35.
97. Ibid., pp. 35–36, 84.
98. Ibid., p. 84.
99. Ibid., p. 84.
100. H. L. van der Laan, *The Lebanese Traders in Sierra Leone,* p. 241.
101. Emilio Reyneri and Clara Mughini, "Return Migration and Sending Areas: From the Myth of Development to the Reality of Stagnation," *The Politics of Return: International Return Migration in Europe* (New York: Center for Migration Studies, 1984), p. 34.
102. Fred Arnold and Nasra M. Shah, "Asia's Labor Pipeline: An Overview," *Asian Labor Migration: Pipeline to the Middle East* (Boulder, Colo.: Westview Press, 1986), p. 7.
103. Ibid., p. 6.
104. Ibid., p. 4.
105. Charles B. Keely and Bao Nga Tran, "Remittances from Labor Migration: Evaluations, Performance and Implications," *International Migration Review,* Vol. 23, No. 87 (Fall 1989), p. 519.
106. Ibid., p. 514.
107. Reginald T. Appleyard, "Migration and Development: Myth and Reality," *International Migration Review,* Vol. 23, No. 87 (Fall 1989), pp. 493–494.
108. Myron Weiner, *The Global Migration Crisis: Challenge to States and to Human Rights* (New York: HarperCollins, 1995), p. 68.
109. Robert F. Foerster, *The Italian Emigration of Our Times,* p. 417.
110. Judith M. Brown and Rosemary Foot, "Introduction: Migration—the Asian Experience," *Migration: The Asian Experience* (London: St. Martin's, 1994), p. 6.
111. Dino Cinel, *From Italy to San Francisco,* pp. 95, 278 (n. 152).
112. Ibid., pp. 86–88; Joseph Lopreato, *Italian Americans* (New York: Random House, 1970), pp. 158–159; Humbert S. Nelli, *The Italians in Chicago, 1880–1930: A Study in Ethnic Mobility* (New York: Oxford University Press, 1970), p. 72.
113. Joseph Lopreato, *Italian Americans,* pp. 158–159.
114. Ross Fakiolas, "Return Migration to Greece and Its Structural and Socio-Political Effects," *The Politics of Return,* edited by Daniel Kubat, p. 40.
115. Ibid., pp. 41–43.
116. Reginald T. Appleyard, "Migration and Development: Myth and Reality," *International Migration Review,* Vol. 23, No. 87 (Fall 1989), p. 493.
117. Walter Nugent, *Crossings,* p. 175.
118. Charles A. Price, *Southern Europeans in Australia,* pp. 105–107.
119. Ilsoo Kim, *New Urban Immigrants: The Korean Community in New York* (Princeton, N.J.: Princeton University Press, 1981), p. 113.
120. Kingsley Davis, *The Population of India and Pakistan* (Princeton, N.J.: Princeton University Press, 1951), p. 99.
121. Walter Nugent, *Crossings,* p. 160.
122. Ai Leng Choo, "When Many Are Fleeing Hong Kong, Others Find It's Profitable to Go Back," *Wall Street Journal,* January 24, 1992, p. A10.
123. See, for example, Anna Maria Martellone, "Italian Mass Emigration to the United States, 1876–1930: A Historical Survey," *Perspectives in*

American History, New Series, Vol. 1 (1984), pp. 406–407; W. D. Borrie, *Italians and Germans in Australia: A Study of Assimilation* (Melbourne: Australian National University, 1954), pp. 36, 51; Herbert S. Klein, "The Integration of Italian Immigrants into the United States and Argentina," *American Historical Review*, Vol. 88, No. 2 (April 1983), p. 316; Robert F. Foerster, *The Italian Emigration of Our Times* (New York: Arno Press, 1969), p. 242; Victor Purcell, *The Overseas Chinese in Southeast Asia*, second edition (Kuala Lumpur: Oxford University Press, 1980), pp. 41, 85, 179, 223, 387, 499; Yasuo Wakatsuki, "Japanese Emigration to the United States, 1866–1924: A Monograph," *Perspectives in American History*, Vol. XII (1979), p. 514; C. Harvey Gardiner, *The Japanese and Peru, 1873–1973* (Albuquerque: University of New Mexico Press, 1975), p. 34.

124. See, for example, Moses Rischin, *The Promised City*, pp. 80–81; Betty Lee Sung, *The Story of the Chinese in America* (New York: Collier Books, 1967), pp. 85, 87; Ira de A. Reid, *The Negro Immigrant: His Background, Characteristics and Social Adjustment, 1899–1937* (New York: AMS Press, 1970), p. 236; W. D. Borrie, *Italians and Germans in Australia: A Study of Assimilation* (Melbourne: F. W. Cheshire, 1954), p. 132; Charles H. Young and Helen R. Y. Reid, *The Japanese Canadians* (Toronto: University of Toronto Press, 1938), pp. 16–17.

125. Yugi Ichioka, *The Issei: The World of the First Generation Japanese Immigrants, 1885–1924* (New York: The Free Press, 1988), pp. 164–165; Ken Adachi, *The Enemy That Never Was: A History of the Japanese Canadians* (Toronto: McClelland and Stewart, 1976), Chapter 4; Ellie Vasta, "Cultural and Social Change: Italian-Australian Women and the Second Generation," *The Columbua People: Perspectives in Italian Immigration to the Americas and Australia* (New York: Center for Migration Studies, 1994), p. 407.

126. Myron Weiner, *The Global Migration Crisis*, p. 10.

127. William McGowan, *And Only Man Is Vile: The Tragedy of Sri Lanka* (New York: Farrar, Straus & Giroux, 1992), p. 98.

128. David Lamb, *The Africans* (New York: Random House, 1982), p. 308.

129. Lord Kinross, *The Ottoman Centuries: The Rise and Fall of the Turkish Empire* (New York: Morrow, 1977), p. 560.

130. David Marshall Lang, *The Armenians: A People in Exile* (London: George Allen & Unwin, 1982), p. 125.

131. See, for example, Solomon Grayzel, *A History of the Jews* (New York: Mentor Book, 1968), pp. 306, 440–442, 547–548; Paul Johnson, *A History of the Jews* (New York: Harper & Row, 1987), pp. 216–217; Stephen H. Haliczer, "The Castilian Urban Patriciate and the Jewish Expulsions of 1480–92," *American Historical Review*, February 1973, pp. 41–42; Benjamin Pinkus, *The Jews of the Soviet Union*, pp. 27–30.

132. Ashok V. Desai, "The Origins of Parsi Enterprise," *Indian Economic and Social History Review*, June 1968, pp. 307, 312; Christine Dobbin, "From Middleman Minorities to Industrial Entrepreneurs: The Chinese in Java and the Parsis in Western India, 1619–1939," *Itinerario*, Vol. XIII, No. 1 (1989), p. 122.

133. Albert Hourani, "Introduction," *The Lebanese in the World*, edited by Albert Hourani and Nadim Shehadi, p. 8.

134. Roger P. Bartlett, *Human Capital: The Settlement of Foreigners in Russia, 1762–1804* (Cambridge: Cambridge University Press, 1979), p. 151.

135. Joel Kotkin, *Tribes: How Race, Religion and Identity Determine Success in the New Global Economy* (New York: Random House, 1993), p. 180.

136. Amir Abdul-Kaim, "Lebanese Business in France," *The Lebanese in the World*, edited by Albert Hourani and Nadim Shehadi, p. 697.

137. Didier Bigo, "The Lebanese Community in the Ivory Coast: A Non-native Network at the Heart of Power?" ibid., p. 514.

138. I. H. Burnley, "Lebanese Migration and Settlement in Sydney, Australia," *International Migration Review*, Vol. XVI, No. 1 (Spring 1982), p. 102.

139. John J. Ray, "The Traits of Immigrants: A Case Study of the Sydney Parsees," *Journal of Comparative Family Studies*, Vol. XVII, No. 1 (Spring 1986), p. 127.

140. Moses Rischin, *The Promised City*, p. 33.

141. Hilary Rubinstein, *Chosen: The Jews in Australia* (Sydney: Allen & Unwin, 1987), p. 9.

142. Judith Laikin Elkin, *Jews of the Latin American Republics* (Chapel Hill: University of North Carolina Press, 1980), p. 59.

143. S. W. Kung, *Chinese in American Life: Some Aspects of Their History, Status, Problems, and Contributions* (Seattle: University of Washington Press, 1962), pp. 22–23.

144. F. A. Hayek, *The Collected Works of F. A. Hayek*, Volume I: *The Fatal Conceit: The Errors of Socialism*, edited by W. W. Bartley III (Chicago: University of Chicago Press, 1988), p. 91.

145. R. A. Radford, "The Economic Organisation of a P.O.W. Camp," *Economica*, November 1945, pp. 189–201.

146. Roger P. Bartlett, *Human Capital*, pp. 86–87.

147. Ashok V. Desai, "The Origins of Parsi Enterprise," *Indian Economic and Social History Review*, June 1968, pp. 310, 311.

148. See, for example, Didier Bigo, "The Lebanese Community in the Ivory Coast: A Non-native Network at the Heart of Power?" *The Lebanese in the World*, edited by Albert Hourani and Nadim Shehadi, pp. 511–512; H. L. van der Laan, *The Lebanese Traders in Sierra Leone* (The Hague: Mouton, 1975), pp. 27–28; J. S. Mangat, *A History of the Asians in East Africa*, pp. 8–9.

149. Emily Green Balch, *Our Slavic Fellow Citizens* (New York: Arno Press, 1969), p. 61.

150. Walter Nugent, *Crossings*, pp. 12, 41, 43.

151. Robert E. Kennedy, Jr., *The Irish: Emigration, Marriage and Fertility* (Berkeley: University of California Press, 1973), p. 27.

152. Robert Bartlett, *The Making of Europe: Conquest, Colonization and Cultural Change, 950–1350* (Princeton, N.J.: Princeton University Press, 1993), pp. 126–132; Jean W. Sedlar, *East Central Europe in the Middle Ages, 1000–1500*, pp. 98–99.

153. Robert Bartlett, *The Making of Europe*, pp. 114–115, 149; Jean W. Sedlar, *East Central Europe in the Middle Ages, 1000–1500*, p. 86.

154. Robert Bartlett, *The Making of Europe*, pp. 90–92.

155. Jean W. Sedlar, *East Central Europe in the Middle Ages, 1000–1500*, pp. 115, 136, 411.

156. Oliver MacDonagh, "The Irish Famine Emigration to the United States," *Perspectives in American History*, Vol. X (1976), pp. 423, 425.

157. Walter Nugent, *Crossings*, p. 99.

158. Robert W. Gardner, "Asian Immigration: The View from the United States," *Asian and Pacific Migration Journal*, Vol. 1, No. 1 (1992), pp. 78–79.

159. Paul M. Ong, Lucie Cheng, and Leslie Evans, "Migration of Highly Educated Asians and Global Dynamics," *Asian and Pacific Migration Journal*, Vol. 1, Nos. 3–4 (1992), p. 545.

160. George J. Borgas and Richard B. Freeman, "Introduction and Summary," *Immigration and the Work Force*, edited by George J. Borgas and Richard B. Freeman, p. 7.

161. Charles W. Stahl, Reginald T. Appleyard, and Toshikazu Nagayama, "Introduction," *Asian and Pacific Migration Journal*, Vol. 1, Nos. 3–4 (1992), p. 409.

162. D. A. Coleman, "International Migration: Demographic and Socioeconomic Consequences in the United Kingdom and Europe," *International Migration Review*, Vol. XXIX, No. 1 (Spring 1995), p. 163.

163. Barry R. Chiswick, "The Economic Progress of Immigrants: Some Apparently Universal Patterns," *The Gateway*, pp. 119–158.

164. Walter Nugent, *Crossings*, p. 31.

165. Henry A. Gemery, "European Emigration to North America, 1720–1800: Numbers and Quasi-Numbers," *Perspectives in American History*, Vol. I (1984), pp. 300–301.

166. Ibid., p. 299.

167. Maldwyn Allen Jones, *American Immigration*, pp. 184–185.

168. Alice Kessler-Harris and Virginia Yans-McLaughlin, "European Immigrant Groups," *Essays and Data on American Ethnic Groups*, edited by Thomas Sowell (Washington, D.C.: The Urban Institute, 1978), p. 108; U.S. Commission on Civil Rights, *The Economic Status of Americans of Southern and Eastern European Ancestry*, pp. 11–13.

169. U.S. Commission on Civil Rights, *The Economic Status of Americans of Southern and Eastern European Ancestry*, p. 11.

170. Ibid.

171. Samuel L. Baily, "The Adjustment of Italian Immigrants in Buenos Aires and New York," *American Historical Review*, April 1983, p. 303.

172. N. J. G. Pounds, *An Historical Geography of Europe: 1800–1914* (Cambridge: Cambridge University Press, 1985), p. 79.

173. Ibid., pp. 79, 84.

174. N. J. G. Pounds, *An Historical Geography of Europe: 1500–1840*, pp. 86–87.

175. N. J. G. Pounds, *An Historical Geography of Europe: 1800–1914*, pp. 81–82.

176. Ibid., p. 84.

177. Ibid., p. 81.

178. Jean W. Sedlar, *East Central Europe in the Middle Ages, 1000–1500*, p. 136.

179. Ibid., p. 115.

180. Compare Daniel M. Johnson and Rex R. Campbell, *Black Migration in America: A Social Demographic History* (Durham, N.C.: Duke University

Press, 1981), pp. 74–75, 95, 127, 156–157, 170; U.S. Bureau of the Census, *Historical Statistics of the United States: Colonial Times to 1970* (Washington, D.C.: U.S. Government Printing Office, 1975), pp. 105–106.
181. U.S. Bureau of the Census, *Geographical Mobility: March 1990 to March 1991*, Series P-20, No. 463 (Washington, D.C.: U.S. Government Printing Office, 1992), p. xiii.
182. Robert W. Gardner, "Asian Immigration: The View from the United States," *Asian and Pacific Migration Journal*, Vol. 1, No. 1 (1992), pp. 68–69.
183. Susumu Watanabe, "The Lewisian Turning Point and International Migration: The Case of Japan," *Asian and Pacific Migration Journal*, Vol. 3, No. 1 (1994), p. 136.
184. Ibid., p. 135.
185. Toshikazu Nagayama, "Clandestine Migrant Workers in Japan," *Asian and Pacific Migration Journal*, Vol. 1, Nos. 3–4 (1992), p. 629.
186. D. A. Coleman, "International Migration: Demographic and Socioeconomic Consequences in the United Kingdom and Europe," *International Migration Review*, Vol. 29, No. 109 (Spring 1995), p. 157.
187. Ibid., p. 95.
188. Leonardo Senkman, "Argentina's Immigration Policy during the Holocaust (1938–1945)," *Yad Vashem Studies*, Vol. 21 (1991), pp. 165–169 (published in Israel).
189. Peter Gunst, "Agrarian Systems of Central and Eastern Europe," *The Origins of Backwardness in Eastern Europe*, edited by Daniel Chirot, p. 63.
190. See U.S. Immigration and Naturalization Service, *Statistical Yearbook of the Immigration and Naturalization Service, 1991* (Washington, D.C.: U.S. Government Printing Office, 1992), p. 30.
191. Patrick McKenna, "Irish Immigration to Argentina," *Patterns of Migration*, pp. 77–80.
192. Peter Xenos, Herbert Barringer, Michael Levin, *Asian Indians in the United States: A 1980 Census Profile* (Honolulu: East-West Population Institute, 1989), pp. 2–3, 17.
193. U.S. Commission on Civil Rights, *The Economic Status of Americans of Southern and Eastern European Ancestry*, pp. 29, 35.
194. Ibid., pp. 28–29, 33, 46.
195. Ibid., p. 44.
196. Seamus Grimes, "Friendship Patterns and Social Networks among Post-War Irish Migrants in Sydney," *Patterns of Migration*, edited by Patrick O'Sullivan, p. 178.
197. Thomas E. Weil et al., *Area Handbook for Argentina* (Washington, D.C.: U.S. Government Printing Office, 1975), p. 8.
198. Jean W. Sedlar, *East Central Europe in the Middle Ages, 1000–1500*, pp. 12–13.

第2章 德国裔

1. Roy E. Mellor and E. Alistair Smith, *Europe: A Geographical Survey of the Continent* (New York: Columbia University Press, 1979), p. 24.
2. Jean W. Sedlar, *East Central Europe in the Middle Ages, 1000–1500* (Seattle: University of Washington Press, 1994), pp. 100–101.
3. Peter Gunst, "Agrarian Systems of Central and Eastern Europe," *The Origins of Backwardness in Eastern Europe: Economics and Politics from the Middle Ages until the Early Twentieth Century*, edited by Daniel Chirot (Berkeley: University of California Press, 1989), pp. 63–66. See also Jean W. Sedlar, *East Central Europe in the Middle Ages, 1000–1500*, pp. 17, 326, 417.
4. Jean W. Sedlar, *East Central Europe in the Middle Ages, 1000–1500*, pp. 115, 126, 131.
5. Ibid., pp. 288, 402, 410–411.
6. Robert Bartlett, *The Making of Europe: Conquest, Colonization and Cultural Change, 950–1350* (Princeton, N.J.: Princeton University Press, 1993), p. 235.
7. Ibid., p. 124.
8. Ibid., p. 349.
9. Ibid., pp. 229–230, 266, 267.
10. Carlo M. Cipolla, *Clocks and Culture: 1300–1700* (New York: Norton, 1978), p. 31.
11. Ibid., p. 117.
12. Ibid., p. 52.
13. Ibid.
14. Ibid., p. 117.
15. Victor Wolfgang von Hagen, *The Germanic People in America* (Norman: Oklahoma University Press, 1976), p. 83. See also Albert Bernhardt Faust, *The German Element in the United States*, Volume I (New York: Arno Press, 1969), pp. 54–58.
16. Gordon Craig, *The Germans* (New York: G. P. Putnam and Sons, 1982), p. 20.
17. Hattie Plum Williams, *The Czar's Germans: With Particular Reference to the Volga Germans* (Lincoln, Neb.: American Historical Society of Germans from Russia, 1975), pp. 10, 12.
18. Virginia Brainard Kunz, *The Germans in America* (Minneapolis: Lerner Publications Company, 1966), p. 9.
19. Fred C. Koch, *The Volga Germans: In Russia and the Americas, from 1763 to the Present* (University Park: Pennsylvania State University Press, 1978), p. 8.
20. Ibid., p. 26.
21. Wolfgang Köllman and Peter Marschalck, "German Emigration to the United States," translated by Thomas C. Childers, *Perspectives in American History*, Vol. VII (1973), p. 518.
22. W. O. Henderson, *The Rise of German Industrial Power: 1834–1914* (Berkeley: University of California Press, 1975), p. 23.
23. Ibid., pp. 24, 29.
24. Ibid., p. 24.
25. Ibid., pp. 25, 27.
26. Ibid., p. 44.
27. Ibid., p. 26.
28. Ibid., p. 25.
29. Ibid., p. 44.
30. Ibid., pp. 53, 57.
31. Ibid., p. 53.
32. Ibid., p. 55.
33. Ibid., p. 49.
34. B. R. Mitchell, *European Historical Statistics, 1750–1970*, abridged edition (New York: Columbia University Press, 1975), p. 223.
35. Ibid., pp. 224, 225.
36. William Chase Greene, *The Achievement of Rome: A Chapter in Civilization* (New York: Cooper Square Publishers, Inc., 1973), p. 85.
37. Adam Giesinger, *From Catherine to Khrushchev: The Story of Russia's Germans* (Lincoln, Neb.: American Historical Society of Germans from Russia, 1974), pp. 143–144.
38. Larry V. Thompson, book review, *Journal of Latin American Studies*, May 1976, p. 159. See also Victor Wolfgang von Hagen, *The Germanic People in America*, pp. 242–243, 270; Ronald C. Newton, *German Buenos Aires, 1900–1933: Social Change and Cultural Crisis* (Austin: University of Texas Press, 1977), pp. 7–8, 22.
39. Albert Bernhardt Faust, *The German Element in the United States*, Volume I, pp. 320–327; Virginia Brainard Kunz, *The Germans in America*, pp. 48–51, 55, 60–61.
40. T. N. Dupuy, *A Genius for War: The German Army and General Staff, 1807–1945* (Englewood Cliffs, N.J.: Prentice-Hall, 1977), p. 4.
41. Carlo M. Cipolla, *Literacy and Development in the West* (New York: Penguin, 1969), pp. 24, 28, 30–31, 70.
42. Carlo M. Cipolla, *Literacy and Development in the West*, p. 17; Richard Sallet, *Russian-German Settlements in the United States*, p. 14; Frederick C. Luebke, *Germans in Brazil: A Comparative History of Cultural Conflict during World War I* (Baton Rouge: Louisiana State University Press, 1987), p. 50.
43. Victor Wolfgang von Hagen, *The Germanic People in America*, p. 326; Alfred Dolge, *Pianos and Their Makers* (Covina, Calif.: Covina Publishing Company, 1911), pp. 172, 264; Edwin M. Good, *Giraffes, Black Dragons, and Other Pianos: A Technological History from Cristofori to the Modern Concert Grand* (Stanford, Calif.: Stanford University Press, 1982), p. 137n; W. D. Borrie, "Australia," *The Positive Contribution by Immigrants*, edited by Oscar Handlin (Paris: United Nations Educational, Scientific, and Cultural Organization, 1955), p. 94.
44. Fernand Braudel, *The Mediterranean and the Mediterranean World in the Age of Philip II*, translated by Sian Reynolds, Volume I (New York: Harper & Row, 1972), p. 189.
45. Beer Institute, *Brewer's Almanac: 1992* (Washington, D.C.: Beer Institute, 1992), p. 1.
46. La Vern J. Rippley, "Germans from Russia," *Harvard Encyclopedia of American Ethnic Groups*, edited by Stephan Thernstrom et al. (Cambridge, Mass.: Harvard University Press, 1981), p. 426.
47. Richard Sallet, *Russian-German Settlements in the United States*, translated by La Vern J. Rippley and Armand Bauer (Fargo: North Dakota Institute for Regional Studies, 1974), p. 13.
48. Ingeborg Fleischhauer, "The Germans' Role in Tsarist Russia: A Reappraisal," *The Soviet Germans: Past and Present*, edited by Edith Rogovin Frankel (New York: St. Martin's, 1986), p. 13.
49. See, for example, Richard Sallet, *Russian-German Settlements in the*

United States, translated by LaVern J. Rippley and Armand Bauer, p. 3.
50. John A. Armstrong, "Mobilized Diaspora in Tsarist Russia: The Case of the Baltic Germans," *Soviet Nationality Policies and Practices*, edited by Jeremy R. Azrael (New York: Praeger Publishers, 1978), pp. 63–64.
51. Adam Giesinger, *From Catherine to Khrushchev*, p. 139. See also Robert P. Bartlett, *Human Capital: The Settlement of Foreigners in Russia 1762–1804* (Cambridge: Cambridge University Press, 1979), p. 89.
52. Ingeborg Fleischhauer, "The Germans' Role in Tsarist Russia: A Reappraisal," *The Soviet Germans*, edited by Edith Rogovin Frankel, p. 16.
53. See Robert Bartlett, *The Making of Europe*, p. 194; Anders Henriksson, *The Tsar's Loyal Germans* (New York: Columbia University Press, 1983), pp. x, 1.
54. Frederic T. Harned, "Latvia and the Latvians," *Handbook of Major Soviet Nationalities*, edited by Zev Katz et al. (New York: The Free Press, 1975), p. 94.
55. N. J. G. Pounds, *An Historical Geography of Europe* (Cambridge: Cambridge University Press, 1990), p. 203.
56. Ingeborg Fleischhauer, "The Germans' Role in Tsarist Russia: A Reappraisal," *The Soviet Germans*, edited by Edith Rogovin Frankel, p. 16.
57. Anders Henriksson, *The Tsar's Loyal Germans*, pp. 1, 4.
58. John A. Armstrong, "Mobilized Diaspora in Tsarist Russia," *Soviet Nationality Policies and Practices*, edited by Jeremy R. Azrael, p. 68; Richard Sallet, *Russian-German Settlements in the United States*, translated by La Vern J. Rippley and Armand Bauer, p. 14.
59. Richard Sallet, *Russian-German Settlements in the United States*, translated by La Vern J. Rippley and Armand Bauer, p. 14.
60. John A. Armstrong, "Socializing for Modernization in a Multiethnic Elite," *Entrepreneurship in Imperial Russia and the Soviet Union*, edited by Gregory Guroff and Fred V. Carstensen (Princeton, N.J.: Princeton University Press, 1983), p. 99.
61. Ingeborg Fleischhauer, "The Germans' Role in Tsarist Russia: A Reappraisal," *The Soviet Germans*, edited by Edith Rogovin Frankel, pp. 17–18.
62. Fred C. Koch, *The Volga Germans*, p. 195.
63. John A. Armstrong, "Mobilized Diaspora in Tsarist Russia," *Soviet Nationality Policies and Practices*, edited by Jeremy R. Azrael, p. 68.
64. John A. Armstrong, "Socializing for Modernization in a Multiethnic Elite," *Entrepreneurship in Imperial Russia and the Soviet Union*, edited by Gregory Guroff and Fred V. Carstensen, p. 100.
65. Adam Giesinger, *From Catherine to Khrushchev*, p. 153.
66. John A. Armstrong, "Mobilized Diaspora in Tsarist Russia," *Soviet Nationality Policies and Practices*, edited by Jeremy R. Azrael, pp. 95–96.
67. Adam Giesinger, *From Catherine to Khrushchev*, p. 143.
68. Anders Henriksson, *The Tsar's Loyal Germans*, p. 2.
69. Ibid., p. 37.
70. Ibid., p. 2.
71. John A. Armstrong, "Mobilized Diaspora in Tsarist Russia," *Soviet Nationality Policies and Practices*, edited by Jeremy R. Azrael, p. 69.
72. Earlier, there was anti-Latvian discrimination. Roger P. Bartlett, *Human Capital*, p. 89.
73. Anders Henriksson, *The Tsar's Loyal Germans*, pp. 15, 35, 54.
74. Ibid., p. 35.
75. Gary B. Cohen, *The Politics of Ethnic Survival: Germans in Prague, 1861–1914* (Princeton, N.J.: Princeton University Press, 1981), pp. 24–26.
76. Anders Henriksson, *The Tsar's Loyal Germans*, p. 50.
77. Ibid., pp. 55–56.
78. Ibid., p. 59.
79. Ibid., pp. 61–62.
80. Timothy J. Kloberdanz, "Plainsmen of Three Continents: Volga German Adaptation to Steppe, Prairie, and Pampa," *Ethnicity on the Great Plains*, edited by Frederick C. Luebke (Lincoln: University of Nebraska Press, 1980), p. 55.
81. Fred C. Koch, *The Volga Germans*, p. 19.
82. Hattie Plum Williams, *The Czar's Germans*, pp. 120–122.
83. Fred C. Koch, *The Volga Germans*, p. 25.
84. Adam Giesinger, *From Catherine to Khrushchev*, p. 16.
85. Hattie Plum Williams, *The Czar's Germans*, p. 117.
86. Fred C. Koch, *The Volga Germans*, pp. 40–42.
87. Ibid., p. 47.
88. Ibid., pp. 35–36.
89. Hattie Plum Williams, *The Czar's Germans*, pp. xi–xii; Fred C. Koch, *The Volga Germans*, p. 212. As late as 1900, virtually all the Russian-born individuals in North Dakota were German-speaking. Frederick C. Luebke, "Introduction," *Ethnicity on the Great Plains*, edited by Frederick C. Luebke, p. xviii.
90. Timothy J. Kloberdanz, "Plainsmen of Three Continents," ibid., pp. 56–57.
91. Timothy J. Kloberdanz, "Plainsmen of Three Continents," ibid., pp. 58–59.
92. Fred C. Koch, *The Volga Germans*, pp. 64–65.
93. Ibid., p. 69.
94. Ibid., p. 83.
95. Ibid., p. 176.
96. Ingeborg Fleischhauer, "The Germans' Role in Tsarist Russia: A Reappraisal," *The Soviet Germans*, edited by Edith Rogovin Frankel, p. 20.
97. Timothy J. Kloberdanz, "Plainsmen of Three Continents," *Ethnicity on the Great Plains*, edited by Frederick C. Luebke, p. 55.
98. Hattie Plum Williams, *The Czar's Germans*, p. 141.
99. Fred C. Koch, *The Volga Germans*, p. 98.
100. Hattie Plum Williams, *The Czar's Germans*, p. 141.
101. Ibid., p. 146; Fred C. Koch, *The Volga Germans*, p. 62.
102. Fred C. Koch, *The Volga Germans*, pp. 64–65.
103. Hattie Plum Williams, *The Czar's Germans*, p. 159.
104. Fred C. Koch, *The Volga Germans*, p. 54.
105. Ibid., p. 55.
106. Ibid., p. 33.
107. Timothy J. Kloberdanz, "Plainsmen of Three Continents," *Ethnicity on the Great Plains*, edited by Frederick C. Luebke, pp. 60–61.
108. Adam Giesinger, *From Catherine to Khrushchev*, pp. 94–95.
109. Ibid., pp. 63–65.
110. Ibid., p. 62.
111. Ibid., pp. 62–63.
112. Richard Sallet, *Russian-German Settlements in the United States*, translated by La Vern J. Rippley and Armand Bauer, p. 4. See also Adam Giesinger, *From Catherine to Khrushchev*, pp. 71–72.
113. Adam Giesinger, *From Catherine to Khrushchev*, p. 72.
114. Ingeborg Fleischhauer, "The Germans' Role in Tsarist Russia: A Reappraisal," *The Soviet Germans*, edited by Edith Rogovin Frankel, p. 21.
115. Adam Giesinger, *From Catherine to Khrushchev*, p. 229.
116. Ibid., pp. 230–234.
117. Ibid., p. 223.
118. Karl Stumpp, *The German-Russians: Two Centuries of Pioneering* (Bonn: Edition Atlantic-Forum, 1966), pp. 140–141.
119. Ibid., p. 28.
120. Ibid., pp. 8–9.
121. Adam Giesinger, *From Catherine to Khrushchev*, p. 249.
122. Fred C. Koch, *The Volga Germans*, p. 257.
123. Adam Giesinger, *From Catherine to Khrushchev*, p. 261.
124. Fred C. Koch, *The Volga Germans*, pp. 258–259.
125. Ibid., p. 263.
126. Adam Giesinger, *From Catherine to Khrushchev*, p. 259.
127. Ibid., p. 260.
128. Fred C. Koch, *The Volga Germans*, pp. 266–267.
129. Ibid., pp. 281–282.
130. Ingeborg Fleischhauer, "The Germans' Role in Tsarist Russia: A Reappraisal," *The Soviet Germans*, edited by Edith Rogovin Frankel, p. 29; Benjamin Pinkus, "From the October Revolution to the Second World War," ibid., p. 32.
131. Benjamin Pinkus, "From the October Revolution to the Second World War," ibid., pp. 44, 46–47.
132. Ibid., p. 61.
133. Ibid., p. 88.
134. Fred C. Koch, *The Volga Germans*, p. 294.
135. Ibid., p. 298.
136. Ibid., p. 226.
137. Anthony Hyman, "Refugees and Citizens: The Case of the Volga Germans," *The World Today*, Vol. 48 (March 1992), pp. 41–43.
138. Adam Giesinger, *From Catherine to Khrushchev*, pp. 262–263.
139. Ibid., p. 267.
140. Ibid., pp. 287–288.
141. Ibid., p. 307.
142. Ibid., p. 311.
143. Ibid., pp. 313–314.
144. Benjamin Pinkus, "The Germans in the Soviet Union since 1945," *The*

Soviet Germans, edited by Edith Rogovin Frankel, pp. 106, 106n.

145. Ibid., pp. 119–120.
146. Ibid., pp. 121–122.
147. Ibid., p. 122.
148. Ibid., pp. 122–125.
149. Ibid., p. 118.
150. Adam Giesinger, *From Catherine to Khrushchev*, p. 335.
151. Karl Stumpp, *The German-Russians*, p. 144.
152. Benjamin Pinkus, "The Germans in the Soviet Union since 1945," *The Soviet Germans*, edited by Edith Rogovin Frankel, p. 138.
153. Ibid., pp. 125–127.
154. Ibid., p. 132.
155. Anthony Hyman, "Refugees and Citizens: The Case of the Volga Germans," *The World Today*, Vol. 48 (March 1992), p. 41.
156. Myron Weiner, *The Global Migration Crisis: Challenge to States and to Human Rights* (New York: HarperCollins, 1995), p. 58.
157. Hans Jürgen, "Ethnic Germans (*Aussiedler*) from Eastern Europe and the Former Soviet Union in Germany," *Migration World Magazine*, Vol. 22, No. 1, p. 12.
158. Roger P. Bartlett, *Human Capital*, p. xiv.
159. George K. Weissenborn, "Three Hundred Years of German Presence in Canada," *Language and Society*, Spring 1983, p. 16.
160. Richard Sallet, *Russian-German Settlements in the United States*, translated by La Vern J. Rippley and Armand Bauer, p. 17.
161. Fred C. Koch, *The Volga Germans*, p. 3.
162. Ibid., p. 226.
163. Iris Barbara Graefe, "Cultural Changes among Germans from Russia in Argentina, 1967–1977," *Germans from Russia in Colorado*, edited by Sidney Heitman (Fort Collins, Colo.: The Western Social Science Association, 1978), p. 64.
164. Ibid., p. 58.
165. Harry Leonard Sawatzky, *They Sought a Country: Mennonite Colonization in Mexico* (Berkeley: University of California Press, 1971), passim.
166. Victor Wolfgang von Hagen, *The Germanic People in America*, p. 270.
167. Ibid., p. 75.
168. Christopher Hibbert, *The English: A Social History, 1066–1954* (New York: Norton, 1987), p. 175.
169. Victor Wolfgang von Hagen, *The Germanic People in America*, pp. 13, 14, 17.
170. Ibid., p. 77.
171. Ibid., p. 72.
172. Ibid., p. 105.
173. Ronald C. Newton, *German Buenos Aires, 1900–1933*, p. 9.
174. Ibid., p. 21.
175. Thomas W. Merrick and Douglas H. Graham, *Population and Economic Development in Brazil: 1800 to the Present* (Baltimore: Johns Hopkins University Press, 1979), p. 91.
176. See, for example, George F. W. Young, *Germans in Chile: Immigration and Colonization, 1849–1914* (Staten Island, N.Y.: The Center for Migration Studies, 1974), Chapters II, III, IV, V.
177. Markos J. Mamalakis, *The Growth and Structure of the Chilean Economy: From Independence to Allende* (New Haven, Conn.: Yale University Press, 1976), pp. 76–77. See also William Walter Sywak, "Values in Nineteenth-Century Chilean Education: The Germanic Reform of Chilean Public Education," Ph.D. dissertation, University of California at Los Angeles, 1977.
178. A quarter of a million immigrants came from Germany to the United States in 1882. U.S. Bureau of the Census, *Historical Statistics of the United States: Colonial Times to 1970* (Washington, D.C.: U.S. Government Printing Office, 1975), p. 106.
179. Glenn G. Gilbert, *The German Language in America: A Symposium* (Austin: University of Texas Press, 1971), pp. viii–ix.
180. Kathleen Neils Conzen, "Germans," *Harvard Encyclopedia of American Ethnic Groups*, edited by Stephan Thernstrom et al., p. 406.
181. Ibid., p. 407.
182. Albert Bernhardt Faust, *The German Element in the United States*, Volume I, pp. 36, 43.
183. Ibid., pp. 36, 37, 38, 39, 40–41, 45–46.
184. Frederick Merk, *History of the Westward Movement* (New York: Knopf, 1978), p. 49.
185. Albert Bernhardt Faust, *The German Element in the United States*, Volume I, pp. 131–139, 147–148, passim.
186. Ibid., pp. 98–99, 103, 112, 232, 240, 278, 392, 396, 463; Joseph Wandel, *The German Dimension of American History* (Chicago: Nelson-Hall Inc., 1979), pp. 15, 16, 20, 27, 51, 65.
187. R. L. Biesle, "The Relations between the German Settlers and the Indians in Texas, 1844–1860," *Southwestern Historical Quarterly*, July 1927, pp. 116–129.
188. Albert Bernhardt Faust, *The German Element in the United States*, Volume I, pp. 199, 213–214, 268–269, 270–271, 280, 305, 309, 310, 316–319, 371, 376, 393, 394, 402–403, 415, 484, 489, 491.
189. Ibid., pp. 320–328.
190. Ibid., p. 517.
191. Joseph Wandel, *The German Dimension of American History*, p. 187.
192. Thomas Sowell, *Ethnic America: A History* (New York: Basic Books, 1981), p. 57.
193. Albert Bernhardt Faust, *The German Element in the United States*, Volume I, pp. 447–448.
194. John Fredrick Nau, *The German People of New Orleans, 1850–1900* (Leiden: E. J. Brill, 1958), p. 9.
195. Ibid., p. 12.
196. Ibid., pp. 59, 68.
197. Kathleen Neils Conzen, "Germans," *Harvard Encyclopedia of American Ethnic Groups*, edited by Stephan Thernstrom et al., p. 412.
198. "The Great Melting Pot," *U.S. News and World Report*, July 7, 1986, p. 30.
199. Walter Kamphoefner, "Transplanted Westfalians: Persistence and Transformation of Socioeconomic and Cultural Patterns in the Northwest German Migration to Missouri," unpublished Ph.D. dissertation, University of Missouri (Columbia), 1978, especially Chapter 6.
200. Walter D. Kamphoefner, "The German Agricultural Frontier: Crucible or Cocoon," *Ethnic Forum*, Spring 1984, p. 25.
201. Theodore Huebener, *The Germans in America* (Philadelphia: Chilton Company, 1962), p. 84; Hildegard Binder Johnson, "The Location of German Immigrants in the Middle West," *Annals of the Association of American Geographers*, March 1951, pp. 24–25.
202. Joseph Wandel, *The German Dimension of American History*, p. 56.
203. Richard Sallet, *Russian-German Settlements in the United States*, translated by La Vern J. Rippley and Armand Bauer, pp. 21–32, 35–53.
204. Ibid., pp. 28, 31, 37, 74.
205. Ibid., p. 77; Douglas Hale, *The Germans from Russia in Oklahoma* (Norman: University of Oklahoma Press, 1980), p. 15. Kiel's name was changed to Loyal during the anti-German hysteria of World War I. Richard C. Rohrs, *The Germans in Oklahoma* (Norman: University of Oklahoma Press, 1980), p. 47.
206. Richard Sallet, *Russian-German Settlements in the United States*, p. 30.
207. La Vern J. Rippley, "Germans from Russia," *Harvard Encyclopedia of American Ethnic Groups*, edited by Stephan Thernstrom et al., p. 427.
208. Timothy J. Kloberdanz, "Plainsmen of Three Continents," *Ethnicity on the Great Plains*, edited by Frederick C. Luebke, p. 63.
209. Richard Sallet, *Russian-German Settlements in the United States*, p. 49.
210. Ibid., p. 40.
211. LaVern J. Rippley, "Germans from Russia," *Harvard Encyclopedia of American Ethnic Groups*, edited by Stephan Thernstrom et al., p. 427.
212. Timothy J. Kloberdanz, "Plainsmen of Three Continents," *Ethnicity on the Great Plains*, edited by Frederick C. Luebke, pp. 62–63.
213. Ibid., pp. 63–64.
214. Terry G. Jordan, *German Seed in Texas Soil* (Austin: University of Texas Press, 1982), p. 108.
215. Fred C. Koch, *The Volga Germans*, pp. 214–215; Richard Sallet, *Russian-German Settlements in the United States*, pp. 42–62.
216. Richard C. Rohrs, *The Germans in Oklahoma*, passim; Douglas Hale, *The Germans from Russia in Oklahoma*, passim.
217. Maldwyn Allen Jones, *American Immigration* (Chicago: University of Chicago Press, 1970), p. 118; Hildegard Binder Johnson, "The Location of German Immigrants in the Middle West," *Annals of the Association of American Geographers*, March 1951, p. 4.
218. Albert Bernhardt Faust, *The German Element in the United States*, Volume I, p. 426.
219. Kathleen Neils Conzen, *Immigrant Milwaukee, 1836–1860: Accommodation and Community in a Frontier City* (Cambridge, Mass.: Harvard University Press, 1976), p. 14.
220. Carl Wittke, *The Germans in America* (New York: Columbia University Teachers College Press, 1967), p. 9.
221. Walter Kamphoefner, "The German Agricultural Frontier: Crucible or Cocoon," *Ethnic Forum*, Spring 1984, pp. 21–35.
222. Carl Wittke, *We Who Built America: The Saga of the Immigrant* (Cleveland: The Press of Case Western Reserve University, 1967), pp. 207–208.

223. J. C. Furnas, *The Americans: A Social History of the United States 1587–1914* (New York: G. P. Putnam and Sons, 1969), p. 390.
224. Carl Wittke, *We Who Built America*, pp. 225–226.
225. Kathleen Neils Conzen, "Germans," *Harvard Encyclopedia of American Ethnic Groups*, edited by Stephan Thernstrom et al., p. 420.
226. Terry G. Jordan, "A Religious Geography of the Hill Country Germans of Texas," *Ethnicity on the Great Plains*, edited by Frederick C. Luebke, pp. 114, 116.
227. Ibid., p. 416; Carl Wittke, *We Who Built America*, p. 207.
228. Albert Bernhardt Faust, *The German Element in the United States* (New York: Arno Press, 1969), Volume II, pp. 250–293.
229. Kathleen Neils Conzen, *Immigrant Milwaukee*, p. 73.
230. R. A. Burchell, *The San Francisco Irish, 1848–1880* (Berkeley: University of California Press, 1980), p. 60.
231. Victor Wolfgang von Hagen, *The Germanic People in America*, p. 322.
232. Kathleen Neils Conzen, *Immigrant Milwaukee*, p. 69.
233. Albert Bernhardt Faust, *The German Element in the United States*, Volume I, pp. 45–46, 182, 242; Carl Wittke, *The German Language Press in America* (New York: Haskell House Publishers Ltd., 1973), pp. 51–52, 79, 82, 85, 100–101, 110–111, 115, 121, 122, 124, 135–137, 149, 152–153, 154, 180; Carl Wittke, *We Who Built America*, p. 233.
234. James M. Berquist, "The Mid-Nineteenth Century Slavery Crisis and German Americans," *States of Progress*, edited by Randall M. Miller (Philadelphia: The German Society of Philadelphia, 1989), pp. 55–71.
235. Ibid., p. 57.
236. Thomas Sowell, *Ethnic America*, pp. 191–192. See also John Hope Franklin, *The Free Negro in North Carolina, 1790–1860* (New York: Norton, 1971), pp. 8, 114–115.
237. Virginia Brainard Kunz, *The Germans in America*, p. 50.
238. Albert Bernhardt Faust, *The German Element in the United States*, Volume II, pp. 146, 148.
239. Carl Wittke, *We Who Built America*, p. 329.
240. Kathleen Neils Conzen, "Germans," *Harvard Encyclopedia of American Ethnic Groups*, edited by Stephan Thernstrom et al., p. 410.
241. Hartmut Keil, "Chicago's German Working Class in 1900," *German Workers in Industrial Chicago, 1850–1910: A Comparative Perspective*, edited by Hartmut Keil and John B. Jentz (DeKalb: Northern Illinois University Press, 1983), pp. 24–29; Nora Faires, "Occupational Patterns of German-Americans in Nineteenth-Century Cities," ibid., pp. 37–51.
242. Carl Wittke, *We Who Built America*, p. 247.
243. Kathleen Neils Conzen, "Germans," *Harvard Encyclopedia of American Ethnic Groups*, edited by Stephan Thernstrom et al., p. 423.
244. Virginia Brainard Kunz, *The Germans in America*, p. 54.
245. Charles H. Anderson, *White Protestant Americans* (Englewood Cliffs, N.J.: Prentice-Hall, 1970) p. 85; U.S. Bureau of Census, *Current Population Reports*, series P-20, no. 221 (Washington, D.C.: U.S. Government Printing Office, 1971), p. 7.
246. Albert Bernhardt Faust, *The German Element in the United States*, Volume II, p. 371; Kathleen Neils Conzen, "Germans," *Harvard Encyclopedia of American Ethnic Groups*, edited by Stephan Thernstrom et al., p. 423.
247. Fred C. Koch, *The Volga Germans*, pp. 222–226; E. Bradford Burns, *A History of Brazil* (New York: Columbia University Press, 1970), p. 186; Jean Roche, *La Colonisation Allemande et le Rio Grande do Sul* (Paris: Institute des Hautes Études de L'Amérique Latine, 1959), p. 115.
248. Hans Juergen Hoyer, "Germans in Paraguay, 1881–1945: A Study of Cultural and Social Isolation," unpublished Ph.D. dissertation, American University, 1973, pp. 4–11.
249. Jean Roche, *La Colonisation Allemande et le Rio Grande do Sul*, p. 123.
250. Ibid., p. 78.
251. Ibid., p. 125.
252. T. Lynn Smith, *Brazil: People and Institutions* (Baton Rouge: Louisiana State University Press, 1972), pp. 134–135. See also Preston E. James, "The Expanding Settlements of Southern Brazil," *Geographical Review*, October 1940, p. 609; Jean Roche, *La Colonisation Allemande et le Rio Grande do Sul*, p. 134.
253. Jean Roche, *La Colonisation Allemande et le Rio Grande do Sul*, pp. 125, 128–131.
254. Preston E. James, "The Expanding Settlements of Southern Brazil," *Geographical Review*, October 1940, p. 608. See also Terry G. Jordan, "Aspects of German Colonization in Southern Brazil," *Southwestern Social Science Quarterly*, March 1962, p. 348.
255. Preston E. James, "The Expanding Settlements of Southern Brazil," *Geographical Review*, October 1940, pp. 613, 616; Charles Wagley, *An Introduction to Brazil* (New York: Columbia University Press, 1971), p. 79.
256. T. Lynn Smith, *Brazil*, p. 134.
257. Thomas W. Merrick and Douglas H. Graham, *Population and Economic Development in Brazil: 1800 to the Present*, p. 111.
258. Terry G. Jordan, "Aspects of German Colonization in Southern Brazil," *Southwestern Social Science Quarterly*, March 1962, p. 350.
259. Rollie E. Poppino, *Brazil: The Land and the People* (New York: Oxford University Press, 1973), pp. 186–187.
260. Terry G. Jordan, "Aspects of German Colonization in Southern Brazil," *Southwestern Social Science Quarterly*, March 1962, p. 350.
261. T. Lynn Smith, *Brazil*, pp. 134–135.
262. Preston E. James, "The Expanding Settlements of Southern Brazil," *Geographical Review*, October 1940, p. 617.
263. T. Lynn Smith, *Brazil*, p. 134.
264. Terry G. Jordan, "Aspects of German Colonization in Southern Brazil," *Southwestern Social Science Quarterly*, March 1962, pp. 349–350; Fred C. Koch, *The Volga Germans*, pp. 225–226; Timothy J. Kloberdanz, "Plainsmen of Three Continents," *Ethnicity on the Great Plains*, edited by Frederick C. Luebke, pp. 65–66.
265. Fred C. Koch, *The Volga Germans*, p. 227.
266. Timothy J. Kloberdanz, "Plainsmen on Three Continents," *Ethnicity on the Great Plains*, edited by Frederick C. Luebke, p. 66.
267. Charles Wagley, *An Introduction to Brazil*, p. 78; Preston E. James, "The Expanding Settlements in Southern Brazil," *Geographical Review*, October 1940, pp. 619–620; Fred C. Koch, *The Volga Germans*, p. 226.
268. Preston E. James, "The Expanding Settlements of Southern Brazil," *Geographical Review*, October 1940, p. 620.
269. Hans Juergen Hoyer, "Germans in Paraguay, 1881–1945," pp. 5, 6, 9.
270. Preston E. James, "The Expanding Settlements of Southern Brazil," *Geographical Review*, October 1940, pp. 618–619.
271. Frederick C. Luebke, *Germans in Brazil: A Comparative History of Cultural Conflict during World War I* (Baton Rouge: Louisiana State University Press, 1987), p. 57.
272. Jean Roche, *La Colonisation Allemande et le Rio Grande do Sul*, p. 585. See also Leo Waibel, "European Colonization in Southern Brazil," *Geographical Review*, October 1959, pp. 532–536.
273. Jean Roche, *La Colonisation Allemande et le Rio Grande do Sul*, pp. 215–219.
274. Leo Waibel, "European Colonization in Southern Brazil," *Geographical Review*, October 1950, p. 532.
275. Jean Roche, *La Colonisation Allemande et le Rio Grande do Sul*, pp. 225–226.
276. Eric N. Baklanoff, "External Factors in the Economic Development of Brazil's Heartland: The Center-South, 1850–1930," *The Shaping of Modern Brazil*, edited by Eric N. Baklanoff (Baton Rouge: Louisiana State University Press, 1969), p. 30; Frederick C. Luebke, "A Prelude to Conflict: The German Ethnic Group in Brazilian Society, 1890–1917," *Ethnic and Racial Studies*, January 1983, p. 3.
277. Emilio Willems, "Brazil," *The Positive Contribution by Immigrants*, edited by Oscar Handlin et al., p. 124.
278. Rollie E. Poppino, *Brazil*, pp. 186–187.
279. Preston E. James, "The Expanding Settlements of Southern Brazil," *Geographical Review*, October 1940, p. 612.
280. Thomas H. Holloway, *Immigrants on the Land: Coffee and Society in São Paulo, 1886–1934* (Chapel Hill: University of North Carolina Press, 1980), pp. 150–161.
281. Preston E. James, "The Expanding Settlements of Southern Brazil," *Geographical Review*, October 1940, pp. 613–614, 625; Charles Wagley, *An Introduction to Brazil*, p. 79; Reinhard Maack, "The Germans of South Brazil: A German View," *Quarterly Journal of Inter-American Relations*, July 1939, p. 11. See also Terry G. Jordan, "Aspects of German Colonization in Southern Brazil," *Southwestern Social Science Quarterly*, March 1962, pp. 346, 348.
282. Jean Roche, *La Colonisation Allemande et le Rio Grande do Sul*, p. 585.
283. Hans Juergen Hoyer, "Germans in Paraguay, 1881–1945," p. 10.
284. Jean Roche, *La Colonisation Allemande et le Rio Grande do Sul*, pp. 483–484, 487.
285. Ibid., pp. 449, 488.
286. Ibid., pp. 499–500.
287. Frederick C. Luebke, *Germans in Brazil*, pp. 64, 66.
288. Jean Roche, *La Colonisation Allemande et le Rio Grande do Sul*, p. 126.
289. Ibid., p. 127.
290. Ibid., pp. 133, 134.
291. Ibid., pp. 362–384.
292. Ibid., pp. 385–386.

293. Ibid., pp. 388–389.
294. Ibid., p. 147.
295. Ibid.
296. Ibid., p. 197.
297. Ibid., p. 338.
298. Ibid., p. 335.
299. Ibid., pp. 322–323.
300. Ibid., pp. 335–339.
301. Ibid., pp. 339–340.
302. Ibid., p. 445.
303. Ibid., p. 460.
304. Ibid., p. 457.
305. Ibid., pp. 457, 459.
306. Ibid., p. 66.
307. Frederick C. Luebke, "The German Ethnic Group in Brazil: The Ordeal of World War II," paper presented to the 1982 Annual Meeting of the American Historical Association, pp. 7–9; Frederick C. Luebke, *Germans in Brazil*, pp. 106–111.
308. Frederick C. Luebke, "The German Ethnic Group in Brazil," pp. 9–10; Frederick C. Luebke, *Germans in Brazil*, Chapters 5, 7.
309. Frederick C. Luebke, *Germans in Brazil*, p. 199.
310. Frederick C. Luebke, "The German Ethnic Group in Brazil," p. 12.
311. Jean Roche, *La Colonisation Allemande et le Rio Grande do Sul*, p. 539.
312. Frederick C. Luebke, "The German Ethnic Group in Brazil," p. 14. See also Jean Roche, *La Colonisation Allemande et le Rio Grande do Sul*, p. 539.
313. Thomas W. Merrick and Douglas H. Graham, *Population and Economic Development in Brazil: 1800 to the Present*, p. 91.
314. Emilio Willems, "Brazil," *The Positive Contribution by Immigrants*, edited by Oscar Handlin et al., p. 127.
315. Jean Roche, *La Colonisation Allemande et le Rio Grande do Sul*, pp. 391–392.
316. Ibid., p. 407.
317. Emilio Willems, "Brazil," *The Positive Contribution by Immigrants*, edited by Oscar Handlin et al., p. 129.
318. Jean Roche, *La Colonisation Allemande et le Rio Grande do Sul*, p. 540.
319. Ibid., p. 449.
320. Ibid., pp. 541–542; Richard F. Behrendt, "Germans in Latin America," *Inter-American Monthly*, April 1943, p. 23.
321. Jean Roche, *La Colonisation Allemande et le Rio Grande do Sul*, pp. 545–546.
322. Ibid., pp. 547–548.
323. Ibid., pp. 551, 557, 587.
324. Ibid., pp. 551–575.
325. Ibid., pp. 456–468.
326. Emilio Willems, "Brazil," *The Positive Contribution by Immigrants*, edited by Oscar Handlin et al., p. 133.
327. Rollie E. Poppino, *Brazil*, pp. 31–35.
328. Hans Juergen Hoyer, "Germans in Paraguay, 1881–1945," p. iii.
329. Philip Raine, *Paraguay* (New Brunswick, N.J.: Scarecrow Press, 1956), pp. 298–299, 302.
330. Ibid., p. 295.
331. Ibid., pp. 91, 99, 103, 111.
332. Ibid., pp. 297–305; Hans Juergen Hoyer, "Germans in Paraguay, 1881–1945," pp. 43, 50.
333. Hans Juergen Hoyer, "Germans in Paraguay, 1881–1945," pp. 44–47.
334. Philip Raine, *Paraguay*, p. 301; Fred C. Koch, *The Volga Germans*, pp. 231–232.
335. Hans Juergen Hoyer, "Germans in Paraguay, 1881–1945," pp. 46, 49, 51–56.
336. Ibid., pp. 54–55.
337. Fred C. Koch, *The Volga Germans*, p. 232.
338. Philip Raine, *Paraguay*, pp. 302–305.
339. Ibid., p. 304.
340. Hans Juergen Hoyer, "Germans in Paraguay, 1881–1945," pp. 76–78.
341. Ibid., pp. 102–103.
342. Ibid., pp. 145–150.
343. Joseph Winfield Fretz, *Immigrant Group Settlements in Paraguay* (North Newton, Kan.: Bethel College, 1962), pp. 62, 95.
344. Ibid., pp. 131–135.
345. Ibid., pp. 115, 134.
346. Ian Harmstorf and Michael Cigler, *The Germans in Australia* (Melbourne: Australasian Educa. Press Pty. Ltd., 1985), pp. 4–5. See also Captain Hahn of the Zebra, *Emigrants to Hahndorf: A Remarkable Voyage* (Adelaide: Lutheran Publishing House, 1988).
347. W. D. Borrie, *Italians and Germans in Australia* (Melbourne: Australian National University, 1954), p. 157.
348. Ibid., p. 158.
349. Charles A. Price, *German Settlers in South Australia* (Melbourne: Melbourne University Press, 1945), pp. 13–15.
350. Author's observations in 1989.
351. Ian Harmstorf and Michael Cigler, *The Germans in Australia*, pp. 18, 20–21, 64–70.
352. Ibid., p. 99.
353. The author bought a copy in December 1989.
354. W. D. Borrie, *Italians and Germans in Australia*, p. 158.
355. Ibid., pp. 164, 165.
356. Ibid., p. 167.
357. Ian Harmstorf and Michael Cigler, *The Germans in Australia*, p. 56.
358. W. D. Borrie, *Italians and Germans in Australia*, pp. 167–170.
359. Ian Harmstorf and Michael Cigler, *The Germans in Australia*, pp. 158–159.
360. Charles A. Price, *German Settlers in South Australia*, pp. 10, 63–64.
361. W. D. Borrie, *Italians and Germans in Australia*, pp. 185–189; R. B. Walker, "Some Social and Political Aspects of German Settlement in Australia to 1914," *Journal of the Royal Australian Historical Society*, March 1975, p. 26.
362. R. B. Walker, "Some Social and Political Aspects of German Settlement in Australia to 1914," *Journal of the Royal Australian Historical Society*, March 1975, p. 28.
363. Ibid., pp. 28–29. See also Ian Harmstorf and Michael Cigler, *The Germans in Australia*, pp. 39–40, 120.
364. R. B. Walker, "Some Social and Political Aspects of German Settlement in Australia to 1914," *Journal of the Royal Australian Historical Society*, March 1975, pp. 36–37.
365. "Germans," *The Australian People: An Encyclopedia of the Nation, Its People and Their Origins*, edited by James Jupp (North Ryde, Australia: Angus and Robertson Publishers, 1988), p. 485.
366. Ibid., pp. 478, 487; W. D. Borrie, *Italians and Germans in Australia*, pp. 193, 210; Charles A. Price, *German Settlers in South Australia*, pp. 23, 24.
367. W. D. Borrie, *Italians and Germans in Australia*, p. 211.
368. Ibid., p. 192.
369. Ibid., p. 196.
370. Ian Harmstorf and Michael Cigler, *The Germans in Australia*, pp. 75–76.
371. "Germans," *The Australian People*, edited by James Jupp, p. 479.
372. Ibid., p. 486.
373. W. D. Borrie, *Italians and Germans in Australia*, pp. 182, 184.
374. Ibid., p. 188.
375. Ibid., p. 208. See also Ian Harmstorf and Michael Cigler, *The Germans in Australia*, pp. 172–173.
376. Ian Harmstorf and Michael Cigler, *The Germans in Australia*, pp. 129–133.
377. Charles A. Price, *German Settlers in South Australia*, p. 68.
378. W. D. Borrie, *Italians and Germans in Australia*, p. 208.
379. Ibid., p. 153; Charles A. Price, *German Settlers in South Australia*, p. 57.
380. Ian Harmstorf and Michael Cigler, *The Germans in Australia*, p. 63.
381. G. Kinne, "Nazi Stratagems and Their Effects on Germans in Australia up to 1945," *Journal of the Royal Australian Historical Society*, June 1980, p. 8.
382. Ian Harmstorf and Michael Cigler, *The Germans in Australia*, pp. 125–126, 128.
383. R. B. Walker, "Some Social and Political Aspects of German Settlement in Australia to 1914," *Journal of the Royal Australian Historical Society*, March 1975, pp. 32–33, 35.
384. Ibid., p. 27.
385. Ibid., p. 76.
386. Ibid., pp. 77–78.
387. G. Kinne, "Nazi Stratagems and Their Effects on Germans in Australia up to 1945," *Journal of the Royal Australian Historical Society*, June 1980, p. 16.
388. Charles A. Price, *German Settlers in South Australia*, Chapter VI; G. Kinne, "Nazi Stratagems and Their Effects on Germans in Australia up to 1945," *Journal of the Royal Australian Historical Society*, June 1980, pp. 1–19.
389. G. Kinne, "Nazi Stratagems and Their Effects on Germans in Australia up to 1945," *Journal of the Royal Australian Historical Society*, June 1980, p. 16.
390. Geoffrey Sherington, *Australia's Immigrants* (Sydney: George Allen & Unwin, 1980), pp. 144, 147.
391. Ian Harmstorf and Michael Cigler, *The Germans in Australia*, p. 150.

392. Ibid., pp. 148, 155.
393. Jerzy Zubrzycki, *Settlers of the Latrobe Valley: A Sociological Study of Immigrants in the Brown Coal Industry in Australia* (Canberra: The Australian National University, 1964), pp. 14, 27, 53, 59.
394. See ibid., pp. 74–75.
395. Ibid., pp. 68, 92.
396. Ibid., p. 105.
397. Ibid., pp. 131, 139, 143.
398. Ruth Johnston, "British, German and Polish Immigrants," *Immigrants in Western Australia*, edited by Ruth Johnston (Nedlands, Australia: University of Western Australia Press, 1979), pp. 38, 39, 41, 44.
399. G. T. Kaplan, "Post-war German Immigration," *The Australian People*, edited by James Jupp, p. 498.
400. Ian Harmstorf and Michael Cigler, *The Germans in Australia*, pp. 164, 174.
401. Charles A. Price, "The Ethnic Composition of the Australian Population," *Immigration and Ethnicity in the 1980s*, edited by I. H. Burnley, S. Encel, and Grant McCall (Melbourne: Longman-Cheshire Pty. Ltd., 1985), pp. 48, 51.
402. Helen Ware, *A Profile of the Italian Community in Australia* (Hawthorn, Australia: Citadel Press, 1981), p. 68.
403. Jerzy Zubrzycki, "Cultural Pluralism and Discrimination in Australia: With Special Reference to White Minority Groups," *Case Studies on Human Rights and Fundamental Freedoms: A World Survey*, Volume III, edited by Willem A. Veenhoven and Winifred Crum Ewing (The Hague: Martinus Nijhoff, 1976), p. 407.
404. G. T. Kaplan, "Post-war German Immigration," *The Australian People*, edited by James Jupp, p. 500.
405. See, for example, Gordon Craig, *The Germans*, p. 11; Luigi Barzini, *The Europeans* (New York: Simon & Schuster, 1983), p. 81; Albert Bernhardt Faust, *The German Element in the United States*, Volume I, pp. 130–134; Harry Leonard Sawatsky, *They Sought a Country: Mennonite Colonization in Mexico* (Berkeley: University of California Press, 1970), pp. 344, 356, 365; Roger P. Bartlett, *Human Capital*, p. 214; Charles Wagley, *An Introduction to Brazil*, p. 79; Arthur Young, *A Tour of Ireland* (Shannon, Ireland: Irish University Press, 1970), Volume I, p. 378.
406. Gordon Craig, *The Germans*, pp. 9–10, 31, 32, 67, 174.
407. Ibid., pp. 9–10, 22, 23, 32, 63, 84–85.
408. Ibid., pp. 170–172.
409. Glenn G. Gilbert, *The German Language in America*, p. xi. Moreover, even after later generations of people in these enclaves began to speak English, their English also often contained archaic words and expressions once peculiar to the local region of the United States where they first learned English. Carroll E. Reed, "The Dialectology of American Colonial German," ibid., pp. 7–8.
410. Carroll E. Reed, "The Dialectology of American Colonial German," ibid., p. 8.
411. Ibid., pp. 22, 32, 84–85, 190–203.
412. Frederick C. Luebke, *Germans in Brazil*, p. 81. There has been a challenge to the idea that Germans in the United States had amicable relations with blacks, or were abolitionist in their view of slavery. See, for example, the papers in *States of Progress*, edited by Randall M. Miller. However, the issue is not whether the Germans met some absolute standard in either their relations with blacks or in their views of slavery. The point is that their record compares favorably with that of other contemporary whites. Even the volume devoted to reassessing the history of Germans' relations with blacks in the United States, and their attitudes toward slavery, does not claim that the Germans were more racist than other whites, and some of the historical facts cited in that volume include the admission of some blacks as members of German churches in colonial Pennsylvania and the Moravians' missionary work among slaves (p. 6), the inclusion of blacks in a predominantly German union in Chicago at the beginning of the twentieth century (pp. 17–18), and the fact that it would be difficult "to find any significant German leaders who were advocates of slavery" during the antebellum era (p. 57).
413. Albert Bernhardt Faust, *The German Element in the United States*, Volume I, pp. 98–99, 103, 104, 112, 213; Volume II, p. 423.
414. Ian Harmstorf and Michael Cigler, *The Germans in Australia*, pp. 49, 80–81.
415. Raphael Patai, *The Vanished Worlds of Jewry* (New York: Macmillan, 1980), p. 57; Daniel L. Niewyk, *The Jews in Weimar Germany* (Baton Rouge: Louisiana State University Press, 1980), p. 98. See also Gary B. Cohen, *The Politics of Ethnic Survival*, pp. 76, 82, 96.
416. Alfred-Maurice de Zayas, *A Terrible Revenge: The Ethnic Cleansing of the East European Germans, 1944–1950* (New York: St. Martin's, 1994).
417. Winston S. Churchill, *Churchill Speaks: Winston S. Churchill in Peace and War, Collected Speeches, 1897–1963*, edited by Robert Rhodes James (New York: Chelsea House, 1980), pp. 882, 890.
418. Roger Thurow, "Bonn's Policy Makers Are Still Handicapped by the Nazis' Misdeeds," *Wall Street Journal*, February 19, 1985, pp. 1ff. See also Henrik Bering Jensen, "Struggling Against the Bonds of History," *Insight*, March 20, 1989, pp. 8–9; idem, "A Nation Haunted Still," ibid., pp. 13–17.

第 3 章　日本裔

1. James L. Tigner, "Japanese Immigration into Latin America: A Survey," *Journal of Interamerican Studies and World Affairs*, Vol. 26, No. 4 (November 1981) p. 457.
2. Yukio Fujii and T. Lynn Smith, *The Acculturation of the Japanese Immigrants in Brazil* (Gainesville: University of Florida Press, 1959), p. 2.
3. Kazuichiro Ono, "The Problem of Japanese Emigration," *Kyoto University Economic Review*, April 1958, pp. 48–49.
4. Ibid., p. 49.
5. James L. Tigner, "Japanese Immigration into Latin America," *Journal of Interamerican Studies and World Affairs*, Vol. 26, No. 4 (November 1981), pp. 459, 463–464.
6. Ibid., pp. 459, 463–464, 468.
7. Ibid., pp. 48–49.
8. Teiiti Suzuki, *The Japanese Immigrant in Brazil* (Tokyo: University of Tokyo Press, 1969), p. 14.
9. James L. Tigner, "Japanese Immigration into Latin America," *Journal of Interamerican Studies and World Affairs*, November 1981, p. 459.
10. Kazuichiro Ono, "The Problem of Japanese Emigration," *Kyoto University Economic Review*, April 1958, p. 49.
11. Yasuo Wakatsuki, "Japanese Emigration to the United States, 1866–1924: A Monograph," *Perspectives in American History*, Vol. XII (1979), p. 465.
12. See, for example, William Petersen, *Japanese Americans: Oppression and Success* (New York: Random House, 1971), pp. 82–87; James Lawrence Tigner, "Shindo Remmei: Japanese Nationalism in Brazil," *Hispanic American Historical Review*, November 1961, pp. 515–532; Yukio Fujii and T. Lynn Smith, *The Acculturation of the Japanese Immigrants in Brazil*, p. 50.
13. Anthony T. Bouscaren, *International Migrations since 1945* (New York: Frederick A. Praeger, 1963), p. 122.
14. Edwin O. Reischauer, *The Japanese* (Cambridge, Mass.: Harvard University Press, 1981), pp. 6, 7.
15. Ibid., pp. 24–25. See also Ellen Churchill Semple, *Influences of Geographic Environment* (New York: Holt, 1947), p. 457.
16. Edwin O. Reischauer, *The Japanese*, p. 8.
17. Ibid., p. 9.
18. Ibid., p. 35.
19. Yasuo Wakatsuki, "Japanese Emigration to the United States, 1866–1924," *Perspectives in American History*, Vol. XII (1979), p. 440.
20. Ibid., pp. 430, 438.
21. Ibid., p. 431. See also p. 434.
22. Ibid., pp. 430–434.
23. Neil Pedlar, *The Imported Pioneers: Westerners Who Helped Build Modern Japan* (New York: St. Martin's, 1990), pp. 22–23; Yasuo Wakatsuki, "Japanese Emigration to the United States, 1866–1924," *Perspectives in American History*, Vol. XII (1979), pp. 430, 440–442; Robert A. Wilson and Bill Hosokawa, *East to America: A History of Japanese in the United States* (New York: Morrow, 1980), p. 41.
24. Yasuo Wakatsuki, "Japanese Emigration to the United States, 1866–1924," *Perspectives in American History*, Vol. XII (1979), p. 443.
25. Ibid., pp. 419–420.
26. Ibid., p. 443.
27. Victor Purcell, *The Chinese in Southeast Asia* (Kuala Lumpur: Oxford University Press, 1980), p. 305; William Manchester, *American Caesar: Douglas MacArthur, 1880–1964* (Boston: Little, Brown, 1978), p. 227; "Sorry," *The Economist*, August 17, 1991, p. 30; Yuri Kageyama, "Japanese Tells of 'Sex Slaves' in Second War," *San Francisco Chronicle*, June 3, 1992, p. A10.
28. Victor Purcell, *The Chinese in Southeast Asia*, p. 307.
29. Haruko Taya Cook and Theodore Cook, *Japan at War: An Oral History* (New York: The New Press, 1992), pp. 25, 41–42, 74, 110–111, 146–151, 154–156, 161–166; William Manchester, *American Caeser*, pp. 227–228,

296, 413–414.
30. Ibid., pp. 473–474.
31. Ibid., p. 448.
32. Ibid., pp. 447, 452, 454, 465–477, 509–510.
33. Ibid., pp. 439–440.
34. Irokawa Daikichi, *The Culture of the Meiji Period*, translation edited by Marius B. Jansen (Princeton, N.J.: Princeton University Press, 1985), p. 7.
35. G. C. Allen, *A Short Economic History of Modern Japan: 1867–1937*, revised edition (London: George Allen & Unwin, Ltd., 1972), p. 82.
36. Ibid., p. 179.
37. *World Motor Vehicle Data: 1992 Edition* (Detroit: Motor Vehicle Manufacturers Association of America, Inc., 1992), p. 14.
38. *1990–1991 Wolfman Report on the Photographic Imaging Industry in the United States* (New York: Hachette Magazines, 1991), p. 95.
39. Allen C. Kelley and Jeffrey G. Williamson, *Lessons from Japanese Development: An Analytical Economic History* (Chicago: University of Chicago Press, 1974), p. 198.
40. G. C. Allen, *A Short Economic History of Modern Japan*, p. 210.
41. Ibid., Chapters VII, IX.
42. Ibid., p. 150.
43. Ibid., p. 95.
44. Robert A. Wilson and Bill Hosokawa, *East to America*, pp. 18–19.
45. Ibid., p. 27. See also William Petersen, *Japanese Americans*, pp. 9–10.
46. Chitoshi Yanaga, *Japan since Perry* (Hamden, Conn.: Archon Books, 1966), p. 626.
47. Yukio Fujii and T. Lynn Smith, *The Acculturation of the Japanese Immigrants in Brazil*, p. 3.
48. C. Harvey Gardiner, *The Japanese and Peru, 1873–1973* (Albuquerque: University of New Mexico Press, 1975), p. 133.
49. James L. Tigner, "Japanese Immigration into Latin America," *Journal of Interamerican Studies and World Affairs*, November 1981, p. 476.
50. Peter S. Li, "Income Achievement and Adaptive Capacity: An Empirical Comparison of Chinese and Japanese in Canada," *Visible Minorities and Multiculturalism in Canada*, edited by K. Victor Ujimoto and Gordon Hirabayash (Toronto: Buttersworth, 1980), p. 365; Thomas Sowell, *Ethnic America: A History* (New York: Basic Books, 1981), p. 5.
51. C. Harvey Gardiner, *The Japanese and Peru, 1873–1973*, p. 132.
52. James L. Tigner, "Japanese Immigration into Latin America," *Journal of Interamerican Studies and World Affairs*, November 1981, p. 458.
53. Ibid., pp. 460–461.
54. Ibid., pp. 468–469.
55. Ibid., p. 459.
56. Ibid., p. 461.
57. Ibid., pp. 463, 466.
58. Ibid., p. 472.
59. Ibid., p. 467.
60. Ibid., p. 465.
61. Teiiti Suzuki, *The Japanese Immigrant in Brazil*, p. 221.
62. James L. Tigner, "Japanese Immigration into Latin America," *Journal of Interamerican Studies and World Affairs*, November 1981, p. 464.
63. Ibid., p. 466.
64. Robert C. Eidt, *Pioneer Settlement in Northeast Argentina* (Madison: University of Wisconsin Press, 1971), pp. 175–176, 213.
65. Stephen Ide Thompson, "San Juan Yapacani: A Japanese Pioneer Colony in Eastern Bolivia," Ph.D. dissertation in anthropology, University of Illinois at Champaign-Urbana, 1970, pp. 18–19, 182.
66. Teiiti Suzuki, *The Japanese Immigrant in Brazil*, p. 14.
67. Harold D. Sims, "Japanese Postwar Migration to Brazil: An Analysis of Data Presently Available," *International Migration Review*, Fall 1972, p. 247.
68. Robert A. Wilson and Bill Hosokawa, *East to America*, pp. 141–142.
69. Ibid., p. 152.
70. Ibid., p. 153.
71. Ibid., p. 146.
72. William Petersen, *Japanese Americans*, p. 20.
73. Ibid., pp. 23–24.
74. Robert Higgs, "Landless by Law: Japanese Immigrants in California Agriculture to 1941," *Journal of Economic History*, March 1978, pp. 215–223.
75. Eric Woodrum, Colbert Rhodes, and Joe R. Feagin, "Japanese American Economic Behavior: Its Types, Determinants, and Consequences," *Social Forces*, June 1980, p. 1238.
76. Ibid., p. 1247.
77. William Petersen, *Japanese Americans*, p. 52.
78. Robert Higgs, "Landless by Law: Japanese Immigrants in California Agriculture to 1941," *Journal of Economic History*, March 1978, pp. 215–223.
79. Ibid., p. 222.
80. Ibid., p. 221.
81. Robert Higgs, "Landless by Law: Japanese Immigrants in California Agriculture to 1941," *Journal of Economic History*, March 1978, p. 207.
82. Ibid., p. 209.
83. Robert A. Wilson and Bill Hosokawa, *East to America*, p. 154.
84. Ibid., pp. 156, 210.
85. Eric Woodrum, Colbert Rhodes, and Joe R. Feagin, "Japanese American Economic Behavior: Its Types, Determinants, and Consequences," *Social Forces*, June 1980, p. 1238.
86. William Petersen, *Japanese Americans*, pp. 114, 116.
87. See U.S. Bureau of the Census, *1990 Census of Population: Asian and Pacific Islanders in the United States* (Washington, D.C.: U.S. Government Printing Office, 1993), pp. 142, 151.
88. See, for example, U.S. Bureau of the Census, *1970 Census of Population, Subject Report PC(2)-1G*, p. 17; Akemi Kihumura and Harry H. L. Kitano, "Interracial Marriage: A Picture of the Japanese Americans," *Journal of Social Issues*, Vol. 29, No. 2 (1973), pp. 69, 73.
89. Peter Xenos, Herbert Barringer, and Michael J. Levin, *Asian Indians in the United States: A 1980 Census Profile* (Honolulu: East-West Population Institute, 1989), p. 29.
90. Ibid., pp. 124–125.
91. Robert A. Wilson and Bill Hosokawa, *East to America*, pp. 156–159.
92. William Petersen, *Japanese Americans*, p. 13.
93. Tomoko Makabe, "The Theory of the Split Labor Market: A Comparison of the Japanese Experiment in Brazil and Canada," *Social Forces*, March 1981, pp. 788–789.
94. Charles H. Young and Helen R. Y. Reid, *The Japanese Canadians* (Toronto: University of Toronto Press, 1938), p. 22.
95. Ibid., p. xxi.
96. Ibid., p. 6.
97. Ibid., p. 39.
98. Ibid., pp. 8–9.
99. Ibid., p. 172.
100. Tomoko Makabe, "The Theory of the Split Labor Market: A Comparison of the Japanese Experiment in Brazil and Canada," *Social Forces*, March 1981, p. 795.
101. Charles H. Young and Helen R. Y. Reid, *The Japanese Canadians*, pp. 9–10.
102. Ibid., p. 17.
103. Ibid., p. 204.
104. Ibid., p. 26.
105. Ibid., p. 30.
106. Ibid., pp. 34–35.
107. Tomoko Makabe, "The Theory of the Split Labor Market: A Comparison of the Japanese Experiment in Brazil and Canada," *Social Forces*, March 1981, p. 794. See also Charles H. Young and Helen R. Y. Reid, *The Japanese Canadians*, p. 42.
108. Tomoko Makabe, "The Theory of the Split Labor Market: A Comparison of the Japanese Experiment in Brazil and Canada," *Social Forces*, March 1981, p. 796.
109. Charles H. Young and Helen R. Y. Reid, *The Japanese Canadians*, p. 47.
110. Ibid., pp. 43–45.
111. Ibid., p. 50.
112. Ellen Bar, "Issei, Nisei, and Sansei," *Modernization and the Canadian State*, edited by Daniel Glenday, Hurbert Guindon, and Allan Turowetz (Toronto: Macmillan of Canada, 1978), p. 341.
113. Ken Adachi, *The Enemy That Never Was* (Toronto: McClelland and Stewart, Ltd., 1976), p. 52.
114. Charles H. Young and Helen R. Y. Reid, *The Japanese Canadians*, pp. 56, 269.
115. Ibid., p. 74.
116. Tomoko Makabe, "The Theory of the Split Labor Market: A Comparison of the Japanese Experiment in Brazil and Canada," *Social Forces*, March 1981, p. 797.
117. Charles H. Young and Helen R. Y. Reid, *The Japanese Canadians*, pp. 72–73.
118. Patricia E. Roy, "Protecting Their Pocket Books and Preserving Their Race: White Merchants and Oriental Competition," *Cities in the West: Papers of the Western Canadian Urban History Conference—University of Winnipeg, October 1974*, edited by A. R. McCormack and Ian MacPherson (Ottawa: National Museums of Canada, 1975), p. 116.

119. Ibid., p. 119.
120. Ibid., pp. 120–126.
121. Ibid., p. 125.
122. Ibid., pp. 127–128.
123. Tomoko Makabe, "The Theory of the Split Labor Market: A Comparison of the Japanese Experiment in Brazil and Canada," *Social Forces*, March 1981, p. 804.
124. Charles H. Young and Helen R. Y. Reid, *The Japanese Canadians*, p. 243.
125. Ken Adachi, *The Enemy That Never Was*, p. 111.
126. Ibid., pp. 129, 130.
127. Ibid., p. 167.
128. Ibid., p. 121.
129. Ibid., p. 131.
130. Ibid., p. 121.
131. Ibid., pp. 200, 202.
132. Ibid., p. 203.
133. Ibid., pp. 205, 276.
134. Ellen Bar, "Issei, Nisei, and Sansei," *Modernization and the Canadian State*, edited by Daniel Glenday, Hurbert Guindon, and Allan Turowetz, pp. 343–344.
135. Ken Adachi, *The Enemy That Never Was*, p. 210.
136. Ellen Bar, "Issei, Nisei, and Sansei," *Modernization and the Canadian State*, edited by Daniel Glenday, Hurbert Guindon, and Allan Turowetz, p. 346.
137. Patricia E. Roy, "Protecting Their Pocket Books and Preserving Their Race: White Merchants and Oriental Competition," *Cities in the West*, p. 132.
138. Ellen Bar, "Issei, Nisei, and Sansei," *Modernization and the Canadian State*, edited by Daniel Glenday, Hurbert Guindon, and Allan Turowetz, p. 347.
139. Tomoko Makabe, "The Theory of the Split Labor Market: A Comparison of the Japanese Experiment in Brazil and Canada," *Social Forces*, March 1981, p. 807.
140. Ellen Bar, "Issei, Nisei, and Sansei," *Modernization and the Canadian State*, edited by Daniel Glenday, Hurbert Guindon, and Allan Turowetz, p. 347.
141. Tomoko Makabe, "The Theory of the Split Labor Market: A Comparison of the Japanese Experiment in Brazil and Canada," *Social Forces*, March 1981, p. 807.
142. Ellen Bar, "Issei, Nisei, and Sansei," *Modernization and the Canadian State*, edited by Daniel Glenday, Hurbert Guindon, and Allan Turowetz, p. 348.
143. Ibid., pp. 348–349.
144. K. Victor Ujimoto and Gordon Hirabayashi, *Visible Minorities and Multiculturalism*, p. 365.
145. Ellen Bar, "Issei, Nisei, and Sansei," *Modernization and the Canadian State*, edited by Daniel Glenday, Hurbert Guindon, and Allan Turowetz, pp. 349–350.
146. Ken Adachi, *The Enemy That Never Was*, p. 356.
147. Ibid., pp. 362–363.
148. Ibid., p. 359.
149. J. F. Normano and Antonello Gerbi, *The Japanese in South America* (New York: Institute of Pacific Relations, 1943), p. 66.
150. C. Harvey Gardiner, *The Japanese and Peru, 1873–1973*, pp. 1–21.
151. Ibid., p. 18.
152. J. F. Normano and Antonello Gerbi, *The Japanese in South America*, p. 70.
153. Ibid., p. 68.
154. Ibid., p. 69.
155. James L. Tigner, "Japanese Immigration into Latin America," *Journal of Interamerican Studies and World Affairs*, November 1981, p. 465.
156. C. Harvey Gardiner, *The Japanese and Peru, 1873–1973*, p. 25.
157. J. F. Normano and Antonello Gerbi, *The Japanese in South America*, p. 70.
158. C. Harvey Gardiner, *The Japanese and Peru, 1873–1973*, pp. 30, 34, 36, 38, 100.
159. J. F. Normano and Antonello Gerbi, *The Japanese in South America*, pp. 74–75.
160. C. Harvey Gardiner, *The Japanese and Peru, 1873–1973*, p. 133.
161. J. F. Normano and Antonello Gerbi, *The Japanese in South America*, p. 75.
162. C. Harvey Gardiner, *The Japanese and Peru, 1873–1973*, pp. 61–62.
163. Ibid., p. 62.
164. Ibid., p. 64.
165. Toraji Irie, "History of Japanese Immigration to Peru, Part II," translated by William Himel, *Hispanic American Historical Review*, November 1951, p. 662.
166. C. Harvey Gardiner, *The Japanese and Peru, 1873–1973*, p. 68; J. F. Normano and Antonello Gerbi, *The Japanese in South America*, p. 109.
167. J. F. Normano and Antonello Gerbi, *The Japanese in South America*, p. 96.
168. Ibid., p. 97.
169. Ibid., p. 98.
170. C. Harvey Gardiner, *The Japanese and Peru, 1873–1973*, p. 75.
171. J. F. Normano and Antonello Gerbi, *The Japanese in South America*, p. 100.
172. Ibid., p. 92.
173. C. Harvey Gardiner, *The Japanese and Peru, 1873–1973*, p. 68.
174. J. F. Normano and Antonello Gerbi, *The Japanese in South America*, pp. 77, 113–114.
175. C. Harvey Gardiner, *The Japanese and Peru, 1873–1973*, pp. 85–87.
176. Ibid., pp. 88, 91.
177. Ibid., p. 92.
178. Ibid., p. 133.
179. James L. Tigner, "Japanese Immigration into Latin America," *Journal of Interamerican Studies and World Affairs*, November 1981, p. 476.
180. Ibid., p. 476.
181. William R. Long, "New Pride for *Nikkei* in Peru," *Los Angeles Times*, April 28, 1995, p. A1.
182. Ibid., p. A14.
183. J. F. Normano, "Japanese Emigration to Brazil," *Pacific Affairs*, March 1934, p. 44.
184. Ibid., p. 45.
185. Patrick Makoto Fukunaga, "The Brazilian Experience: The Japanese Immigrants during the Period of the Vargas Regime and the Immediate Aftermath, 1930–1946," unpublished doctoral dissertation in history, University of California at Santa Barbara, 1983, p. 44.
186. Ibid., p. 36.
187. Ibid., pp. 62–63.
188. Ibid., pp. 71–72.
189. Yukio Fujii and T. Lynn Smith, *The Acculturation of the Japanese Immigrants in Brazil*, p. 7.
190. J. F. Normano and Antonello Gerbi, *The Japanese in South America*, p. 12.
191. Yukio Fujii and T. Lynn Smith, *The Acculturation of the Japanese Immigrants in Brazil*, pp. 7–8.
192. James L. Tigner, "Japanese Immigration into Latin America," *Journal of Interamerican Studies and World Affairs*, November 1981, p. 471.
193. Yukio Fujii and T. Lynn Smith, *The Acculturation of the Japanese Immigrants in Brazil*, p. 3; J. F. Normano and Antonello Gerbi, *The Japanese in South America*, p. 25.
194. Yukio Fujii and T. Lynn Smith, *The Acculturation of the Japanese Immigrants in Brazil*, p. 5.
195. J. F. Normano and Antonello Gerbi, *The Japanese in South America*, pp. 31–33.
196. Patrick Makoto Fukunaga, "The Brazilian Experience," pp. 53–54.
197. Ibid., p. 39.
198. Ibid., pp. 36–42.
199. Ibid., p. 49.
200. Yukio Fujii and T. Lynn Smith, *The Acculturation of the Japanese Immigrants in Brazil*, p. 10.
201. J. F. Normano and Antonello Gerbi, *The Japanese in South America*, pp. 49–51.
202. Emilio Willems and Herbert Baldus, "Cultural Change among Japanese Immigrants in Brazil," *Sociology and Social Research*, Vol. 26, No. 6 (July–August 1942), p. 532.
203. Ibid., pp. 531, 533.
204. Ibid., p. 533.
205. Ibid., p. 531.
206. Ibid., pp. 526, 528–529.
207. Emilio Willems and Herbert Baldus, "Cultural Change among Japanese Immigrants in Brazil," *Sociology and Social Research*, Vol. 26, No. 6 (July–August 1942), p. 534.
208. James L. Tigner, "Japanese Settlement in Eastern Bolivia and Brazil," *Journal of Interamerican Studies and World Affairs*, Vol. 24, No. 4 (November 1982), p. 511.
209. Patrick Makoto Fukunaga, "The Brazilian Experience," pp. 97–99.
210. J. F. Normano and Antonello Gerbi, *The Japanese in South America*, pp. 52–53.
211. Patrick Makoto Fukunaga, "The Brazilian Experience," p. 117.
212. Ibid., p. 120.
213. James Lawrence Tigner, "Shindo Remmei: Japanese Nationalism in Brazil," *Hispanic American Historical Review*, November 1961, p. 516.
214. C. Harvey Gardiner, *The Japanese and Peru, 1873–1973*, p. 87.
215. James Lawrence Tigner, "Shindo Remmei: Japanese Nationalism in

Brazil," *Hispanic American Historical Review*, November 1961, pp. 515–532.
216. James L. Tigner, *The Okinawans in Latin America* (Washington, D.C.: Pacific Science Board, 1954), p. 45.
217. Yukio Fujii and T. Lynn Smith, *The Acculturation of the Japanese Immigrants in Brazil*, p. 50.
218. James Lawrence Tigner, "Shindo Remmei: Japanese Nationalism in Brazil," *Hispanic American Historical Review*, November 1961, p. 520.
219. Harold D. Sims, "Japanese Postwar Migration to Brazil: An Analysis of Data Presently Available," *International Migration Review*, Fall 1972, pp. 248, 257.
220. Robert J. Smith, "Assimilation and Acculturation of Urban Japanese in South Brazil," *VIIth Congress of Anthropological and Ethnological Sciences* (Moscow: Navka, 1964), p. 212.
221. Harold D. Sims, "Japanese Postwar Migration to Brazil: An Analysis of Data Presently Available," *International Migration Review*, Fall 1972, pp. 247, 248.
222. James L. Tigner, "Japanese Settlement in Eastern Bolivia and Brazil," *Journal of Interamerican Studies and World Affairs*, Vol. 24, No. 4 (November 1982), p. 512.
223. Harold D. Sims, "Japanese Postwar Migration to Brazil: An Analysis of Data Presently Available," *International Migration Review*, Fall 1972, p. 251.
224. Teiiti Suzuki, *The Japanese Immigrant in Brazil*, p. 33.
225. Thomas E. Weil et al., *Area Handbook for Brazil* (Washington, D.C.: U.S. Government Printing Office, 1975), p. 84.
226. Preston E. James, *Latin America*, fourth edition (Indianapolis: Odyssey Press, 1942), p. 792.
227. Fr. John T. Sasaki, "Japanese Immigrant Farmers in Brazil," *Migration News*, January/February 1972, p. 5.
228. Marlise Simons, "Japanese Gone Brazilian: Unhurried Workaholics," *New York Times*, International Section, May 8, 1988, p. 4.
229. Patrick Makoto Fukunaga, "The Brazilian Experience," p. 42.
230. Teiiti Suzuki, *The Japanese Immigrant in Brazil*, p. 131.
231. Ibid., p. 159.
232. Ibid., p. 116.
233. Ibid., p. 109.
234. Harold D. Sims, "Japanese Postwar Migration to Brazil: An Analysis of Data Presently Available," *International Migration Review*, Fall 1972, pp. 261–262.
235. Teiiti Suzuki, *The Japanese Immigrant in Brazil*, p. 121.
236. Ibid., p. 144.
237. Marlise Simons, "Japanese Gone Brazilian: Unhurried Workaholics," *New York Times*, International Section, May 8, 1988, p. 4.
238. Teiiti Suzuki, *The Japanese Immigrant in Brazil*, p. 91.
239. Marlise Simons, "Japanese Gone Brazilian: Unhurried Workaholics," *New York Times*, International Section, May 8, 1988, p. 4.
240. Teiiti Suzuki, *The Japanese Immigrant in Brazil*, p. 240.
241. Ibid., p. 219.
242. Ibid., p. 234.
243. Emilio Willems, "Immigrants and Their Assimilation in Brazil," *Brazil: Portrait of Half a Continent*, edited by T. Lynn Smith and Alexander Marchant (New York: The Dryden Press, 1951), p. 224.
244. Marlise Simons, "Japanese Gone Brazilian: Unhurried Workaholics," *New York Times*, International Section, May 8, 1988, p. 4.
245. James L. Tigner, *The Okinawans in Latin America*, p. 246; Marlise Simons, "Japanese Gone Brazilian: Unhurried Workaholics," *New York Times*, International Section, May 8, 1988, p. 4; William R. Long, "New Pride for *Nikkei* in Peru," *Los Angeles Times*, April 28, 1995, p. A1.
246. D. C. S. Sissons, "Japanese," *The Australian People: An Encyclopedia of the Nation, Its People and Their Origins*, edited by James Jupp (North Ryde, Australia: Angus & Robertson Publishers, 1988), p. 637.
247. Ken Adachi, *The Enemy That Never Was*, p. 356.
248. Stewart S. Lee, "The Korean Minority in Postwar Japan," *Muhlenberg Essays: In Honor of the College Centennial*, edited by Katherine S. Van Eerde and Nelvin L. Vos (Allentown, Pa.: Muhlenberg College, 1968), pp. 418–435.
249. William Wetherall and George Devos, "Ethnic Minorities in Japan," *Case Studies in Human Rights*, edited by Willem A. Veenhoven et al. (The Hague: Martinus Nijhoff, 1975), pp. 344–346.
250. Ibid., pp. 340–344; I. Roger Yoshina, "The Buraku Minority of Japan," *Patterns of Prejudice*, January 1983, pp. 39–47.
251. Urban C. Lehrer, "Japanese-Americans Viewed as Oddity in Land of Ancestors, but Number Grows," *Wall Street Journal*, December 8, 1983, p. 34.

第 4 章　意大利裔

1. Robert F. Foerster, *The Italian Emigration of Our Times* (New York: Arno Press, 1969), p. 3.
2. Anna Maria Martellone, "Italian Mass Emigration to the United States, 1876–1930: A Historical Survey," *Perspectives in American History*, New Series, Vol. I (1984), p. 380.
3. Ibid., p. 399.
4. Robert F. Foerster, *The Italian Emigration of Our Times*, p. 28.
5. Ibid., p. 32.
6. Patrizia Audencio, "The Path of the Trade: Italian Stonemasons in the United States," *International Migration Review*, Vol. XX, No. 4 (Winter 1986), p. 779.
7. Computed from Anna Maria Martellone, "Italian Mass Emigration to the United States," *Perspectives in American History*, New Series, Vol. I (1984), p. 389.
8. Herbert S. Klein, "The Integration of Italian Immigrants into the United States and Argentina: A Comparative Analysis," *American Historical Review*, April 1983, p. 312.
9. Leonard Covello, *The Social Background of the Italo-American School Child: A Study of the Southern Italian Family Mores and Their Effect on the School Situation in Italy and America* (Totowa, N.J.: Rowman and Littlefield, 1972), p. 25.
10. Charles A. Price, *Southern Europeans in Australia* (Melbourne: Australian National University, 1979), p. 80.
11. Charles A. Price, *The Methods and Statistics of "Southern Europeans in Australia"* (Canberra: Research School of Social Sciences, Australian National University, 1963), p. 6.
12. Carlo M. Cipolla, *Literacy and Development in the West* (New York: Penguin, 1969), p. 14.
13. Ibid., p. 19.
14. Richard Gambino, *Blood of My Blood: The Dilemma of the Italian-Americans* (Garden City, N.Y.: Anchor Books, 1974), p. 247. See also Leonard Covello, *The Social Background of the Italo-American School Child*, Chapter 8.
15. Leonard Covello, *The Social Background of the Italo-American School Child*, pp. 251–254; Richard Gambino, *Blood of My Blood*, pp. 247–248.
16. Anna Maria Martellone, "Italian Mass Emigration to the United States," *Perspectives in American History*, New Series, Vol. I (1984), p. 409.
17. Thomas W. Merrick and Douglas H. Graham, *Population and Economic Development in Brazil: 1800 to the Present* (Baltimore: Johns Hopkins University Press, 1979), p. 95; Anna Maria Martellone, "Italian Mass Emigration to the United States," *Perspectives in American History*, New Series, Vol. I (1984), p. 405.
18. Anna Maria Martellone, "Italian Mass Emigration to the United States," *Perspectives in American History*, New Series, Vol. I (1984), p. 413.
19. Thomas W. Merrick and Douglas H. Graham, *Population and Economic Development in Brazil*, p. 95.
20. Dino Cinel, *From Italy to San Francisco: The Immigrant Experience* (Stanford, Calif.: Stanford University Press, 1982), pp. 59–65.
21. Ibid., pp. 46–48.
22. Robert F. Foerster, *The Italian Emigration of Our Times*, pp. 426–430. See also Leonard Covello, *The Social Background of the Italo-American School Child*, pp. 297–298.
23. Charles A. Price, *The Methods and Statistics of "Southern Europeans in Australia,"* p. 11.
24. Dino Cinel, *From Italy to San Francisco*, p. 49.
25. Ibid., p. 45.
26. Constance Cronin, *The Sting of Change: Sicilians in Sicily and Australia* (Chicago: University of Chicago Press, 1970), p. 186.
27. Charles A. Price, *Southern Europeans in Australia*, pp. 163–164.
28. G. Cresciani, "Italian Immigrants, 1920–1945," *The Australian People: An Encyclopedia of the Nation, Its People and Their Origins*, edited by James Jupp (North Ryde, Australia: Angus and Robertson Publishers, 1988), p. 609.
29. Dino Cinel, *From Italy to San Francisco*, p. 28.
30. Samuel L. Baily, "The Adjustment of Italian Immigrants in Buenos Aires and New York, 1870–1914," *American Historical Review*, April 1983, p. 291; John E. Zucchi, *Italians in Toronto: Development of a National Identity, 1875–1935* (Kingston, Ontario: McGill-Queen's University Press, 1988), pp. 53–59.
31. Dino Cinel, *From Italy to San Francisco*, p. 75.
32. Ibid., pp. 74–75.
33. Constance Cronin, *The Sting of Change*, Chapter 4; Edward C. Banfield, *The Moral Basis of a Backward Society* (New York: The Free Press,

1958), pp. 110–111; Leonard Covello, *The Social Background of the Italo-American School Child*, pp. 169–170.

34. Leonard Covello, *The Social Background of the Italo-American School Child*, p. 161.
35. Ibid., pp. 186, 188, 190.
36. Luigi Barzini, *The Italians: A Full-length Portrait Featuring Their Manners and Morals* (New York: Atheneum, 1981), p. 206.
37. See, for example, Leonard Covello, *The Social Background of the Italo-American School Child*, p. 230; Constance Sorrentino, "International Comparisons of Labor Force Participation, 1960–81," *Monthly Labor Review*, February 1983, pp. 24, 25.
38. Leonard Covello, *The Social Background of the Italo-American School Child*, p. 230.
39. Ibid., pp. 251, 254–274, 287–288, 292, 295–296; Richard Gambino, *Blood of My Blood*, pp. 247–248.
40. See, for example, Leonard Covello, *The Social Background of the Italo-American School Child*, p. 191; Edward C. Banfield, *The Moral Basis of a Backward Society*, pp. 18–19, 20–21; Robert F. Foerster, *The Italian Emigration of Our Times*, pp. 120, 132, 142; Rudolf Glanz, *Jew and Italian: Historic Group Relations and the New Immigration* (New York: Shulsinger Brothers, 1970), p. 29.
41. Dino Cinel, *From Italy to San Francisco*, p. 24.
42. Ibid., p. 23.
43. Ibid., pp. 59–65.
44. Anna Maria Martellone, "Italian Mass Emigration to the United States," *Perspectives in American History*, New Series, Vol. I (1984), pp. 406–407.
45. Ibid., pp. 391–393.
46. Ibid., p. 382; Francesco Cerase, "Italy," *The Politics of Migration Policies: The First World in the 1970s*, edited by Daniel Kubat (New York: Center for Migration Studies, 1979), p. 235.
47. Anna Maria Martellone, "Italian Mass Emigration to the United States," *Perspectives in American History*, New Series, Vol. I (1984), pp. 391–393.
48. Myron Weiner, *The Global Migration Crisis: Challenge to States and to Human Rights* (New York: HarperCollins, 1995), p. 59.
49. Robert F. Foerster, *The Italian Emigration of Our Times*, pp. 129–202.
50. Luigi Barzini, *The Italians* (New York: Atheneum, 1981), p. x; Fernand Braudel, *The Mediterranean and the Mediterranean World in the Age of Philip II*, translated by Sian Reynolds, Volume I (New York: Harper & Row, 1972), p. 192.
51. Robert F. Foerster, *The Italian Emigration of Our Times*, p. 129.
52. Ibid., p. 131.
53. Ibid., pp. 134, 136.
54. Ibid., pp. 137, 145–146.
55. Ibid., pp. 144, 185–186, 199; Thomas Kessner, *The Golden Door: Italian and Jewish Immigrant Mobility in New York City, 1880–1915* (New York: Oxford University Press, 1977), p. 27; W. D. Borrie, *Italians and Germans in Australia: A Study in Assimilation* (Melbourne: Australian National University, 1954), p. 147.
56. Robert F. Foerster, *The Italian Emigration of Our Times*, pp. 145, 147, 166, 167–168, 185, 186; Lucio Sponza, *Halian Immigrants in Nineteenth Century Britain: Realities and Images* (Leicester: Leicester University Press, 1988), pp. 195–216.
57. See, for example, Robert F. Foerster, *The Italian Emigration of Our Times*, pp. 140–145, 181–182.
58. Ibid., pp. 143, 161, 181.
59. Ibid., pp. 139, 146, 161, 170, 187.
60. Ibid., p. 171.
61. Ibid., pp. 195, 206, 207, 211, 213, 214, 215, 220, 222, 325, 419.
62. Ibid., pp. 138, 153, 156, 172, 192, 205, 206, 211, 213.
63. Ibid., pp. 195, 203, 210.
64. Ibid., pp. 132, 189, 210.
65. Ibid., pp. 171, 176, 196, 207, 209, 210, 211.
66. Ibid., pp. 207, 209, 212.
67. Ibid., pp. 177, 196, 212.
68. Anthony T. Bouscaren, *International Migrations since 1945* (New York: Frederick A. Praeger, 1963), p. 73.
69. John Salt, "International Labor Migration in Western Europe: A Geographical Review," *Global Trends in Migration: Theory and Research on International Population Movements*, edited by Mary M. Kritz, Charles B. Keely, and Silvano M. Tomasi (New York: Center for Migration Studies, 1981), p. 137.
70. Yann Moulier and Georges Tapinos, "France," *The Politics of Migration Policies*, edited by Daniel Kubat, p. 131.
71. John Salt, "International Labor Migration in Western Europe: A Geographical Review" *Global Trends in Migration*, edited by Mary M. Kritz et al., pp. 138, 139; Yann Moulier and Georges Tapinos, "France," *The Politics of Migration Policies*, p. 131.
72. Francesco Cerase, "Italy," *The Politics of Migration Policies*, edited by Daniel Kubat, p. 235.
73. Ibid., p. 240.
74. Giuseppe Lecrezio Monticelli, "Italian Emigration: Basic Characteristics and Trends with Special Reference to the Last Twenty Years," *International Migration Review*, Summer 1967, p. 13.
75. "Italian Emigration: Some Aspects of Migration in 1964 International Agreements Emigrant Remittances," *International Migration Review*, Vol. 4, No. 2 (1966), p. 125.
76. D. A. Coleman, "International Migration: Demographic and Socioeconomic Consequences in the United Kingdom and Europe," *International Migration Review*, Vol. XXIX, No. 1 (Spring 1995), p. 163.
77. Herbert S. Klein, "The Integration of Italian Immigrants into the United States and Argentina," *American Historical Review*, April 1983, p. 308; Anna Maria Martellone, "Italian Mass Emigration to the United States," *Perspectives in American History*, New Series, Vol. I (1984), p. 389.
78. Anna Maria Martellone, "Italian Mass Emigration to the United States," *Perspectives in American History*, New Series, Vol. I (1984), p. 392.
79. Robert F. Foerster, *The Italian Emigration of Our Times*, pp. 228–229.
80. Ibid., p. 236.
81. Carl Solberg, *Immigration and Nationalism: Argentina and Chile, 1890–1914* (Austin: Institute of Latin American Studies, University of Texas, 1970), p. 38.
82. Jorge Hechen, "The Argentine Republic," *The Positive Contribution by Immigrants*, edited by Oscar Handlin et al. (Paris: United Nations Educational, Scientific, and Cultural Organization, 1960), p. 151.
83. Robert F. Foerster, *The Italian Emigration of Our Times*, p. 227.
84. Samuel L. Baily, "The Adjustment of Italian Immigrants in Buenos Aires and New York," *American Historical Review*, April 1983, p. 303.
85. Jorge Hechen, "The Argentine Republic," *The Positive Contribution by Immigrants*, edited by Oscar Handlin et al., p. 150.
86. Mark Jefferson, *Peopling the Argentine Pampa* (New York: Kennikat Press, 1971), p. 1.
87. Robert F. Foerster, *The Italian Emigration of Our Times*, p. 227.
88. Carl Solberg, *Immigration and Nationalism*, p. 50.
89. Robert F. Foerster, *The Italian Emigration of Our Times*, p. 230.
90. Ibid., p. 243.
91. Ibid., p. 235.
92. Ibid., pp. 242–243.
93. Ibid., p. 240.
94. Ibid., p. 255.
95. Ibid., p. 256.
96. Ibid., pp. 257–259.
97. Ibid., pp. 260–261.
98. Carl Solberg, *Immigration and Nationalism*, p. 51.
99. Ibid., p. 57.
100. Ibid., p. 62.
101. Robert F. Foerster, *The Italian Emigration of Our Times*, p. 262.
102. Samuel L. Baily, "The Adjustment of Italian Immigrants in Buenos Aires and New York," *American Historical Review*, April 1983, p. 284.
103. Robert F. Foerster, *The Italian Emigration of Our Times*, p. 256.
104. Samuel L. Baily, "The Italians and the Development of Organized Labor in Argentina, Brazil and the United States," *Journal of Social History*, Winter 1969–70, pp. 124–125.
105. Samuel L. Baily, "The Role of Two Newspapers in the Assimilation of Italians in Buenos Aires and São Paulo, 1893–1913," *International Migration Review*, Fall 1978, p. 324.
106. Samuel L. Baily, "The Adjustment of Italian Immigrants in Buenos Aires and New York," *American Historical Review*, April 1983, p. 284.
107. Carl Solberg, *Immigration and Nationalism*, p. 13.
108. James Bruce, *Those Perplexing Argentines* (New York: Longmans, Green and Co., 1953), pp. 101, 102.
109. Robert F. Foerster, *The Italian Emigration of Our Times*, p. 270.
110. Carl Solberg, *Immigration and Nationalism*, p. 37.
111. Thomas E. Weil, et. al., *Area Handbook for Argentina* (Washington, D.C.: U.S. Government Printing Office, 1975), p. 8.
112. Samuel L. Baily, "The Role of Two Newspapers in the Assimilation of Italians in Buenos Aires and São Paulo, 1893–1913," *International Migration Review*, Fall 1978, p. 339.
113. Ibid., p. 327.
114. Robert F. Foerster, *The Italian Emigration of Our Times*, p. 272.

115. Ibid., p. 273.
116. Mark Jefferson, *Peopling the Argentine Pampa*, p. 120.
117. Ibid.
118. Robert F. Foerster, *The Italian Emigration of Our Times*, p. 273.
119. Thomas E. Weil, *Area Handbook for Argentina*, p. 22.
120. Robert F. Foerster, *The Italian Emigration of Our Times*, p. 274.
121. "Italian Emigration," *International Migration*, Vol. 4, No. 2 (1966), p. 122.
122. Robert F. Foerster, *The Italian Emigration of Our Times*, p. 279.
123. Emilio Willems, "Brazil," *The Positive Contribution by Immigrants*, edited by Oscar Handlin et al., p. 121.
124. Robert F. Foerster, *The Italian Emigration of Our Times*, p. 287.
125. Ibid., p. 289.
126. Thomas W. Merrick and Douglas H. Graham, *Population and Economic Development in Brazil*, p. 95.
127. Ibid., pp. 92–95, 103.
128. Thomas H. Holloway, *Immigrants on the Land: Coffee and Society in São Paulo, 1886–1934* (Chapel Hill: University of North Carolina Press, 1980), p. 42.
129. Robert F. Foerster, *The Italian Emigration of Our Times*, p. 290.
130. Thomas W. Merrick and Douglas H. Graham, *Population and Economic Development in Brazil*, p. 96.
131. Thomas H. Holloway, *Immigrants on the Land*, pp. 155–157.
132. Robert F. Foerster, *The Italian Emigration of Our Times*, pp. 295, 296, 297.
133. Ibid., p. 297.
134. Thomas H. Holloway, *Immigrants on the Land*, p. 28.
135. Ibid., p. 26.
136. Ibid., p. 60.
137. Ibid., pp. 149, 151.
138. Ibid., p. 152.
139. Emilio Willems, "Brazil," *The Positive Contribution by Immigrants*, edited by Oscar Handlin et al., p. 124.
140. Jean Roche, *La Colonisation Allemande et le Rio Grande do Sul* (Paris: Institute des Hautes Études de L'Amérique Latine, 1959), p. 163.
141. Ibid., p. 374.
142. Ibid., p. 377.
143. Ibid., p. 391.
144. Ibid., p. 392.
145. Emilio Willems, "Brazil," *The Positive Contribution by Immigrants*, edited by Oscar Handlin et al., p. 128.
146. Samuel L. Baily, "The Italians and the Development of Organized Labor in Argentina, Brazil and the United States," *Journal of Social History*, Winter 1969–70, p. 131.
147. Emilio Willems, "Brazil," *The Positive Contribution by Immigrants*, edited by Oscar Handlin et al., p. 133.
148. Robert F. Foerster, *The Italian Emigration of Our Times*, pp. 316–317.
149. Ibid., p. 314.
150. Thomas H. Holloway, *Immigrants on the Land*, p. 172.
151. Robert F. Foerster, *The Italian Emigration of Our Times*, p. 298.
152. Ibid., p. 319.
153. Ibid., pp. 317–318.
154. Ibid., p. 319.
155. Ibid., pp. 303, 305.
156. Emilio Willems, "Brazil," *The Positive Contribution by Immigrants*, edited by Oscar Handlin et al., pp. 131, 132.
157. U.S. Bureau of the Census, *Historical Statistics of the United States: Colonial Times to 1970* (Washington, D.C.: U.S. Government Printing Office, 1975), p. 105.
158. Anna Marie Martellone, "Italian Mass Emigration to the United States," *Perspectives in American History*, New Series, Vol. I (1984), p. 389.
159. Ibid., p. 399.
160. Herbert S. Klein, "The Integration of Italian Immigrants into the United States and Argentina," *American Historical Review*, April 1983, p. 316.
161. Robert F. Foerster, *The Italian Emigration of Our Times*, pp. 323, 327.
162. Ibid., p. 329.
163. Samuel L. Baily, "The Italians and the Development of Organized Labor in Argentina, Brazil and the United States," *Journal of Social History*, Winter 1969–70, p. 129.
164. Ibid., pp. 129–130.
165. Robert F. Foerster, *The Italian Emigration of Our Times*, p. 335.
166. Leonard Covello, *The Social Background of the Italo-American School Child*, pp. 257–258; Thomas Kessner, *The Golden Door*, pp. 84, 96.
167. Thomas Sowell, *Ethnic America: A History* (New York: Basic Books, 1981), p. 280.
168. Herbert S. Klein, "The Integration of Italian Immigrants into the United States and Argentina," *American Historical Review*, April 1983, p. 285.
169. Ibid., p. 291; Robert F. Foerster, *The Italian Emigration of Our Times*, p. 393; Dino Cinel, *From Italy to San Francisco*, p. 28.
170. Dino Cinel, *From Italy to San Francisco*, pp. 28, 117–118; Virginia Yans-McLaughlin, *Family and Community, Italian Immigrants in Buffalo, 1880–1930* (Ithaca, N.Y.: Cornell University Press, 1977), p. 130; Joseph Lopreato, *Italian Americans*, pp. 41–42.
171. Joseph Lopreato, *Italian Americans*, p. 42; Humbert S. Nelli, "Italians," *Harvard Encyclopedia of American Ethnic Groups*, edited by Stephan Thernstrom et al. (Cambridge, Mass.: Harvard University Press, 1981), p. 548.
172. Dino Cinel, *From Italy to San Francisco*, p. 178; Humbert S. Nelli, *Italians in Chicago, 1880–1930*, p. 195.
173. Dino Cinel, *From Italy to San Francisco*, p. 177.
174. Ibid., p. 178.
175. Joseph Lopreato, *Italian Americans*, p. 135.
176. Anna Maria Martellone, "Italian Mass Emigration to the United States," *Perspectives in American History*, New Series, Vol. I (1984), p. 416.
177. Dino Cinel, *From Italy to San Francisco*, p. 21.
178. Robert F. Foerster, *The Italian Emigration of Our Times*, p. 351.
179. Ibid., p. 367.
180. Andrew F. Rolle, *The Immigrant Upraised: Italian Adventurers and Colonists in an Expanding America* (Norman: University of Oklahoma Press, 1970), p. 68.
181. Robert F. Foerster, *The Italian Emigration of Our Times*, pp. 328n, 329.
182. Ibid., pp. 324, 384–385.
183. Ibid., p. 386.
184. Ibid., pp. 356, 386.
185. See, for example, Herbert J. Gans, *The Urban Villagers: Group and Class in the Life of Italian-Americans* (New York: The Free Press, 1962), p. 20; Virginia Yans-McLaughlin, *Family and Community*, pp. 223–224.
186. Robert F. Foerster, *The Italian Emigration of Our Times*, p. 333.
187. Ibid., pp. 333–338, passim.
188. Ibid., p. 347.
189. Ibid., p. 358.
190. Ibid., p. 356.
191. Ibid., p. 345.
192. Ibid., p. 350.
193. Ibid., p. 347.
194. Ibid., pp. 353–355.
195. Humbert S. Nelli, "Italians," *Harvard Encyclopedia of American Ethnic Groups*, edited by Stephan Thernstrom et al., p. 549.
196. Robert F. Foerster, *The Italian Emigration of Our Times*, p. 371.
197. Ibid., pp. 329–330, 343.
198. Nathan Glazer and Daniel Patrick Moynihan, *Beyond the Melting Pot: The Negroes, Puerto Ricans, Jews, Italians, and Irish of New York City* (Cambridge, Mass.: MIT Press, 1963), pp. 257–258.
199. See, for example, Robert F. Foerster, *The Italian Emigration of Our Times*, pp. 99, 120, 132.
200. Leonard Covello, *The Social Background of the Italo-American School Child*, pp. 289–310.
201. Humbert S. Nelli, "Italians," *Harvard Encyclopedia of American Ethnic Groups*, edited by Stephan Thernstrom et al., p. 551.
202. Thomas Sowell, *Ethnic America*, pp. 112–113.
203. Rudolf Glanz, *Jew and Italian*, p. 61.
204. Nathan Glazer and Daniel Patrick Moynihan, *Beyond the Melting Pot*, p. 213.
205. Robert F. Foerster, *The Italian Emigration of Our Times*, p. 369.
206. Dino Cinel, *From Italy to San Francisco*, p. 233.
207. Ibid., p. 231.
208. Samuel L. Baily, "The Adjustment of Italian Immigrants in Buenos Aires and New York," *American Historical Review*, April 1983, p. 287.
209. Samuel L. Baily, "The Italians and the Development of Organized Labor in Argentina, Brazil and the United States," *Journal of Social History*, Winter 1969–70, pp. 125, 126.
210. Ibid., p. 124.
211. R. Pascoe, "Italian Settlement until 1914," *The Australian People*, edited by James Jupp, p. 596.
212. Charles A. Price, *Southern Europeans in Australia*, p. 11.
213. W. D. Borrie, "Australia," *The Positive Contribution by Immigrants*, edited by Oscar Handlin et al., p. 88.
214. Charles A. Price, *Southern Europeans in Australia*, p. 11.
215. N. O. P. Pyke, "An Outline of Italian Immigration into Australia," *The*

Australian Quarterly, September 1948, p. 103.

216. W. D. Borrie, *Italians and Germans in Australia* (Melbourne: Australian National University, 1934), p. 147; N. O. P. Pyke, "An Outline of Italian Immigration into Australia," *The Australian Quarterly*, September 1948, p. 102.
217. W. D. Borrie, *Italians and Germans in Australia*, pp. 128, 129.
218. R. Pascoe, "Italian Settlement until 1914," *The Australian People*, edited by James Jupp, p. 597.
219. G. Cresciani, "Italian Immigrants 1920–1945," ibid., p. 610.
220. W. D. Borrie, *Italians and Germans in Australia*, p. 146.
221. D. Menghetti, "Italians in North Queensland," *The Australian People*, edited by James Jupp, pp. 600–601.
222. W. D. Borrie, *Italians and Germans in Australia*, pp. 144–145.
223. Ibid., p. 145; R. Pascoe, "Italian Settlement until 1914," *The Australian People*, edited by James Jupp, p. 596.
224. R. Pascoe, "Italian Settlement until 1914," *The Australian People*, edited by James Jupp, p. 596.
225. Helen Ware, *A Profile of the Italian Community in Australia* (Melbourne: Australian Institute of Multicultural Affairs and Co.As.It. Italian Assistance Association, 1981), p. 12.
226. G. Cresciani, "Italian Immigrants 1920–1945," *The Australian People*, edited by James Jupp, p. 609.
227. N. O. P. Pyke, "An Outline of Italian Immigration into Australia," *The Australian Quarterly*, September 1948, p. 105.
228. Charles A. Price, *Southern Europeans in Australia*, p. 11.
229. N. O. P. Pyke, "An Outline of Italian Immigration into Australia," *The Australian Quarterly*, September 1948, p. 105.
230. D. Menghetti, "Italians in North Queensland," *The Australian People*, edited by James Jupp, p. 601; G. Cresciani, "Italian Immigrants 1920–1945," ibid., pp. 610, 611, 612.
231. Helen Ware, *A Profile of the Italian Community in Australia*, p. 15.
232. D. Menghetti, "Italians in North Queensland," *The Australian People*, edited by James Jupp, p. 602.
233. Australian Government Commission of Inquiry into Poverty, *Welfare of Migrants* (Canberra: Australian Government Publishing Service, 1975), pp. 37–38.
234. Helen Ware, *A Profile of the Italian Community in Australia*, p. 24.
235. Ibid., p. 18.
236. Charles A. Price, "The Ethnic Composition of the Australian Population," *Immigration and Ethnicity in the 1980s*, edited by Ian Burnley, Sol Encel, and Grant McCall (Melbourne: Longman Cheshire, 1985), p. 47.
237. Helen Ware, *A Profile of the Italian Community in Australia*, pp. 22–23.
238. Ibid., pp. 11, 21.
239. Ibid., p. 26.
240. Australian Government Commission of Inquiry into Poverty, *Welfare of Migrants*, p. 39.
241. Ibid., p. 38.
242. Helen Ware, *A Profile of the Italian Community in Australia*, p. 7.
243. Ibid., p. 28.
244. Australian Government Commission of Inquiry into Poverty, *Welfare of Migrants*, p. 51.
245. Charles A. Price, *The Methods and Statistics of "Southern Europeans in Australia,"* p. 40. The terms used in the table cited are defined on pp. 38–39 and are more fully explained in Charles A. Price and J. Zubrycki, "The Use of Intermarriage Statistics as an Index of Assimilation," *Population Studies*, Vol. 16, No. 1 (1968), pp. 58–69.
246. Helen Ware, *A Profile of the Italian Community in Australia*, p. 13.
247. W. D. Borrie, *Italians and Germans in Australia*, p. 132.
248. Charles A. Price, *Southern Europeans in Australia*, pp. 93, 94.
249. W. D. Borrie, *Italians and Germans in Australia*, p. 131.
250. Helen Ware, *A Profile of the Italian Community in Australia*, p. 22.
251. Ibid., p. 91.
252. Des Storer, "Italians in Australia: A Social Overview," *Mosaics or Melting Pot: Cultural Evolution in Australia*, edited by Philip R. de Lacey and Millicent E. Poole (Sydney: Harcourt Brace Jovanovich Group, 1979), pp. 294–295; Helen Ware, *A Profile of the Italian Community in Australia*, p. 36.
253. Helen Ware, *A Profile of the Italian Community in Australia*, p. 43; Thomas Sowell, *Ethnic America*, pp. 118, 125.
254. Helen Ware, *A Profile of the Italian Community in Australia*, pp. 33–34; Thomas Sowell, *Ethnic America*, pp. 115–116.
255. Constance Cronin, *The Sting of Change*, p. 163.
256. Helen Ware, *A Profile of the Italian Community in Australia*, pp. 34, 35.
257. Constance Cronin, *The Sting of Change*, p. 162.
258. Ibid., p. 163.
259. Peter R. Shergold, "Discrimination against Australian Immigrants: An Historical Methodology," *Immigration and Ethnicity in the 1980s*, edited by Ian Burnley, Sol Encel, and Grant McCall, p. 72.
260. Australian Government Commission of Inquiry into Poverty, *Welfare of Migrants*, p. 39.
261. Australian Bureau of Statistics, *Census of Population and Housing, 30 June 1981: Cross-Classified Characteristics of Persons and Dwellings, Australia*, Catalogue No. 2452.0, October 1983, pp. 11, 12.
262. Australian Government Commission of Inquiry into Poverty, *Welfare of Migrants*, p. 43.
263. Helen Ware, *A Profile of the Italian Community in Australia*, p. 47. See also W. D. Borrie, *Italians and Germans in Australia*, p. 142.
264. Helen Ware, *A Profile of the Italian Community in Australia*, p. 26.
265. Ibid., pp. 30–31.
266. Ibid., pp. 32, 33.
267. Constance Cronin, *The Sting of Change*, pp. 231–232.
268. Ibid., Chapters 10, 11.
269. Ibid., pp. 239–240.
270. Helen Ware, *A Profile of the Italian Community in Australia*, p. 48.
271. Ibid., p. 62.
272. Ibid., p. 63.
273. Constance Cronin, *The Sting of Change*, p. 161.
274. Australian Government Commission of Inquiry into Poverty, *Welfare of Migrants*, p. 39.
275. Lado Ruzicka, "Premarital Pregnancies in Australia," *Journal of Marriage and the Family*, May 1977, pp. 109, 392.
276. Charles A. Price, *Southern Europeans in Australia*, p. 109.
277. W. D. Borrie, "Australia," *The Positive Contribution by Immigrants*, edited by Oscar Handlin et al., p. 101.
278. Robert F. Foerster, *The Italian Emigration of Our Times*, p. 417.

第 5 章　海外华人

1. S. W. Kung, *Chinese in American Life: Some Aspects of Their History, Status, Problems, and Contributions* (Seattle: University of Washington Press, 1962), pp. 9, 11.
2. 中国民国侨务统计 / 侨务委员会编．（台北）：该会 [The Republic of China, *Overseas Chinese Affairs Statistics*] (Taipei, Tai- wan: Overseas Chinese Affairs Commission, 1994), p. 8. See also "The Chinese Abroad—Rich, Not Red," *The Economist*, April 28, 1984, p. 80.
3. 中国民国侨务统计 / 侨务委员会编．（台北）：该会[The Republic of China, *Overseas Chinese Affairs Statistics*], p. 6; Ng Kwee Choo, *The Chinese in London* (London: Oxford University Press, 1968); Watt Stewart, *Chinese Bondage in Peru: A History of Chinese Coolie in Peru, 1849–1874* (Durham, N.C.: Duke University Press, 1951); Ng Bickleen Fong, *The Chinese in New Zealand: A Study in Assimilation* (Hong Kong: Hong Kong University Press, 1959); David Lowenthal, *West Indian Societies* (New York: Oxford University Press, 1972), pp. 202–208; Duvon Clough Corbitt, *A Study of the Chinese in Cuba: 1847–1947* (Wilmore, Ky.: Asbury College Press, 1971); Cecil Clementi, *The Chinese in British Guiana* (Georgetown, British Guiana: "The Argosy" Company, Ltd., 1915).
4. 中国民国侨务统计 / 侨务委员会编．（台北）：该会[The Republic of China, *Overseas Chinese Affairs Statistics*], p. 8.
5. Andrew Tanzer, "The Bamboo Network," *Forbes*, July 18, 1994, pp. 138–145.
6. Joel Kotkin, *Tribes: How Race, Religion, and Identity Determine Success in the New Global Economy* (New York: Random House, 1993), p. 180.
7. See, for example, Lea E. Williams, *The Future of the Overseas Chinese in Southeast Asia* (New York: McGraw-Hill, 1966), p. 11; Victor Purcell, *The Chinese in Southeast Asia*, second edition (Kuala Lumpur: Oxford University Press, 1980), pp. 3, 7, 83, 128, 195, 540; Yuan-li Wu and Chun-hsi Wu, *Economic Development in Southeast Asia: The Chinese Dimension* (Stanford, Calif.: Hoover Institution Press, 1980), pp. 30, 51, 71, 85.
8. S. W. Kung, *Chinese in American Life*, p. 22.
9. Ibid., p. 23.
10. Ibid., p. 22.
11. Ibid., pp. 21, 22, 23.
12. Lea E. Williams, *The Future of the Overseas Chinese in Southeast Asia*, pp. 17–18; David Lowenthal, *West Indian Societies*, p. 203; "Chinese Abroad—Rich, Not Red," *The Economist*, April 28, 1984, p. 81; G. William Skinner, *Chinese Society in Thailand: An Analytical History* (Ithaca, N.Y.: Cornell University Press, 1957), pp. 134–143; Jack Chen, *The Chinese of America* (San Francisco: Harper & Row, 1980), p. 19;

Naosaku Uchida, *The Overseas Chinese: A Bibliographical Essay Based on the Resources of the Hoover Institution* (Stanford, Calif.: Hoover Institution Press, 1960), pp. 21–46, 52.
13. Joel Kotkin, *Tribes*, p. 188.
14. Victor Simpao Limlingan, *Overseas Chinese in ASEAN: Business Strategies and Management Practices* (Manila: Vita Development Corporation, 1986), p. 35.
15. S. W. Kung, *Chinese in American Life*, p. 24.
16. *China Yearbook, 1980* (Taipei, Taiwan: China Publishing Company, 1980), p. 364.
17. Jack Chen, *The Chinese of America*, p. 18.
18. Yuan-li Wu and Chun-hsi Wu, *Economic Development in Southeast Asia*, pp. 84, 134–136; Victor Purcell, *The Chinese in Southeast Asia*, p. 176.
19. The Republic of China, *Overseas Chinese Affairs Statistics*, pp. 7, 72; *China Yearbook, 1980*, pp. 364–365.
20. Naosaku Uchida, *The Overseas Chinese*, p. 43. See also L. A. Peter Gosling, "Chinese Crop Dealers in Malaysia and Thailand: The Myth of the Merciless Monopsonistic Middleman," *The Chinese in Southeast Asia*, edited by Linda Y. C. Lim & L. A. Peter Gosling (Singapore: Maruzen Asia, 1983), Volume I: *Ethnicity and Economic Activity*, p. 152; Jack Chen, *The Chinese of America*, p. 27.
21. Victor Simpao Limlingan, *Overseas Chinese in ASEAN*, p. 28.
22. Ibid., p. 35.
23. Charles O. Hucker, *China's Imperial Past: An Introduction to Chinese History and Culture* (Stanford, Calif.: University Press, 1975), pp. 324, 336, 349, 351, 352; Jacques Gernet, *A History of Chinese Civilization* (Cambridge: Cambridge University Press, 1983), p. 347.
24. Charles O. Hucker, *China's Imperial Past*, p. 65; Jacques Gernet, *A History of Chinese Civilization*, pp. 69, 138, 140.
25. Jacques Gernet, *A History of Chinese Civilization*, p. 320.
26. Charles O. Hucker, *China's Imperial Past*, p. 336; Jacques Gernet, *A History of Chinese Civilization*, pp. 332–337; *The Concise Columbia Encyclopedia*, edited by Judith S. Levey and Agnes Greenhall (New York: Columbia University Press, 1983), p. 2812.
27. Charles O. Hucker, *China's Imperial Past*, pp. 331, 333.
28. Frederic Wakeman, Jr., *The Fall of Imperial China* (New York: The Free Press, 1975), p. 39.
29. Charles O. Hucker, *China's Imperial Past*, p. 342.
30. Frederic Wakeman, Jr., *The Fall of Imperial China*, p. 12.
31. Charles O. Hucker, *China's Imperial Past*, p. 356.
32. Ibid., p. 356.
33. Ibid., pp. 323–328; Frederic Wakeman, Jr., *The Fall of Imperial China*, p. 66.
34. Frederic Wakeman, Jr., *The Fall of Imperial China*, p. 32; Jacques Gernet, *A History of Chinese Civilization*, pp. 491–492.
35. Jacques Gernet, *A History of Chinese Civilization*, pp. 579–580; Charles O. Hucker, *China's Imperial Past*, p. 356.
36. Lea E. Williams, *The Future of the Overseas Chinese in Southeast Asia*, p. 20.
37. Yuan-li Wu and Chun-hsi Wu, *Economic Development in Southeast Asia*, p. 57; Irving Kaplan et al., *Area Handbook for Jamaica* (Washington, D.C.: U.S. Government Printing Office, 1976), p. 102.
38. Clifton A. Barton, "Trust and Credit: Some Observations Regarding Business Strategies of Overseas Chinese Traders in South Vietnam," *The Chinese in Southeast Asia*, edited by Linda Y. C. Lim and L. A. Peter Gosling, Volume I: *Ethnicity and Economic Activity*, p. 62; L. A. Peter Gosling, "Changing Chinese Identities in Southeast Asia: An Introductory Review," ibid., Volume II: *Identity, Culture, and Politics*, pp. 4–5; Victor Purcell, *The Chinese in Southeast Asia*, second edition, p. 32.
39. S. W. Kung, *Chinese in American Life*, p. 9.
40. Australian Government Commission of Inquiry into Poverty, *Welfare of Migrants* (Canberra: Australian Government Publishing Service, 1975), pp. 116–118.
41. Victor Purcell, *The Chinese in Southeast Asia*, second edition, pp. 116–117, 538–539, 546.
42. Stephen H. Haliczer, "The Castilian Urban Patriciate and the Jewish Expulsions of 1480–92," *American Historical Review*, February 1973, pp. 47–49.
43. *The World Almanac and Book of Facts, 1983* (New York: Newspaper Enterprise Association, 1983), pp. 510, 511, 560.
44. Jacques Gernet, *A History of Chinese Civilization*, pp. 126–127, 398–399.
45. Victor Simpao Limlingan, *Overseas Chinese in ASEAN*, pp. 23–25.
46. Yuan-li Wu, "Chinese Entrepreneurs in Southeast Asia," *American Economic Review*, May 1983, pp. 113–114.
47. Chun-hsi Wu, *Dollars, Dependents and Dogma: Overseas Chinese Remittances to Communist China* (Stanford, Calif.: The Hoover Institution Press, 1967), pp. 41–42.
48. *China Yearbook, 1980*, p. 367.
49. Yuan-li Wu, "Chinese Entrepreneurs in Southeast Asia," *American Economic Review*, May 1983, p. 116.
50. Victor Purcell, *The Chinese in Southeast Asia*, second edition, p. 90.
51. G. William Skinner, *Chinese Society in Thailand*, pp. 20–21, 26–27, 45.
52. Ibid., pp. 4, 10, 15, 19, 148, 149–154.
53. Victor Purcell, *The Chinese in Southeast Asia*, second edition, p. 91.
54. G. William Skinner, *Chinese Society in Thailand*, p. 61.
55. Ibid., pp. 79, 183.
56. Ibid., pp. 81–82.
57. Ibid., p. 116.
58. James A. Haetner, "Market Gardening in Thailand: The Origins of an Ethnic Chinese Monopoly," *The Chinese in Southeast Asia*, edited by Linda Y. C. Lim & L. A. Peter Gosling, Volume I: *Ethnicity and Economic Activity*, p. 40; see also G. William Skinner, *Chinese Society in Thailand*, p. 98.
59. G. William Skinner, *Chinese Society in Thailand*, p. 114.
60. Victor Purcell, *The Chinese in Southeast Asia*, second edition, p. 107.
61. Ibid., p. 97.
62. G. William Skinner, *Chinese Society in Thailand*, pp. 64, 114.
63. Victor Purcell, *The Chinese in Southeast Asia*, second edition, p. 107.
64. Yuan-li Wu and Chun-hsi Wu, *Economic Development in Southeast Asia: The Chinese Dimension*, p. 70.
65. G. William Skinner, *Chinese Society in Thailand*, p. 216.
66. Victor Purcell, *The Chinese in Southeast Asia*, second edition, p. 128.
67. G. William Skinner, *Chinese Society in Thailand*, pp. 126, 190.
68. Ibid., pp. 127–128.
69. Ibid., p. 139.
70. Ibid., p. 31.
71. Victor Purcell, *The Chinese in Southeast Asia*, second edition, p. 261. See also G. William Skinner, *Chinese Society in Thailand*, p. 141.
72. G. William Skinner, *Chinese Society in Thailand*, p. 154.
73. Victor Purcell, *The Chinese in Southeast Asia*, second edition, pp. 100, 104.
74. Ibid., p. 101.
75. G. William Skinner, *Chinese Society in Thailand*, pp. 147–148.
76. Ibid., p. 125.
77. Victor Purcell, *The Chinese in Southeast Asia*, second edition, p. 119.
78. Ibid., p. 85.
79. G. William Skinner, *Chinese Society in Thailand*, pp. 190–191.
80. Ibid., p. 196.
81. Ibid., p. 173.
82. Ibid., p. 158.
83. Ibid., pp. 159–164.
84. Ibid., pp. 216–218.
85. Ibid., pp. 102–103.
86. Ibid., pp. 103–104, 213.
87. Ibid., pp. 10, 99.
88. Ibid., pp. 101–102.
89. Ibid., pp. 101–102.
90. Victor Purcell, *The Chinese in Southeast Asia*, second edition, p. 131.
91. Ibid., p. 129.
92. G. William Skinner, *Chinese Society in Thailand*, p. 113.
93. Ibid., pp. 221–222.
94. L. A. Peter Gosling, "Chinese Crop Dealers in Malaysia and Thailand: The Myth of the Merciless Monopsonistic Middleman," *The Chinese in Southeast Asia*, edited by Linda Y. C. Lim & L. A. Peter Gosling, Volume I: *Ethnicity and Economic Activity*, pp. 138–141, 156.
95. Victor Purcell, *The Chinese in Southeast Asia*, second edition, pp. 469n, 546. See also A. L. Peter Gosling, "Chinese Crop Dealers in Malaysia and Thailand: The Myth of the Merciless Monopsonistic Middleman," *The Chinese in Southeast Asia*, edited by Linda Y. C. Lim and L. A. Peter Gosling, Volume I: *Ethnicity and Economic Activity*, pp. 131–170.
96. See, for example, L. A. Peter Gosling, "Chinese Crop Dealers in Malaysia and Thailand: The Myth of the Merciless Monopsonistic Middleman," *The Chinese in Southeast Asia*, edited by Linda Y. C. Lim and L. A. Peter Gosling, Volume I: *Ethnicity and Economic Activity*, pp. 139, 153.
97. G. William Skinner, *Chinese Society in Thailand*, p. 225.
98. Ibid., pp. 228–229.
99. Victor Purcell, *The Chinese in Southeast Asia*, second edition, p. 139n.
100. G. William Skinner, *Chinese Society in Thailand*, p. 264.
101. Ibid., p. 271.

102. Ibid., p. 275.
103. Ibid., p. 311.
104. Victor Purcell, *The Chinese in Southeast Asia*, second edition, p. 127.
105. Ibid., p. 128.
106. Lennox A. Mills, *Southeast Asia: Illusion and Reality in Politics and Economics*, (Minneapolis: University of Minnesota Press, 1964), p. 130.
107. G. William Skinner, *Chinese Society in Thailand*, pp. 359–360.
108. Ibid., p. 336.
109. Karl von Vorys, *Democracy without Consensus: Communalism and Political Stability in Malaysia* (Kuala Lumpur: Oxford University Press, 1976), p. 88n.
110. "The Chinese Abroad—Rich Not Red," *The Economist*, April 28, 1984, pp. 80, 81.
111. Nena Vreeland et al., *Area Handbook for Malaysia* (Washington, D.C.: U.S. Government Printing Office, 1977), p. 89.
112. Ibid., p. 88.
113. See, for example, Mahathir bin Mohamad, *The Malay Dilemma* (Kuala Lumpur: Federal Publications, 1982), p. 21; Nena Vreeland et al., *Area Handbook for Malaysia*, p. 89.
114. Nena Vreeland et al., *Area Handbook for Malaysia*, p. 82.
115. P. T. Bauer, *Reality and Rhetoric: Studies in the Economics of Development* (Cambridge, Mass.: Harvard University Press, 1984), p. 7.
116. D. G. E. Hall, *A History of South-East Asia*, (London: Macmillan and Company, Ltd., 1981), p. 835.
117. Victor Purcell, *The Chinese in Southeast Asia*, second edition, p. 244.
118. Alvin Rabushka, *Race and Politics in Urban Malays*, second edition (Stanford, Calif.: Hoover Institution Press, 1973), p. 17; Lennox A. Mills, *Southeast Asia*, p. 41.
119. Victor Simpao Limlingan, *Overseas Chinese in ASEAN*, p. 29.
120. Ibid., p. 30.
121. D. G. E. Hall, *A History of South-East Asia*, p. 606.
122. Donald R. Snodgrass, *Inequality and Economic Development in Malaysia* (Kuala Lumpur: Oxford University Press, 1980), pp. 16–17.
123. D. G. E. Hall, *A History of South-East Asia*, p. 83; Victor Purcell, *The Chinese in Southeast Asia*, second edition, p. 284.
124. Donald R. Snodgrass, *Inequality and Economic Development in Malaysia*, p. 38.
125. Yuan-li Wu and Chun-hsi Wu, *Economic Development in Southeast Asia*, p. 51.
126. Nena Vreeland et al., *Area Handbook for Malaysia*, p. 83.
127. Ibid., pp. 87–88.
128. D. G. E. Hall, *A History of South-East Asia*, p. 836.
129. See, for example, Usha Mahajani, *The Role of Indian Minorities in Burma and Malaysia* (Westport, Conn.: Greenwood Press, 1973), Chapter IV.
130. Victor Purcell, *The Chinese in Southeast Asia*, second edition, p. 283n.
131. Ibid., p. 284.
132. P. T. Bauer, *The Rubber Industry: A Study in Competition and Monopoly* (Cambridge, Mass.: Harvard University Press, 1948), pp. 217–218.
133. Victor Purcell, *The Chinese in Southeast Asia*, second edition, p. 277.
134. Ibid., p. 277; Nena Vreeland et al., *Area Handbook for Malaysia*, p. 96.
135. Victor Purcell, *The Chinese in Southeast Asia*, second edition, pp. 277–279.
136. Yuan-li Wu and Chun-hsi Wu, *Economic Development in Southeast Asia*, p. 57.
137. Virginia Thompson and Richard Adloff, *Minority Problems in Southeast Asia* (New York: Russell and Russell, 1970), p. 41.
138. Victor Purcell, *The Chinese in Southeast Asia*, second edition, pp. 305–306.
139. T. H. Silcock, "Approximate Racial Division of National Income," *The Political Economy of Independent Malaya: A Case Study in Development*, edited by T. H. Silcock and E. K. Fisk (Berkeley: University of California Press, 1963), p. 279.
140. Lennox A. Mills, *Southeast Asia*, p. 42.
141. Nena Vreeland et al., *Area Handbook for Malaysia*, pp. 231–232.
142. L. A. Peter Gosling, "Chinese Crop Dealers in Malaysia and Thailand: The Myth of the Merciless Monopsonistic Middleman," *The Chinese in Southeast Asia*, edited by Linda Y. C. Lim & L. A. Peter Gosling, Volume I: *Ethnicity and Economic Activity*, p. 142.
143. Donald R. Snodgrass, *Inequality and Economic Development in Malaysia*, p. 78.
144. Ibid., p. 82; Robert Klitgaard and Ruth Katz, "Overcoming Ethnic Inequalities: Lessons for Malaysia," *Journal of Policy Analysis and Management*, Vol. II, no. 3 (1983), pp. 335, 343; Pang Eng Fong, "Race, Income Distribution, and Development in Malaysia and Singapore," *The Chinese in Southeast Asia*, edited by Linda Y. C. Lim and L. A. Peter Gosling, Volume I: *Ethnicity and Economic Activity*, p. 321.
145. Mavis Puthucheary, "Public Policies Relating to Business and Land and Their Impact on Ethnic Relations in Peninsular Malaysia," *From Independence to Statehood: Managing Ethnic Conflict in Five African and Asian States*, edited by Robert B. Goldmann and A. Jeyaratnam Wilson (London: France Pinter, 1984), p. 158.
146. Donald R. Snodgrass, *Inequality and Economic Development in Malaysia*, p. 221.
147. Lim Mah Hui, "The Ownership and Control of Large Corporations in Malaysia: The Role of Chinese Businessmen," *The Chinese in Southeast Asia*, edited by Linda Y. C. Lim and L. A. Peter Gosling, Volume I: *Ethnicity and Economic Activity*, p. 278.
148. Tai Yoke Lin, "Ethnic Restructuring in Malaysia 1979–1980: The Employment Perspective," *From Independence to Statehood*, edited by Robert B. Goldmann and A. Jeyaratnam Wilson, p. 52; Donald R. Snodgrass, *Inequality and Economic Development in Malaysia*, p. 221.
149. Tai Yoke Lin, "Ethnic Restructuring in Malaysia 1979–1980: The Employment Perspective," *From Independence to Statehood*, edited by Robert B. Goldmann and A. Jeyaratnam Wilson, p. 53.
150. Donald R. Snodgrass, *Inequality and Economic Development in Malaysia*, pp. 223–224.
151. Donald M. Nonini, "The Chinese Truck Transport 'Industry' of a Peninsular Malaysia Market Town," *The Chinese in Southeast Asia*, edited by Linda Y. C. Lim and L. A. Peter Gosling, Volume I: *Ethnicity and Economic Activity*, pp. 180, 195–196.
152. Tai Yoke Lin, "Ethnic Restructuring in Malaysia 1979–1980: The Employment Perspective," *From Independence to Statehood*, edited by Robert B. Goldmann and A. Jeyaratnam Wilson, pp. 48–50.
153. Ibid., p. 57.
154. Victor Purcell, *The Chinese in Southeast Asia*, second edition, p. 249.
155. Ibid., p. 234.
156. Nena Vreeland et al., *Area Handbook for Singapore* (Washington, D.C.: U.S. Government Printing Office, 1977), p. 18.
157. Ibid., p. 47.
158. *Economic and Social Statistics: Singapore 1960–1982* (Singapore: Department of Statistics, 1983), p. 7.
159. Victor Purcell, *The Chinese in Southeast Asia*, second edition, pp. 251–252.
160. Nena Vreeland et al., *Area Handbook for Singapore*, pp. 48–50.
161. Ibid., p. 69.
162. Ibid., p. 76.
163. *Key Education Statistics, 1983* (Singapore: Ministry of Education, 1983), p. 9.
164. *Statistics of Marriage, 1983* (Singapore: Department of Statistics, 1984), pp. 7–8, 12–13.
165. Victor Purcell, *The Chinese in Southeast Asia*, second edition, p. 389.
166. Ibid., pp. 397, 404.
167. Ibid., p. 396.
168. Ibid., p. 404.
169. Ibid., p. 410.
170. Ibid., pp. 461–462; J. A. C. Mackie and Charles A. Coppel, "A Preliminary Survey," *The Chinese in Indonesia*, edited by J. A. C. Mackie (Melbourne: The Australian Institute of International Affairs, 1976), pp. 4–5.
171. Virginia Thompson and Richard Adloff, *Minority Problems in Southeast Asia*, p. 49; J. A. C. Mackie and Charles A. Coppel, "A Preliminary Survey," *The Chinese in Indonesia*, edited by J. A. C. Mackie, p. 7.
172. J. A. C. Mackie and Charles A. Coppel, "A Preliminary Survey," *The Chinese in Indonesia*, edited by J. A. C. Mackie, p. 7.
173. Victor Purcell, *The Chinese in Southeast Asia*, second edition, pp. 385–388; Wilfred T. Neill, *Twentieth-Century Indonesia* (New York: Columbia University Press, 1973), p. 347. See also Charles A. Coppel, *Indonesian Chinese in Crisis* (Kuala Lumpur: Oxford University Press, 1983), p. 2.
174. J. A. C. Mackie and Charles A. Coppel, "A Preliminary Survey," *The Chinese in Indonesia*, edited by J. A. C. Mackie, p. 5; Leo Suryadinata, *Peranakan Chinese Politics in Java: 1917–1942*, revised edition (Singapore: Singapore University Press, 1981), pp. xiv, 7.
175. Leo Suryadinata, *Peranakan Chinese Politics in Java*, p. xiv.
176. Ibid., pp. 100–101.
177. Ibid., passim.
178. Ibid., pp. 124–130. See also Charles A. Coppel, *Indonesia Chinese in Crisis*, pp. 2–3.
179. Charles A. Coppel, *Indonesian Chinese in Crisis*, p. 20.
180. Leo Suryadinata, *Peranakan Chinese Politics in Java*, pp. 152–153.

181. Victor Purcell, *The Chinese in Southeast Asia*, second edition, p. 472.
182. Ibid., p. 473.
183. Leo Suryadinata, *Pribumi Indonesians, the Chinese Minority and China: A Study of Perceptions and Policies* (Singapore: Heinemann Asia, 1986), pp. 58–59.
184. Ibid., pp. 128, 147.
185. Victor Purcell, *The Chinese in Southeast Asia*, second edition, pp. 473–478.
186. Mary F. Somers-Heidhues, "Citizenship and Identity: Ethnic Chinese and the Indonesian Revolution," *Changing Identities of the Southeast Asian Chinese since World War II*, edited by Jennifer Cushman and Wang Gungwu (Hong Kong: Hong Kong University Press, 1988), pp. 121–122.
187. Victor Purcell, *The Chinese in Southeast Asia*, second edition, p. 383.
188. Mary F. Somers-Heidhues, "Citizenship and Identity," *Changing Identities of the Southeast Asian Chinese since World War II*, edited by Jennifer Cushman and Wang Gungwu, p. 115.
189. Victor Purcell, *The Chinese in Southeast Asia*, second edition, p. 486.
190. Leo Suryadinata, *Pribumi Indonesians, the Chinese Minority and China*, p. 130; Victor Purcell, *The Chinese in Southeast Asia*, second edition, pp. 487–488.
191. Leo Suryadinata, *Pribumi Indonesians, the Chinese Minority and China*, p. 132; Victor Purcell, *The Chinese in Southeast Asia*, second edition, pp. 488, 489.
192. Victor Purcell, *The Chinese in Southeast Asia*, second edition, pp. 487, 488.
193. J. A. C. Mackie, "Anti-Chinese Outbreaks in Indonesia, 1959–68," *The Chinese in Indonesia*, edited by J. A. C. Mackie, pp. 83, 92.
194. Leo Suryadinata, *Pribumi Indonesians, the Chinese Minority and China*, pp. 141–142; Richard Robison, *Indonesia: The Rise of Capital* (North Sydney: Allen & Unwin, 1987), pp. 271–328.
195. Charles A. Coppel, *Indonesian Chinese in Crisis*, Chapter 7.
196. Yuan-li Wu and Chun-hsi Wu, *Economic Development in Southeast Asia*, p. 63.
197. Charles A. Coppel, *Indonesian Chinese in Crisis*, pp. 40, 152, 153, 159, 173.
198. Ibid., pp. 160–166, 167.
199. Ibid., pp. 82–85, 110–111, 144.
200. Joseph P. Manguno, "Suharto Angling for Political Dividends in Expansionary Budget for New Year," *The Asian Wall Street Journal Weekly*, January 12, 1981, p. 12; "Now a Spate of Bombings," *Asiaweek*, October 19, 1984, pp. 8–9; Susumu Awanohara, "Bombs in Chinatown," *Far Eastern Economic Review*, October 18, 1984, p. 18.
201. Virginia Thompson and Richard Adloff, *Minority Problems in Southeast Asia*, p. 48.
202. See "The Chinese Abroad—Rich Not Red," *The Economist*, April 28, 1984, pp. 80, 81.
203. Jacques Amyot, *The Manila Chinese, Familism in the Philippine Environment* (Quezon City: Institute of Philippine Culture, 1973), p. 2.
204. "The Chinese Abroad—Rich Not Red," *The Economist*, April 28, 1984, pp. 80, 81.
205. Victor Purcell, *The Chinese in Southeast Asia*, second edition, pp. 500–504.
206. Ibid., pp. 514, 519, 527.
207. Ibid., p. 508.
208. Ibid., p. 512.
209. Ibid., pp. 511, 524.
210. Jacques Amyot, *The Manila Chinese, Familism in the Philippine Environment*, pp. 11, 42.
211. Victor Purcell, *The Chinese in Southeast Asia*, second edition, pp. 536–537.
212. Jacques Amyot, *The Manila Chinese, Familism in the Philippine Environment*, pp. 63–66.
213. Victor Purcell, *The Chinese in Southeast Asia*, second edition, p. 540.
214. Ibid., p. 548.
215. Ibid., pp. 544, 546; Antonio S. Tan, "The Changing Identity of the Philippine Chinese, 1946–1984," *Changing Identities of the Southeast Asian Chinese since World War II*, edited by Jennifer Cushman and Wang Gungwu, pp. 183–184.
216. Victor Purcell, *The Chinese in Southeast Asia*, second edition, pp. 545–546.
217. Charles A. Coppel, *The Chinese in Indonesia, the Philippines and Malaysia* (London: Minority Rights Group, 1982), p. 18.
218. Victor Purcell, *The Chinese in Southeast Asia*, second edition, pp. 538–539.
219. Antonio S. Tan, "The Changing Identity of the Philippine Chinese, 1946–1984," *Changing Identities of the Southeast Asian Chinese since World War II*, edited by Jennifer Cushman and Wang Gungwu, pp. 182–183.
220. Ibid., pp. 184–185.
221. Ibid., pp. 186–187.
222. Jacques Amyot, *The Manila Chinese, Familism in the Philippine Environment*, pp. 128, 131, 132.
223. Ibid., pp. 76–78.
224. John T. Omohundro, "Social Networks and Business Success for the Philippine Chinese," *The Chinese in Southeast Asia*, edited by Linda Y. C. Lim & L. A. Peter Gosling, Volume I: *Ethnicity and Economic Activity*, pp. 66–67.
225. Ibid., p. 78.
226. Jacques Gernet, *A History of Chinese Civilization*, pp. 126–127; Victor Purcell, *The Chinese in Southeast Asia*, second edition, p. 11.
227. Jacques Gernet, *A History of Chinese Civilization*, p. 262.
228. Ibid., pp. 301–302.
229. Ibid., p. 238.
230. Ibid., p. 485.
231. Charles O. Hucker, *China's Imperial Past: An Introduction to Chinese History and Culture*, p. 343.
232. Victor Purcell, *The Chinese in Southeast Asia*, second edition, p. 181; William E. Willmott, *The Chinese in Cambodia* (Vancouver: University of British Columbia, 1967), p. 6.
233. William E. Willmott, *The Chinese in Cambodia*, pp. 33–36.
234. Victor Purcell, *The Chinese in Southeast Asia*, second edition, p. 184.
235. William E. Willmott, *The Chinese in Cambodia*, pp. 40–42.
236. Victor Purcell, *The Chinese in Southeast Asia*, second edition, pp. 177–178.
237. Virginia Thompson and Richard Adloff, *Minority Problems in Southeast Asia*, p. 56.
238. Victor Purcell, *The Chinese in Southeast Asia*, second edition, pp. 168, 170, 171.
239. Cf. ibid., pp. 168–171; William E. Willmott, *The Chinese in Cambodia*, p. 15; Lea E. Williams, *The Future of the Overseas Chinese in Southeast Asia*, p. 11. More estimates are compared in Yuan-li Wu and Chun-hsi Wu, *Economic Development in Southeast Asia*, p. 84.
240. Yuan-li Wu and Chun-hsi Wu, *Economic Development in Southeast Asia*, pp. 51, 88.
241. Ibid., p. 85.
242. Victor Purcell, *The Chinese in Southeast Asia*, second edition, pp. 193, 195, 204.
243. William E. Willmott, *The Chinese in Cambodia*, p. 47.
244. Clifton A. Barton, "Trust and Credit: Some Observations Regarding Business Strategies of Overseas Chinese Traders in South Vietnam," *The Chinese in Southeast Asia*, edited by Linda Y. C. Lim and L. A. Peter Gosling, Volume I: *Ethnicity and Economic Activity*, pp. 46–63.
245. Ibid., pp. 61–62.
246. William E. Willmott, *The Chinese in Cambodia*, pp. 49–51.
247. Martin J. Murray, *The Development of Capitalism in Colonial Indo-China, 1870–1940* (Berkeley: University of California Press, 1980), p. 221.
248. Victor Purcell, *The Chinese in Southeast Asia*, second edition, pp. 210–211.
249. Ibid., pp. 215–221.
250. "Emergency," *The New Republic*, June 30, 1979, p. 6.
251. Ben Kiernan, "Kampuchea's Ethnic Chinese under Pol Pot: A Case of Systematic Social Discrimination," *Changing Identities of the Southeast Asian Chinese since World War II*, edited by Jennifer Cushman and Wang Gungwu, p. 211.
252. B. W. Higman, "The Chinese in Trinidad, 1806–1838," *Caribbean Studies*, October 1972, pp. 21–44.
253. Duvon Clough Corbitt, *A Study of the Chinese in Cuba*, p. 115.
254. Jack Chen, *The Chinese of America*, p. 18.
255. David Lowenthal, *West Indian Societies*, p. 203.
256. Thomas Sowell, *Ethnic America*, pp. 149–152.
257. S. W. Kung, *Chinese in American Life*, pp. 22–23.
258. Ibid., p. 21.
259. Watt Stewart, *Chinese Bondage in Peru*, p. 119.
260. Ibid., p. 46.
261. Ibid., Chapter II; Duvon Clough Corbitt, *A Study of the Chinese in Cuba*, pp. 18–19, 27–29.
262. Watt Stewart, *Chinese Bondage in Peru*, p. 16n.
263. Jack Chen, *The Chinese of America*, p. 25.
264. Duvon Clough Corbitt, *A Study of the Chinese in Cuba*, pp. 18–19, 21, 42, 46; Watt Stewart, *Chinese Bondage in Peru*, pp. 19, 30–33.

265. Duvon Clough Corbitt, *A Study of the Chinese in Cuba*, p. 19.
266. Watt Stewart, *Chinese Bondage in Peru*, p. 74.
267. Duvon Clough Corbitt, *A Study of the Chinese in Cuba*, p. 117.
268. Ibid., p. 80; Watt Stewart, *Chinese Bondage in Peru*, pp. 124, 228.
269. Duvon Clough Corbitt, *A Study of the Chinese in Cuba*, p. 80.
270. Ibid., p. 80.
271. Watt Stewart, *Chinese Bondage in Peru*, p. 98.
272. Ibid., p. 75.
273. Ibid., p. 62.
274. Duvon Clough Corbitt, *A Study of the Chinese in Cuba*, p. 52.
275. Cecil Clementi, *The Chinese in British Guiana*, pp. 103–104, 111, 126, 128, 129, 133, 184, 185, 191, 277.
276. Watt Stewart, *Chinese Bondage in Peru*, p. 116.
277. Ibid., pp. 120–123.
278. Duvon Clough Corbitt, *A Study of the Chinese in Cuba*, p. 70.
279. Ibid., p. 83.
280. Ibid., Chapter VII.
281. S. W. Kung, *Chinese in American Life*, p. 23.
282. Watt Stewart, *Chinese Bondage in Peru*, p. 129.
283. Duvon Clough Corbitt, *A Study of the Chinese in Cuba*, p. 117.
284. Cecil Clementi, *The Chinese in British Guiana*, p. 318.
285. Stanford M. Lyman, *The Asian in the West* (Reno: University of Nevada System, 1970), p. 79.
286. Orlando Patterson, "Context and Choice in Ethnic Allegiance: A Theoretical Framework and Caribbean Case Study," *Ethnicity: Theory and Experience*, edited by Nathan Glazer and Daniel P. Moynihan (Cambridge, Mass.: Harvard University Press, 1981), p. 324.
287. Watt Stewart, *Chinese Bondage in Peru*, p. 228; Cecil Clementi, *The Chinese in British Guiana*, pp. 195–196.
288. David Lowenthal, *West Indian Societies*, p. 203; Jan Knippers Black et al., *Area Handbook for Trinidad and Tobago* (Washington, D.C.: U.S. Government Printing Office, 1976), p. 88.
289. Watt Stewart, *Chinese Bondage in Peru*, p. 228.
290. Carl Solberg, *Immigration and Nationalism: Argentina and Chile, 1890–1914* (Austin: University of Texas Press, 1970), p. 70.
291. Orlando Patterson, "Context and Choice in Ethnic Allegiance," *Ethnicity*, edited by Nathan Glazer and Daniel P. Moynihan, p. 341.
292. Ibid., p. 327.
293. Jan Knippers Black et al., *Area Handbook for Trinidad and Tobago*, p. 3; Irving Kaplan et al., *Area Handbook for Jamaica* (Washington, D.C.: U.S. Government Printing Office, 1976), p. 100; David Lowenthal, *West Indian Societies*, p. 194.
294. Jan Knippers Black et al., *Area Handbook for Trinidad and Tobago*, p. 53; S. W. Kung, *Chinese in American Life*, p. 23.
295. Orlando Patterson, "Context and Choice in Ethnic Allegiance," *Ethnicity*, edited by Nathan Glazer and Daniel P. Moynihan, pp. 324, 325.
296. David Lowenthal, *West Indian Societies*, pp. 203–204.
297. Ibid., p. 207.
298. Jan Knippers Black et al., *Area Handbook for Trinidad and Tobago*, pp. 82, 87; Orlando Patterson, "Context and Choice in Ethnic Allegiance," *Ethnicity*, edited by Nathan Glazer and Daniel Moynihan, pp. 326–327.
299. Jan Knippers Black et al., *Area Handbook for Trinidad and Tobago*, p. 88; David Lowenthal, *West Indian Societies*, p. 203.
300. Jan Knippers Black et al., *Area Handbook for Trinidad and Tobago*, p. 88.
301. Ibid., p. 90; David Lowenthal, *West Indian Societies*, p. 207. See also Orlando Patterson, "Context and Choice in Ethnic Allegiance," *Ethnicity*, edited by Nathan Glazer and Daniel P. Moynihan, p. 324.
302. David Lowenthal, *West Indian Societies*, pp. 207–208.
303. Ibid., pp. 203–204.
304. Ibid., p. 204.
305. Ibid., p. 193.
306. Ibid., pp. 145, 207.
307. Ibid., p. 207.
308. H. M. Lai, "Chinese," *Harvard Encyclopedia of American Ethnic Groups*, edited by Stephan Thernstrom et al. (Cambridge, Mass.: Harvard University Press, 1981), pp. 217–218; Jack Chen, *The Chinese of America*, pp. 5–6.
309. H. M. Lai, "Chinese," *Harvard Encyclopedia of American Ethnic Groups*, edited by Stephan Thernstrom et al., p. 223.
310. Ibid.
311. S. W. Kung, *Chinese in American Life*, p. 35.
312. Jack Chen, *The Chinese of America*, p. 35.
313. S. W. Kung, *Chinese in American Life*, p. 67.
314. Jack Chen, *The Chinese of America*, p. 47.
315. Ibid., pp. 44–45.
316. Betty Lee Sung, *The Story of the Chinese in America* (New York: Collier Books, 1967), p. 26. See also Jack Chen, *The Chinese of America*, pp. 48–49.
317. Jack Chen, *The Chinese of America*, p. 53; S. W. Kung, *Chinese in American Life*, p. 66.
318. S. W. Kung, *Chinese in American Life*, p. 67.
319. Jack Chen, *The Chinese of America*, pp. 55–56.
320. Ibid., pp. 57, 58.
321. Ibid., pp. 59, 60.
322. Ibid., pp. 70, 72.
323. Ibid., pp. 72, 73.
324. S. W. Kung, *Chinese in American Life*, p. 67.
325. Stanford M. Lyman, *Chinese Americans* (New York: Random House, 1974), pp. 59–60.
326. Jack Chen, *The Chinese of America*, pp. 89, 90.
327. H. M. Lai, "Chinese," *Harvard Encyclopedia of American Ethnic Groups*, edited by Stephan Thernstrom et al., p. 220.
328. S. W. Kung, *Chinese in American Life*, p. 87; Jack Chen, *The Chinese of America*, pp. 89–91, 99, 109.
329. Jack Chen, *The Chinese of America*, pp. 83, 93.
330. Ibid., p. 99.
331. Ibid., pp. 105, 106.
332. Ibid., p. 109.
333. Ibid., p. 113.
334. Ibid., p. 115.
335. Stanford M. Lyman, *Chinese Americans*, p. 76; Jack Chen, *The Chinese of America*, pp. 108–109, 144–145.
336. S. W. Kung, *Chinese in American Life*, p. 57.
337. Ibid., p. 183.
338. H. M. Lai, "Chinese," *Harvard Encyclopedia of American Ethnic Groups*, edited by Stephan Thernstrom et al., p. 224.
339. Stanford M. Lyman, *Chinese Americans*, p. 106.
340. Ibid., pp. 94–95.
341. Ibid., pp. 115, 126.
342. S. W. Kung, *Chinese in American Life*, p. 40.
343. Betty Lee Sung, *The Story of the Chinese in America*, p. 132.
344. Thomas Sowell, *Ethnic America*, p. 143.
345. Betty Lee Sung, *The Story of the Chinese in America*, p. 322; Thomas Sowell, *Ethnic America*, p. 5.
346. See U.S. Bureau of the Census, *1990 Census of Population: Asians and Pacific Islanders in the United States* (Washington, D.C.: U.S. Government Printing Office, 1993), pp. 142, 146, 147.
347. H. M. Lai, "Chinese," *Harvard Encyclopedia of American Ethnic Groups*, edited by Stephan Thernstrom et al., p. 227.
348. Jack Chen, *The Chinese of America*, p. 239.
349. U.S. Bureau of the Census, *1990 Census of Population: Asians and Pacific Islanders in the United States*, pp. 142, 146, 147.
350. Gwen Kinkead, "Chinatown-1," *The New Yorker*, June 10, 1991, p. 63.
351. Cf. Orlando Patterson, "Context and Choice in Ethnic Allegiance," *Ethnicity*, edited by Nathan Glazer and Daniel P. Moynihan, pp. 326–327.
352. Linda Y. C. Lim, "Chinese Economic Activity in Southeast Asia: An Introductory Review," *The Chinese in Southeast Asia*,, edited by Linda Y. C. Lim & L. A. Peter Gosling, Volume I: *Ethnicity and Economic Activity*, pp. 4, 8; Victor Purcell, *The Chinese in Southeast Asia*, second edition, pp. 199, 546, 547.
353. Victor Purcell, *The Chinese in Southeast Asia*, second edition, p. 546.
354. Janet T. Landa, "The Political Economy of the Ethnically Homogeneous Chinese Middleman Group in Southeast Asia: Ethnicity and Entrepreneurship in a Plural Society," *The Chinese in Southeast Asia*, edited by Linda Y. C. Lim and L. A. Peter Gosling, Volume I: *Ethnicity and Economic Activity*, pp. 90–93.
355. L. A. Peter Gosling, "Chinese Crop Dealers in Malaysia and Thailand: The Myth of the Merciless Monopsonistic Middleman," ibid., pp. 134–135; Clifton A. Barton, "Trust and Credit: Some Observations Regarding Business Strategies of Overseas Chinese Traders in South Vietnam," ibid., pp. 49–50, 52.
356. Antonio S. Tan, "The Changing Identity of the Philippine Chinese, 1946–1984," *Changing Identities of the Southeast Asian Chinese since World War II*, edited by Jennifer Cushman and Wang Gungwu, p. 192.
357. Victor Purcell, *The Chinese in Southeast Asia*, second edition, p. 272; Charles O. Hucker, *China's Imperial Past*, pp. 337–338. See also Jacques Gernet, *A History of Chinese Civilization*, pp. 315, 372–373, 491, 531, 545, 555, 586, 604.
358. Victor Purcell, *The Chinese in Southeast Asia*, second edition, p. 539.
359. Stanford M. Lyman, *Chinese Americans*, pp. 38–39.

360. Ibid., p. 159; G. William Skinner, *Chinese Society in Thailand*, pp. 213, 324–325; Leo Suryadinata, *Pribumi Indonesians, the Chinese Minority and China*, pp. 149–150.

第 6 章 犹太移民社群

1. Eugene F. Sofer, *From Pale to Pampa: A Social History of the Jews of Buenos Aires* (New York: Holmes & Meier, 1982), p. 15.
2. U. O. Schmelz and Sergio DellaPergola, "World Jewish Population, 1990," *American Jewish Yearbook: 1992*, edited by David Singer and Ruth R. Seldin (New York: American Jewish Committee, 1992), pp. 493, 511.
3. See Sergio DellaPergola, "Jews in the European Community: Sociodemographic Trends and Challenges," *American Jewish Yearbook: 1993*, edited by David Singer and Ruth R. Seldin (New York: American Jewish Committee, 1993), p. 66.
4. Ibid., p. 495.
5. Ibid., pp. 493, 511.
6. Michael Grant, *The Jews in the Roman World* (New York: Dorset Press, 1984), pp. 34, 62.
7. Ibid., pp. 16–19.
8. Ibid., p. 48.
9. Jane S. Gerber, *The Jews of Spain: A History of the Sephardic Experience* (New York: The Free Press, 1992), p. 3.
10. Solomon Grayzel, *A History of the Jews* (New York: Mentor Books, 1968), pp. 138–140.
11. Michael Grant, *The Jews in the Roman World*, p. 60.
12. Ibid., pp. 60, 123, 124, 183, 192, 242; Nicholas de Lange, *Atlas of the Jewish World* (New York: Facts on File Publications, 1984), p. 28.
13. Bernard Lewis, *The Jews of Islam* (Princeton, N.J.: Princeton University Press, 1984), p. 67.
14. Ibid., Chapter I.
15. Ibid., p. 36.
16. See, for example, Louis Wirth, *The Ghetto* (Chicago: University of Chicago Press, 1958), pp. 43, 44.
17. In Moslem countries such as Morocco and Yemen, where Jews were the only non-Moslem minority, their treatment was particularly bad, suggesting that it was their uniqueness, rather than Islam or Christianity as such, which was a key factor in the hostility they faced. This conclusion is further reinforced by the history of Jews in colonial North America, where sharp religious differences among Christians—Protestants versus Catholics, Anglicans versus Quakers, Shakers, and others—made the Jews seem like just another religious minority. See Jane S. Gerber, *The Jews of Spain*, pp. 207, 224.
18. Solomon Grayzel, *A History of the Jews*, pp. 291, 303; Bernard Lewis, *The Jews of Islam*, p. 67.
19. W. Montgomery Watt, *The Influence of Islam on Medieval Europe* (Edinburgh: Edinburgh University Press, 1972), pp. 33–39.
20. Solomon Grayzel, *A History of the Jews*, pp. 271–273, 275.
21. Ibid., pp. 281–282.
22. Pierre Riché, *Daily Life in the World of Charlemagne*, translated by Jo Ann McNamara (Philadelphia: University of Pennsylvania Press, 1978), pp. 126–128.
23. Solomon Grayzel, *A History of the Jews*, p. 314.
24. Ibid., pp. 278, 280.
25. Jane S. Gerber, *The Jews of Spain*, p. 34.
26. Solomon Grayzel, *A History of the Jews*, pp. 280–281.
27. Ibid., pp. 276–278.
28. Lord Kinross, *The Ottoman Centuries: The Rise and Fall of the Turkish Empire* (New York: Morrow, 1977), p. 146.
29. Solomon Grayzel, *A History of the Jews*, p. 342.
30. Ibid., pp. 345–347.
31. Jonathan I. Israel, *European Jewry in the Age of Mercantilism: 1550–1750* (Oxford: Oxford University Press, 1985), pp. 5, 6.
32. Solomon Grayzel, *A History of the Jews*, p. 306.
33. Paul Johnson, *A History of the Jews* (New York: Harper & Row, 1987), pp. 216–217.
34. Solomon Grayzel, *A History of the Jews*, pp. 271–272, 391.
35. Nathaniel Katzburg, *Hungary and the Jews: Policy and Legislation, 1920–1943* (Jerusalem: Bar-Ilan University Press, 1981), p. 20. See also Peter Pulzer, *The Rise of Political Anti-Semitism in Germany and Austria* (Cambridge, Mass.: Harvard University Press, 1988), pp. 69, 273, 275; Richard S. Levy, *The Downfall of the Anti-Semitic Political Parties in Imperial Germany* (New Haven, Conn.: Yale University Press, 1975), passim.
36. Steven B. Bowman, *The Jews of Byzantium, 1204–1453* (Tuscaloosa: University of Alabama Press, 1985), pp. 164–168.
37. Solomon Grayzel, *A History of the Jews*, pp. 251, 299, 397–398; Raphael Patai, *The Jewish Mind* (New York: Charles Scribner's Sons, 1977), p. 100; Paul Johnson, *A History of the Jews*, p. 230.
38. Steven B. Bowman, *The Jews of Byzantium, 1204–1453*, pp. 4, 39–40, 50, 52.
39. Bernard S. Bachrach, "A Reassessment of Visigothic Jewish Policy, 589–711," *American Historical Review*, February 1973, p. 13.
40. Ibid., pp. 14–33.
41. Ibid., pp. 24, 33.
42. Ibid., pp. 20–29.
43. Ibid., pp. 27, 29.
44. Solomon Grayzel, *A History of the Jews*, pp. 274, 290–291.
45. Ibid., p. 291.
46. Ibid., p. 292; Jane S. Gerber, *The Jews of Spain*, p. 99.
47. Solomon Grayzel, *A History of the Jews*, p. 294.
48. Raphael Patai, *The Jewish Mind*, pp. 122–123.
49. See, for example, Jane S. Gerber, *The Jews of Spain*, pp. xii–xiii, 31, 45, 47, 61, 62–63, 74, 86, 100.
50. Raphael Patai, *The Jewish Mind*, p. 331.
51. Stephen H. Haliczer, "The Castilian Urban Patriciate and the Jewish Expulsions of 1480–92," *American Historical Review*, February 1973, pp. 39–40.
52. Ibid., pp. 42–47.
53. Ibid., pp. 47–49.
54. Solomon Grayzel, *A History of the Jews*, p. 352.
55. Ibid., p. 365.
56. Howard M. Sachar, *Diaspora: An Inquiry into the Contemporary Jewish World* (New York: Harper & Row, 1985), pp. 229–230.
57. Nathan Glazer, *American Judaism* (Chicago: University of Chicago Press, 1957), p. 13.
58. Raphael Patai, *The Vanished Worlds of Jewry* (New York: Macmillan, 1980), p. 73.
59. Bernard Lewis, *The Jews of Islam*, pp. 112–113.
60. Jonathan I. Israel, *European Jewry in the Age of Mercantilism*, p. 33.
61. See Arthur Hertzberg, *The French Enlightenment and the Jews: The Origins of Modern Anti-Semitism* (New York: Columbia University Press, 1990), pp. 1, 137, 138–140, 314, 326, 328, 340–342.
62. Raphael Patai, *The Vanished Worlds of Jewry*, p. 73.
63. Bernard Lewis, *The Jews of Islam*, pp. 134–135; Jane S. Gerber, *The Jews of Spain*, pp. 164–165.
64. Ibid., pp. 60–61.
65. Ibid., p. 130.
66. Jane S. Gerber, *The Jews of Spain*, pp. 163–164.
67. Robert Mantran, "Foreign Merchants and the Minorities in Istanbul during the Sixteenth and Seventeenth Centuries," *Christians and Jews in the Ottoman Empire: The Functioning of a Plural Society*, edited by Benjamin Braude and Bernard Lewis (New York: Holmes & Meier, 1982), Volume I: *The Central Lands*, pp. 127–128.
68. Bernard Lewis, *The Jews of Islam*, p. 122.
69. Lord Kinross, *The Ottoman Centuries*, p. 117.
70. Bernard Lewis, *The Jews of Islam*, p. 123; Bernard Lewis, *The Muslim Discovery of Europe* (New York: Norton, 1982), p. 107.
71. Jonathan I. Israel, *European Jewry in the Age of Mercantilism*, pp. 26, 31; Bernard Lewis, *The Jews of Islam*, p. 90.
72. Aryeh Schmuelevitz, *The Jews of the Ottoman Empire in the Late Fifteenth and the Sixteenth Centuries: Administrative, Economic, Legal and Social Relations as Reflected in the Responsa* (Leiden, The Netherlands: E. J. Brill, 1984), pp. 135–136.
73. Ibid., pp. 128–129.
74. Ibid., p. 138.
75. Jane S. Gerber, *The Jews of Spain*, pp. 38, 94.
76. Bernard Lewis, *The Jews of Islam*, pp. 132, 133; Jane S. Gerber, *The Jews of Spain*, p. 170.
77. Bernard Lewis, *The Jews of Islam*, p. 133.
78. Ibid., p. 56.
79. Ibid., p. 129.
80. Ibid., p. 214.
81. Ibid., p. 130. The zeal with which seventeenth-century Jews responded to the claims of Sabbatai Sevi to be the long-awaited Messiah also tended to discredit Jews in the eyes of the Ottoman authorities. William H. McNeill, *The Rise of the West: A History of the Human Community* (Chicago: University of Chicago Press, 1991), p. 639.

82. Bernard Lewis, *The Jews of Islam*, pp. 143–144.
83. Ibid., p. 174.
84. Ibid., p. 131.
85. Jane S. Gerber, *The Jews of Spain*, pp. 222–223.
86. Ibid., pp. 223–224.
87. Bernard Lewis, *The Jews of Islam*, pp. 175–176.
88. Bernard Lewis, *The Muslim Discovery of Europe*, Chapter V.
89. Lord Kinross, *The Ottoman Centuries*, pp. 267–271, 335–336, 346–348.
90. Bernard Lewis, *The Jews of Islam*, p. 147.
91. Ibid., p. 170.
92. Ibid., pp. 164–168, 181–182.
93. Jane S. Gerber, *The Jews of Spain*, p. 224.
94. Ibid., p. 226.
95. Ibid., pp. 226–227.
96. Ibid., pp. 243–244; S. Ettinger, "The Modern Period," *A History of the Jewish People* (Cambridge, Mass.: Harvard University Press, 1976), pp. 953–957; Ezra Mendelsohn, *The Jews of East Central Europe between the World Wars* (Bloomington: Indiana University Press, 1983).
97. "The typical Ashkenazi Jew of the pre-Enlightenment eighteenth century differed from his Gentile countryman in all conceivable criteria of group identification: in religion and language, in education, literacy, and occupations, in clothing and manners, in morality, temperament, and inclinations, in values, goals, and ambitions, in mentality and ethnicity." Raphael Patai, *The Jewish Mind*, p. 223.
98. Jonathan I. Israel, *European Jewry in the Age of Mercantilism*, pp. 5–6.
99. Ibid., pp. 26, 27–28.
100. Ibid., pp. 87–122.
101. Ibid., pp. 224–231.
102. Ibid., p. 254.
103. Raphael Patai, *The Jewish Mind*, pp. 222–223.
104. Arthur Hertzberg, *The French Enlightenment and the Jews*, p. 2.
105. Jonathan I. Israel, *European Jewry in the Age of Mercantilism*, p. 228.
106. H. I. Bach, *The German Jew: A Synthesis of Judaism and Western Civilization, 1730–1930* (Oxford: Oxford University Press, 1984), p. 70.
107. Ibid., pp. 73–74.
108. Raphael Patai, *The Jewish Mind*, pp. 339–340.
109. Stephen H. Haliczer, "The Castilian Urban Patriciate and the Jewish Expulsions of 1480–92," *American Historical Review*, February 1973, pp. 37–38; Bernard Lewis, *The Jews of Islam*, pp. 101–102, 208; Stephen H. Haliczer, "The Castilian Urban Patriciate and the Jewish Expulsion of 1480–92," *American Historical Review*, February 1973, pp. 39–40.
110. Arthur Hertzberg, *The French Enlightenment and the Jews*,, Chapter 8.
111. Jonathan I. Israel, *European Jewry in the Age of Mercantilism*, Chapter I.
112. Ibid., p. 27.
113. Ibid., p. 26.
114. Ibid., pp. 27–28.
115. Ibid., p. 30.
116. Ibid., p. 139.
117. Solomon Grayzel, *A History of the Jews*, pp. 394–397.
118. Ibid., pp. 397–398; Louis Wirth, *The Ghetto*, p. 89.
119. Jonathan I. Israel, *European Jewry in the Age of Mercantilism*, p. 120.
120. Ibid., pp. 120–121; Solomon Grayzel, *A History of the Jews*, pp. 440–442.
121. Jonathan I. Israel, *European Jewry in the Age of Mercantilism*, pp. 166–167.
122. Ibid., p. 170.
123. William McCagg, Jr., *A History of the Habsburg Jews* (Bloomington: Indiana University Press, 1989), p. 11.
124. Ibid., p. 15.
125. Jonathan I. Israel, *European Jewry in the Age of Mercantilism*, pp. 198–201.
126. Ibid., pp. 198–201.
127. Solomon Grayzel, *A History of the Jews*, p. 457; Jonathan I. Israel, *European Jewry in the Age of Mercantilism*, p. 215.
128. Steven J. Zipperstein, *The Jews of Odessa: A Cultural History, 1794–1881* (Stanford, Calif.: Stanford University Press, 1985), p. 12.
129. Benjamin Pinkus, *The Jews of the Soviet Union: The History of a National Minority* (Cambridge: Cambridge University Press, 1988), p. 13.
130. Solomon Grayzel, *A History of the Jews*, pp. 516–520.
131. Steven J. Zipperstein, *The Jews of Odessa*, pp. 24, 26, 27, 28.
132. Ibid., p. 30.
133. Ibid., p. 43.
134. Solomon Grayzel, *A History of the Jews*, pp. 547–548.
135. Benjamin Pinkus, *The Jews of the Soviet Union*, pp. 20–23; Solomon Grayzel, *A History of the Jews*, pp. 520–521.
136. Benjamin Pinkus, *The Jews of the Soviet Union*, pp. 27–30.
137. Simon Kuznets, "Immigration of Russian Jews to the United States: Background and Structure," *Perspectives in American History*, Vol. IX (1975), p. 39.
138. Ezra Mendelsohn, *The Jews of East Central Europe between the World Wars*, pp. 23, 26.
139. Ibid., p. 27.
140. Ibid., p. 28.
141. Ibid., p. 42.
142. Howard M. Sachar, *Diaspora*, p. 339.
143. Ezra Mendelsohn, *The Jews of East Central Europe between the World Wars*, pp. 99–101.
144. Ibid., p. 180.
145. Ibid., p. 26.
146. Ibid., p. 226.
147. Ibid., pp. 179–180.
148. Ibid., pp. 42, 70, 139, 186, 188.
149. Ibid., p. 73.
150. Ibid., p. 70.
151. Ibid., p. 237; see also pp. 106, 253.
152. Howard M. Sachar, *Diaspora*, p. 324.
153. Ezra Mendelsohn, *The Jews of East Central Europe between the World Wars*, pp. 73–74.
154. Ibid., p. 122.
155. Ibid., pp. 94, 217.
156. Ibid., pp. 113, 204.
157. Ibid., pp. 136, 137, 156, 159, 160, 176, 227.
158. Howard M. Sachar, *Diaspora*, p. 339.
159. Ibid., pp. 325–335.
160. Ibid., p. 339.
161. Ibid., pp. 339–350.
162. Ibid., p. 317.
163. Ibid., p. 377.
164. William L. Shirer, *The Rise and Fall of the Third Reich: A History of Nazi Germany* (New York: Simon & Schuster, 1960), p. 480.
165. Howard M. Sachar, *Diaspora*, pp. 377–380.
166. Ibid., pp. 381–387, 390.
167. Ibid., p. 388.
168. Ibid., pp. 392–394.
169. Ibid., pp. 388–389.
170. Ibid., pp. 431–432.
171. Ibid., pp. 448–449.
172. Ibid., pp. 407–408.
173. Jonathan I. Israel, *European Jewry in the Age of Mercantilism*, Chapter I.
174. William McCagg, Jr., *A History of the Habsburg Jews*, p. 1.
175. Solomon Grayzel, *A History of the Jews*, p. 375.
176. William McCagg, Jr., *A History of the Habsburg Jews*, p. 2.
177. Ibid., pp. 173, 177–178.
178. Ibid., p. 190.
179. ". . . the Jewish colonists . . . have made the desert bloom." Speech of May 23, 1939, *Churchill Speaks: Winston S. Churchill in Peace and War: Collected Speeches, 1897–1963*, edited by Robert Rhodes James (New York: Chelsea House, 1980), p. 689.
180. Hilary Rubinstein, *Chosen: The Jews in Australia* (Sydney: Allen & Unwin, 1987), p. 220.
181. Louis Wirth, *The Ghetto*, pp. 204–206.
182. William McCagg, Jr., *A History of the Habsburg Jews*, p. 198.
183. Peter Pulzer, *The Rise of Political Anti-Semitism in Germany and Austria*, pp. 10–13, passim.
184. Sara Gordon, *Hitler, Germans, and the "Jewish Question"* (Princeton, N.J.: Princeton University Press, 1984), p. 13.
185. H. I. Bach, *The German Jew*, p. 136.
186. Sara Gordon, *Hitler, Germans, and the "Jewish Question,"* p. 13.
187. Selma Stern-Taeubler, "Problems of American Jewish and German Jewish Historiography," *Jews from Germany in the United States*, edited by Eric E. Hirshler (New York: Farrar, Straus & Cudahy, 1955), p. 9.
188. Louis Wirth, *The Ghetto*, pp. 107–108.
189. Raphael Patai, *The Vanished Worlds of Jewry*, p. 56.
190. Ibid., p. 57.
191. Eric E. Hirshler, "Jews from Germany in the United States," *Jews from Germany in the United States*, edited by Eric E. Hirshler, pp. 42–45; Judith Laikin Elkin, *Jews of the Latin American Republics* (Chapel Hill: University of North Carolina Press, 1980), p. 37; Ezra Mendelsohn, *The Jews of East Central Europe between the World Wars*, p. 133.
192. Sara Gordon, *Hitler, Germans, and the "Jewish Question,"* pp. 13–15.
193. Donald L. Niewyk, *The Jews in Weimar Germany* (Baton Rouge:

Louisiana State University Press, 1980), p. 16.
194. Raphael Patai, *The Vanished Worlds of Jewry*, p. 57.
195. Sara Gordon, *Hitler, Germans, and the "Jewish Question,"* p. 14.
196. Donald L. Niewyk, *The Jews in Weimar Germany*, p. 13.
197. Sara Gordon, *Hitler, Germans, and the "Jewish Question,"* pp. 18–23.
198. Ibid., pp. 8, 12.
199. Donald L. Niewyk, *The Jews in Weimar Germany*, p. 16.
200. Sara Gordon, *Hitler, Germans, and the "Jewish Question,"* p. 47; Raphael Patai, *The Jewish Mind*, p. 458.
201. William L. Shirer, *The Rise and Fall of the Third Reich*, p. 109.
202. Ibid., p. 118.
203. Sara Gordon, *Hitler, Germans, and the "Jewish Question,"* p. 72.
204. Ibid., pp. 120–121.
205. William L. Shirer, *The Rise and Fall of the Third Reich*, p. 431.
206. Sara Gordon, *Hitler, Germans, and the "Jewish Question,"* Chapter VI.
207. Ibid., pp. 169–170.
208. Ibid., p. 197.
209. Ibid., p. 196.
210. Nicholas de Lange, *Atlas of the Jewish World*, p. 70.
211. Sara Gordon, *Hitler, Germans, and the "Jewish Question,"* p. 119.
212. See Howard M. Sachar, *Diaspora*, pp. 13–15.
213. Ibid., pp. 15–16.
214. Ibid., pp. 10–13.
215. Sergio DellaPergola, "Jews in the European Community: Sociodemographic Trends and Challenges," *American Jewish Yearbook: 1993*, edited by David Singer and Ruth R. Seldin, p. 66.
216. Judith Laikin Elkin, *Jews of the Latin American Republics*, p. 17.
217. Ibid., p. 18.
218. Ibid., p. 7.
219. Ibid., p. 9.
220. Ibid., p. 11.
221. Ibid., p. 14.
222. Ibid., p. 15.
223. Howard M. Sachar, *Diaspora*, p. 232.
224. Judith Laikin Elkin, *Jews of the Latin American Republics*, pp. 51–52.
225. Ibid., p. 34.
226. Ibid., p. 43.
227. Ibid., p. 37.
228. Ibid., pp. 38, 41.
229. Ibid., p. 46.
230. Frances P. Karner, *The Sephardics of Curaçao* (Assen, The Netherlands: Van Gorcum & Co., 1969), p. 28.
231. Robert Weisbrot, *The Jews of Argentina: From Inquisition to Perón* (Philadelphia: The Jewish Publication Society of America, 1979), p. 177.
232. Judith Laikin Elkin, *Jews of the Latin American Republics*, p. 41.
233. Ibid., p. 46.
234. Ibid., p. 49.
235. Ibid., p. 44.
236. Ibid., p. 46.
237. Ibid., p. 50.
238. Ibid., pp. 40, 45.
239. Ibid., pp. 19, 20.
240. Frances P. Karner, *The Sephardics of Curaçao*, pp. 11–13.
241. Ibid., p. 59. See p. 3 for general designations.
242. Judith Laikin Elkin, *Jews of the Latin American Republics*, p. 18.
243. Ibid., p. 50.
244. Frances P. Karner, *The Sephardics of Curaçao*, p. 43.
245. Ibid., p. 73.
246. Judith Laikin Elkin, *Jews of the Latin American Republics*, p. 50.
247. Robert Weisbrot, *The Jews of Argentina*, p. 169.
248. Ibid., pp. 150–157.
249. Ibid., pp. 157–161.
250. Daniel J. Boorstin, *The Americans*, Volume III: *The Democratic Experience* (New York: Random House, 1973), pp. 97–99.
251. Eugene F. Sofer, *From Pale to Pampa*, pp. 100–104.
252. Judith Laikin Elkin, *Jews of the Latin American Republics*, pp. 100–102.
253. Eugene F. Sofer, *From Pale to Pampa*, p. 110.
254. Moses Rischin, *The Promised City: New York's Jews, 1870–1914* (Cambridge, Mass.: Harvard University Press, 1967), pp. 61–68; Judith Laikin Elkin, *Jews of the Latin American Republics*, pp. 114–115; Howard M. Sachar, *Diaspora*, pp. 250, 254, 287.
255. Howard M. Sachar, *Diaspora*, p. 267.
256. Ibid., p. 233.
257. Ibid., p. 266.
258. See, for example, ibid., pp. 234–235, 237, 250, 252, 260–262.
259. Ibid., p. 262.
260. Ibid., pp. 237, 259, 276.
261. Robert A. Levine, *Tropical Diaspora: The Jewish Experience in Cuba* (Gainesville: University Press of Florida, 1993), pp. 129, 140.
262. Ibid., p. 147.
263. Robert Weisbrot, *The Jews of Argentina: From Inquisition to Perón*, p. 33.
264. Ibid., p. 25; Judith Laikin Elkin, *Jews of the Latin American Republics*, pp. 57, 127.
265. Victor A. Mirelman, *Jewish Buenos Aires, 1890–1930: In Search of an Identity* (Detroit: Wayne State University Press, 1990), p. 13.
266. Ibid., p. 14.
267. Ibid., p. 20.
268. Judith Laikin Elkin, *Jews of the Latin American Republics*, p. 54.
269. Robert Weisbrot, *The Jews of Argentina*, p. 49.
270. Victor A. Mirelman, *Jewish Buenos Aires*, p. 26.
271. Judith Laikin Elkin, *Jews of the Latin American Republics*, p. 128.
272. Ibid., pp. 133–135.
273. Ibid., p. 58.
274. Ibid., p. 128.
275. Ibid., pp. 130, 136–137.
276. Mark Jefferson, *Peopling the Argentine Pampa* (Port Washington, N.Y.: Kennikat Press, 1971), p. 156.
277. Judith Laikin Elkin, *Jews of the Latin American Republics*, p. 138.
278. Daniel J. Elazar and Peter Medding, *Jewish Communities in Frontier Societies: Argentina, Australia, and South Africa* (New York: Holmes & Meier, 1983), p. 94.
279. Ibid., p. 96.
280. Judith Laikin Elkin, *Jews of the Latin American Republics*, pp. 125, 153.
281. Robert Weisbrot, *The Jews of Argentina*, p. 71.
282. Howard M. Sachar, *Diaspora*, p. 281.
283. Robert Weisbrot, *The Jews of Argentina*, p. 70.
284. Daniel Elazar and Peter Medding, *Jewish Communities in Frontier Societies*, p. 95.
285. Howard M. Sachar, *Diaspora*, p. 281.
286. Judith Laikin Elkin, *Jews of the Latin American Republics*, p. 59.
287. Ibid.
288. Ibid., p. 72.
289. Ibid., pp. 100–108.
290. Ibid., p. 102.
291. Victor A. Mirelman, *Jewish Buenos Aires*, pp. 197–204.
292. Ibid., pp. 203–204.
293. Howard M. Sachar, *Diaspora*, p. 283. See also Victor A. Mirelman, *Jewish Buenos Aires*, pp. 206–220.
294. Judith Laikin Elkin, *Jews of the Latin American Republics*, p. 59.
295. Eugene F. Sofer, *From Pale to Pampa*, p. 94.
296. Judith Laikin Elkin, *Jews of the Latin American Republics*, pp. 110, 217; Robert Weisbrot, *The Jews of Argentina*, p. 176.
297. Robert Weisbrot, *The Jews of Argentina*, p. 177.
298. Ibid., p. 200.
299. Ibid., p. 201.
300. See Carl Solberg, *Immigration and Nationalism: Argentina and Chile, 1890–1914* (Austin: Institute of Latin American Studies, University of Texas, 1970), pp. 70, 87, 88.
301. Ibid., p. 87.
302. Ibid., p. 89.
303. Ibid., pp. 148–149.
304. Eugene F. Sofer, *From Pale to Pampa*, pp. 91–99. Whether this particular sample can be taken as representative of the fate of Jewish workers in general is open to question. Although the Chevrah Keduscha Ashnenazi at one time encompassed the great majority of Argentine Jews (ibid., p. 8), Professor Sofer himself pointed to questions as to the continuing representativeness of his sample over time, particularly as regards whether those who left the membership rolls were different from those who remained (ibid., pp. 91–92). Such a question is especially appropriate in view of the fact that five out of the six samples for this era had more "untraceable" members than those whose fate was known, including four samples where the "untraceables" outnumbered the others by from two-to-one to nearly four-to-one (ibid., pp. 95–97). Another fundamental problem is in the definitions, which treat as "downward mobility" every change from a working-class occupation—however highly skilled and well paid—to a nonworking-class occupation, even when that includes street vendors. Thus a skilled worker, temporarily unable to find work in his chosen field, might become a street vendor to make ends meet and then, when he resumed his regular occupation at a

higher income, would be counted statistically as having suffered "downward mobility." Yet the Sofer data are used to reach sweeping conclusions in Judith Laikin Elkin, *Jews of the Latin American Republics*, pp. 110–111, 215.

305. See Robert Weisbrot, *The Jews of Argentina*, pp. 176–184. Professor Weisbrot's data and conclusions seem to conflict with those of Judith Laikin Elkin, cited above, but the latter are subject to the limitations of the Sofer study and are not supported by other data for 1960 cited in Judith Laikin Elkin, *Jews of the Latin American Republics*, p. 216.
306. Robert Weisbrot, *The Jews of Argentina*, pp. 178–179.
307. Eugene F. Sofer, *From Pale to Pampa*, p. 122.
308. Robert Weisbrot, *The Jews of Argentina*, 176.
309. Moshe Syrquin, "The Economic Structure of Jews in Argentina and Other Latin American Countries," *Jewish Social Studies*, Spring 1985, p. 127.
310. Computed from statistical table in Judith Laikin Elkin, *Jews of the Latin American Republics*, p. 216.
311. Robert Weisbrot, *The Jews of Argentina*, p. 179.
312. Moshe Syrquin, "The Economic Structure of Jews in Argentina and Other Latin American Countries," *Jewish Social Studies*, Spring 1985, p. 127.
313. Howard M. Sachar, *Diaspora*, p. 287.
314. Robert Weisbrot, *The Jews of Argentina*, p. 178.
315. Moshe Syrquin, "The Economic Structure of Jews in Argentina and Other Latin American Countries," *Jewish Social Studies*, Spring 1985, p. 125.
316. Carl Solberg, *Immigration and Nationalism*, p. 182.
317. Ibid., pp. 197–199.
318. U. O. Schmelz and Sergio DellaPergola, "World Jewish Population," *American Jewish Yearbook: 1984*, edited by Milton Himmelfarb and David Singer (New York: The American Jewish Committee, 1983), p. 254.
319. Eugene F. Sofer, *From Pale to Pampa*, p. 126; Howard M. Sachar, *Diaspora*, p. 287.
320. Robert Weisbrot, *The Jews of Argentina*, pp. 206–208.
321. Judith Laikin Elkin, *Jews of the Latin American Republics*, p. 234.
322. Howard M. Sachar, *Diaspora*, p. 309.
323. Ibid., pp. 297, 299.
324. Louis Wirth, *The Ghetto*, pp. 132–133.
325. Arthur A. Goren, "Jews," *Harvard Encyclopedia of American Ethnic Groups*, edited by Stephan Thernstrom et al. (Cambridge, Mass.: Harvard University Press, 1980), p. 574.
326. Eric E. Hirshler, "The First Organized Settlement," *Jews from Germany in the United States*, edited by Eric E. Hirshler, pp. 22, 23. See also Louis Wirth, *The Ghetto*, pp. 137–138.
327. Louis Wirth, *The Ghetto*, p. 135.
328. Eric E. Hirshler, "Jews from Germany in the United States," *Jews from Germany in the United States*, edited by Eric E. Hirshler, pp. 22–24.
329. Louis Wirth, *The Ghetto*, p. 136.
330. "Introduction," *Jews in the South*, edited by Leonard Dinnerstein and Mary Dale Palsson (Baton Rouge: Louisiana State University Press, 1973), pp. 4–5; "Jewish Life in the Antebellum and Confederate," ibid., p. 26.
331. Arthur A. Goren, "Jews," *Harvard Encyclopedia of American Ethnic Groups*, edited by Stephan Thernstrom et al., pp. 574–575; Eric E. Hirschler, "The First Organized Settlement," *Jews from Germany in the United States*, edited by Eric E. Hirshler, pp. 27, 28, 30, 31–32.
332. Abram Vossen Goodman, "South Carolina from Shaftesbury to Salvador," *Jews in the South*, edited by Leonard Dinnerstein and Mary Dale Palsson, p. 41.
333. Leon Hühner, "David L. Yulee, Florida's First Senator," ibid., pp. 52–74.
334. Eric E. Hirshler, "Jews from Germany in the United States," *Jews from Germany in the United States*, edited by Eric E. Hirshler, pp. 37, 66.
335. Arthur A. Goren, "Jews," *Harvard Encyclopedia of American Ethnic Groups*, edited by Stephan Thernstrom et al., p. 576.
336. Louis Wirth, *The Ghetto*, pp. 143–144; Solomon Grayzel, *A History of the Jews*, p. 534.
337. Eric E. Hirshler, "Jews from Germany in the United States," *Jews from Germany in the United States*, edited by Eric E. Hirshler, p. 36.
338. Ibid., pp. 41–45; Louis Wirth, *The Ghetto*, pp. 169–170.
339. Adolf Kober, "Aspects of the Influence of Jews from Germany on American Jewish Spiritual Life of the 19th Century," *Jews from Germany in the United States*, edited by Eric E. Hirshler, pp. 132–133.
340. Eric E. Hirshler, "Jews from Germany in the United States," ibid., pp. 50–52.
341. Simon Kuznets, "Immigration of Russian Jews to the United States: Background and Structure," *Perspectives in American History*, Vol. IX (1975), pp. 35n, 39.
342. Moses Rischin, *The Promised City*, p. 33.
343. Ibid., pp. 79–80.
344. Irving Howe, *World of Our Fathers* (New York: Harcourt Brace Jovanovich, 1976), p. 148.
345. Ibid., p. 148; Louis Wirth, *The Ghetto*, pp. 196–199.
346. Louis Wirth, *The Ghetto*, p. 196.
347. Ira Berkow, *Maxwell Street: Survival in a Bazaar* (Garden City, N.Y.: Doubleday, 1977), p. 223. Arthur Goldberg, Supreme Court Justice, also lived as a child in the neighborhood near Maxwell Street, in an unheated flat where everyone slept in the kitchen during the winter, near a wood stove. Out of this same neighborhood also came Admiral Hyman Rickover and William S. Paley, head of the Columbia Broadcasting System (CBS). Ibid., pp., 30, 299ff, 359ff.
348. Simon Kuznets, "Immigration of Russian Jews to the United States," *Perspectives in American History*, Vol. IX (1975), pp. 104–105, 110.
349. Moses Rischin, *The Promised City*, p. 59.
350. Eric E. Hirshler, "Jews from Germany in the United States," *Jews from Germany in the United States*, edited by Eric E. Hirshler, pp. 60–61.
351. Arthur A. Goren, "Jews," *Harvard Encyclopedia of American Ethnic Groups*, edited by Stephan Thernstrom et al., p. 576.
352. Moses Rischin, *The Promised City*, p. 63.
353. Ibid., p. 80.
354. Simon Kuznets, "Immigration of Russian Jews to the United States," *Perspectives in American History*, Vol. IX (1975), p. 113.
355. Thomas Kessner, *The Golden Door* (New York: Oxford University Press, 1977), p. 98.
356. Arthur A. Goren, "Jews," *Harvard Encyclopedia of American Ethnic Groups*, edited by Stephan Thernstrom et al., p. 589.
357. Computed from "Income, Median Age, Occupation, and Fertility, by Ethnic Group," *Essays and Data on American Ethnic Groups*, edited by Thomas Sowell and Lynn D. Collins (Washington, D.C.: The Urban Institute, 1978), p. 258.
358. Ibid., pp. 305, 365, 389.
359. Sidney Goldstein, "Profile of American Jewry: Insights from the 1990 National Jewish Population Survey," *American Jewish Yearbook: 1992*, edited by David Singer and Ruth R. Seldin, p. 159.
360. Ibid., p. 162.
361. Daniel Elazar and Peter Medding, *Jewish Communities in Frontier Societies*, p. 235.
362. Ibid., p. 241.
363. Ibid., p. 242.
364. Australian Government Commission of Inquiry into Poverty, *Welfare of Migrants* (Canberra: Australian Government Printing Office, 1975), p. 106.
365. Daniel Elazar and Peter Medding, *Jewish Communities in Frontier Societies*, p. 262.
366. Australian Government Commission of Inquiry into Poverty, *Welfare of Migrants*, p. 106.
367. Hilary Rubinstein, *Chosen: The Jews in Australia* (Sydney: Allen & Unwin, 1987), pp. 10–12.
368. Daniel Elazar and Peter Medding, *Jewish Communities in Frontier Societies*, p. 243.
369. See Hilary Rubinstein, *Chosen*, pp. 13–15, 189.
370. Ibid., p. 14.
371. Ibid., p. 30.
372. Daniel Elazar and Peter Medding, *Jewish Communities in Frontier Societies*, p. 241.
373. Hilary Rubinstein, *Chosen*, p. 9.
374. Ibid., p. 37.
375. J. Lyng, *Non-Britishers in Australia* (Melbourne: Melbourne University Press, 1935), p. 152.
376. Hilary Rubinstein, *Chosen*, p. 54.
377. Ibid., p. 89.
378. S. D. Rutland, "Early Jewish Settlement 1788–1880," *The Australian People: An Encyclopedia of the Nation, Its People and Their Origins*, edited by James Jupp (North Ryde, New South Wales, Australia: Angus & Robertson, 1988), p. 639.
379. W. D. Rubinstein, "Jewish Contribution to Australian Élites," ibid., p. 646; Hilary Rubinstein, *Chosen*, p. 42n.
380. Charles A. Price, *Jewish Settlers in Australia* (Canberra: The Australian National University, 1981), p. 9; Hilary Rubinstein, *Chosen*, p. 213.
381. Hilary Rubinstein, *Chosen*, p. 37.
382. Daniel Elazar and Peter Medding, *Jewish Communities in Frontier Societies*, p. 269; Hilary Rubinstein, *Chosen*, pp. 83–90, 101.
383. Charles A. Price, *Jewish Settlers in Australia*, p. 14.
384. Ibid., pp. 16–17, Appendix II.

385. Hilary Rubinstein, *Chosen*, pp. 130, 152.
386. Charles A. Price, *Jewish Settlers in Australia*, p. 13n; Hilary Rubinstein, *Chosen*, p. 236.
387. Hilary Rubinstein, *Chosen*, p. 133.
388. Ibid., pp. 63–64, 121–122.
389. Ibid., pp. 177, 180.
390. Ibid., pp. 189–190.
391. Charles A. Price, *Jewish Settlers in Australia*, pp. 16–18.
392. Ibid., Appendix VII (a).
393. Ibid., p. 40.
394. Ibid., pp. 38, 45, 46.
395. Ibid., pp. 43–44.
396. Ibid., Appendix V (a), V (c).
397. Australian Government Commission of Inquiry into Poverty, *Welfare of Migrants*, p. 106.
398. Charles A. Price, *Jewish Settlers in Australia*, pp. 16, 19.
399. Ibid., p. 16n.
400. Hilary Rubinstein, *Chosen*, p. 169.
401. Ibid., p. 220.
402. Charles A. Price, *Jewish Settlers in Australia*, pp. 15–16.
403. Daniel Elazar and Peter Medding, *Jewish Communities in Frontier Societies*, p. 279.
404. Australian Government Commission of Inquiry into Poverty, *Welfare of Migrants*, p. 106.
405. Hilary Rubinstein, *Chosen*, p. 213.
406. Charles A. Price, *Jewish Settlers in Australia*, p. 11.
407. Daniel Elazar and Peter Medding, *Jewish Communities in Frontier Societies*, p. 279.
408. Howard M. Sachar, *Diaspora*, p. 174.
409. Hilary Rubinstein, *Chosen*, p. 213.
410. Ibid., p. 258.
411. Ibid., p. 212.
412. Daniel Elazar and Peter Medding, *Jewish Communities in Frontier Societies*, p. 329.
413. Ibid., p. 328.
414. J. Lyng, *Non-Britishers in Australia*, p. 155.
415. Daniel Elazar and Peter Medding, *Jewish Communities in Frontier Societies*, p. 299.
416. Australian Government Commission of Inquiry into Poverty, *Welfare of Migrants*, p. 107.
417. Daniel Elazar and Peter Medding, *Jewish Communities in Frontier Societies*, p. 297.
418. Australian Government Commission of Inquiry into Poverty, *Welfare of Migrants*, p. 108.
419. W. D. Rubinstein, "Jewish Contribution to Australian Élites," *The Australian People*, edited by James Jupp, p. 646.
420. Hilary Rubinstein, "Australia," *American Jewish Yearbook: 1992*, edited by David Singer and Ruth R. Seldin, p. 406.
421. Howard M. Sachar, *Diaspora*, p. 176.
422. Raphael Patai, *The Jewish Mind*, p. 340.
423. Ibid., pp. 441–443; Australian Government Commission of Inquiry into Poverty, *Welfare of Migrants*, p. 108.
424. Howard M. Sachar, *Diaspora*, pp. 64, 91, 97, 105, 148, 166, 191, 253, 278, 298. See also Raphael Patai, *The Jewish Mind*, pp. 532–533.

第 7 章　印度裔

1. Hugh Tinker, *The Banyan Tree: Overseas Emigrants from India, Pakistan, and Bangladesh* (Oxford: Oxford University Press, 1977), p. 19.
2. See The Economist Intelligence Unit, *India: Country Profile 1991–92* (London: The Economist Intelligence Unit, 1991), p. 7; UNESCO, *Statistical Yearbook 1990* (Paris: United Nations Educational, Scientific, and Cultural Organization, 1990), pp. 1–5.
3. M. C. Madhavan, "Indian Emigrants: Numbers, Characteristics, and Economic Impact," *Population and Development Review*, September 1985, pp. 458, 474.
4. Ibid., p. 461.
5. Hugh Tinker, *The Banyan Tree*, p. 88.
6. Ibid., p. 461.
7. Joel Kotkin, *Tribes: How Race, Religion, and Identity Determine Success in the New Global Economy* (New York: Random House, 1993), p. 206. See also Pranay Gupte, "The Big Money in Cheap Rock," *Forbes*, August 10, 1987, pp. 64ff.
8. Joel Kotkin, *Tribes*, p. 205.
9. Ibid., p. 229.
10. Ibid., p. 209.
11. Ibid., p. 202.
12. Ibid., p. 208.
13. David West Rudner, *Caste and Capitalism in Colonial India: The Nattukottai Chettiars* (Berkeley: University of California Press, 1994), pp. 76, 80–81, 85.
14. Joel Kotkin, *Tribes*, p. 206. See also Pranay Gupte, "The Big Money in Cheap Rock," *Forbes*, August 10, 1987, pp. 64ff.
15. M. C. Madhavan, "Indian Emigrants: Numbers, Characteristics, and Economic Impact," *Population and Development Review*, September 1985, pp. 462, 466.
16. Ibid., p. 466.
17. Ibid., p. 465.
18. Kingsley Davis, *The Population of India and Pakistan* (Princeton, N.J.: Princeton University Press, 1951), p. 99.
19. Ibid., p. 98.
20. M. C. Madhavan, "Indian Emigrants: Numbers, Characteristics, and Economic Impact," *Population and Development Review*, September 1985, p. 463.
21. Ibid., pp. 468–469.
22. Chandra Jayawardena, "Migration and Social Change: A Survey of Indian Communities Overseas," *Geographical Review*, July 1968, p. 429.
23. Agehananda Bharati, *The Asians in East Africa: Jayhind and Uhuru* (Chicago: Nelson-Hall Company, 1972), p. 108.
24. J. S. Mangat, *A History of the Asians in East Africa, 1896–1965* (Oxford: Clarendon Press, 1969), p. 1.
25. Hugh Tinker, *The Banyan Tree*, p. 3.
26. J. S. Mangat, *A History of the Asians in East Africa*, p. 3.
27. Ibid., p. 7.
28. Ibid., p. 11.
29. Ibid., p. 10.
30. Ibid., p. 14.
31. Ibid., p. 9.
32. Ibid., p. 14.
33. Ibid., p. 20.
34. Ibid., p. 10.
35. Floyd Dotson and Lillian O. Dotson, *The Indian Minority of Zambia, Rhodesia, and Malawi* (New Haven, Conn.: Yale University Press, 1968), pp. 38–39.
36. Haraprasad Chattopadhyaya, *Indians in Africa: A Social Economic Study* (Calcutta: Bookland Private Limited, 1970), pp. 263–271.
37. L. H. Gann and Peter Duignan, *The Rulers of British Africa* (Stanford, Calif.: Stanford University Press, 1978), p. 281.
38. J. S. Mangat, *A History of the Asians in East Africa*, p. 37.
39. Haraprasad Chattopadhyaya, *Indians in Africa*, p. 335. Similar patterns existed among the Africans in South Africa. Ibid., pp. 21–22.
40. J. S. Mangat, *A History of the Asians in East Africa*, p. 40.
41. Floyd Dotson and Lillian O. Dotson, *The Indian Minority of Zambia, Rhodesia, and Malawi*, p. 27.
42. L. H. Gann and Peter Duignan, *The Rulers of British Africa*, p. 282.
43. J. S. Mangat, *A History of the Asians in East Africa*, p. 39.
44. Ibid., p. 37.
45. Ibid., p. 39.
46. L. H. Gann and Peter Duignan, *The Rulers of British Africa*, p. 283n.
47. J. S. Mangat, *A History of the Asians in East Africa*, p. 45.
48. Ibid., p. 46.
49. Yashpal Tandon, *Problems of a Displaced Minority* (London: Minority Rights Group, 1973), p. 10.
50. Haraprasad Chattopadhyaya, *Indians in Africa*, p. 31.
51. Ibid., pp. 21–22.
52. Agehananda Bharati, *The Asians in East Africa*, pp. 15–16, 24; Floyd Dotson and Lillian O. Dotson, *The Indian Minority of Zambia, Rhodesia, and Malawi*, pp. 125–128.
53. Mary Fainsod Katzenstein, *Ethnicity and Equality: The Shiv Sena Party and Preferential Policies in Bombay* (Ithaca, N.Y.: Cornell University Press, 1979), p. 32.
54. Yashpal Tandon, *Problems of a Displaced Minority*, p. 14.
55. J. S. Mangat, *A History of the Asians in East Africa*, p. 74.
56. Allison Butler Herrick et al., *Area Handbook for Uganda* (Washington, D.C.: U.S. Government Printing Office, 1969), p. 91.
57. Haraprasad Chattopadhyaya, *Indians in Africa*, pp. 61–62.
58. Ibid., pp. 85–86.
59. Ibid., pp. 89–90.
60. David Lamb, *The Africans* (New York: Random House, 1982), p. 153;

Agehananda Bharati, *The Asians in East Africa*, p. 10; J. S. Mangat, *A History of the Asians in East Africa*, pp. 55, 58.
61. Agehananda Bharati, *The Asians in East Africa*, p. 96.
62. J. S. Mangat, *A History of the Asians in East Africa*, p. 57.
63. Ibid., p. 58.
64. Ibid., p. 61.
65. Ibid., pp. 87–88.
66. Ibid., p. 88.
67. Ibid., p. 89.
68. Ibid., p. 90.
69. Ibid., p. 86.
70. Ibid., p. 85.
71. Haraprasad Chattopadhyaya, *Indians in Africa*, p. 394.
72. J. S. Mangat, *A History of the Asians in East Africa*, pp. 87–88.
73. See, for example, ibid., pp. 8, 9, 14, 55, 61.
74. Ibid., pp. 61, 87, 95.
75. Ibid., p. 138.
76. Allison Butler Herrick et al., *Area Handbook for Uganda*, p. 266.
77. J. S. Mangat, *A History of the Asians in East Africa*, p. 139.
78. Agehananda Bharati, *The Asians in East Africa*, p. 108.
79. J. S. Mangat, *A History of the Asians in East Africa*, pp. 77–79.
80. Ibid., p. 81.
81. Hugh Tinker, *The Banyan Tree*, p. 155.
82. Allison Butler Herrick et al., *Area Handbook for Uganda*, p. 67.
83. Yash Ghai and Dharam Ghai, *The Asian Minorities of East and Central Africa (up to 1971)* (London: Minority Rights Group, 1987), p. 4.
84. J. S. Mangat, *A History of the Asians in East Africa*, p. 113.
85. Allison Butler Herrick et al., *Area Handbook for Uganda*, p. 91.
86. Dent Ocaya-Lakidi, "Black Attitudes to the Brown and White Colonizers of East Africa," *Expulsion of a Minority: Essays on Ugandan Asians*, edited by Michael Twaddle (London: The Athlone Press, 1975), pp. 88–89.
87. H. S. Morris, *The Indians in Uganda* (Chicago: University of Chicago Press, 1968), pp. 134–140.
88. Ibid., p. 141.
89. Ibid., p. 144.
90. Ibid., p. 145.
91. Yashpal Tandon, *Problems of a Displaced Minority*, p. 15.
92. Allison Butler Herrick et al., *Area Handbook for Uganda*, pp. 91–92.
93. Ibid., p. 92.
94. Yash Ghai and Dharam Ghai, *The Asian Minorities of East and Central Africa (up to 1971)*, p. 8.
95. Ibid., p. 9.
96. Allison Butler Herrick et al., *Area Handbook for Uganda*, p. 340.
97. Yash Ghai and Dharam Ghai, *The Asian Minorities of East and Central Africa (up to 1971)*, p. 7.
98. Ibid., p. 7. See also Anirodha Gupta, "India and the Asians in East Africa," *Expulsion of a Minority*, edited by Michael Twaddle, pp. 125–139; Hugh Tinker, *The Banyan Tree*, pp. 68, 125, 149.
99. David Lamb, *The Africans*, p. 88.
100. Yashpal Tandon, *Problems of a Displaced Minority*, p. 5.
101. Ibid., p. 5.
102. Ibid., p. 29.
103. Allison Butler Herrick et al., *Area Handbook for Uganda*, p. 67.
104. Yashpal Tandon, *Problems of a Displaced Minority*, p. 7.
105. David Lamb, *The Africans*, p. 155.
106. Ibid., p. 88n.
107. Ibid., pp. 264–265.
108. Scott Peterson, "Ugandan Officials Urge Asian Investors to Return," *The Christian Science Monitor*, March 17, 1992, p. 4.
109. Ibid.
110. Yash Ghai and Dharam Ghai, *The Asian Minorities of East and Central Africa (up to 1971)*, pp. 4, 20.
111. Irving Kaplan et al., *Area Handbook for Kenya* (Washington, D.C.: U.S. Government Printing Office, 1976), p. 74.
112. Hugh Tinker, *The Banyan Tree*, pp. 119, 121.
113. Ibid., p. 121.
114. Agehananda Bharati, *The Asians in East Africa*, p. 150.
115. Irving Kaplan et al., *Area Handbook for Kenya*, p. 101.
116. Ibid., p. 28.
117. Ibid., p. 29.
118. J. S. Mangat, *A History of the Asians in East Africa*, p. 74.
119. Ibid., p. 75.
120. Ibid., p. 77.
121. Irving Kaplan et al., *Area Handbook for Kenya*, p. 24.
122. J. S. Mangat, *A History of the Asians in East Africa*, p. 89.
123. Ibid., p. 144.
124. Ibid., p. 90.
125. Ibid., p. 95.
126. Agehananda Bharati, *The Asians in East Africa*, p. 150.
127. Ibid., p. 103.
128. J. S. Mangat, *A History of the Asians in East Africa*, p. 98.
129. Ibid., p. 106.
130. Winston S. Churchill, *My African Journey* (London: The Holland Press, 1962), p. 34.
131. J. S. Mangat, *A History of the Asians in East Africa*, pp. 105, 111.
132. Ibid., p. 100.
133. Ibid., p. 94.
134. Ibid., p. 107.
135. Ibid., pp. 124–125.
136. Agehananda Bharati, *The Asians in East Africa*, pp. 152–153.
137. J. S. Mangat, *A History of the Asians in East Africa*, p. 136; cf. Thomas Sowell, *Ethnic America: A History* (New York: Basic Books, 1981), p. 91.
138. J. S. Mangat, *A History of the Asians in East Africa*, pp. 157, 164, 166.
139. Ibid., pp. 156–158.
140. Ibid., p. 155.
141. David Lamb, *The Africans*, p. 156.
142. See, for example, Agehananda Bharati, *The Asians in East Africa*, pp. 152–154; J. S. Mangat, *A History of the Asians in East Africa*, pp. 168–171.
143. J. S. Mangat, *A History of the Asians in East Africa*, p. 176; Haraprasad Chattopadhyaya, *Indians in Africa*, pp. 430–431; Agehananda Bharati, *The Asians in East Africa*, p. 154.
144. Agehananda Bharati, *The Asians in East Africa*, p. 105.
145. Irving Kaplan et al., *Area Handbook for Kenya*, p. 74.
146. Agehananda Bharati, *The Asians in East Africa*, p. 154.
147. Ibid., pp. 152–154.
148. Ibid., pp. 160–161.
149. Ibid., pp. 150–151, 154, 157, 160, 164.
150. Agehananda Bharati, *The Asians in East Africa*, p. 178.
151. Hugh Tinker, *The Banyan Tree*, p. 126.
152. Ibid., p. 127.
153. Irving Kaplan et al., *Area Handbook for Kenya*, p. 237.
154. Ibid., pp. 236–237.
155. David Lamb, *The Africans*, p. 155.
156. Irving Kaplan et al., *Area Handbook for Kenya*, p. 237.
157. Ibid., pp. 74, 239.
158. T. R. H. Davenport, *South Africa: A Modern History* (Toronto: University of Toronto Press, 1977), pp. 91–93.
159. W. H. Hutt, *The Economics of the Colour Bar: A Study of the Economic Origins and Consequences of Racial Segregation in South Africa* (London: The Institute of Economic Affairs, 1964), p. 121.
160. Hilda Kuper, *Indian People in Natal* (Westport, Conn.: Greenwood Press, 1974), p. xii.
161. Haraprasad Chattopadhyaya, *Indians in Africa*, p. 42.
162. Ibid., pp. 47–50.
163. Ibid., pp. 52–55.
164. Ibid., pp. 74–75.
165. Ibid., p. 69.
166. Ibid., pp. 70–71.
167. Ibid., pp. 66, 263–264.
168. T. R. H. Davenport, *South Africa*, p. 92.
169. W. H. Hutt, *The Economics of the Colour Bar*, p. 122.
170. Hilda Kuper, *Indian People in Natal*, p. 62.
171. Haraprasad Chattopadhyaya, *Indians in Africa*, p. 267.
172. Ibid., pp. 73–74, 265–266, 268.
173. Ibid., pp. 279–290.
174. T. R. H. Davenport, *South Africa*, p. 155.
175. Ibid., p. 263.
176. Ibid., p. 279.
177. Pierre van den Berghe, *South Africa: A Study in Conflict* (Berkeley: University of California Press, 1965), p. 288.
178. Ibid., p. 289.
179. Ibid., p. 304.
180. Ibid., p. 306.
181. Haraprasad Chattopadhyaya, *Indians in Africa*, p. 268.
182. *South Africa 1984: Official Yearbook of the Republic of South Africa* (Johannesburg: Chris van Rensburg Publications, 1984), p. 485.
183. Hilda Kuper, *Indian People in Natal*, pp. 18–43.
184. Ibid., p. 20.

185. Ibid., p. 60.
186. Pierre van den Berghe, *South Africa*, p. 43.
187. Ibid., pp. 44–45.
188. Ibid., p. 66.
189. Ibid., p. 4.
190. David Lowenthal, *West Indian Societies* (New York: Oxford University Press, 1972), p. 146.
191. Joan M. Jensen, "East Indians," *Harvard Encyclopedia of American Ethnic Groups*, edited by Stephan Thernstrom et al. (Cambridge, Mass.: Harvard University Press, 1981), p. 296.
192. Subhas Ramcharan, "The Social, Economic and Cultural Adaptation of East Indians from the British Caribbean and Guyana to Canada," *Overseas Indians: A Study in Adaptation*, edited by George Kurian and Ram P. Srivastava (New Delhi: Vikas Publishing House PVT Ltd., 1983), pp. 53, 59.
193. David Lowenthal, *West Indian Societies*, p. 150.
194. Ibid., p. 149.
195. Malcolm Cross, *The East Indians of Guyana and Trinidad* (London: Minority Rights Group, 1980), p. 12.
196. Dwarka Nath, *A History of Indians in British Guiana* (London: Thomas Nelson and Sons, 1950), pp. 7, 24–25.
197. Alan H. Adamson, "The Reconstruction of Plantation Labor after Emancipation: The Case of British Guiana," *Race and Slavery in the Western Hemisphere: Quantitative Studies*, edited by Stanley L. Engerman and Eugene D. Genovese (Princeton, N.J.: Princeton University Press, 1975), p. 462.
198. Ralph R. Premdas, "The Political Economy of Ethnic Strife in Fiji and Guyana," *Ethnic Studies Report* (International Centre for Ethnic Studies, Sri Lanka), July 1991, pp. 30–31.
199. David Lowenthal, *West Indian Societies*, pp. 15–16. See also William B. Mitchell et al., *Area Handbook for Guyana* (Washington, D.C.: U.S. Government Printing Office, 1969), p. 39.
200. Dwarka Nath, *A History of Indians in British Guiana*, p. 19.
201. Malcolm Cross, *The East Indians of Guyana and Trinidad*, p. 4.
202. Dwarka Nath, *A History of Indians in British Guiana*, pp. 26, 27, 36, 37.
203. Ibid., p. 60.
204. Ibid., p. 39.
205. Walter Rodney, *A History of the Guyanese Working People, 1881–1905* (Baltimore: Johns Hopkins University Press, 1981), pp. 33–34.
206. William B. Mitchell et al., *Area Handbook for Guyana*, p. 38.
207. Dwarka Nath, *A History of Indians in British Guiana*, pp. 60–61.
208. Alan H. Adamson, "The Reconstruction of Plantation Labor after Emancipation: The Case of British Guiana," *Race and Slavery in the Western Hemisphere*, edited by Stanley L. Engerman and Eugene D. Genovese, pp. 464–465.
209. William B. Mitchell et al., *Area Handbook for Guyana*, p. 39.
210. Ralph R. Premdas, "Politics of Preference in the Caribbean: The Case of Guyana," *Ethnic Preference and Public Policy in Developing States*, edited by Neil Nevitte and Charles H. Kennedy (Boulder, Colo.: Lynne Rienner Publishers, Inc., 1986), p. 167.
211. William B. Mitchell et al., *Area Handbook for Guyana*, p. 56.
212. Ibid., p. 38.
213. Ralph R. Premdas, "Politics of Preference in the Caribbean," *Ethnic Preference and Public Policy in Developing States*, edited by Neil Nevitte and Charles H. Kennedy, p. 166.
214. Malcolm Cross, *The East Indians of Guyana and Trinidad*, p. 5.
215. William B. Mitchell et al., *Area Handbook for Guyana*, p. 57.
216. Malcolm Cross, *The East Indians of Guyana and Trinidad*, p. 5.
217. Dwarka Nath, *A History of Indians in British Guiana*, p. 206.
218. Ibid., pp. 206, 207.
219. Ralph R. Premdas, "The Political Economy of Ethnic Strife in Fiji and Guyana," *Ethnic Studies Report* (International Centre for Ethnic Studies, Sri Lanka), July 1991, p. 31.
220. Dwarka Nath, *A History of Indians in British Guiana*, pp. 203–204.
221. William B. Mitchell et al., *Area Handbook for Guyana*, p. 45.
222. Ibid., p. 205.
223. Ibid., pp. 208–209.
224. Ibid., p. 214.
225. Malcolm Cross, *The East Indians of Guyana and Trinidad*, p. 5.
226. William B. Mitchell et al., *Area Handbook for Guyana*, p. 52.
227. Ibid., p. 55.
228. David Lowenthal, *West Indian Societies*, p. 165.
229. Ralph R. Premdas, "The Political Economy of Ethnic Strife in Fiji and Guyana," *Ethnic Studies Report* (International Centre for Ethnic Studies, Sri Lanka), July 1991, pp. 31–32.
230. Ralph R. Premdas, "Politics of Preference in the Caribbean," *Ethnic Preference and Public Policy in Developing States*, edited by Neil Nevitte and Charles H. Kennedy, pp. 163–164.
231. Ralph R. Premdas, "The Political Economy of Ethnic Strife in Fiji and Guyana," *Ethnic Studies Report* (International Centre for Ethnic Studies, Sri Lanka), July 1991, p. 32.
232. Ralph R. Premdas, "Politics of Preference in the Caribbean," *Ethnic Preference and Public Policy in Developing States*, edited by Neil Nevitte and Charles H. Kennedy, p. 169.
233. Ibid., pp. 169–172.
234. Ibid., p. 177.
235. Ralph R. Premdas, "The Political Economy of Ethnic Strife in Fiji and Guyana," *Ethnic Studies Report* (International Centre for Ethnic Studies, Sri Lanka), July 1991, p. 33.
236. R. S. Milne, *Politics in Ethnically Bipolar States* (Vancouver: University of British Columbia Press, 1981), pp. 15–39, 214; The Economist Intelligence Unit, *Guyana, Barbados, Windward and Leeward Islands: Country Profile 1991–92* (London: The Economist Intelligence Unit, 1991), p. 10.
237. Ralph R. Premdas, "The Political Economy of Ethnic Strife in Fiji and Guyana," *Ethnic Studies Report* (International Centre for Ethnic Studies, Sri Lanka), July 1991, p. 33.
238. The Economist Intelligence Unit, *Guyana, Windward and Leeward Islands* (London: The Economist Intelligence Unit, 1995), pp. 10–13; Chaitram Singh, "Ethnicity and Democracy in Guyana," *Journal of Third World Studies*, Vol. 11, No. 1 (Spring 1994), pp. 417–419.
239. Jan Knippers Black et al., *Area Handbook for Trinidad and Tobago* (Washington, D.C.: U.S. Government Printing Office, 1976), p. 90.
240. Morton Klass, *East Indians in Trinidad: A Study of Cultural Persistence* (New York: Columbia University Press, 1961), p. 242.
241. Jan Knippers Black et al., *Area Handbook for Trinidad and Tobago*, p. 85.
242. Ibid., p. 53.
243. David Lowenthal, *West Indian Societies*, p. 146.
244. Morton Klass, *East Indians in Trinidad*, p. 240.
245. David Lowenthal, *West Indian Societies*, p. 170.
246. Eric Williams, *History of the People of Trinidad and Tobago* (New York: Frederick A. Praeger, 1962), pp. 115, 120.
247. Morton Klass, *East Indians in Trinidad*, p. 2.
248. Jan Knippers Black et al., *Area Handbook for Trinidad and Tobago*, p. 82; David Lowenthal, *West Indian Societies*, p. 167.
249. David Lowenthal, *West Indian Societies*, pp. 167–168.
250. Malcolm Cross, *The East Indians of Guyana and Trinidad*, p. 11.
251. Yogendra K. Malik, *East Indians in Trinidad* (London: Oxford University Press, 1971), p. 15.
252. Malcolm Cross, *The East Indians of Guyana and Trinidad*, p. 12.
253. Hugh Tinker, *The Banyan Tree*, pp. 63–65.
254. Malcolm Cross, *The East Indians of Guyana and Trinidad*, p. 11. See also Morton Klass, *East Indians in Trinidad*, p. 244.
255. Peter Xenos, Herbert Barringer, and Michael J. Levin, *Asian Indians in the United States: A 1980 Census Profile* (Honolulu: East-West Population Institute, 1989), p. 15.
256. Hugh Tinker, *The Banyan Tree*, p. 12.
257. Peter Xenos et al., *Asian Indians in the United States*, p. 15.
258. Leona B. Bagai, *The East Indians and the Pakistanis in America* (Minneapolis: Lerner Publications Co., 1972), p. 45.
259. Peter Xenos et al., *Asian Indians in the United States*, p. 4.
260. Ibid., p. 17.
261. Ibid., p. 16.
262. Ibid., p. 35.
263. Ibid., p. 22.
264. U.S. Bureau of the Census, *Asians and Pacific Islanders in the United States* (Washington, D.C.: U.S. Government Printing Office, 1993), p. 13.
265. Ibid., pp. 142, 153.
266. Peter Xenos et al., *Asian Indians in the United States*, pp. 35–36.
267. Leona B. Bagai, *The East Indians and the Pakistanis in America*, p. 37.
268. Peter Xenos et al., *Asian Indians in the United States*, p. 17.
269. Paul M. Ong, Lucie Cheng, and Leslie Evans, "Migration of Highly Educated Asians and Global Dynamics," *Asian and Pacific Migration Journal*, Vol. 1, Nos. 3–4 (1992), p. 545.
270. Robert Bellinger, "Indian EEs: Torn Between Home, Opportunity," *Electronic Engineering Times*, August 1, 1988, p. 40.
271. Joel Kotkin, *Tribes*, p. 229.
272. James P. Sterba, "Indians in the U.S. Prosper in Their New Country, and Not Just in Motels," *Wall Street Journal*, January 27, 1987, p. 1.
273. Monua Janah, "Indian Immigrants Find Room to Grow Beyond Motels," *Wall Street Journal*, August 25, 1989, p. B2.
274. Kernial Singh Sandhu, *Indians in Malaya: Some Aspects of Their Immi-*

gration and Settlement (1786–1957) (Cambridge: Cambridge University Press, 1969), p. 61.

275. Virginia Thompson and Richard Adloff, *Minority Problems in Southeast Asia* (New York: Russell & Russell, 1970), pp. 122, 127.
276. Ibid., pp. 85, 108, 109, 129.
277. Hugh Tinker, *The Banyan Tree*, pp. 142, 143.
278. Virginia Thompson and Richard Adloff, *Minority Problems in Southeast Asia*, pp. 95, 111.
279. Ibid., p. 123.
280. Hugh Tinker, *The Banyan Tree*, p. 143.
281. Ibid., p. 141.
282. Virginia Thompson and Richard Adloff, *Minority Problems in Southeast Asia*, p. 109.
283. Ibid., p. 94.
284. Tan Loong-Woe, *The State and Economic Distribution in Peninsular Malaysia* (Singapore: Institute of Southeast Asian Studies, 1982), p. 34.
285. Virginia Thompson and Richard Adloff, *Minority Problems in Southeast Asia*, p. 111.
286. Ibid., pp. 114–117.
287. Ibid., p. 117.
288. Ibid., p. 125.
289. Ibid., pp. 96, 122.
290. Hugh Tinker, *The Banyan Tree*, p. 145.
291. Ibid., p. 142.
292. Virginia Thompson and Richard Adloff, *Minority Problems in Southeast Asia*, pp. 75, 87.
293. Hugh Tinker, *The Banyan Tree*, p. 142.
294. John William Henderson et al., *Area Handbook for Burma* (Washington, D.C.: U.S. Government Printing Office, 1971), p. 238.
295. Nena Vreeland et al., *Area Handbook for Malaysia* (Washington, D.C.: U.S. Government Printing Office, 1977), pp. 45–46.
296. Kernial Singh Sandhu, *Indians in Malaya*, p. 13.
297. Ibid., pp. 4, 13.
298. Ibid., p. 52.
299. Donald R. Snodgrass, *Inequality and Economic Development in Malaysia* (Kuala Lumpur: Oxford University Press, 1980), pp. 39–40.
300. Nena Vreeland et al., *Area Handbook for Malaysia*, pp. 134–135.
301. Kernial Singh Sandhu, *Indians in Malaya*, p. 99.
302. Ibid., pp. 304–305.
303. Ibid., p. 185.
304. Ibid., pp. 83, 84.
305. Ibid., p. 97.
306. P. T. Bauer, *The Rubber Industry: A Study in Competition and Monopoly* (Cambridge, Mass.: Harvard University Press, 1948), p. 224.
307. Ibid., p. 234.
308. Kernial Singh Sandhu, *Indians in Malaya*, p. 152.
309. Ibid., p. 317.
310. Ibid., p. 183.
311. Ibid., p. 171.
312. Ibid., p. 184.
313. Ibid., p. 186.
314. Ibid., p. 215.
315. Ibid., p. 247.
316. Hugh Tinker, *The Banyan Tree*, p. 98.
317. Tai Yoke Lin, "Inter-Ethnic Restructuring in Malaysia, 1970–80: The Employment Perspective," *From Independence to Statehood: Managing Ethnic Conflict in Five African and Asian States*, edited by Robert B. Goldmann and A. Jeyaratnam Wilson (London: Frances Pinter, 1984), p. 46.
318. Nena Vreeland et al., *Area Handbook for Malaysia*, p. 83.
319. Donald R. Snodgrass, *Inequality and Economic Development in Malaysia*, p. 83.
320. Nena Vreeland et al., *Area Handbook for Malaysia*, p. 149.
321. Gordon P. Means, *Malaysia Politics* (New York: New York University Press, 1970), p. 20.
322. Nena Vreeland et al., *Area Handbook for Malaysia*, p. 88.
323. Ibid., pp. 134, 135.
324. Ibid., p. 144.
325. Ibid., p. 135.
326. Hugh Tinker, *The Banyan Tree*, p. 108.
327. Tai Yoke Lin, "Inter-Ethnic Restructuring in Malaysia, 1970–1980," *From Independence to Statehood*, edited by Robert B. Goldmann and A. Jeyaratnam Wilson, p. 49.
328. Mah Hui Lim, "Affirmative Action, Ethnicity and Integration: The Case of Malaysia," *Ethnic and Racial Studies*, April 1985, p. 271.
329. James Manor, "Introduction," *Sri Lanka in Change and Crisis*, edited by James Manor (London: Croom Helm, 1984), p. 3.
330. Chandra Richard de Silva, "Sinhala-Tamil Relations and Education in Sri Lanka: The University Admissions Issue—The First Phase, 1971–77," *From Independence to Statehood*, edited by Robert B. Goldmann and A. Jeyaratnam Wilson, p. 136.
331. Robert N. Kearney, *Communalism and Language in the Politics of Ceylon* (Durham, N.C.: Duke University Press, 1967), p. 8; K. M. de Silva, *Managing Ethnic Tensions in Multi-Ethnic Societies: Sri Lanka 1880–1985* (Lanham, Md.: University Press of America, 1986), pp. xv, xvi.
332. I. D. S. Weerawardana, "Minority Problems in Ceylon," *Pacific Affairs*, September 1952, p. 281n.
333. Chandra Richard de Silva, "Sinhala-Tamil Ethnic Rivalry: The Background," *From Independence to Statehood*, edited by Robert B. Goldmann and A. Jeyaratnam Wilson, p. 116.
334. H. P. Chattopadhyaya, *Indians in Sri Lanka: A Historical Study* (Calcutta: O.P.S. Publishers Private Ltd., 1979), Chapter V.
335. Ibid., p. 188.
336. R. Jayaraman, "Indian Emigration to Ceylon: Some Aspects of the Historical and Social Background of the Emigrants," *Indian Economic and Social History Review*, December 1967, p. 320.
337. Robert N. Kearney, *Communalism and Language in the Politics of Ceylon*, pp. 8, 11.
338. Kernial Singh Sandhu, *Indians in Malaya*, pp. 56–57, 159, 237. See also R. Jayaraman, "Indian Emigration to Ceylon: Some Aspects of the Historical and Social Background of the Emigrants," *Indian Economic and Social History Review*, December 1967, p. 337.
339. Robert N. Kearney, *Communalism and Language in the Politics of Ceylon*, pp. 261–262.
340. R. Jayaraman, "Indian Emigration to Ceylon: Some Aspects of the Historical and Social Background of the Emigrants," *Indian Economic and Social History Review*, December 1967, p. 349.
341. Ibid., pp. 335, 344.
342. Ibid., pp. 337, 338.
343. Ibid., pp. 350–352.
344. William McGowan, *And Only Man Is Vile: The Tragedy of Sri Lanka* (New York: Farrar, Straus, and Giroux, 1992), pp. 287–289.
345. H. P. Chattopadhyaya, *Indians in Sri Lanka*, p. 121.
346. R. Jayaraman, "Indian Emigration to Ceylon: Some Aspects of the Historical and Social Background of the Emigrants," *Indian Economic and Social History Review*, December 1967, pp. 322, 324.
347. Ibid., p. 322.
348. Ibid., p. 324.
349. See Hugh Tinker, *A New System of Slavery: The Export of Indian Labour Overseas, 1830–1920* (London: Oxford University Press, 1974), Chapter 6, passim.
350. C. Kondapi, *Indians Overseas, 1838–1949* (New Delhi: Oxford University Press, 1951), pp. 74–75.
351. Kernial Singh Sandhu, *Indians in Malaya*, p. 157.
352. C. Kondapi, *Indians Overseas, 1838–1949*, p. 36.
353. H. P. Chattopadhyaya, *Indians in Sri Lanka*, pp. 113, 115.
354. R. Jayaraman, "Indian Emigration to Ceylon: Some Aspects of the Historical and Social Background of the Emigrants," *Indian Economic and Social History Review*, December 1967, pp. 322, 324.
355. Walter Schwarz, *The Tamils of Sri Lanka* (London: Minority Rights Group, 1983), p. 8; Robert N. Kearney, *Communalism and Language in the Politics of Ceylon*, p. 7; Robert N. Kearney, "Language and the Rise of Tamil Separatism in Sri Lanka," *Asian Survey*, May 1978, p. 522.
356. H. P. Chattopadhyaya, *Indians in Sri Lanka*, pp. 106–108.
357. Ibid., pp. 125–127.
358. Ibid., pp. 129–130, 140–169.
359. C. Kondapi, *Indians Overseas, 1838–1949*, p. 344.
360. H. P. Chattopadhyaya, *Indians in Sri Lanka*, pp. 143, 144, 146.
361. Hugh Tinker, *The Banyan Tree*, p. 49.
362. S. J. Tambiah, "Ethnic Representation in Ceylon's Higher Administrative Service, 1870–1946," *University of Ceylon Review*, April–July 1955, pp. 125–136.
363. W. Ivor Jennings, "Race, Religion and Economic Opportunity in the University of Ceylon," *University of Ceylon Review*, November 1944, p. 2.
364. Chandra Richard de Silva, "Sinhala-Tamil Ethnic Rivalry: The Background," *From Independence to Statehood*, edited by Robert B. Goldmann and A. Jeyaratnam Wilson, p. 116. See also Chandra Richard de Silva, "Sinhala-Tamil Relations and Education in Sri Lanka: The University Admissions Issue—The First Phase," ibid., p. 136.

365. S. W. R. de A. Samarasinghe, "Ethnic Representation in Central Government Employment and Sinhala-Tamil Relations in Sri Lanka: 1948–81," ibid., p. 176.
366. Ibid., p. 177.
367. C. Kondapi, *Indians Overseas, 1838–1949*, pp. 344–347.
368. Walter Schwarz, *The Tamils of Sri Lanka*, p. 5.
369. Robert N. Kearney, *Communalism and Language in the Politics of Ceylon*, p. 27; Walter Schwarz, *The Tamils of Sri Lanka*, p. 6.
370. S. J. Tambiah, "Ethnic Representation in Ceylon's Higher Administrative Service, 1870–1946," *University of Ceylon Review*, April–July 1955, pp. 127, 128.
371. Ibid., p. 130.
372. Ibid., pp. 131, 132.
373. Robert N. Kearney, "Sinhalese Nationalism and Social Conflict in Ceylon," *Pacific Affairs*, Summer 1964, pp. 125–128.
374. Robert N. Kearney, *Communalism and Language in the Politics of Ceylon*, pp. 80–81; William McGowan, *And Only Man Is Vile*, pp. 149–158.
375. Walter Schwarz, *The Tamils of Sri Lanka*, p. 7.
376. Hugh Tinker, *The Banyan Tree*, pp. 47–48.
377. Walter Schwarz, *The Tamils of Sri Lanka*, pp. 9–10.
378. Ibid., p. 10.
379. K. M. de Silva, "University Admissions and Ethnic Tension in Sri Lanka, 1977–82," *From Independence to Statehood*, edited by Robert B. Goldmann and A. Jeyaratnam Wilson, p. 97.
380. Chandra Richard de Silva, "Sinhala-Tamil Relations and Education in Sri Lanka," ibid., p. 138.
381. K. M. de Silva, "University Admissions and Ethnic Tension in Sri Lanka, 1977–82," ibid., pp. 98–99.
382. Chandra Richard de Silva, "Sinhala-Tamil Relations and Education in Sri Lanka," ibid., p. 140.
383. S. W. R. de A. Samarasinghe, "Ethnic Representation in Central Government Employment and Sinhala-Tamil Relations in Sri Lanka," ibid., p. 178.
384. Ibid., p. 181.
385. Walter Schwarz, *The Tamils of Sri Lanka*, p. 13.
386. S. W. R. de A. Samarasinghe, "Ethnic Representation in Central Government Employment and Sinhala-Tamil Relations in Sri Lanka," *From Independence to Statehood*, edited by Robert B. Goldmann and A. Jeyaratnam Wilson, p. 178.
387. Walter Schwarz, *The Tamils of Sri Lanka*, p. 14.
388. Alvin Rabushka, "Adam Smith in Sri Lanka," *Policy Review*, Fall 1981, pp. 54–62.
389. Eric Meyer, "Seeking the Roots of the Tragedy," *Sri Lanka in Change and Crisis*, edited by James Manor, pp. 137–152.
390. James Manor, "Introduction," ibid., p. 22.
391. Eric Meyer, "Seeking the Roots of the Tragedy," ibid., pp. 139, 149.
392. "Sri Lanka Confirms Report of Army Slayings," *New York Times*, August 7, 1983, Section I, p. 5.
393. William McGowan, And *Only Man Is Vile*, p. 188.
394. Ibid., pp. 96–97.
395. Ibid., p. 191.
396. Mervyn De Silva, "Sri Lanka Rebels Defy Indian Force, Meditation," *The Christian Science Monitor*, July 21, 1988, p. 9.
397. William McGowan, *And Only Man Is Vile*, p. 381.
398. Reed Coughlan and S. W. R. de A. Samarasinghe, "Introduction," *Economic Dimensions of Ethnic Conflict*, edited by S. W. R. de A. Samarasinghe (London: Pinter Publishers, 1991), p. 12.
399. C. Kondapi, *Indians Overseas, 1838–1949*, p. 26.
400. Chandra Jayawardena, "Farm, Household and Family in Fiji Indian Rural Society," *Overseas Indians*, edited by George Kurian and Ram P. Srivastava, p. 142. See also K. L. Gillion, *Fiji's Indian Migrants: A History to the End of Indenture in 1920* (Melbourne: Oxford University Press, 1962), pp. 45–58, 202–210.
401. Adrian C. Mayer, *Indians in Fiji* (London: Oxford University Press, 1963), pp. 13–14; K. L. Gillion, *Fiji's Indian Migrants*, pp. 31–34.
402. C. Kondapi, *Indians Overseas, 1838–1949*, p. 27.
403. K. L. Gillion, *Fiji's Indian Migrants*, pp. 141–142.
404. Adrian C. Mayer, *Indians in Fiji*, pp. 19, 24–26.
405. K. L. Gillion, *Fiji's Indian Migrants*, p. 142.
406. Ibid., pp. 122–125, 144, 150.
407. Adrian C. Mayer, *Peasants in the Pacific: A Study of Fiji Indian Rural Society* (Berkeley: University of California Press, 1973), pp. 157–160.
408. Adrian C. Mayer, *Indians in Fiji*, pp. 28–29.
409. K. L. Gillion, *Fiji's Indian Migrants*. pp. 102, 142.
410. Ibid., p. 146.
411. Ibid., pp. 130–133.
412. Ibid., p. 134.
413. Ibid., p. 146.
414. Ibid., pp. 143–144.
415. Adrian C. Mayer, *Peasants in the Pacific*, p. 7.
416. Michael Ward, *The Role of Investment in the Development of Fiji* (Cambridge: Cambridge University Press, 1971), p. 21.
417. The Economist Intelligence Unit, *Fiji, Solomon Islands, Western Samoa, Vanatu, Tonga: Country Profile 1991–92* (London: The Economist Intelligence Unit, 1991), p. 18.
418. C. Kondapi, *Indians Overseas, 1838–1949*, p. 357.
419. Michael Ward, *The Role of Investment in the Development of Fiji*, p. 110.
420. Ibid., p. 109.
421. Ralph R. Premdas, "The Political Economy of Ethnic Strife in Fiji and Guyana," *Ethnic Studies Report* (International Centre for Ethnic Studies, Sri Lanka), July 1991, p. 36.
422. Wolfgang Kasper et al., *Fiji: Opportunity from Adversity* (St. Leonards, Australia: The Center for Independent Studies, 1988), p. 129.
423. Ibid., pp. 3–8.
424. "Now They'll Do It Their Way," *Time*, June 1, 1987, p. 44.
425. R. S. Milne, *Politics in Ethnically Bipolar States*, pp. 86–87.
426. Ibid., p. 236; J. S. Mangat, *A History of the Asians in East Africa, 1896–1965*, p. 40; K. L. Gillion, *Fiji's Indian Migrants*, p. 134; Hilda Kuper, *Indian People in Natal*, p. 60. Gujaratis have also been prominent and prosperous in the United States. See Monua Janah, "Indian Immigrants Find Room to Grow Beyond Motels," *Wall Street Journal*, August 25, 1989, p. B2.
427. Hugh Tinker, *The Banyan Tree*, p. 3.
428. Ibid., pp. 123–124, 154, 159.
429. Ibid., pp. x, 99.
430. M. C. Madhavan, "Indian Emigrants: Numbers, Characteristics, and Economic Impace," *Population and Development Review*, September 1985, p. 465.
431. Ibid., p. 469.
432. James Clad, "Paradise Abroad," *Far Eastern Economic Review*, April 29, 1990, p. 27; Hugh Tinker, *The Banyan Tree*, p. 9.
433. Hugh Tinker, *The Banyan Tree*, p. 10.
434. James Clad, "Paradise Abroad," *Far Eastern Economic Review*, April 29, 1990, pp. 27, 28.

第 8 章　历史和文化

1. Paul Johnson, *The Quotable Paul Johnson: A Topical Compilation of His Wit, Wisdom and Satire*, edited by George J. Marlin et al. (New York: Farrar, Straus & Giroux, 1994), p. 138.
2. Fernand Braudel, *A History of Civilizations*, translated by Richard Mayne (New York: Penguin, 1994), p. 17.
3. Carlo M. Cipolla, *Literacy and Development in the West* (New York: Penguin, 1969), p. 16.
4. Paul Kennedy, *The Rise and Fall of the Great Powers: Economic Change and Military Conflict from 1500 to 2000* (New York: Random House, 1987), p. 216.
5. Bernard Nkemdirim, "Social Change and the Genesis of Conflict in Nigeria," *Civilisations*, Vol. 25, Nos. 1–2 (197), p. 94.
6. Cynthia H. Enloe, *Police, Military and Ethnicity: Foundations of State Power* (New Brunswick, N.J.: Transaction Books, 1980).
7. Donald F. Horowitz, *Ethnic Groups in Conflict* (Berkeley: University of California Press, 1985), p. 677.
8. R. Bayly Winder, "Lebanese Emigration in General," *Comparative Studies in Society and History*, Vol. IV (1961–62), p. 309.
9. Charles Issawi, "The Transformation of the Economic Position of the *Millets* in the Nineteenth Century," *Christians and Jews in the Ottoman Empire: The Functioning of a Plural Society*, edited by Benjamin Braude and Bernard Lewis, Volume I: *The Central Lands* (New York: Holmes & Meier Publishers, 1982), pp. 262–263, 266.
10. Winthrop R. Wright, *British-Owned Railways in Argentina: Their Effect on Economic Nationalism, 1854-1948* (Austin: University of Texas Press, 1974).
11. John P. McKay, *Pioneers for Profit: Foreign Entrepreneurship and Russian Industrialization 1885–1913* (Chicago: University of Chicago Press, 1970), p. 35.
12. Carl Solberg, *Immigration and Nationalism: Argentina and Chile, 1890–1914* (Austin: University of Texas Press, 1970), p. 68.
13. Fernand Braudel, *A History of Civilizations*, p. 440.
14. Charles Issawi, "The Transformation of the Economic Position of the *Millets* in the Nineteenth Century," *Christians and Jews in the Ottoman*

Empire, edited by Benjamin Braude and Bernard Lewis, Volume I: *The Central Lands*, p. 265.

15. Robert P. Bartlett, *Human Capital: The Settlement of Foreigners in Russia, 1762–1802* (Cambridge: Cambridge University Press, 1979), p. 151.
16. Seamus Grimes, "Friendship Patterns and Social Networks among Post-War Irish Migrants in Sydney," *The Irish World Wide*, Volume 1: *Patterns of Migration*, edited by Patrick O'Sullivan (Leicester: Leicester University Press, 1992), p. 171.
17. Jonathan Kaufman, "How Cambodians Came to Control California Doughnuts," *Wall Street Journal*, February 22, 1995, p. A1.
18. Pablo Macera and Shane J. Hunt, "Peru," *Latin America: A Guide to Economic History 1830–1930*, edited by Roberto Cortis Conde and Stanley J. Stein (Berkeley: University of California Press, 1977), p. 565.
19. Nena Vreeland et al., *Area Handbook for Malaysia*, third edition (Washington, D.C.: U.S. Government Printing Office, 1977), p. 303.
20. Winthrop R. Wright, *British Owned Railways in Argentina*; Gino Germani, "Mass Immigration and Modernization in Argentina," *Studies in Comparative Development*, Vol. 2 (1966), p. 170.
21. Carlo M. Cipolla, *Clocks and Culture: 1300–1700* (New York: Norton, 1978), p. 68.
22. John P. McKay, *Pioneers for Profit: Foreign Entrepreneurship and Russian Industrialization, 1885–1913* (Chicago: University of Chicago Press, 1970), pp. 33, 34, 35.
23. Jean W. Sedlar, *East Central Europe in the Middle Ages, 1000–1500*, p. 131.
24. Charles Issawi, "The Transformation of the Economic Position of the *Millets* in the Ninetenth Century," *Christians and Jews in the Ottoman Empire*, edited by Benjamin Braude and Bernard Lewis, Volume I: *The Central Lands*, pp. 262, 263, 265, 266, 267.
25. Victor Purcell, *The Overseas Chinese in Southeast Asia*, second edition (Kuala Lumpur: Oxford University Press, 1980), pp. 7, 68, 83, 180, 245, 248, 540, 559.
26. Carlo M. Cipolla, *Guns, Sails, and Empires: Technological Innovation and the Early Phases of European Expansion, 1400–1700* (Manhattan, Kan.: Sunflower University Press, 1992), p. 31n.
27. Cynthia H. Enloe, *Police, Military and Ethnicity*, p. 75.
28. Jean W. Sedlar, *East Central Europe in the Middle Ages, 1000–1500*, pp. 97, 241–242, 267.
29. Carlo M. Cipolla, *Guns, Sails, and Empires*, pp. 59, 115, 134.
30. James M. McKeown and Joan C. McKeown, *Price Guide to Antique and Classic Cameras*, seventh edition (Hove, East Sussex, U.K.: Hove Foto Books, 1989), pp. 191, 202, 205.
31. Rudolf Kingslake, *A History of the Photographic Lens* (San Diego, Calif.: Academic Press, Inc., 1989), p. 108.
32. Ibid., p. 309.
33. See Rudolf Kingslake, *A History of the Photographic Lens*, pp. 197–313, passim.
34. Vincent Hardi, "Renaissance: The Optical Capital of the World," *Journal of European Economic History*, Vol. 22, No. 3 (Winter 1993), pp. 507–541.
35. *World Almanac and Book of Facts: 1996* (Mahwah, N.J.: Funk and Wagnalls, 1995), pp. 547, 548.
36. Roy E. H. Mellor and E. Alistair Smith, *Europe: A Geographical Survey of the Continent* (New York: Columbia University Press, 1979), p. 3.
37. Donald Vermeer, "Here and There: Spatial Matters in Geography," *Educational Exchange and Global Competence*, edited by Richard D. Lambert (New York: Council on International Educational Exchange, 1994), p. 166.
38. Andrew Tanzer, "The Bamboo Network," *Forbes*, July 18, 1994, pp. 138–145.
39. Statements about millions of human beings' own preferences, as revealed in their own choices, are often confused with statements about an observer's personal preferences. Thus a reviewer of *Race and Culture: A World View* said: "Sowell rarely questions whether economic or industrial advancement is good." Joe Wakelee-Lynch, "Winners and Losers in the Culture Wars," *San Francisco Chronicle Book Review*, December 18, 1994, p. 8.
40. As an "illustration" of this supposed defect in my *Race and Culture*, a reviewer says: "Guns, like books, are examples of self-evident progress in tool making. But not everybody is in a position to regard the adoption of more efficient killing instruments as benign. Take the reality of inner-city life." John Stone, "Color Isn't Color: A Robust Neo-Conservative Romp through the Minefield of Race Relations," *New York Times Book Review*, November 27, 1994, p. 28.
41. Carlo M. Cipolla, *Clocks and Culture: 1300–1700*, p. 15.
42. Jean W. Sedlar, *East Central Europe in the Middle Ages, 1000–1500*, p. 139.
43. N. J. G. Pounds, *An Historical Geography of Europe: 1800–1914* (Cambridge: Cambridge University Press, 1988), p. 146.
44. Edmund Burke, *Reflections on the Revolution in France* (London: J. M. Dent & Co., 1967), p. 84.
45. T. C. Smout, *A History of the Scottish People: 1560–1830* (London: Collins, 1969), Chapter XIX; Henry Thomas Buckle, *On Scotland and the Scottish Intellect* (Chicago: University of Chicago Press, 1970), Chapter V; David Daiches et al., editors, *A Hotbed of Genius: The Scottish Enlightenment, 1730–1790* (Edinburgh: Edinburgh University Press, 1986).
46. T. C. Smout, *A History of the Scottish People: 1560–1830*, Chapter I.
47. N. J. G. Pounds, *An Historical Geography of Europe: 1800–1914*.
48. Benjamin F. Chavis, "The Farrakhan Sideshow," *New York Times*, July 12, 1994, p. A13.
49. U.S. Bureau of the Census, *Current Population Reports*, Series P-20, No. 366 (Washington, D.C.: U.S. Government Printing Office, 1981), pp. 182, 184.
50. Richard B. Freeman, *Black Elite* (New York: McGraw-Hill, 1976), Chapter 4.
51. Nicholas Eberstadt, "America's Infant Mortality Puzzle," *The Public Interest*, Fall 1991, p. 38.
52. William H. McNeill, *The Rise of the West: A History of Human Communities* (Chicago: University of Chicago Press, 1991), pp. 102–103.
53. John K. Fairbank, Edwin O. Reischauer, and Albert M. Craig, *East Asia: Tradition and Transformation*, revised edition (Boston: Houghton-Mifflin Co., 1989), pp. 38, 112.
54. Ibid., pp. 172, 243.
55. William H. McNeill, *The Rise of the West*, p. 332.
56. Ibid., pp. 260, 300–302.
57. Walter Nugent, *Crossings: The Great Transatlantic Migrations, 1870–1914* (Bloomington: Indiana University Press, 1992), p. 33.
58. N. J. G. Pounds, *An Historical Geography of Europe: 1800–1914*, p. 77.
59. Patrick Manning, "Contours of Slavery and Social Change in Africa," *American Historical Review*, October 1983, p. 854.
60. Peter Brimelow, *Alien Nation: Common Sense about America's Immigration Disaster* (New York: Random House, 1995), p. 187.
61. Carlo M. Cipolla, *Before the Industrial Revolution: European Society and Economy* (New York: Norton, 1980), pp. 100–101.
62. Alfred W. Crosby, *Ecological Imperialism: The Biological Expansion of Europe, 900–1800* (Cambridge: Cambridge University Press, 1993), pp. 280–282.
63. Peter Brimelow, *Alien Nation*, p. 287.
64. Michael Fix and Jeffrey S. Passel, *Immigration and Immigrants: Setting the Record Straight* (Washington, D.C.: The Urban Institute, 1994), p. 33.
65. Peter Brimelow, *Alien Nation*, p. 150.
66. See American Automobile Manufacturers Association, *World Motor Vehicle Data: 1994 Edition* (Detroit: American Automobile Manufacturers Association, 1994), pp. 10, 11, 329.
67. See Thomas Sowell, *Inside American Education: The Decline, the Deception, the Dogmas* (New York: The Free Press, 1993), p. 269.
68. *The Chronicle of Higher Education*, September 1, 1994, p. 18.